OEUVRES

DE

NAPOLÉON

BONAPARTE.

IMPRIMERIE DE C. L. F. PANCKOUCKE.

OEUVRES
DE
NAPOLEON

BONAPARTE.

TOME CINQUIÈME.

PARIS,

C. L. F. PANCKOUCKE, ÉDITEUR,

Rue des Poitevins, n°. 14.

MDCCCXXI.

OEUVRES DE NAPOLÉON BONAPARTE.

CAMPAGNE DE RUSSIE.

LIVRE SEPTIEME.

Gumbinnen, 20 juin 1812.

Premier bulletin de la grande armée.

A la fin de 1810, la Russie changea de système politique; l'esprit anglais reprit son influence; l'ukase sur le commerce en fut le premier acte.

En février 1811, cinq divisions de l'armée russe quittèrent à marches forcées le Danube, et se portèrent en Pologne. Par ce mouvement, la Russie sacrifia la Valachie et la Moldavie.

Les armées russes réunies et formées, on vit paraître une protestation contre la France, qui fut envoyée à tous les cabinets. La Russie annonça par là qu'elle ne voulait pas même garder les apparences. Tous les moyens de conciliation furent employés de la part de la France : tout fut inutile.

A la fin de 1811, six mois après, on vit en France que tout ceci ne pouvait finir que par la guerre; on s'y prépara. La garnison de Dantzick fut portée à vingt mille hommes.

Des approvisionnemens de toute espèce, canons, fusils, poudre, munitions, équipage de pont, furent dirigés sur cette place; des sommes considérables furent mises à la disposition du génie, pour en accroître les fortifications.

L'armée fut mise sur le pied de guerre. La cavalerie, le train d'artillerie, les équipages militaires furent complétés.

En mars 1812, un traité d'alliance fut conclu avec l'Autriche : le mois précédent, un traité avait été conclu avec la Prusse.

En avril, le premier corps de la grande armée se porta sur l'Oder;

Le deuxième corps se porta sur l'Elbe;

Le troisième corps, sur le Bas-Oder;

Le quatrième corps partit de Véronne, traversa le Tyrol, et se rendit en Silésie. La garde partit de Paris.

Le 22 avril, l'empereur de Russie prit le commandement de son armée, quitta Pétersbourg, et porta son quartier-général à Wilna.

Au commencement de mai, le premier corps arriva sur la Vistule à Elbing et à Marienbourg;

Le deuxième corps, à Marienwerder;

Le troisième corps, à Thorn;

Le quatrième et le sixième corps, à Plock;

Le cinquième corps se réunit à Varsovie;

Le huitième corps, sur la droite de Varsovie;

Le septième corps, à Pulavy.

L'empereur partit de Saint-Cloud le 9 mai, passa le Rhin le 13, l'Elbe le 29, et la Vistule le 6 juin.

Wilkowisky, le 22 juin 1812.

Deuxième bulletin de la grande armée.

Tout moyen de s'entendre entre les deux empires devenait impossible : l'esprit qui dominait le cabinet russe le précipita à la guerre. Le général Narbonne, aide-de-camp de l'empereur, fut envoyé à Wilna, et ne put y séjourner que peu de jours. On acquérait la preuve que la sommation arrogante et tout-à-fait extraordinaire qu'avait présentée le prince Kourakin, où il déclara ne vouloir entrer dans aucune explication que la France n'eût évacué le territoire de ses propres alliés, pour les livrer à la discrétion de la Russie, était le *sine quâ non* de ce cabinet, et il s'en vantait auprès des puissances étrangères.

Le premier corps se porta sur la Prégel. Le prince d'Eckmülh eut son quartier-général le 11 juin à Kœnigsberg.

Le maréchal duc de Reggio, commandant le deuxième corps, eut son quartier-général à Vehlau; le maréchal duc d'Elchingen, commandant le troisième corps, à Soldapp; le prince vice-roi, à Rastembourg; le roi de Westphalie, à Varsovie; le prince Poniatowski, à Pulstuk; l'empereur porta son quartier-général, le 12, sur la Prégel, à Kœnigsberg; le 17, à Justerburg; le 19, à Gumbinnen.

Un léger espoir de s'entendre existait encore. L'empereur avait donné au comte de Lauriston l'instruction de se rendre auprès de l'empereur Alexandre, ou de son ministre des affaires étrangères, et de voir s'il n'y aurait pas moyen de revenir sur la sommation du prince Kourakin, et de concilier l'honneur de la France et l'intérêt de ses alliés avec l'ouverture des négociations.

Le même esprit qui régnait dans le cabinet russe empêcha, sous différens prétextes, le comte de Lauriston de remplir sa mission; et l'on vit pour la première fois un ambassadeur ne pouvoir approcher ni le souverain, ni son ministre dans des circonstances aussi importantes. Le secrétaire de légation Prevost apporta ces nouvelles à Gumbinnen, et l'empereur donna l'ordre de marcher pour passer le Niémen : « Les vaincus, dit-il, prennent le ton de vainqueurs; la fatalité les entraîne, que les destins s'accomplissent. » S. M. fit mettre à l'ordre de l'armée la proclamation suivante :

Soldats,

La seconde guerre de Pologne est commencée. La première s'est terminée à Friedland et à Tilsitt : à Tilsitt, la Russie a juré éternelle alliance à la France, et guerre à l'Angleterre. Elle viole aujourd'hui ses sermens ! Elle ne veut donner aucune explication de son étrange conduite, que les aigles françaises n'aient repassé le Rhin, laissant par là nos alliés à sa discrétion.

La Russie est entraînée par la fatalité ! Ses destins doivent s'accomplir. Nous croirait-elle donc dégénérés ? ne serions-nous donc plus les soldats d'Austerlitz ? Elle nous place entre le déshonneur et la guerre. Le choix ne saurait être douteux. Marchons donc en avant ! passons le Niémen : portons la guerre sur son territoire. La seconde guerre de Pologne sera glorieuse aux armées françaises, comme la première ; mais la paix que nous conclurons portera avec elle sa garantie, et mettra un terme à cette orgueilleuse influence que la Russie a exercée depuis cinquante ans sur les affaires de l'Europe.

Kowno, le 26 juin 1812.

Troisième bulletin de la grande armée.

Le 23 juin, le roi de Naples, qui commande la cavalerie, porta son quartier-général à deux lieues du Niémen, sur la rive gauche. Ce prince a sous ses ordres immédiats les corps de cavalerie commandés par les généraux comtes Nansouty et Montbrun ; l'un composé des divisions aux ordres des généraux comtes Bruyères, Saint-Germain et Valence ; l'autre composé des divisions aux ordres du général baron Vattier, et des généraux comtes Sébastiani et Defrance.

Le maréchal prince d'Eckmülh, commandant le premier

corps, porta son quartier-général au débouché de la grande forêt de Pilwiski.

Le deuxième corps et la garde suivirent le mouvement du premier corps.

Le troisième corps se dirigea par Marienpol. Le vice-roi, avec les quatrième et sixième corps restés en arrière, se porta sur Kalwary.

Le roi de Westphalie se porta à Novogorod avec les cinquième, septième et huitième corps.

Le premier corps d'Autriche, commandé par le prince de Schwartzemberg, quitta Lemberg le....., fit un mouvement sur sa gauche, et s'approcha de Lublin.

L'équipage de ponts, sous les ordres du général Eblé, arriva le 23 à deux lieues du Niémen.

Le 23, à deux heures du matin, l'empereur arriva aux avant-postes près de Kowno, prit une capote et un bonnet polonais d'un des chevau-légers, et visita les rives du Niémen, accompagné seulement du général du génie Haxo.

A huit heures du soir, l'armée se mit en mouvement. A dix heures, le général de division comte Morand fit passer trois compagnies de voltigeurs, et au même moment trois ponts furent jetés sur le Niémen. A onze heures, trois colonnes débouchèrent sur les trois ponts. A une heure un quart le jour commençait déjà à paraître ; à midi, le général baron Pajol chassa devant lui une nuée de cosaques, et fit occuper Kowno par un bataillon.

Le 24, l'empereur se porta à Kowno.

Le maréchal prince d'Eckmülh porta son quartier-général à Roumchicki ;

Et le roi de Naples à Eketanoui.

Pendant toute la journée du 24 et celle du 25, l'armée défila sur les trois ponts. Le 24 au soir, l'empereur fit jeter un nouveau pont sur la Vilia, vis-à-vis de Kowno, et fit passer le maréchal duc de Reggio avec le deuxième corps. Les chevau-légers polonais de la garde passèrent à la nage. Deux hommes se noyaient, lorsqu'ils furent sauvés par des nageurs du vingt-sixième léger. Le colonel Guéhéneuc s'étant imprudemment exposé pour les secourir, périssait lui-même ; un nageur de son régiment le sauva.

Le 25, le duc d'Elchingen se porta à Kormelou ; le roi de Naples se porta à Jijmoroui : les troupes légères de l'ennemi furent chassées de tous côtés.

Le 26, le maréchal duc de Reggio arriva à Janow ; le maréchal duc d'Elchingen arriva à Sgorouli ; les divisions légères de cavalerie couvrirent toute la plaine jusqu'à dix lieues de Wilna.

Le 24, le maréchal duc de Tarente, commandant le dixième corps, dont les Prussiens font partie, a passé le Niémen à Tilsitt, et marche sur Rossiena, afin de balayer la rive droite du fleuve et de protéger la navigation.

Le maréchal duc de Bellune, commandant le neuvième corps, ayant sous ses ordres les divisions Heudelet, Lagrange, Durutte, Partouneaux, occupe le pays entre l'Elbe et l'Oder.

Le général de division comte Rapp, gouverneur de Dantzick, a sous ses ordres la division Daendels.

Le général de division comte Hogendorp est gouverneur de Kœnigsberg.

L'empereur de Russie est à Wilna avec sa garde et une partie de son armée, occupant Ronikoutoui et Newtroki.

Le général russe Bagawout, commandant le deuxième corps, et une partie de l'armée russe coupée de Wilna, n'ont trouvé leur salut qu'en se dirigeant sur la Dwina.

Le Niémen est navigable pour des bateaux de deux à trois cents tonneaux jusqu'à Kowno. Ainsi, les communications par eau sont assurées jusqu'à Dantzick et avec la Vistule, l'Oder et l'Elbe. Un immense approvisionnement en eau-de-vie, en farine, en biscuit, file de Dantzick et de Kœnigsberg sur Kowno. La Vilia, qui passe à Wilna, est navigable pour de plus petits bateaux, depuis Kowno jusqu'à Wilna. Wilna, capitale de la Lithuanie, l'est de toute la Pologne russe. L'empereur de Russie est depuis plusieurs mois dans cette ville, avec une partie de sa cour. L'occupation de cette place par l'armée française sera le premier fruit de la victoire. Plusieurs officiers de cosaques et des officiers porteurs de dépêches ont ont été arrêtés par la cavalerie légère.

Wilna, le 30 juin 1812.

Quatrième bulletin de la grande armée.

Le 27, l'empereur arriva aux avant-postes à deux heures après-midi, et mit en mouvement l'armée pour s'approcher de Wilna et attaquer, le 28, à la pointe du jour, l'armée russe, si elle voulait défendre Wilna ou en retarder la prise, pour sauver les immenses magasins qu'elle y avait. Une division russe occupait Troki, et une autre division était sur les hauteurs de Waka.

A la pointe du jour, le 28, le roi de Naples se mit en mouvement avec l'avant-garde et la cavalerie légère du général comte Bruyères. Le maréchal prince d'Eckmülh l'appuya avec son corps. Les Russes se reployèrent partout. Après avoir échangé quelques coups de canon, ils repassèrent en toute hâte la Vilia, brûlèrent le pont de bois de Wilna, et incendièrent d'immenses magasins, évalués à plusieurs millions de roubles ; plus de cent cinquante mille quintaux de farine, un immense approvisionnement de fourrages et d'avoine, une masse considérable d'effets d'habillement furent brûlés. Une grande quantité d'armes, dont en général la Russie manque, et de munitions de guerre, furent détruites et jetées dans la Vilia.

A midi, l'empereur entra dans Wilna. A trois heures, le pont sur la Vilia fut rétabli : tout les charpentiers de la ville s'y étaient portés avec empressement, et construisaient un pont en même temps que les pontonniers en construisaient un autre.

La division Bruyères suivit l'ennemi sur la rive gauche. Dans une légère affaire d'arrière-garde, une cinquantaine de voitures furent enlevées aux Russes. Il y eut quelques hommes tués et blessés ; parmi ces derniers est le capitaine de hussards Ségur. Les chevau-légers polonais de la garde firent une charge sur la droite de la Vilia, mirent en déroute, poursuivirent et firent prisonniers bon nombre de cosaques.

Le 15, le duc de Reggio avait passé la Vilia sur un pont jeté près de Kowno. Le 26, il se dirigea sur Jonow, et le 27 sur Chatouï. Ce mouvement obligea le prince de Witgenstein, commandant le premier corps de l'armée russe, à évacuer toute la Samogitie et le pays situé entre Kowno et la mer, et à se porter sur Wilkomir en se faisant renforcer par deux régimens de la garde.

Le 28, la rencontre eut lieu. Le maréchal duc de Reggio trouva l'ennemi en bataille vis-à-vis Develtovo. La canonnade s'engagea : l'ennemi fut chassé de position en position, et repassa avec tant de précipitation le pont, qu'il ne put pas le brûler. Il a perdu trois cents prisonniers, parmi lesquels plusieurs officiers, et une centaine d'hommes tués ou blessés. Notre perte se monte à une cinquantaine d'hommes.

Le duc de Reggio se loue de la brigade de cavalerie légère que commande le général baron Castex, et du onzième régiment d'infanterie légère, composé en entier de Français des départemens au-delà des Alpes. Les jeunes concrits romains ont montré beaucoup d'intrépidité.

L'ennemi a mis le feu à son grand magasin de Wilkomir. Au dernier moment, les habitans avaient pillé quelques tonneaux de farine; on est parvenu à en recouvrer une partie.

Le 29, le duc d'Elchingen a jeté un pont vis-à-vis Souderva pour passer la Vilia. Des colonnes ont été dirigées sur les chemins de Grodno et de la Volhynie, pour marcher à la rencontre des différens corps russes coupés et éparpillés.

Wilna est une ville de vingt-cinq à trente mille ames, ayant un grand nombre de couvens, de beaux établissemens et des habitans pleins de patriotisme. Quatre ou cinq cents jeunes gens de l'Université, ayant plus de dix-huit ans, et appartenant aux meilleures familles, ont demandé à former un régiment.

L'ennemi se retire sur la Dwina. Un grand nombre d'officiers d'état-major et d'estafettes tombent à chaque instant dans nos mains. Nous acquérons la preuve de l'exagération de tout ce que la Russie a publié sur l'immensité de ses moyens. Deux bataillons seulement par régiment sont à l'armée; les troisièmes bataillons, dont beaucoup d'états de situation ont été interceptés dans la correspondance des officiers des dépôts avec les régimens, ne se montent pour la plupart qu'à cent vingt ou deux cents hommes.

La cour est partie de Wilna vingt-quatre heures après avoir appris notre passage à Kowno. La Samogitie, la Lithuanie sont presque entièrement délivrées. La centralisation de Bagration vers le nord a fort affaibli les troupes qui devaient défendre la Volhynie.

Le roi de Westphalie, avec le corps du prince Poniatowski, le septième et le huitième corps, doit être entré le 29 à Grodno.

Différentes colonnes sont parties pour tomber sur les flancs du corps de Bagration, qui, le 20, a reçu l'ordre de se rendre à marche forcée de Proujanoui sur Wilna, et dont la tête était déjà arrivée à quatre journées de marche de cette dernière ville, mais que les événemens ont forcée de rétrograder et que l'on poursuit.

Jusqu'à cette heure, la campagne n'a pas été sanglante; il n'y a eu que des manœuvres : nous avons fait en tout mille prisonniers; mais l'ennemi a déjà perdu la capitale et la plus grande partie des provinces polonaises, qui s'insurgent. Tous les magasins de première, de deuxième et de troisième lignes, résultat de deux années de soins, et évalués plus de vingt millions de roubles, sont consumés par les flammes ou tombés en notre pouvoir. Enfin, le quartier-général de l'armée française est dans le lieu où était la cour depuis six semaines.

Parmi le grand nombre de lettres interceptées, on remarque les deux suivantes; l'une de l'intendant de l'armée russe, qui fait connaître que déjà la Russie ayant perdu tous ses magasins de première, de deuxième et de troisième lignes, est réduite à en former en toute hâte de nouveaux; l'autre, du duc Alexandre de Wurtemberg, faisant voir qu'après peu de jours de campagne, les provinces du centre sont déjà déclarées en état de guerre.

Dans la situation présente des choses, si l'armée russe croyait avoir quelque chance de victoire, la défense de Wilna valait une bataille; et dans tous les pays, mais surtout dans celui où nous nous trouvons, la conservation d'une triple ligne de magasins aurait dû décider un général à en risquer les chances.

Des manœuvres ont donc seules mis au pouvoir de l'armée française une bonne partie des provinces polonaises, la capitale et trois lignes de magasins. Le feu a été mis aux magasins de Wilna avec tant de précipitation, qu'on a pu sauver beaucoup de choses.

Au quartier-général impérial de Wilna, le 1ᵉʳ juillet 1812.

Ordre du jour sur l'organisation de la Lithuanie.

Il y aura un gouvernement provisoire de la Lithuanie, composé de sept membres et d'un secrétaire-général. La commission du gouvernement provisoire de la Lithuanie sera chargée de l'administration des finances, des subsistances, de l'organisation des troupes du pays, de la formation des gardes nationales et de la gendarmerie. Il y aura auprès de la commission provisoire du gouvernement de la Lithuanie un commissaire impérial.

Chacun des gouvernemens de Wilna, Grodno, Minsk et Byalistock sera administré par une commission de trois membres, présidée par un intendant. Ces commissions administratives seront sous les ordres de la commission provisoire de gouvernement de la Lithuanie.

L'administration de chaque district sera confiée à un sous-préfet.

Il y aura, pour la ville de Wilna, un maire, quatre adjoints et un conseil municipal composé de douze membres. Cette administration sera chargée de la gestion des biens de la ville, de la surveillance des établissemens de bienfaisance et de la police municipale.

Il sera formé à Wilna une garde nationale composée de deux bataillons. Chaque bataillon sera de six compagnies. La force des deux bataillons sera de quatre cent cinquante hommes.

Il y aura dans chacun des gouvernemens de Wilna, Grodno, Minsk et Byalistock une gendarmerie commandée par un colonel ayant sous ses ordres; savoir : ceux des gouvernemens de Wilna et de Minsk, deux chefs d'escadron; ceux des gouvernemens de Grodno et de Byalistock, un chef d'escadron. Il y aura une compagnie de gendarmerie par district. Chaque compagnie sera composée de cent sept hommes.

Le colonel de la gendarmerie résidera au chef-lieu du gouvernement. La résidence des officiers et l'emplacement des brigades seront déterminés par la commission provisoire de gouvernement de la Lithuanie.

Les officiers, sous-officiers et volontaires gendarmes, seront pris parmi les gentilshommes propriétaires du district : aucun ne pourra s'en dispenser. Il seront nommés ; savoir : les officiers, par la commission provisoire de gouvernement de la Lithuanie; les sous-officiers et volontaires gendarmes, par les commissions administratives des gouvernemens de Wilna, Grodno, Minsk et Byalistock.

L'uniforme de la gendarmerie sera l'uniforme polonais.

La gendarmerie fera le service de police ; elle prêtera main-forte à l'autorité publique ; elle arrêtera les traînards, maraudeurs et déserteurs, de quelque armée qu'ils soient. Notre ordre du jour, en date du..... juin dernier, sera publié dans chaque gouvernement, et il y sera, en conséquence, établi une commission militaire.

Le major-général nommera un officier-général ou supérieur, français ou polonais, des troupes de ligne, pour commander chaque gouvernement. Il aura sous ses ordres les gardes nationales, la gendarmerie et les troupes du pays.

NAPOLÉON.

Wilna, le 6 juillet 1812.

Cinquième bulletin de la grande armée.

L'armée russe était placée et organisée de la manière suivante au commencement des hostilités :

Le premier corps commandé par le prince Wittgenstein, composé des cinquième et quatrième divisions d'infanterie, et d'une division de cavalerie, formant en tout dix-huit cents hommes, artillerie et sapeurs compris, avait été long-temps à Chawli. Il avait depuis occupé Rosiena, et était le 24 juin à Keydanoui.

Le deuxième corps, commandé par le général Bagavout, composé des quatrième et dix-septième divisions d'infanterie, et d'une division de cavalerie présentant la même force, occupait Kowno.

Le troisième corps, commandé par le général Schomoaloff, composé de la première division de grenadiers, d'une division d'infanterie et d'une division de cavalerie, formant vingt-quatre mille hommes, occupait New-Troki.

Le quatrième corps, commandé par le général Tutschkoff, composé des onzième et vingt-troisième divisions d'infanterie et d'une division de cavalerie, formant dix-huit mille hommes, était placé depuis New-Troki jusqu'à Lida.

La garde impériale était à Wilna.

Le sixième corps, commandé par le général Doctorow, composé de deux divisions d'infanterie et d'une division de cavalerie, formant dix-huit mille hommes, avait fait partie de l'armée du prince Bagration. Au milieu de juin, il arriva à Lida, venant de la Volhynie pour renforcer la première armée. Ce corps était, à la fin de juin, entre Lida et Grodno.

Le cinquième corps, composé de la deuxième division de grenadiers, des douzième, dix-huitième et vingt-sixième divisions d'infanterie, et de deux divisions de cavalerie, était le 30 à Wolkowisk. Le prince Bagration commandait ce corps, qui pouvait être de quarante mille hommes.

Enfin, les neuvième et quinzième divisions d'infanterie et une division de cavalerie, commandées par le général Markow, se trouvaient dans le fond de la Volhynie.

Le passage de la Vilia, qui eut lieu le 25 juin, et la marche du duc de Reggio sur Janow et sur Chatoui, obligèrent le corps de Wittgenstein à se porter sur Wilkomir et sur la gauche, et le corps de Bagawout à gagner Dunabourg par Mouchnicki et Gedroitse. Ces deux corps se trouvaient ainsi coupés de Wilna.

Les troisième et quatrième corps, et la garde impériale russe, se portèrent de Wilna sur Nementschin., Swentzianoui et Vidzoui. Le roi de Naples les poussa vivement sur les deux rives de la Vilia. Le dixième régiment de hussards polonais, tenant la tête de colonne de la division du comte Sébastiani, rencontra près de Lebowo un régiment de cosaques de la garde qui protégeait la retraite de l'arrière-garde, et le chargea tête baissée, lui tua neuf hommes et fit une douzaine de prisonniers. Les troupes polonaises, qui jusqu'à cette heure ont chargé, ont montré une rare détermination. Elles sont animées par l'enthousiasme et la passion.

Le 3 juillet, le roi de Naples s'est porté sur Swentzianoui, et y a atteint l'arrière-garde du baron de Tolly. Il donna ordre au général Montbrun de la faire charger ; mais les Russes n'ont point attendu, et se sont retirés avec une telle précipitation, qu'un escadron de hulans, qui revenait d'une reconnaissance du côté de Mikaïlitki, tomba dans nos postes. Il fut chargé par le douzième de chasseurs, et entièrement pris ou tué : soixante hommes ont été pris avec leurs chevaux. Les Polonais qui se trouvaient parmi ces prisonniers ont demandé à servir, et ont pris rang, tout montés, dans les troupes polonaises.

Le 4, à la pointe du jour, le roi de Naples est entré à Swentzianoui : le maréchal duc d'Elchingen est entré à Miliatoui, et le maréchal duc de Reggio à Avanta.

Le 30 juin, le maréchal duc de Tarente est arrivé à Rosiena; il s'est porté de là sur Poneviegi, Chawli et Tesch.

Les immenses magasins que les Russes avaient dans la Samogitie ont été brûlés par eux; perte énorme, non-seulement pour leurs finances, mais encore pour la subsistance des peuples.

Cependant le corps de Doctorow, c'est-à-dire le sixième corps, était encore, le 27 juin, sans ordres, et n'avait fait aucun mouvement. Le 28, il se réunit et se mit en marche pour se porter sur la Dwina par une marche de flanc. Le 30, son avant-garde entra à Soleinicki. Elle fut chargée par la cavalerie légère du général baron Bordesoult, et chassée de la ville. Doctorow se voyant prévenu, prit à droite, et se porta sur Ochmiana. Le général baron Pajol y arriva avec sa brigade de cavalerie légère, au moment où l'avant-garde de Doctorow y entrait. Le général Pajol le fit charger; l'ennemi fut sabré et culbuté dans la ville. Il a perdu soixante hommes tués et dix-huit prisonniers. Le général Pajol a eu cinq hommes tués et quelques blessés. Cette charge a été faite par le neuvième régiment de lanciers polonais.

Le général Doctorow voyant le chemin coupé, rétrograda sur Olchanoui. Le maréchal prince d'Eckmülh, avec une division d'infanterie, les cuirassiers de la division du comte Valence et le deuxième régiment de chevau-légers de la garde, se porta sur Ochmiana pour soutenir le général Pajol.

Le corps de Doctorow, ainsi coupé et rejeté dans le midi, continua de longer à droite, à marches forcées, en faisant le sacrifice de ses bagages, sur Smoroghoui, Danowcheff et Kobouïluicki, d'où il s'est porté sur la Dwina. Ce mouvement avait été prévu. Le général comte Nansouty, avec une division de cuirassiers, la division de cavalerie du général comte Bruyères et la division d'infanterie du comte Morand, s'était portée à Mikaïlitchki pour couper ce corps. Il arriva le 3 à Swir, lorsqu'il débouchait, et le poussa vivement, lui prit bon nombre de traînards, et l'obligea à abandonner quelques centaines de voitures de bagages.

L'incertitude, les angoisses, les marches et les contre-marches qu'ont faites ces troupes, les fatigues qu'elles ont essuyées, ont dû les faire beaucoup souffrir.

Des torrens de pluie ont tombé pendant trente-six heures sans interruption.

D'une extrême chaleur, le temps a passé tout-à-coup à un froid très-vif. Plusieurs milliers de chevaux ont péri par l'effet de cette transition subite. Des convois d'artillerie ont été arrêtés dans les boues.

Cet épouvantable orage, qui a fatigué les hommes et les chevaux, a nécessairement retardé notre marche, et le corps de Doctorow, qui a donné successivement dans les colonnes du général Bordesoult, du général Pajol et du général Nansouty, a été près de sa destruction.

Le prince Bagration, avec le cinquième corps, placé plus en arrière, marche sur la Dwina. Il est parti le 30 juin de Wolkowski pour se rendre sur Minsk.

Le roi de Westphalie est entré le même jour à Grodno. La division Dombrowski a passé la première. L'hetman Platow se trouvait encore à Grodno avec ses cosaques. Chargés par la cavalerie légère du prince Poniatowski, les cosaques ont été éparpillés : on leur a tué deux cents hommes et fait soixante prisonniers. On a trouvé à Grodno une manutention propre à cuire cent mille rations de pain, et quelques restes de magasins.

Il avait été prévu que Bagration se porterait sur la Dwina en se rapprochant le plus possible de Dunabourg; et le général de division comte Grouchy a été envoyé à Bognadow. Il était le 3 à Traboui. Le maréchal prince d'Eckmülh, renforcé de deux divisions, était le 4 à Wichnew. Si le prince Poniatowski a poussé vivement l'arrière-garde du corps de Bagration, ce corps se trouvera compromis.

Tous les corps ennemis sont dans la plus grande incertitude. L'hetmann Platow ignorait, le 30 juin, que depuis deux jours Wilna fût occupé par les Français. Il se dirigea sur cette ville jusqu'à Lida, où il changea de route et se porta sur le midi.

Le soleil, dans la journée du 4, a rétabli les chemins. Tout s'organise à Wilna. Les faubourgs ont souffert par la grande quantité de monde qui s'y est précipitée pendant la durée de l'orage. Il y avait une manutention russe pour soixante mille rations. On en a établi une autre pour une égale quantité de rations. On forme des magasins. La tête des convois arrive à Kowno par le Niémen. Vingt mille quintaux de farine et un million de rations de biscuit viennent d'y arriver de Dantzick.

Wilna, le 12 juillet 1812.

Sixième bulletin de la grande armée.

Le roi de Naples a continué à suivre l'arrière-garde ennemie. Le 5, il a rencontré la cavalerie ennemie en position sur la Dziana; il l'a fait charger par la brigade de cavalerie légère, que commande le général baron Subervic. Les régimens prussiens, wurtembergeois et polonais qui font partie de cette brigade, ont chargé avec la plus grande intrépidité. Ils ont culbuté une ligne de dragons et de hussards russes, et ont fait deux cents prisonniers, hussards et dragons montés.

Arrivé au-delà de la Dziana, l'ennemi coupa les ponts et voulut défendre le passage. Le général comte Montbrun fit alors avancer ses cinq batteries d'artillerie légère, qui, pendant plusieurs heures, portèrent le ravage dans les rangs ennemis. La perte des Russes a été considérable.

Le général comte Sébastiani est arrivé le même jour à Vidzoui, d'où l'empereur de Russie était parti la veille.

Notre avant-garde est sur la Dwina.

Le général comte Nansouty était le 5 juillet à Postavoui. Il se porta, pour passer la Dziana, à six lieues de là, sur la droite du roi de Naples. Le général de brigade Roussel, avec le neuvième régiment de chevau-légers polonais et le deuxième régiment de hussards prussiens, passa la rivière, culbuta six escadrons russes, en sabra un bon nombre et fit quarante-cinq prisonniers avec plusieurs officiers. Le général Nansouty se loue de la conduite du général Roussel, et cite avec éloge le lieutenant Borke, du deuxième régiment de hussards prussiens, le sous-officier Krance, et le hussard Lutze. S. M. a accordé la décoration de la Légion-d'Honneur au général Roussel, aux officiers et au sous-officier ci-dessus nommés.

Le général Nansouty a fait prisonniers cent trente hussards et dragons russes montés.

Le 3 juillet, la communication a été ouverte entre Grodno et Wilna par Lida. L'hetmann Platow, avec six mille cosaques, chassé de Grodno, se présenta sur Lida, et y trouva les avant-postes français. Il descendit sur Ivie le 5.

Le général comte Grouchy occupait Witchenew, Traboui et Soubotnicki. Le général baron Pajol était à Perckaï; le général baron Bordesoult était à Blakchtoui; le maréchal prince d'Eckmühl était en avant de Bobrowitski, poussant des têtes de colonne partout.

Platow se retira précipitamment, le 6, sur Nikolaew.

Le prince Bagration, parti dans les premiers jours de juillet de Wolkowisk, pour se diriger sur Wilna, a été intercepté dans sa route. Il est retourné sur ses pas pour gagner Minsk; prévenu par le prince d'Eckmühl, il a changé de direction, a renoncé à se porter sur la Dwina, et se porte sur le Borysthène par Bobruisk, en traversant les marais de la Bérésina.

Le maréchal prince d'Eckmühl est entré le 8 à Minsk. Il y a trouvé des magasins considérables en farine, en avoine, en effets d'habillement, etc. Bagration était déjà arrivé à Novoi-Sworgiew; se voyant prévenu, il envoya l'ordre de brûler les magasins; mais le prince d'Eckmühl ne lui en a pas donné le temps.

Le roi de Westphalie était le 9 à Nowogrodek; le général Reynier, à Slonim. Des magasins, des voitures de bagages, des pharmacies, des hommes isolés ou coupés tombent à chaque moment dans nos mains. Les divisions russes errent dans ces contrées sans directions prévues, poursuivies partout, perdant leurs bagages, brûlant leurs magasins, détruisant leur artillerie, et laissant leurs places sans défense.

Le général baron de Colbert a pris à Vileika un magasin de trois mille quintaux de farine, de cent mille rations de biscuit, etc. Il a trouvé aussi à Vileika une caisse de vingt mille francs en monnaie de cuivre.

Tous ces avantages ne coûtent presque aucun homme à l'armée française : depuis que la campagne est ouverte, on compte à peine, dans tous les corps réunis, trente hommes tués, une centaine de blessés et dix prisonniers, tandis que nous avons déjà deux mille à deux mille cinq cents prisonniers russes.

Le prince de Schwartzenberg a passé le Bug à Droghitschin, a poursuivi l'ennemi dans ses différentes directions, et s'est emparé de plusieurs voitures de bagages. Le prince de Schwartzenberg se loue de l'accueil qu'il reçoit des habitans, et de l'esprit de patriotisme qui anime ces contrées.

Ainsi dix jours après l'ouverture de la campagne, nos avant-postes sont sur la Dwina. Presque toute la Lithuanie, ayant quatre millions d'hommes de population, est conquise. Les mouvemens de guerre ont commencé au passage de la Vistule. Les projets de l'empereur étaient dès-lors démasqués, et il n'y avait pas de temps à perdre pour leur exécution. Aussi l'armée a-t-elle fait de fortes marches depuis le passage de ce fleuve, pour se porter par des manœuvres sur la Dwina, car il y a plus loin de la Vistule à la Dwina, que de la Dwina à Moscou et à Pétersbourg.

Les Russes paraissent se concentrer sur Dunabourg; ils annoncent le projet de nous attendre et de nous livrer bataille avant de rentrer dans leurs anciennes provinces, après avoir abandonné sans combat la Pologne, comme s'ils étaient pressés par la justice, et qu'ils voulussent restituer un pays mal acquis, puisqu'il ne l'a été ni par les traités, ni par le droit de conquête.

Le chaleur continue à être très-forte.

Le peuple de Pologne s'émeut de tous côtés. L'aigle blanche est arborée partout. Prêtres, nobles, paysans, femmes, tous demandent l'indépendance de leur nation. Les paysans sont extrêmement jaloux du bonheur des paysans du grand-duché, qui sont libres; car, quoi qu'on dise, la liberté est regardée par les Lithuaniens comme le premier des biens. Les paysans s'expriment avec une vivacité d'élocution qui ne semble pas devoir appartenir aux climats du nord, et tous embrassent avec transport l'espérance que la fin de la lutte sera le rétablissement de leur liberté. Les paysans du grand-duché ont gagné à la liberté, non qu'ils soient plus riches, mais que les propriétaires sont obligés d'être modérés, justes et humains, parce qu'autrement les paysans quitteront leurs terres pour chercher de meilleurs propriétaires. Ainsi le noble ne perd rien ; il est seulement obligé d'être juste, et le paysan gagne beaucoup. Ç'a dû être une douce jouissance pour le cœur de l'empereur, que d'être témoin, en traversant le grand-duché, des transports de joie et de reconnaissance qu'excite le bienfait de la liberté accordée à quatre millions d'hommes.

Six régimens d'infanterie de nouvelle levée viennent d'être décrétés en Lithuanie, et quatre régimens de cavalerie viennent d'être offerts par la noblesse.

Wilna, le 16 juillet 1812.

Septième bulletin de la grande armée.

S. M. fait élever sur la rive droite de la Vilia un camp retranché fermé par des redoutes, et fait construire une citadelle sur la montagne où était l'ancien palais des Jagellons. On travaille à établir deux ponts de pilotis sur la Vilia. Trois ponts de radeaux existent déjà sur cette rivière.

Le 8, l'empereur a passé la revue d'une partie de sa garde, composée des divisions Laborde et Roguet, que commande le maréchal duc de Trévise, et de la vieille garde, que commande le maréchal duc de Dantzick, sur l'emplacement du camp retranché. La belle tenue de ces troupes a excité l'admiration générale.

Le 4, le maréchal duc de Tarente fit partir de son quartier-général de Rossiena, capitale de la Samogitie, l'une des plus belles et des plus fertiles provinces de la Pologne, le général de brigade baron Ricard, avec une partie de la septième division, pour se porter sur Poniewiez ; le général prussien Kleist, avec une brigade prussienne, a été envoyé sur Chawli ; et le brigadier prussien de Jeannerel, avec une autre brigade prussienne, sur Telch. Ces trois commandans sont arrivés à leur destination. Le général Kleist n'a pu atteindre qu'un hussard russe, l'ennemi ayant évacué en toute hâte Chawli, après avoir incendié les magasins.

Le général Ricard est arrivé, le 6 de grand matin, à Poniewiez. Il a eu le bonheur de sauver les magasins qui s'y trouvaient, et qui contenaient trente mille quintaux de farine. Il a fait cent soixante prisonniers, parmi lesquels sont quatre officiers. Cette petite expédition fait le plus grand honneur au détachement de hussards de la Mort prussien, qui en a été chargé. S. M. a accordé la décoration de la Légion-d'Honneur au commandant, au lieutenant de Raven, aux sous-officiers Werner et Pommereit, et au brigadier Grabouski, qui se sont distingués dans cette affaire.

Les habitans de la province de Samogitie se distinguent par leur patriotisme. Ils ont un grief de plus que les autres Polonais : ils étaient libres ; leur pays est riche ; il l'était davantage ; mais leurs destinées ont changé avec la chute de la Pologne. Les plus belles terres ayant été données par Catherine aux Soubow, les paysans, de libres qu'ils étaient, ont dû devenir esclaves. Le mouvement de flanc qu'a fait l'armée sur Wilna, ayant tourné cette belle province, elle se trouve intacte, et sera de la plus grande utilité à l'armée. Deux mille chevaux sont en route pour venir réparer les pertes de l'artillerie. Des magasins considérables ont été conservés. La marche de l'armée de Kowno sur Wilna, et de Wilna sur Dunabourg et sur Minsk, a obligé l'ennemi à abandonner les rives du Niémen, et a rendu libre cette rivière, par laquelle de nombreux convois arrivent à Kowno. Nous avons dans ce moment plus de cent cinquante mille quintaux de farine, deux millions de rations de biscuit, six mille quintaux de riz, une grande quantité d'eau-de-vie, six cent mille boisseaux d'avoine, etc. Les convois se succèdent avec rapidité : le Niémen est couvert de bateaux.

Le passage du Niémen a eu lieu le 24, et l'empereur est entré à Wilna le 28. La première armée de l'Ouest, commandée par l'empereur Alexandre, est composée de neuf divisions d'infanterie et de quatre divisions de cavalerie. Poussée de poste en poste, elle occupe aujourd'hui le camp retranché de Drissa, où le roi de Naples, avec les corps des maréchaux ducs d'Elchingen et de Reggio, plusieurs divisions du premier corps, et les corps de cavalerie des comtes Nansouty et Montbrun, la contient. La seconde armée, commandée par le prince Bagration, était encore, le premier juillet, à Kobrin, où elle se réunissait. Les neuvième et quinzième divisions étaient plus loin, sous les ordres du général Tormazow. A la première nouvelle du passage du Niémen, Bagration se mit en mouvement pour se porter sur Wilna; il fit sa jonction avec les cosaques de Platow, qui étaient vis-à-vis Grodno. Arrivé à la hauteur d'Ivié, il apprit que le chemin de Wilna lui était fermé. Il reconnut que l'exécution des ordres qu'il avait serait téméraire et entraînerait sa perte, Soubotnicki, Traboui, Witchnew, Volojink, étant occupés par les corps du général comte Grouchy, du général Pajol, et du maréchal prince d'Eckmühl. Il rétrograda alors, et prit la direction de Minsk; mais arrivé à demi-chemin de cette ville, il apprit que le prince d'Eckmühl y était entré. Il rétrograda encore une fois: de Newij il marcha sur Slousk, et de là il se porta sur Bobruisk, où il n'aura d'autre ressource que de passer le Borysthène. Ainsi, les deux armées sont entièrement coupées, et séparées entre elles par un espace de cent lieues.

Le prince d'Eckmühl s'est emparé de la place forte de Borisow sur la Bérésina. Soixante milliers de poudre, seize pièces de canon de siége, des hôpitaux, sont tombés en son pouvoir. Des magasins considérables ont été incendiés une partie cependant a été sauvée.

Le 10, le général Latour-Maubourg a envoyé la division de cavalerie légère, commandée par le général Rozniecki, sur

Mir. Elle a rencontré l'arrière-garde ennemie à peu de distance de cette ville. Un engagement très-vif eut lieu. Malgré l'infériorité du nombre de la division polonaise, le champ lui est resté. Le général de cosaques Gregoriew a été tué, et quinze cents Russes ont été tués ou blessés. Notre perte a été de cinq cents hommes au plus. La cavalerie légère polonaise s'est battue avec la plus grande intrépidité, et son courage a suppléé au nombre. Nous sommes entrés le même jour à Mir.

Le 13, le roi de Westphalie avait son quartier-général à Nesvy.

Le vice-roi arrive à Dockchitsoui.

Les Bavarois, commandés par le général comte Gouvion-Saint-Cyr, ont passé la revue de l'empereur le 14, à Wilna. La division Deroy et la division de Wrede étaient très-belles. Ces troupes se sont mises en marche pour Sloubokoe.

La diète de Varsovie s'étant constituée en confédération générale de Pologne, a nommé le prince Adam Czartorinski son président. Ce prince, âgé de quatre-vingts ans, a été, il y a cinquante ans, maréchal d'une diète de Pologne. Le premier acte de la confédération a été de déclarer le royaume de Pologne rétabli.

Une députation de la confédération a été présentée à l'empereur à Wilna, et a soumis à son approbation et à sa protection l'acte de confédération.

Réponse de l'empereur au discours de M. le comte palatin Wibicki, président de la députation de la confédération générale de Pologne.

MM. les députés de la confédération de Pologne,

J'ai entendu avec intérêt ce que vous venez de me dire.

Polonais, je penserais et j'agirais comme vous; j'aurais

voté comme vous dans l'assemblée de Varsovie : l'amour de la patrie est la première vertu de l'homme civilisé.

Dans ma position, j'ai bien des intérêts à concilier et bien des devoirs à remplir. Si j'eusse régné lors du premier, du second ou du troisième partage de la Pologne, j'aurais armé tout mon peuple pour vous soutenir. Aussitôt que la victoire m'a permis de restituer vos anciennes lois à votre capitale et à une partie de vos provinces, je l'ai fait avec empressement, sans toutefois prolonger une guerre qui eût fait couler encore le sang de mes sujets.

J'aime votre nation : depuis seize ans, j'ai vu vos soldats à mes côtés, sur les champs d'Italie, comme sur ceux d'Espagne.

J'applaudis à tout ce que vous avez fait : j'autorise les efforts que vous voulez faire ; tout ce qui dépendra de moi pour seconder vos résolutions, je le ferai.

Si vos efforts sont unanimes, vous pouvez concevoir l'espoir de réduire vos ennemis à reconnaître vos droits ; mais, dans ces contrées si éloignées et si étendues, c'est surtout sur l'unanimité des efforts de la population qui les couvre, que vous devez fonder vos espérances de succès.

Je vous ai tenu le même langage lors de ma première apparition en Pologne ; je dois ajouter ici que j'ai garanti à l'empereur d'Autriche l'intégrité de ses états, et que je ne saurais autoriser aucune manœuvre ni aucun mouvement qui tendrait à le troubler dans la paisible possession de ce qui lui reste des provinces polonaises. Que la Lithuanie, la Samogitie, Witepsck, Polotzk, Mohilow, la Volhynie, l'Ukraine, la Podolie, soient animées du même esprit que j'ai vu dans la grande Pologne, et la providence couronnera par le succès, la sainteté de votre cause ; elle récompensera ce dévouement à votre patrie, qui vous a rendus si intéressans, et vous a acquis tant de droits à mon estime et à ma protection, sur laquelle vous devez compter dans toutes les circonstances.

Gloubokoé, le 22 juillet 1812.

Huitième bulletin de la grande armée.

Le corps du prince Bagration est composé de quatre divisions d'infanterie, fortes de vingt-deux à vingt-quatre mille hommes; des cosaques de Platow, formant six mille chevaux, et de quatre à cinq mille hommes de cavalerie. Deux divisions de son corps (la neuvième et la onzième) voulaient le rejoindre par Pinsk; elles ont été interceptées et obligées de rentrer en Volhynie.

Le 14, le général Latour-Maubourg, qui suivait l'arrière-garde de Bagration, était à Romanow. Le 16, le prince Poniatowski y avait son quartier-général.

Dans l'affaire du 10, qui a eu lieu a Romanow, le général Rozniecki, commandant la cavalerie légère du quatrième corps de cavalerie, a perdu six cents hommes tués ou blessés, ou faits prisonniers. On n'a à regretter aucun officier supérieur. Le général Rozniecki assure que l'on a reconnu sur le champ de bataille, les corps du général de division russe comte Pahlen, des colonels russes Adrianow et Jesowayski.

Le prince de Schwartzemberg avait, le 13, son quartier-général à Prazana. Il avait fait occuper, le 11 et le 12, la position importante de Pinsk, par un détachement, qui a pris quelques hommes et des magasins assez considérables. Douze houlans autrichiens ont chargé quarante-six cosaques, les ont poursuivis pendant plusieurs lieues, et en ont pris six. Le prince de Schwartzemberg marche sur Minsk.

Le général Reynier est revenu, le 19, à Slonim, pour garantir le duché de Varsovie d'une incursion, et observer les deux divisions ennemies rentrées en Volhynie.

Le 12, le général baron Pajol, étant à Jghoumen, a envoyé le capitaine Vaudois, avec cinquante chevaux, à Khaloui. Ce détachement a pris là un parc de deux cents voitures du corps de Bagration, a fait prisonniers six officiers, deux canonniers, trois cents hommes du train, et a pris huit cents beaux chevaux d'artillerie. Le capitaine Vaudois, se trouvant éloigné de quinze lieues de l'armée, n'a pas jugé pouvoir amener ce convoi, et l'a brûlé; il a amené les chevaux harnachés et les hommes.

Le prince d'Eckmühl était le 15 à Jghoumen; le général Pajol était à Jachitsié, ayant des postes sur Swisloch : ce qu'apprenant, Bagration a renonconcé à se porter sur Bobruisk, et s'est jeté quinze lieues plus bas du côté de Mozier.

Le 17, le prince d'Eckmühl était à Golognino.

Le 15, le général Grouchy était à Borisow. Un parti qu'il a envoyé sur Star-Lepel, y a pris des magasins considérables, et deux compagnies de mineurs de huit officiers et de deux cents hommes.

Le 18, ce général était à Kokanow.

Le même jour, à deux heures du matin, le général baron Colbert est entré à Orcha, où il s'est emparé d'immenses magasins de farine, d'avoine, d'effets d'habillement. Il a passé de suite le Borysthène, et s'est mis à la poursuite d'un convoi d'artillerie.

Smolensk est en alarme. Tout s'évacue sur Moscou. Un officier envoyé par l'empereur pour faire évacuer les magasins d'Orcha, a été fort étonné de trouver la place au pouvoir des Français; cet officier a été pris avec ses dépêches.

Pendant que Bagration était vivement poursuivi dans sa retraite, prévenu dans ses projets, séparé et éloigné de la grande armée, la grande armée, commandée par l'empereur Alexandre, se retirait sur la Dwina. Le 14, le général Sébastiani, suivant l'arrière-garde ennemie, culbuta cinq cents cosaques et arriva à Drouïa.

Le 13, le duc de Reggio se porta sur Dunabourg, brûla d'assez belles baraques que l'ennemi avait fait construire, fit lever le plan des ouvrages, brûla des magasins et fit cent cinquante prisonniers. Après cette diversion sur la droite, il marcha sur Drouïa.

Le 15, l'ennemi qui était réuni dans son camp retranché de Drissa, au nombre de cent à cent vingt mille hommes, instruit que notre cavalerie légère se gardait mal, fit jeter un pont, fit passer cinq mille hommes d'infanterie et cinq mille hommes de cavalerie, attaqua le général Sébastiani à l'improviste, le repoussa d'une lieue, et lui fit éprouver une perte d'une centaine d'hommes, tués, blessés, et prisonniers, parmi lesquels se trouvent un capitaine et un sous-lieutenant du onzième de chasseurs. Le général de brigade baron Saint-Geniès, blessé mortellement, est resté au pouvoir de l'ennemi.

Le 16, le maréchal duc de Trévise, avec une partie de la garde à pied et de la garde à cheval, et la cavalerie légère bavaroise, arriva à Gloubokoé. Le vice-roi arriva à Dockchitsié le 17.

Le 18, l'empereur porta son quartier-général à Gloubokoé.

Le 20, les maréchaux ducs d'Istrie et de Trévise étaient à Ouchatsch; le vice-roi à Kamen; le roi de Naples à Disna.

Le 18, l'armée russe évacua son camp retranché de Drissa, consistant en une douzaine de redoutes palissadées, réunies par un chemin couvert et de trois mille toises de développement dans l'enfoncement de la rivière. Ces ouvrages ont coûté une année de travail; nous les avons rasés.

Les immenses magasins qu'ils renfermaient ont été brûlés ou jetés dans l'eau.

Le 19, l'empereur Alexandre était à Witepsk.

Le même jour, le général comte Nansouty était vis-à-vis Polotsk.

Le 20, le roi de Naples passa la Dwina, et fit inonder la rive droite par sa cavalerie.

Tous les préparatifs que l'ennemi avait faits pour défendre le passage de la Dwina, ont été inutiles. Les magasins qu'il formait à grands frais depuis trois ans, ont été détruits. Il est tels de ses ouvrages qui, au dire des gens du pays, ont coûté dans une année six mille hommes aux Russes. On ne sait sur quel espoir ils s'étaient flattés qu'on irait les attaquer dans des camps qu'ils avaient retranchés.

Le général comte Grouchy a des reconnaissances sur Babinovitch et sur Sienno. De tous côtés on marche sur la Oula. Cette rivière est réunie par un canal à la Bérésina, qui se jette dans le Borysthène; ainsi, nous sommes maîtres de la communication de la Baltique à la mer Noire.

Dans ses mouvemens, l'ennemi est obligé de détruire ses bagages, de jeter dans les rivières son artillerie, ses armes. Tout ce qui est Polonais profite de ces retraites précipitées pour déserter et rester dans les bois jusqu'à l'arrivée des Français. On peut évaluer à vingt mille les déserteurs polonais qu'a eus l'armée russe.

Le maréchal duc de Bellune, avec le neuvième corps, arrive sur la Vistule.

Le maréchal duc de Castiglione se rend à Berlin, pour prendre le commandement du onzième corps.

Le pays entre l'Oula et la Dwina est très-beau et couvert de superbes récoltes. On trouve souvent de beaux châteaux et de grands couvens. Dans le seul bourg de Gloubokoé, il y a deux couvens qui peuvent contenir chacun douze cents malades.

Bechenkoviski, le 25 juillet 1812.

Neuvième bulletin de la grande armée.

L'empereur a porté son quartier-général le 23 à Kamen, en passant par Ouchatsach.

Le vice-roi a occupé, le 22, avec son avant-garde, le pont de Botscheiskovo. Une reconnaissance de deux cents chevaux envoyée sur Bechenkoviski, a rencontré deux escadrons de hussards russes et deux de cosaques, les a chargés et leur a pris ou tué une douzaine d'hommes, dont un officier. Le chef d'escadron Lorenzi, qui commandait la reconnaissance, se loue des capitaines Rossi et Ferreri.

Le 23, à six heures du matin, le vice-roi est arrivé à Bechenkoviski. A dix heures, il a passé la rivière et a jeté un pont sur la Dwina. L'ennemi a voulu disputer le passage; son artillerie a été démontée. Le colonel Lacroix, aide-de-camp du vice-roi, a eu la cuisse cassée par une balle.

L'empereur est arrivé à Bechenkoviski le 24, à deux heures après midi. La division de cavalerie du général comte Bruyères et la division du général comte Saint-Germain ont été envoyées sur la route de Witepsk; elles ont couché à mi-chemin.

Le 20, le prince d'Eckmühl s'est porté sur Mohilow. Deux mille hommmes, qui formaient la garnison de cette ville, ont eu la témérité de vouloir se défendre; ils ont été écharpés par la cavalerie légère. Le 21, trois mille cosaques ont attaqué les avant-postes du prince d'Eckmühl; c'était l'avant-garde du prince Bagration, venue de Bobruisk. Un bataillon du quatre-vingt-cinquième a arrêté cette nuée de cavalerie légère, et l'a repoussée au loin. Bagration paraît avoir profité du peu d'activité avec laquelle il était poursuivi, pour se porter sur Bobruisk, et de là il est revenu sur Mohilow.

Nous occupons Mohilow, Orcha, Disna, Polotsk. Nous marchons sur Witepsk, où il paraît que l'armée russe est réunie.

Witepsk, le 31 juillet 1812.

Dixième bulletin de la grande armée.

L'empereur de Russie et le grand-duc Constantin ont quitté l'armée et se sont rendus dans la capitale. Le 17, l'armée russe a quitté le camp retranché de Drissa, et s'est portée sur Polotsk et Witepsk. L'armeé russe qui était à Drissa consistait en cinq corps d'armée, chacun de deux divisions et de quatre divisions de cavalerie. Un corps d'armée, celui du prince Wittgenstein, est resté pour couvrir Pétersbourg; les quatre autres corps, arrivés le 24 à Witepsk, ont passé sur la rive gauche de la Dwina. Le corps d'Ostermann, avec une partie de la cavalerie de la garde, s'est mis en marche le 25 à pointe du jour, et s'est porté sur Ostrovno.

Combat d'Ostrovno.

Le 25 juillet, le général Nansouty avec les divisions Bruyères et Saint-Germain, et le huitième régiment d'infanterie légère, se rencontra avec l'ennemi à deux lieues en avant d'Ostrovno. Le combat s'engagea. Diverses charges de cavalerie eurent lieu. Toutes furent favorables aux Français. La cavalerie légère se couvrit de gloire. Le roi de Naples cite, comme s'étant fait remarquer, la brigade Piré, composée du huitième de hussards et du seizième de chasseurs. La cavalerie russe, dont partie appartenait à la garde, fut culbutée. Les batteries que l'ennemi dressa contre notre cavalerie furent enlevées. L'infanterie russe, qui s'avança pour soutenir son artillerie, fut rompue et sabrée par notre cavalerie légère.

Le 26, le vice-roi marchant en tête des colonnes, avec la division Delzons, un combat opiniâtre d'avant-garde de quinze à vingt mille hommes s'engagea à une lieue au-delà d'Ostrovno. Les Russes furent chassés de position en position. Les bois furent enlevés à la baïonnette.

Le roi de Naples et le vice-roi citent avec éloges les généraux baron Delzons, Huard et Roussel; le huitième d'infanterie légère, les quatre-vingt-quatrième et quatre-vingt-douzième régimens de ligne, et le premier régiment Croates, se sont fait remarquer.

Le général Roussel, brave soldat, après s'être trouvé toute la journée à la tête des bataillons, le soir à dix heures, visitant les avant-postes, un éclaireur le prit pour ennemi, fit feu, et la balle lui fracassa le crâne. Il avait mérité de mourir trois heures plus tôt sur le champ de bataille de la main de l'ennemi.

Le 27, à la pointe du jour, le vice-roi fit déboucher en tête la division Broussier. Le dix-huitième régiment d'infanterie légère et la brigade de cavalerie légère du baron Piré tournèrent par la droite. La division Broussier passa par le grand chemin, et fit réparer un petit pont que l'ennemi avait détruit. Au soleil levant, on aperçut l'arrière-garde ennemie, forte de dix mille hommes de cavalerie, échelonnée dans la plaine : la droite appuyée à la Dwina, et la gauche à un bois garni d'infanterie et d'artillerie. Le général comte Broussier prit position sur une éminence avec le cinquante-troisième régiment, en attendant que toute sa division eût passé le défilé. Deux compagnies de voltigeurs avaient pris les devants, seules; elles longèrent la rive du fleuve, marchant sur cette énorme masse de cavalerie, qui fit un mouvement en avant, enveloppa ces deux cents hommes, que l'on crut perdus, et qui devaient l'être. Il en fut autrement; ils se réunirent avec le plus grand sang-froid, et restèrent, pendant une heure entière, investis de tous côtés; ayant jeté par terre plus de trois cents cavaliers ennemis, ces deux compagnies donnèrent à la cavalerie française le temps de déboucher.

La division Delzons fila sur la droite. Le roi de Naples dirigea l'attaque du bois et des batteries ennemies; en moins d'une heure, toutes les positions de l'ennemi furent emportées, et il fut rejeté dans la plaine, au-delà d'une petite rivière qui se jette dans la Dwina sous Witepsk. L'armée prit position sur les bords de cette rivière, à une lieue de la ville.

L'ennemi montra dans la plaine quinze mille hommes de cavalerie et soixante mille hommes d'infanterie. On espérait une bataille pour le lendemain. Les Russes se vantaient de vouloir la livrer. L'empereur passa le reste du jour à reconnaître le champ de bataille et à faire ses dispositions pour le lendemain; mais, à la pointe du jour, l'armée russe avait battu en retraite dans toutes les directions, se rendant sur Smolensk.

L'empereur était sur une hauteur, tout près des deux cents voltigeurs qui, seuls en plaine, avaient attaqué la droite de la cavalerie ennemie. Frappé de leur belle contenance, il envoya demander de quel corps ils étaient. Ils répondirent: « *Du neuvième, et les trois-quarts enfans de Paris!* » — « *Dites-leur*, dit l'empereur, *que ce sont de braves gens : ils méritent tous la croix !* »

Les résultats des trois combats d'Ostrovno sont : dix pièces de canon russes attelées, prises; les canonniers sabrés; vingt caissons de munitions; quinze cents prisonniers; cinq ou six mille Russes tués ou blessés. Notre perte se monte à deux cents hommes tués, neuf cents blessés, et une cinquantaine de prisonniers.

Le roi de Naples fait un éloge particulier des généraux Bruyères, Piré et Ornano, du colonel Radziwil, commandant le neuvième de lanciers polonais, officier d'une rare intrépidité.

Les hussards rouges de la garde russe ont été écrasés; ils ont perdu quatre cents hommes, dont beaucoup de prisonniers. Les Russes ont eu trois généraux tués ou blessés; bon nombre de colonels et d'officiers supérieurs de leur armée sont restés sur le champ de bataille.

Le 28, à la pointe du jour, nous sommes entrés dans Witepsk, ville de trente mille habitans. Il y a vingt couvens. Nous y avons trouvé quelques magasins, entre autres un magasin de sel évalué quinze millions.

Pendant que l'armée marchait sur Witepsk, le prince d'Eckmühl était attaqué à Mohilow.

Bagration passa la Bérésina à Bobruisk, et marcha sur Novoï-Bickow. Le 23, à la pointe du jour, trois mille cosaques attaquèrent le troisième de chasseurs, et lui prirent cent hommes, au nombre desquels se trouvent le colonel et quatre officiers, tous blessés. La générale battit: on en vint aux mains. Le général russe Sieverse, avec deux divisions d'élite, commença l'attaque: depuis huit heures du matin jusqu'à cinq heures du soir, le feu fut engagé sur la lisière du bois et au pont que les Russes voulaient forcer. A cinq heures, le prince d'Eckmühl fit avancer trois bataillons d'élite, se mit à leur tête, culbuta les Russes, leur enleva leurs positions, et les poursuivit pendant une lieue. La perte des Russes est évaluée à trois mille hommes tués et blessés, et à onze cents prisonniers. Nous avons perdu sept cents hommes tués ou blessés. Bagration, repoussé, se rejeta sur Bickow, où il passa le Borysthène, pour se porter sur Smolensk.

Les combats de Mohilow et d'Ostrovno ont été brillans et honorables pour nos armées; nous n'avons eu d'engagé que la moitié des forces que l'ennemi a présentées; le terrain ne comportait pas d'autres développemens.

Witepsk, le 4 août 1812.

Onzième bulletin de la grande armée.

Les lettres interceptées du camp de Bagration parlent des pertes qu'a faites ce corps dans le combat de Mohilow, et de l'énorme désertion qu'il a éprouvée en route. Tout ce qui était polonais est resté dans le pays; de sorte que ce corps qui, en y comprenant les cosaques de Platow, était de cinquante mille hommes, n'est pas actuellement fort de trente mille hommes. Il se réunira, vers le 7 ou le 8 août, à Smolensk, à la grande armée.

La position de l'armée, au 4 août, est la suivante :

Le quartier-général à Witepsk, avec quatre ponts sur la Dwina ;

Le quatrième corps à Souraj, occupant Velij, Porietché et Ousviath ;

Le roi de Naples à Roudina, avec les trois premiers corps de cavalerie ;

Le premier corps, que commande le maréchal prince d'Eckmühl, est à l'embouchure de la Beresina dans le Borysthène, avec deux ponts sur ce dernier fleuve, un pont sur la Beresina, et des doubles têtes de pont ;

Le troisième corps, commandé par le maréchal duc d'Elchingen, est à Liozna ;

Le huitième corps, que commande le duc d'Abrantès, est à Orcha, avec deux ponts et des têtes de pont sur le Borysthène ;

Le cinquième corps, commandé par le prince Poniatowsky, est à Mohilow, avec deux ponts et des têtes de pont sur le Borysthène ;

Le deuxième corps, commandé par le maréchal duc de Reggio, est sur la Drissa, en avant de Polotsk, sur la route de Sebej ;

Le prince de Schwartzemberg est avec son corps à Slonim;

Le septième corps est sur Rozana;

Le quatrième corps de cavalerie, avec une division d'infanterie, commandé par le général comte Latour-Maubourg, est devant Bobruisk et Mozier;

Le dixième corps, commandé par le duc de Tarente, est devant Dunabourg et Riga;

Le neuvième corps, commandé par le duc de Bellune, se réunit à Tilsitt;

Le onzième corps, commandé par le duc de Castiglione, est à Stettin.

S. M. a mis l'armée en quartier de rafraîchissement. La chaleur est excessive, et plus forte qu'en Italie. Le thermomètre est à vingt-six et vingt-sept degrés : les nuits même sont chaudes.

Le général Kamenski, avec deux divisions du corps de Bagration, ayant été coupé de ce corps, et n'ayant pu le rejoindre, est rentré en Volhynie, s'est réuni à des divisions de recrues commandées par le général Tormazow, et a marché sur le septième corps; il a surpris et cerné le général de brigade Klengel, saxon, ayant sous ses ordres une avant-garde de deux bataillons et de deux escadrons du régiment du prince Clément. Après six heures de résistance, la plus grande partie de cette avant-garde a été tuée ou prise : le général comte Reynier n'a pu venir que deux heures après à son secours. Le prince Schwartzemberg s'est mis le 30 juillet en marche pour rejoindre le général Reynier et pousser vivement la guerre contre les divisions ennemies.

Le 19, le général prussien Grawert a attaqué les Russes à Ekan en Courlande, les a culbutés, leur a fait deux cents prisonniers et leur a tué bon nombre d'hommes. Le général Grawert se loue du major Stiern, qui, avec le premier régiment de dragons prussiens, a eu une grande part à l'affaire.

Réuni au général Kleist, le général Grawert a poussé vivement l'ennemi sur le chemin de Riga et a investi la tête de pont.

Le 30, le vice-roi a envoyé à Velij une brigade de cavalerie légère italienne. Deux cents hommes ont chargé quatre bataillons de dépôt qui se rendaient à Twer, les ont rompus, ont fait quatre cents prisonniers et pris cent voitures chargées de munitions de guerre.

Le 31, l'aide de-camp Triaire, envoyé avec le régiment de dragons de la Reine de la garde royale italienne, est arrivé à Ousviath, a fait prisonniers un capitaine et quarante hommes, et s'est emparé de deux cents voitures chargées de farine.

Le 30, le maréchal duc de Reggio a marché de Polotsk sur Sebej. Il s'est rencontré avec le général Wittgenstein, dont le corps avait été renforcé de celui du prince Repnin. Un combat s'est engagé près du château de Jacoubovo. Le vingt-sixième régiment d'infanterie légère s'est couvert de gloire. La division Legrand a soutenu glorieusement le feu de tout le corps ennemi.

Le 31, l'ennemi s'est porté sur la Drissa pour attaquer le duc de Reggio par son flanc pendant sa marche. Le maréchal a pris position derrière la Drissa.

Le 1er août, l'ennemi a fait la sottise de passer la Drissa, et de se placer en bataille devant le deuxième corps. Le duc de Reggio a laissé passer la rivière à la moitié du corps ennemi, et quand il a vu environ quinze mille hommes et quatorze pièces de canon au-delà de la rivière, il a démasqué une batterie de quarante pièces de canon qui ont tiré pendant une demi-heure à portée de mitraille. En même temps, les divisions Legrand et Verdier ont marché au pas de charge la baïonnette en avant, et ont jeté les quinze mille Russes dans la rivière. Tous les canons et caissons pris, trois mille prisonniers, parmi lesquels beaucoup d'officiers, et un aide-de-camp du général Wittgenstein, et trois mille cinq cents hommes tués ou noyés sont le résultat de cette affaire.

Witepsk, 7 août 1812.

Douzième bulletin de la grande armée.

Au combat de la Drissa, le général russe Koulniew, officier de troupes légères très-distingué, a été tué. Dix autres généraux ont été blessés; quatre colonels ont été tués.

Le général Ricard est entré avec sa brigade dans Dunabourg le 1er août. Il y a trouvé huit pièces de canon; tout le reste avait été évacué. Le duc de Tarente a dû s'y porter le 2. Ainsi Dunabourg, que l'ennemi travaillait à fortifier depuis cinq ans, où il a dépensé plusieurs millions, qui a coûté la vie à plus de vingt mille hommes de troupes russes pendant la durée des travaux, a été abandonné sans tirer un coup de fusil, et est en notre pouvoir, comme les autres ouvrages de l'ennemi, et comme le camp retranché qu'il avait fait à Drissa.

En conséquence de la prise de Dunabourg, S. M. a ordonné qu'un équipage de cent bouches à feu qu'il avait fait former à Magdebourg, et qu'il avait fait avancer sur le Niémen, rétrogradât sur Dantzick et fût mis en dépôt dans cette place. Au commencement de la campagne, on avait préparé deux équipages de siége, l'un contre Dunabourg et l'autre contre Riga.

Les magasins de Witepsk s'approvisionnent; les hôpitaux s'organisent; les manutentions s'élèvent. Ces dix jours de repos sont extrêmement utiles à l'armée. La chaleur est d'ailleurs excessive. Nous avons ici plus chaud que nous ne l'avons eu en Italie. Les moissons sont superbes; il paraît que cela s'étend à toute la Russie. L'année dernière avait été mauvaise partout. On ne commencera à couper les seigles que dans huit ou dix jours.

S. M. a fait faire une grande place devant le palais qu'elle occupe à Witepsk. Ce palais est situé sur le bord de la rive gauche de la Dwina. Tous les matins à six heures il y a grande parade, où se trouvent tous les officiers de la garde. Une des brigades de la garde, en grande tenue, défile alternativement.

Smolensk, 21 août 1812.

Treizième bulletin de la grande armée.

Il paraît qu'au combat de Mohilow gagné par le prince d'Eckmühl sur le prince Bagration, le 23 juillet, la perte de l'ennemi a été considérable.

Le duc de Tarente a trouvé vingt pièces de canon à Dunabourg, au lieu de huit qui avaient été annoncées. Il a fait retirer de l'eau plusieurs bâtimens chargés de plus de quarante mille bombes et autres projectiles. Une immense quantité de munitions de guerre a été détruite par l'ennemi. L'ignorance des Russes, en fait de fortifications, se fait voir dans les ouvrages de Dunabourg et de Drissa.

S. M. a donné le commandement de sa droite au prince Schwartzenberg, en mettant sous ses ordres le septième corps. Ce prince a marché contre le général Tormazow, l'a rencontré le 12, et l'a battu. Il fait le plus grand éloge des troupes autrichiennes et saxonnes. Le prince Schwartzenberg a montré dans cette circonstance autant d'activité que de talent. L'empereur a fait demander de l'avancement et des récompenses pour les officiers de son corps d'armée qui se sont distingués.

Le 8, la grande armée était placée de la manière suivante:

Le prince vice-roi était à Souraj avec le quatrième corps, occupant par des avant-gardes Velij, Ousviath et Porietch.

Le roi de Naples était à Nikoulino, avec la cavalerie, occupant Inkovo.

Le maréchal duc d'Elchingen, commandant le troisième corps, était à Liozna.

Le maréchal prince d'Eckmühl, commandant le premier corps, était à Donbrowna.

Le cinquième corps, commandé par le prince Poniatowski, était à Mohilow.

Le quartier-général était à Witepsk.

Le deuxième corps, commandé par le maréchal duc de Reggio, était sur la Drissa.

Le dixième corps, commandé par le duc de Tarente, était sur Dunabourg et Riga.

Le 8, douze mille hommes de cavalerie ennemie se portèrent sur Inkovo et attaquèrent la division du général comte Sebastiani, qui fut obligé de battre en retraite l'espace d'une demi-lieue pendant toute la journée, en éprouvant et faisant éprouver à l'ennemi des pertes à peu près égales. Une compagnie de voltigeurs du vingt-quatrième régiment d'infanterie légère, faisant partie d'un bataillon de ce régiment qui avait été confié à la cavalerie pour tenir position dans le bois, a été prise. Nous avons eu deux cents hommes, environ, tués et blessés; l'ennemi peut avoir perdu le même nombre d'hommes.

Le 12, l'armée ennemie partit de Smolensk, et marcha par différentes directions, avec autant de lenteur que d'hésitation, sur Poiietch et Nadra.

Le 10, l'empereur résolut de marcher à l'ennemi, et de s'emparer de Smolensk en s'y portant par l'autre rive du Borysthène. Le roi de Naples et le maréchal duc d'Elchingen partirent de Liozna, et se rendirent sur le Borysthène, près de l'embouchure de la Beresina, vis-à-vis Khomino, où, dans la nuit du 13 au 14, ils jetèrent deux ponts sur le Borysthène.

Le vice-roi partit de Souraj, et se rendit par Janovitski et Lionvavistchi à Rasasna, où il arriva le 14.

Le prince d'Eckmülh réunit tout son corps à Donbrowna le 13.

Le général comte Grouchy réunit le troisième corps de cavalerie à Rasasna le 12.

Le général comte Eblé fit jeter trois ponts à Rasasna le 13.

Le quartier-général partit de Witepsk, et arriva à Rasasna le 13.

Le prince Poniatowski partit de Mohilow et arriva le 13 à Romanow.

Le 14, à la pointe du jour, le général Grouchy marcha sur Liadié; il en chassa deux régimens de cosaques, et s'y réunit avec le corps de cavalerie du général comte Nansouty.

Le même jour le roi de Naples, appuyé par le maréchal duc d'Elchingen, arriva à Krasnoi. La vingt-septième division ennemie, forte de cinq mille hommes d'infanterie, soutenue par deux mille chevaux et douze pièces de canon, était en position devant cette ville. Elle fut attaquée et dépostée en un moment par le duc d'Elchingen. Le vingt-quatrième régiment d'infanterie légère attaqua la petite ville de Krasnoi à la baïonnette avec intrépidité. La cavalerie exécuta des charges admirables. Le général de brigade baron Bordesoult et le troisième régiment de chasseurs se distinguèrent. La prise de huit pièces d'artillerie, dont cinq de 12 et deux licornes, et de quatorze caissons attelés, quinze cents prisonniers, un champ de bataille jonché de plus de mille cadavres russes, tels furent les avantages du combat de Krasnoi, où la division russe, qui était de cinq mille hommes, perdit la moitié de son monde.

S. M. avait, le 15, son quartier-général à la poste de Kovouitua.

Le 16, au matin, les hauteurs de Smolensk furent couronnées; la ville présenta à nos yeux une enceinte de murailles de quatre mille toises de tour, épaisses de dix pieds et hautes de vingt-cinq, entremêlées de tours, dont plusieurs étaient armées de canons de gros calibre.

Sur la droite du Borysthène, on apercevait et l'on savait que les corps ennemis tournés revenaient en grande hâte sur leurs pas pour défendre Smolensk. On savait que les généraux ennemis avaient des ordres réitérés de leur maître de livrer la bataille et de sauver Smolensk. L'empereur reconnut la ville, et plaça son armée, qui fut en position dans la journée du 16. Le maréchal duc d'Elchingen eut la gauche appuyant au Borysthène, le maréchal prince d'Eckmühl le centre, le prince Poniatowski la droite; la garde fut mise en réserve au centre; le vice-roi en réserve à la droite, et la cavalerie sous les ordres du roi de Naples à l'extrême droite; le duc d'Abrantès, avec le huitième corps, s'était égaré et avait fait un faux mouvement.

Le 16, et pendant la moitié de la journée du 17, on resta en observation. La fusillade se soutint sur la ligne. L'ennemi occupait Smolensk avec trente mille hommes, et le reste de son armée se formait sur les belles positions de la rive droite du fleuve, vis-à-vis la ville, communiquant par trois ponts. Smolensk est considéré par les Russes comme ville forte et comme le boulevard de Moscou.

Le 17, à deux heures après midi, voyant que l'ennemi n'avait pas débouché, qu'il se fortifiait devant Smolensk, et qu'il refusait la bataille; que, malgré les ordres qu'il avait et la belle position qu'il pouvait prendre, sa droite à Smolensk, et sa gauche au cours du Borysthène, le général ennemi manquait de résolution, l'empereur se porta sur la droite, et ordonna au prince Poniatowski de faire un changement de front, la droite en avant, et de placer sa droite au Borysthène, en occupant un des faubourgs par des postes et des batteries pour détruire le pont et intercepter la communication de la ville avec la rive droite. Pendant ce temps, le maréchal prince d'Eckmühl eut ordre de faire attaquer deux faubourgs que l'ennemi avait retranchés à deux cents toises de la place, et qui étaient défendus chacun par sept ou huit mille hommes d'infanterie et par du gros canon. Le général comte Friant eut ordre d'achever l'investissement, en appuyant sa droite au corps du prince Poniatowski, et sa gauche à la droite de l'attaque que faisait le prince d'Eckmühl.

A deux heures après midi, la division de cavalerie du comte Bruyères, ayant chassé les cosaques et la cavalerie ennemie, occupa le plateau qui se rapproche le plus du pont en amont. Une batterie de soixante pièces d'artillerie fut établie sur ce plateau, et tira à mitraille sur la partie de l'armée ennemie restée sur la rive droite de la rivière, ce qui obligea bientôt les masses d'infanterie russe à évacuer cette position.

L'ennemi plaça alors deux batteries de vingt pièces de canon à un couvent, pour inquiéter la batterie qui le foudroyait et celles qui tiraient sur le pont. Le prince d'Eckmühl confia l'attaque du faubourg de droite au général comte Morand, et celle du faubourg de gauche au général comte Gudin. A trois heures, la canonnade s'engagea; à quatre heures et demie commença une vive fusillade, et à cinq heures, les divisions Morand et Gudin enlevèrent les faubourgs retranchés de l'ennemi avec une froide et rare intrépidité, et le poursuivirent jusque sur le chemin couvert, qui fut jonché de cadavres russes.

Sur notre gauche, le duc d'Elchingen attaqua la position que l'ennemi avait hors de la ville, s'empara de cette position, et poursuivit l'ennemi jusque sur le glacis.

A cinq heures, la communication de la ville avec la rive

droite devint difficile, et ne se fit plus que par des hommes isolés.

Trois batteries de pièces de 12, de brèche, furent placées contre les murailles, à six heures du soir, l'une par la division Friant, et les deux autres par les divisions Morand et Gudin. On déposta l'ennemi des tours qu'il occupait, par des obus qui y mirent le feu. Le général d'artillerie comte Sorbier rendit impraticable à l'ennemi l'occupation de ses chemins couverts, par des batteries d'enfilade.

Cependant, dès deux heures après midi, le général ennemi, aussitôt qu'il s'aperçut qu'on avait des projets sérieux sur la ville, fit passer deux divisions et deux régimens d'infanterie de la garde pour renforcer les quatre divisions qui étaient dans la ville. Ces forces réunies composaient la moitié de l'armée russe. Le combat continua toute la nuit : les trois batteries de brèche tirèrent avec la plus grande activité. Deux compagnies de mineurs furent attachées aux remparts.

Cependant la ville était en feu. Au milieu d'une belle nuit d'août, Smolensk offrait aux Français le spectacle qu'offre aux habitans de Naples une éruption du Vésuve.

A une heure après minuit, l'ennemi abandonna la ville, et repassa la rivière. A deux heures, les premiers grenadiers qui montèrent à l'assaut ne trouvèrent plus de résistance ; la place était évacuée ; deux cents pièces de canon et mortiers de gros calibre, et une des plus belles villes de la Russie étaient en notre pouvoir, et cela à la vue de toute l'armée ennemie.

Le combat de Smolensk, qu'on peut à juste titre appeler bataille, puisque cent mille hommes ont été engagés de part et d'autre, coûte aux Russes la perte de quatre mille sept cents hommes restés sur le champ de bataille, de deux mille prisonniers, la plupart blessés, et de sept à huit mille blessés. Parmi les morts se trouvent cinq généraux russes. Notre perte se monte à sept cents morts et à trois mille cent ou trois mille deux cents blessés. Le général de brigade Grabouski a été tué; les généraux de brigade Grandeau et Dalton ont été blessés. Toutes les troupes ont rivalisé d'intrépidité. Le champ de bataille a offert aux yeux de deux cent mille personnes qui peuvent l'attester, le spectacle d'un cadavre français sur sept ou huit cadavres russes. Cependant les Russes ont été, pendant une partie des journées du 16 et du 17, retranchés et protégés par la fusillade de leurs créneaux.

Le 18, on a rétabli les ponts sur le Borysthène que l'ennemi avait brûlés : on n'est parvenu à maîtriser le feu qui consumait la ville que dans la journée du 18, les sapeurs français ayant travaillé avec activité. Les maisons de la ville sont remplies de Russes morts et mourans.

Sur douze divisions qui composaient la grande armée russe, deux divisions ont été entamées et défaites aux combats d'Ostrowno; deux l'ont été au combat de Mohilow, et six au combat de Smolensk. Il n'y a que deux divisions et la garde qui soient restées entières.

Les traits de courage qui honorent l'armée, et qui ont distingué tant de soldats au combat de Smolensk, seront l'objet d'un rapport particulier. Jamais l'armée française n'a montré plus d'intrépidité que dans cette campagne.

Smolensk, 23 août 1812,

Quatorzième bulletin de la grande armée.

Smolensk peut être considérée comme une des belles villes de la Russie. Sans les circonstances de la guerre qui y ont mis le feu, ce qui a consumé d'immenses magasins de marchandises coloniales et de denrées de toute espèce, cette ville eût été d'une grande ressource pour l'armée. Même dans l'état où elle se trouve, elle sera de la plus grande utilité sous le point de vue militaire. Il reste de grandes maisons qui offrent de beaux emplacemens pour les hôpitaux. La province de Smolensk est très-fertile et très-belle, et fournira de grandes ressources pour les subsistances et les fourrages.

Les Russes ont voulu, depuis les événemens de la guerre, lever une milice d'esclaves-paysans qu'ils ont armés de mauvaises piques. Il y en avait déjà cinq mille réunis ici ; c'était un objet de dérision et de raillerie pour l'armée russe elle-même. On avait fait mettre à l'ordre du jour que Smolensk devait être le tombeau des Français, et que si l'on avait jugé convenable d'évacuer la Pologne, c'était à Smolensk qu'on devait se battre pour ne pas laisser tomber ce boulevard de la Russie entre nos mains.

La cathédrale de Smolensk est une des plus célèbres églises grecques de la Russie. Le palais épiscopal forme une espèce de ville à part.

La chaleur est excessive : le thermomètre s'élève jusqu'à vingt-six degrés ; il fait plus chaud qu'en Italie.

Combat de Polotsk.

Après le combat de Drissa, le duc de Reggio, sachant que le général ennemi Wittgenstein s'était renforcé de douze troisièmes bataillons de la garnison de Dunabourg, et voulant l'attirer à un combat en-deçà du défilé sous Polotsk, vint ranger les deuxième et sixième corps en bataille sous Polotsk. Le général Wittgenstein le suivit, l'attaqua le 16 et le 17, et fut vigoureusement repoussé. La division bavaroise de Wrede, du sixième corps, s'est distinguée. Au moment où le duc de Reggio faisait ses dispositions pour profiter de la victoire et acculer l'ennemi sur le défilé, il a été frappé à l'épaule par un biscayen. Sa blessure, qui est grave, l'a obligé à se faire transporter à Wilna ; mais il ne paraît pas qu'elle doive être inquiétante pour les suites.

Le général comte Gouvion-Saint-Cyr a pris le commandement des deuxième et sixième corps. Le 17 au soir, l'ennemi s'était retiré au-delà du défilé. Le général Verdier a été blessé. Le général Maison a été reconnu général de division, et l'a remplacé dans le commandement de sa division. Notre perte est évaluée à mille hommes tués ou blessés. La perte des Russes est triple ; on leur a fait cinq cents prisonniers.

Le 18, à quatre heures après-midi, le général Gouvion-Saint-Cyr, commandant les deuxième et sixième corps, a débouché sur l'ennemi, en faisant attaquer sa droite par la division bavaroise du comte de Wrede. Le combat s'est engagé sur toute la ligne ; l'ennemi a été mis dans une déroute complète et poursuivi pendant deux lieues, autant que le jour l'a permis. Vingt pièces de canon et mille prisonniers sont restés au pouvoir de l'armée française. Le général bavarois Deroy a été blessé.

Combat de Valontina.

Le 19, à la pointe du jour, le pont étant achevé, le maréchal duc d'Elchingen déboucha sur la rive droite du Borysthène, et suivit l'ennemi. A une lieue de la ville, il rencontra le dernier échelon de l'arrière-garde ennemie. C'était une division de cinq à six mille hommes placés sur de belles hauteurs. Il les fit attaquer à la baïonnette par le quatrième régiment d'infanterie de ligne et par le soixante-douzième de ligne. La position fut enlevée et nos baïonnettes couvrirent le champ de bataille de morts. Trois à quatre cents prisonniers tombèrent en notre pouvoir.

Les fuyards ennemis se retirèrent sur le second échelon qui était placé sur les hauteurs de Valontina. La première position fut enlevée par le dix-huitième de ligne, et, sur les quatre heures après-midi, la fusillade s'engagea avec toute l'arrière-garde de l'ennemi qui présentait environ quinze mille hommes. Le duc d'Abrantès avait passé le Borysthène à deux lieues sur la droite de Smolensk; il se trouvait déboucher sur les derrières de l'ennemi; il pouvait, en marchant avec décision, intercepter la grande route de Moscou, et rendre difficile la retraite de cette arrière-garde. Cependant les autres échelons de l'armée ennemie qui étaient à portée, instruits du succès et de la rapidité de cette première attaque, revinrent sur leurs pas. Quatre divisions s'avancèrent ainsi pour soutenir leur arrière-garde, entre autres les divisions de grenadiers qui jusqu'à présent n'avaient pas donné; cinq à six mille hommes de cavalerie formaient leur droite, tandis que leur gauche était couverte par des bois garnis de tirailleurs. L'ennemi avait le plus grand intérêt à conserver cette position le plus long-temps possible; elle était très-belle et paraissait inexpugnable. Nous n'attachions pas moins d'importance à la lui enlever, afin d'accélérer sa retraite et de faire tomber dans nos mains tous les charriots de blessés et autres attirails dont l'arrière-garde protégeait l'évacuation. C'est ce qui a donné lieu au combat de Valontina, l'un des plus beaux faits d'armes de notre histoire militaire.

A six heures du soir, la division Gudin qui avait été envoyée pour soutenir le troisième corps, dès l'instant qu'on s'était aperçu du grand secours que l'ennemi avait envoyé à son arrière-garde, déboucha en colonne sur le centre de la position ennemie, fut soutenue par la division du général Ledru, et, après une heure de combat, enleva la position. Le général comte Gudin, arrivant avec sa division, a été, dès le commencement de l'action, atteint par un boulet qui lui a emporté la cuisse; il est mort glorieusement. Cette perte est sensible. Le général Gudin était un des officiers les plus distingués de l'armée; il était recommandable par ses qualités morales, autant que par sa bravoure et son intrépidité. Le général Gérard a pris le commandement de sa division. On compte que les ennemis ont eu huit généraux tués ou blessés; un général a été fait prisonnier.

Le lendemain, à trois heures du matin, l'empereur distribua sur le champ de bataille des récompenses à tous les régimens qui s'étaient distingués; et comme le cent-vingt-septième, qui est un nouveau régiment, s'était bien comporté, S. M. lui a accordé le droit d'avoir un aigle, droit que ce régiment n'avait pas encore, ne s'étant trouvé jusqu'à présent à aucune bataille. Ces récompenses données sur le champ de bataille, au milieu des morts, des mourans, des débris et des trophées de la victoire, offraient un spectacle vraiment militaire et imposant.

L'ennemi après ce combat a tellement précipité sa retraite, que dans la journée du 20, nos troupes ont fait huit lieues sans pouvoir trouver de cosaques, et ramassant partout des blessés et des traînards.

Notre perte au combat de Valontina a été de six cents morts et deux mille six cents blessés. Celle de l'ennemi, comme l'atteste le champ de bataille, est triple. Nous avons fait un millier de prisonniers, la plupart blessés.

Ainsi, les deux seules divisions russes qui n'eussent pas été entamées aux combats précédens de Mohilow, d'Ostrowno, de Krasnoi et de Smolensk, l'ont été au combat de Valontina.

Tous les renseignemens confirment que l'ennemi court en toute hâte sur Moscou; que son armée a beaucoup souffert dans les précédens combats, et qu'elle éprouve en outre une grande désertion. Les Polonais désertent en disant: Vous nous avez abandonnés sans combattre; quel droit avez-vous maintenant d'exiger que nous restions sous vos drapeaux? Les soldats russes des provinces de Mohilow et de Smolensk profitent également de la proximité de leurs villages pour déserter et aller se reposer dans leur pays.

La division Gudin a attaqué avec une telle intrépidité, que l'ennemi s'était persuadé que c'était la garde impériale. C'est d'un mot faire le plus bel éloge du septième régiment d'infanterie légère, douzième, vingt-unième et cent-vingt-septième de ligne qui composent cette division.

Le combat de Valontina pourrait aussi s'appeler une bataille, puisque plus de quatre-vingt mille hommes s'y sont trouvés engagés. C'est du moins une affaire d'avant-garde du premier ordre.

Le général Grouchy, envoyé avec son corps sur la route de Doukovtchina, a trouvé tous les villages remplis de morts et de blessés, et a pris trois ambulances contenant neuf cents blessés.

Les cosaques ont surpris à Liozna un hôpital de deux cents malades wurtembergeois, que, par négligence, on n'avait pas évacués sur Witepsk.

Du reste, au milieu de tous ces désastres, les Russes ne cessent de chanter des *Te Deum*; ils convertissent tout en victoire; mais malgré l'ignorance et l'abrutissement de ces peuples, cela commence à leur paraître ridicule et par trop grossier.

Slawkovo, le 27 août 1812.

Quinzième bulletin de la grande armée.

Le général de division Zayoncheick, commandant une division polonaise au combat de Smolensk, a été blessé. La conduite du corps polonais à Smolensk a étonné les Russes, accoutumés à les mépriser; ils ont été frappés de leur constance et de la supériorité qu'ils ont déployée sur eux dans cette circonstance.

Au combat de Smolensk et à celui de Valontina, l'ennemi a perdu vingt généraux tués, blessés ou prisonniers, et une très-grande quantité d'officiers Le nombre des hommes tués, pris ou blessés dans ces différentes affaires, peut se monter à vingt-cinq ou trente mille hommes.

Le lendemain du combat de Valontina, S. M. a distribué aux douzième et vingt-unième régimens d'infanterie de ligne, et septième régiment d'infanterie légère, un certain nombre de décorations de la légion-d'honneur pour des capitaines, pour des lieutenans et sous-lieutenans, et pour des sous-officiers et soldats. Le choix en a été fait sur-le-champ, au cercle devant l'empereur, et confirmé avec acclamation par les troupes.

L'armée ennemie en s'en allant, brûle les ponts, dévaste les routes, pour retarder autant qu'elle peut la marche de l'armée française. Le 21, elle avait repassé le Borysthène à Slob-Pniwa, toujours suivie vivement par notre avant-garde.

Les établissemens de commerce de Smolensk étaient tout entiers sur le Borysthène, dans un beau faubourg; les Russes ont mis le feu à ce faubourg, pour obtenir le simple résultat de retarder notre marche d'une heure. On n'a jamais fait la guerre avec tant d'inhumanité. Les Russes traitent leur pays comme ils traiteraient un pays ennemi. Le pays est beau et abondamment fourni de tout. Les routes sont superbes.

Le maréchal duc de Tarente continue à détruire la place de Dunabourg; des bois de construction, des palissades, des débris de blokhauss, qui étaient immenses, ont servi à faire des feux de joie en l'honneur du 15 août.

Le prince Schwartzenberg mande d'Ossiati, le 17, que son avant-garde a poursuivi l'ennemi sur la route de Divin, qu'il lui a fait quelques centaines de prisonniers, et l'a obligé à brûler ses bagages. Cependant le général Bianchi, commandant l'avant-garde, est parvenu à saisir huit cents chariots de bagages que l'ennemi n'a pu ni emmener, ni brûler. L'armée russe de Tormazow a perdu presque tous ses bagages.

L'équipage du siége de Riga a commencé son mouvement de Tilsitt pour se porter sur la Dwina.

Le général Saint-Cyr a pris position sur la Drissa. La déroute de l'ennemi a été complète au combat de Polotsk du 18. Le brave général bavarois Deroy a été blessé sur le champ d'honneur, âgé de soixante-douze ans, et ayant près de soixante ans de service : S. M. l'a nommé comte de l'empire, avec une dotation de trente mille francs de revenu. Le corps bavarois s'étant comporté avec beaucoup de bravoure, S. M. a accordé des récompenses et des décorations à ce corps d'armée.

L'ennemi disait vouloir tenir à Doroghobouj. Il avait, à son ordinaire, remué de la terre et construit des batteries; l'armée s'étant montrée en bataille, l'empereur s'y est porté; mais le général s'est ravisé, a battu en retraite, et a abandonné la ville de Doroghobouj, forte de dix mille ames; il y a huit clochers. Le quartier-général était, le 26, dans cette ville; le 27, il était à Slawkowo. L'avant-garde est sur Viazma.

Le vice-roi manœuvre sur la gauche, à deux lieues de la grande route; le prince d'Eckmühl sur la grande route; le prince Poniatowski sur la rive gauche de l'Osma.

La prise de Smolensk paraît avoir fait un fâcheux effet sur l'esprit des Russes. C'est *Smolensk-la-Sainte, Smolensk-la-Forte*, la *clef de Moscou*, et mille autres dictons populaires. *Qui a Smolensk, a Moscou*, disent les paysans.

La chaleur est excessive : il n'a pas plu depuis un mois.

Le duc de Bellune, avec le neuvième corps fort de trente mille hommes, est parti de Tilsitt pour Wilna, devant former la réserve.

Viazma, le 31 août 1812.

Seizième bulletin de la grande armée.

Le quartier-général de l'empereur était le 27 à Slaskovo, le 28 près de Semlovo, le 29 à un château à une lieue en arrière de Viazma, et le 30 à Viazma; l'armée marchant sur trois colonnes, la gauche formée par le vice-roi, se dirigeant par Kanouchkino, Znamenskoi, Kostarechkovo et Novoé; le centre formé par le roi de Naples, les corps du maréchal prince d'Eckmühl, du maréchal duc d'Elchingen, et la garde, marchant sur la grande route; et la droite par le prince Poniatowsky, marchant sur la rive gauche de l'Osma, par Volosk, Louchki, Pokroskoé et Slouchkino.

Le 27, l'ennemi voulant coucher sur la rivière de l'Osma, vis-à-vis du village de Riebké, prit position avec son arrière-garde. Le roi de Naples porta sa cavalerie sur la gauche de l'ennemi, qui montra sept à huit mille hommes de cavalerie. Plusieurs charges eurent lieu, toutes à notre avantage. Un bataillon fut enfoncé par le quatrième régiment de lanciers. Une centaine de prisonniers fut le résultat de cette petite affaire. Les positions de l'ennemi furent enlevées, et il fut obligé de précipiter sa retraite.

Le 28, l'ennemi fut poursuivi. Les avant-gardes des trois colonnes françaises rencontrèrent les arrière-gardes de l'ennemi; elles échangèrent plusieurs coups de canon. L'ennemi fut poussé partout.

Le général comte Caulincourt entra à Viazma, le 29 à la pointe du jour.

L'ennemi avait brûlé les ponts et mis le feu à plusieurs quartiers de la ville. Viazma est une ville de quinze mille habitans; il y a quatre mille bourgeois, marchands et artisans; on y compte trente-deux églises. On a trouvé des ressources, assez considérables en farine, en savon, en drogues, etc., et de grands magasins d'eau-de-vie.

Les Russes ont brûlé les magasins, et les plus belles maisons de la ville étaient en feu à notre arrivée. Deux bataillons du vingt-cinquième se sont employés avec beaucoup d'activité à l'éteindre. On est parvenu à le dominer et à sauver les trois quarts de la ville. Les cosaques, avant de partir, ont exercé le plus affreux pillage, ce qui a fait dire aux habitans que les Russes pensent que Viazma ne doit plus retourner sous leur domination, puisqu'ils la traitent d'une manière si barbare. Toute la population des villes se retire à Moscou. On dit qu'il y a aujourd'hui un million cinq cent mille ames réunies dans cette grande ville; on craint les résultats de ces rassemblemens. Les habitans disent que le général Kutusow a été nommé général en chef de l'armée russe, et qu'il a pris le commandement le 28.

Le grand-duc Constantin, qui était revenu à l'armée, étant tombé malade, l'a quittée.

Il est tombé un peu de pluie qui a abattu la grande poussière qui incommodait l'armée. Le temps est aujourd'hui très-beau; il se soutiendra, à ce qu'on croit, jusqu'au 10 octobre; ce qui donne encore quarante jours de campagne.

Ghjat, le 5 septembre 1812.

Dix-septième bulletin de la grande armée.

Le quartier-impérial était, le 31 août, à Veritchero; le 1er et le 2 septembre, à Ghjat.

Le roi de Naples avec l'avant-garde avait, le 1er, son quartier-général à dix werstes en avant de Ghjat; le vice-roi, à deux lieues sur la gauche, à la même hauteur; et le prince Poniatowsky, à deux lieues sur la droite. On a échangé partout quelques coups de canon et des coups de sabre, et l'on a fait quelques centaines de prisonniers.

La rivière de Ghjat se jette dans le Volga. Ainsi nous sommes sur le pendant des eaux qui descendent vers la mer Caspienne. La Ghjat est navigable jusqu'au Volga.

La ville de Ghjat a huit ou dix mille ames de population ; il y a beaucoup de maisons en pierres et en briques, plusieurs clochers et quelques fabriques de toile. On s'aperçoit que l'agriculture a fait de grands progrès dans ce pays depuis quarante ans. Il ne ressemble plus en rien aux descriptions qu'on en a. Les pommes de terre, les légumes et les choux y sont en abondance ; les granges sont pleines ; nous sommes en automne, et il fait ici le temps qu'on a en France au commencement d'octobre.

Les déserteurs, les prisonniers, les habitans, tout le monde s'accorde à dire que le plus grand désordre règne dans Moscou et dans l'armée russe, qui est divisée d'opinions et qui a fait des pertes énormes dans les différens combats. Une partie des généraux a été changée ; il paraît que l'opinion de l'armée n'est pas favorable aux plans du général Barclay de Tolly ; on l'accuse d'avoir fait battre ses divisions en détail.

Le prince Schwartzenberg est en Volhynie ; les Russes fuient devant lui.

Des affaires assez chaudes ont eu lieu devant Riga ; les Prussiens ont toujours eu l'avantage.

Nous avons trouvé ici deux bulletins russes qui rendent compte des combats devant Smolensk et du combat de la Drissa. Il paraît par ces bulletins que le rédacteur a profité de la leçon qu'il a reçue à Moscou, qu'il ne faut pas dire la vérité au peuple russe, mais le tromper par des mensonges. Le feu a été mis à Smolensk par les Russes ; ils l'ont mis au faubourg le lendemain du combat, lorsqu'ils ont vu notre pont établi sur le Borysthène. Ils ont mis le feu à Doroghobouj, à Wiazma, à Ghjat; les Français sont parvenus à l'éteindre. Cela se conçoit facilement. Les Français n'ont pas d'intérêt à mettre le feu à des villes qui leur appartiennent, et à se priver des ressources qu'elles leur offrent. Partout on a trouvé des caves remplies d'eau-de-vie, de cuir et de toutes sortes d'objets utiles à l'armée.

Si le pays est dévasté, si l'habitant souffre plus que ne le comporte la guerre, la faute en est aux Russes.

L'armée se repose le 2 et le 3 aux environs de Ghjat.

On assure que l'ennemi travaille à des camps retranchés en avant de Mojaïsk, et à des lignes en avant de Moscou.

Au combat de Krasnoi, le colonel Marbeuf, du sixième de chevau-légers, a été blessé d'un coup de baïonnette à la tête de son régiment, au milieu d'un carré d'infanterie russe qu'il avait enfoncé avec une grande intrépidité.

Nous avons jeté six ponts sur la Ghjat.

Mojaïsk, 12 septembre 1812.

Dix-huitième bulletin de la grande armée.

Le 4, l'empereur partit de Ghjat et vint camper près de la poste de Gritueva.

Le 5, à six heures du matin, l'armée se mit en mouvement. A deux heures après midi, on découvrit l'armée russe placée, la droite du côté de la Moskwa, la gauche sur les hauteurs de la rive gauche de la Kologha. A douze cents toises en avant de la gauche, l'ennemi avait commencé à fortifier un beau mamelon entre deux bois, où il avait placé neuf à dix mille hommes. L'empereur l'ayant reconnu, résolut de ne pas différer un moment, et d'enlever cette position. Il ordonna au roi de Naples de passer la Kologha avec la division Compans et la cavalerie. Le prince Poniatowski, qui était venu par la droite, se trouva en mesure de tourner la position. A quatre heures, l'attaque commença. En une heure de temps, la redoute ennemie fut prise avec ses canons, le corps ennemi chassé du bois et mis en déroute, après avoir laissé le tiers de son monde sur le champ de bataille. A sept heures du soir, le feu cessa.

Le 6, à deux heures du matin, l'empereur parcourut les avant-postes ennemis : on passa la journée à se reconnaître. L'ennemi avait une position très-resserrée. Sa gauche était fort affaiblie par la perte de la position de la veille; elle était appuyée à un grand bois, soutenue par un beau mamelon couronné d'une redoute armée de vingt-cinq pièces de canon. Deux autres mamelons couronnés de redoutes, à cent pas l'un de l'autre, protégeaient sa ligne jusqu'à un grand village que l'ennemi avait démoli, pour couvrir le plateau d'artillerie et d'infanterie, et y appuyer son centre. Sa droite passait derrière la Kologha en arrière du village de Borodino, et était appuyée à deux beaux mamelons couronnés de redoutes et armés de batteries. Cette position parut belle et forte. Il était facile de manœuvrer et d'obliger l'ennemi à l'évacuer; mais cela aurait remis la partie, et sa position ne fut pas jugée tellement forte qu'il fallût éluder le combat. Il fut facile de distinguer que les redoutes n'étaient qu'ébauchées, le fossé peu profond, non palissadé ni fraisé. On évaluait les forces de l'ennemi à cent vingt ou cent trente mille hommes. Nos forces étaient égales; mais la supériorité de nos troupes n'était pas douteuse.

Le 7, à deux heures du matin, l'empereur était entouré des maréchaux à la position prise l'avant-veille. A cinq heures et demie, le soleil se leva sans nuages; la veille il avait plu : « C'est le soleil d'Austerlitz, » dit l'empereur. Quoiqu'au mois de septembre, il faisait aussi froid qu'en décembre en Moravie. L'armée en accepta l'augure. On battit un ban, et on lut l'ordre du jour suivant :

Soldats,

« Voilà la bataille que vous avez tant désirée ! Désormais la victoire dépend de vous : elle nous est nécessaire; elle nous donnera l'abondance, de bons quartiers d'hiver, et un prompt retour dans la patrie ! Conduisez-vous comme à Austerlitz, à Friedland, à Witepsk, à Smolensk, et que la postérité la plus reculée cite avec orgueil votre conduite dans cette journée : que l'on dise de vous : *Il était à cette grande bataille sous les murs de Moscou!*

« Au camp impérial, sur les hauteurs de Borodino, le 7 septembre, à deux heures du matin. »

L'armée répondit par des acclamations réitérées. Le plateau sur lequel était l'armée, était couvert de cadavres russes du combat de l'avant-veille.

Le prince Poniatowski, qui formait la droite, se mit en mouvement pour tourner la forêt sur laquelle l'ennemi appuyait sa gauche. Le prince d'Eckmühl se mit en marche le long de la forêt, la division Compans en tête. Deux batteries de soixante pièces de canon chacune, battant la position de l'ennemi, avaient été construites pendant la nuit.

A six heures, le général comte Sorbier, qui avait armé la batterie droite avec l'artillerie de la réserve de la garde, commença le feu. Le général Pernetty, avec trente pièces de canon, prit la tête de la division Compans (quatrième du premier corps), qui longea le bois, tournant la tête de la position de l'ennemi. A six heures et demie, le général Compans est blessé. A sept heures, le prince d'Eckmühl a son cheval tué. L'attaque avance, la mousqueterie s'engage. Le vice-roi, qui formait notre gauche, attaque et prend le village de Borodino que l'ennemi ne pouvait défendre, ce village étant sur la rive gauche de la Kologha. A sept heures, le maréchal duc d'Elchingen se met en mouvement, et sous la protection de soixante pièces de canon que le général Foucher avait placées la veille contre le centre de l'ennemi, se porte sur le centre. Mille pièces de canon vomissent de part et d'autre la mort.

A huit heures, les positions de l'ennemi sont enlevées, ses redoutes prises, et notre artillerie couronne ses mamelons. L'avantage de position qu'avaient eu pendant deux heures les batteries ennemies nous appartient maintenant. Les parapets qui ont été contre nous pendant l'attaque redeviennent pour nous. L'ennemi voit la bataille perdue, qu'il ne la croyait que commencée. Partie de son artillerie est prise, le reste est évacué sur ses lignes en arrière. Dans cette extrémité, il prend le parti de rétablir le combat, et d'attaquer avec toutes ses masses ces fortes positions qu'il n'a pu garder. Trois cents pièces de canon françaises placées sur ces hauteurs foudroient ses masses, et ses soldats viennent mourir au pied de ces parapets qu'ils avaient élevés les jours précédens avec tant de soin, et comme des abris protecteurs.

Le roi de Naples, avec la cavalerie, fit diverses charges. Le duc d'Elchingen se couvrit de gloire, et montra autant d'intrépidité que de sang-froid. L'empereur ordonne une charge de front, la droite en avant : ce mouvement nous rend maîtres des trois parts du champ de bataille. Le prince Poniatowki se bat dans le bois avec des succès variés.

Il restait à l'ennemi ses redoutes de droite ; le général comte Morand y marche et les enlève ; mais à neuf heures du matin, attaqué de tous côtés, il ne peut s'y maintenir. L'ennemi, encouragé par ce succès, fit avancer sa réserve et ses dernières troupes pour tenter encore la fortune. La garde impériale en fait partie. Il attaque notre centre sur lequel avait pivoté notre droite. On craint pendant un moment qu'il n'enlève le village brûlé ; la division Friant s'y porte ; quatre vingt pièces de canon françaises arrêtent d'abord et écrasent ensuite les colonnes ennemies qui se tiennent pendant deux heures serrées sous la mitraille, n'osant pas avancer, ne voulant pas reculer, et renonçant à l'espoir de la victoire. Le roi de Naples décide leur incertitude; il fait charger le quatrième corps de cavalerie qui pénètre par les brèches que la mitraille de nos canons a faites dans les masses serrées des Russes et les escadrons de leurs cuirassiers; ils se débandent de tous côtés. Le général de division comte Caulaincourt, gouverneur des pages de l'empereur, se porte à la tête du cinquième de cuirassiers, culbute tout, entre dans la redoute de gauche par la gorge. Dès ce moment, plus d'incertitude, la bataille est gagnée : il tourne contre les ennemis les vingt-une pièces de canon qui se trouvent dans la redoute. Le comte Caulaincourt qui venait de se distinguer par cette belle charge, avait terminé ses destinées ; il tombe mort frappé par un boulet : mort glorieuse et digne d'envie !

Il est deux heures après midi, toute espérance abandonne l'ennemi : la bataille est finie, la canonnade continue encore ; il se bat pour sa retraite et pour son salut, mais non plus pour la victoire.

La perte de l'ennemi est énorme : douze à treize mille hommes et huit à neuf mille chevaux russes ont été comptés sur le champ de bataille ; soixante pièces de canon et cinq mille prisonniers sont restés en notre pouvoir.

Nous avons eu deux mille cinq cents hommes tués et le triple de blessés. Notre perte totale peut être évaluée à dix mille hommes : celle de l'ennemi à quarante ou cinquante mille. Jamais on n'a vu pareil champ de bataille. Sur six cadavres, il y en avait un français et cinq russes. Quarante généraux russes ont été tués, blessés ou pris : le général Bagration a été blessé.

Nous avons perdu le général de division comte Montbrun, tué d'un coup de canon ; le général comte Caulaincourt, qui avait été envoyé pour le remplacer, tué d'un même coup une heure après.

Les généraux de brigade Compère, Plauzonne, Marion, Huart, ont été tués; sept ou huit généraux ont été blessés, la plupart légèrement. Le prince d'Eckmühl n'a eu aucun mal. Les troupes françaises se sont couvertes de gloire et ont montré leur grande supériorité sur les troupes russes.

Telle est en peu de mots l'esquisse de la bataille de la Moskwa, donnée à deux lieues en arrière de Mojaïsk et à vingt-cinq lieues de Moscou, près de la petite rivière de la Moskwa. Nous avons tiré soixante mille coups de canon, qui sont déjà remplacés par l'arrivée de huit cents voitures d'artillerie qui avaient dépassé Smolensk avant la bataille. Tous les bois et les villages, depuis le champ de bataille jusqu'ici, sont couverts de morts et de blessés. On a trouvé ici deux mille morts ou amputés russes. Plusieurs généraux et colonels sont prisonniers.

L'empereur n'a jamais été exposé; la garde, ni à pied, ni à cheval, n'a pas donné et n'a pas perdu un seul homme. La victoire n'a jamais été incertaine. Si l'ennemi, forcé dans ses positions, n'avait pas voulu les reprendre, notre perte aurait été plus forte que la sienne; mais il a détruit son armée en la tenant depuis huit heures jusqu'à deux sous le feu de nos batteries, et en s'opiniâtrant à reprendre ce qu'il avait perdu. C'est la cause de son immense perte.

Tout le monde s'est distingué : le roi de Naples et le duc d'Elchingen se sont fait remarquer.

L'artillerie, et surtout celle de la garde, s'est surpassée. Des rapports détaillés feront connaître les actions qui ont illustré cette journée.

De notre camp impérial de Mojaïsk, le 10 septembre 1812.

Aux évêques de France.

Monsieur l'évêque de...., le passage du Niemen, de la Dwina, du Borysthène, les combats de Mohilow, de la Drissa, de Polotsk, de Smolensk, enfin, la bataille de la *Moskwa*, sont autant de motifs pour adresser des actions de grâces au Dieu des armées. Notre intention est donc qu'à la réception de la présente, vous vous concertiez avec qui de droit. Réunissez mon peuple dans les églises pour chanter des prières, conformément à l'usage et aux règles de l'église en pareille circonstance. Cette lettre n'étant à autre fin, je prie Dieu qu'il vous ait en sa sainte garde. NAPOLÉON.

Moscou, 16 septembre 1812.

Dix-neuvième bulletin de la grande armée.

Depuis la bataille de la Moskwa, l'armée française a poursuivi l'ennemi sur les trois routes de Mojaïsk, de Svenigorod et de Kalouga sur Moscou.

Le roi de Naples était, le 9, à Koubiuskoë; le vice-roi à Rouza; le prince Poniatowski à Femiskoë. Le quartier-général est parti de Mojaïsk le 12, et a été porté à Peselina; le 13, il était au château de Berwska; le 14, à midi, nous sommes entrés à Moscou. L'ennemi avait élevé sur la montagne des Moineaux, à deux werstes de la ville, des redoutes qu'il a abandonnées.

La ville de Moscou est aussi grande que Paris; c'est une ville extrêmement riche, remplie des palais de tous les principaux de l'empire. Le gouverneur russe, Rostopchin, a voulu ruiner cette belle ville, lorsqu'il a vu que l'armée russe l'abandonnait. Il a armé trois mille malfaiteurs qu'il a fait sortir des cachots; il a appelé également six mille satellites et leur a fait distribuer des armes de l'arsenal.

Notre avant-garde, arrivée au milieu de la ville, fut accueillie par une fusillade partie du Kremlin. Le roi de Naples fit mettre en batterie quelques pièces de canon, dissipa cette canaille, et s'empara du Kremlin. Nous avons trouvé à l'arsenal soixante mille fusils neufs et cent vingt pièces de canon sur leurs affûts. La plus complète anarchie régnait dans la ville; des forcenés ivres couraient dans les quartiers, et mettaient le feu partout. Le gouverneur Rostopchin avait fait enlever tous les marchands et négocians, par le moyen desquels on aurait pu rétablir l'ordre. Plus de quatre cents Français et Allemands avaient été arrêtés par ses ordres; enfin, il avait eu la précaution de faire enlever les pompiers avec les pompes : aussi l'anarchie la plus complète a désolé cette grande et belle ville, et les flammes la consument. Nous y avions trouvé des ressources considérables de toute espèce.

L'empereur est logé au Kremlin, qui est au centre de la ville, comme une espèce de citadelle entourée de hautes murailles. Trente mille blessés ou malades russes sont dans les hôpitaux, abandonnés, sans secours et sans nourriture.

Les Russes avouent avoir perdu cinquante mille hommes à la bataille de la Moskwa. Le prince Bagration est blessé à mort. On a fait le relevé des généraux russes blessés ou tués à la bataille : il se monte de quarante-cinq à cinquante.

Moscou, le 17 septembre 1812.

Vingtième bulletin de la grande armée.

On a chanté des *Te Deum* en Russie pour le combat de Polotsk; on en a chanté pour les combats de Riga, pour le combat d'Ostrowno, pour celui de Smolensk; partout, selon les relations des Russes, ils étaient vainqueurs, et l'on avait repoussé les Français loin du champ de bataille ; c'est donc au bruit des *Te Deum* russes que l'armée est arrivée à Moscou. On s'y croyait vainqueur, du moins la populace ; car les gens instruits savaient ce qui se passait.

Moscou est l'entrepôt de l'Asie et de l'Europe ; ses magasins étaient immenses ; toutes les maisons étaient approvisionnées de tout pour huit mois. Ce n'était que de la veille et du jour même de notre entrée, que le danger avait été bien connu. On a trouvé dans la maison de ce misérable Rostopchin, des papiers et une lettre à demi-écrite ; il s'est sauvé sans l'achever.

Moscou, une des plus belles et des plus riches villes du monde, n'existe plus. Dans la journée du 14, le feu a été mis par les Russes à la bourse, au bazar et à l'hôpital. Le 16, un vent violent s'est élevé ; trois à quatre cents brigands ont mis le feu dans la ville en cinq cents endroits à la fois, par l'ordre du gouverneur Rostopchin. Les cinq sixièmes des maisons sont en bois : le feu a pris avec une prodigieuse rapidité ; c'était un océan de flammes. Des églises, il y en avait seize cents ; des palais, plus de mille ; d'immenses magasins : presque tout a été consumé. On a préservé le Kremlin.

Cette perte est incalculable pour la Russie, pour son commerce, pour sa noblesse qui y avait tout laissé. Ce n'est pas l'évaluer trop haut que de la porter à plusieurs milliards.

On a arrêté et fusillé une centaine de ces chauffeurs ; tous ont déclaré qu'ils avaient agi par les ordres du gouverneur Rostopchin, et du directeur de la police.

Trente mille blessés et malades russes ont été brûlés. Les plus riches maisons de commerce de la Russie se trouvent ruinées : la secousse doit être considérable ; les effets d'habillement, magasins et fournitures de l'armée russe ont été brûlés ; elle y a tout perdu. On n'avait rien voulu évacuer, parce qu'on a toujours voulu penser qu'il était impossible d'arriver à Moscou, et qu'on a voulu tromper le peuple. Lorsqu'on a tout vu dans la main des Français, on a conçu l'horrible projet de brûler cette première capitale, cette ville sainte, centre de l'empire, et l'on a réduit deux cent mille bons habitans à la mendicité. C'est le crime de Rostopchin, exécuté par des scélérats délivrés des prisons.

Les ressources que l'armée trouvait, sont par-là fort diminuées; cependant l'on a ramassé, et l'on ramasse beaucoup de choses. Toutes les caves sont à l'abri du feu, et les habitans, dans les vingt-quatre dernières heures, avaient enfoui beaucoup d'objets. On a lutté contre le feu; mais le gouverneur avait eu l'affreuse précaution d'emmener ou de faire briser toutes les pompes.

L'armée se remet de ses fatigues; elle a en abondance du pain, des pommes de terre, des choux, des légumes, des viandes, des salaisons, du vin, de l'eau-de-vie, du sucre, du café, enfin des provisions de toute espèce.

L'avant-garde est à vingt werstes sur la route de Kasan, par laquelle se retire l'ennemi. Une autre avant-garde française est sur la route de Saint-Pétersbourg où l'ennemi n'a personne.

La température est encore celle de l'automne : le soldat a trouvé et trouve beaucoup de pelisses et des fourrures pour l'hiver. Moscou en est le magasin.

Moscou, 20 septembre 1812.

Vingt-unième bulletin de la grande armée.

Trois cents chauffeurs ont été arrêtés et fusillés. Ils étaient armés d'une fusée de six pouces, contenue entre deux morceaux de bois; ils avaient aussi des artifices qu'ils jetaient sur les toits. Ce misérable Rostopchin avait fait confectionner ces artifices en faisant croire aux habitans qu'il voulait faire un ballon qu'il lancerait, plein de matières incendiaires, sur l'armée française. Il réunissait, sous ce prétexte, les artifices et autres objets nécessaires à l'exécution de son projet.

Dans la journée du 19 et dans celle du 20, les incendies ont cessé. Les trois quarts de la ville sont brûlés, entre autres le beau palais de Catherine, meublé à neuf. Il reste au plus le quart des maisons.

Pendant que Rostopchin enlevait les pompes de la ville, il laissait soixante mille fusils, cent cinquante pièces de canon, plus de cent mille boulets et bombes, quinze cent mille cartouches, quatre cent milliers de poudre, quatre cent milliers de salpêtre et de soufre. Ce n'est que le 19 qu'on a découvert les quatre cent milliers de salpêtre et de soufre, dans un bel établissement situé à une demi-lieue de la ville ; cela est important. Nous voilà approvisionnés pour deux campagnes.

On trouve tous les jours des caves pleines de vin et d'eau-de-vie.

Les manufactures commençaient à fleurir à Moscou ; elles sont détruites. L'incendie de cette capitale retarde la Russie de cent ans.

Le temps paraît tourner à la pluie. La plus grande partie de l'armée est casernée dans Moscou.

Moscou, 27 septembre 1812.

Vingt-deuxième bulletin de la grande armée.

Le consul-général Lesseps a été nommé intendant de la province de Moscou. Il a organisé une municipalité et plusieurs commissions, toutes composées de gens du pays.

Les incendies ont entièrement cessé. On découvre tous les jours des magasins de sucre, de pelleteries, de draps, etc.

L'armée ennemie paraît se retirer sur Kalouga et Toula. Toula renferme la plus grande fabrique d'armes qu'ait la Russie. Notre avant-garde est sur la Pakra.

L'empereur est logé au palais impérial du Kremlin. On a trouvé au Kremlin plusieurs ornemens servant au sacre des empereurs, et tous les drapeaux pris aux Turcs depuis cent ans.

Le temps est à peu près comme à la fin d'octobre à Paris. Il pleut un peu, et l'on a eu quelques gelées blanches. On assure que la Moskwa et les rivières du pays ne gèlent point avant la mi-novembre.

La plus grande partie de l'armée est cantonnée à Moscou, où elle se remet de ses fatigues.

Moscou, 9 octobre 1812.

Vingt-troisième bulletin de la grande armée.

L'avant-garde, commandée par le roi de Naples, est sur la Nara, à vingt lieues de Moscou. L'armée ennemie est sur Kalouga. Des escarmouches ont lieu tous les jours. Le roi de Naples a eu dans toutes l'avantage, et a toujours chassé l'ennemi de ses positions.

Les cosaques rôdent sur nos flancs. Une patrouille de cent cinquante dragons de la garde, commandée par le major Marthod, est tombée dans une embuscade de cosaques, entre le chemin de Moscou et de Kalouga. Les dragons en ont sabré trois cents, se sont fait jour, mais ils ont eu vingt hommes restés sur le champ de bataille, qui ont été pris, parmi lesquels le major, blessé grièvement.

Le duc d'Elchingen est à Boghorodock; l'avant-garde du vice-roi est à Troitsa, sur la route de Dmitrow.

Les drapeaux pris par les Russes sur les Turcs dans différentes guerres, et plusieurs choses curieuses trouvées dans le

Kremlin, sont partis pour Paris. On a trouvé une madone enrichie de diamans; on l'a aussi envoyée à Paris.

Il paraît que Rostopchin est aliéné. A Voronovo, il a mis le feu à son château, et a laissé l'écrit suivant attaché à un poteau:

« J'ai embelli pendant huit ans cette campagne, et j'y ai vécu heureux au sein de ma famille. Les habitans de cette terre, au nombre de dix-sept·cent vingt, la quittent à votre approche, et moi je mets le feu à ma maison pour qu'elle ne soit pas souillée par votre présence. — Français, je vous ai abandonné mes deux maisons de Moscou avec un mobilier d'un demi-million de roubles. — Ici, vous ne trouverez que des cendres. » *Signé* comte FEDOR ROSTOPCHIN.

Le palais du prince Kurakin est un de ceux qu'on est parvenu à sauver de l'incendie. Le général comte Nansouty y est logé.

On est parvenu avec beaucoup de peine à tirer des hôpitaux et des maisons incendiées une partie des malades russes. Il reste encore environ quatre mille de ces malheureux. Le nombre de ceux qui ont péri dans l'incendie est extrêmement considérable.

Il a fait depuis huit jours, du soleil, et plus chaud qu'à Paris dans cette saison. On ne s'aperçoit pas qu'on soit dans le Nord.

Le duc de Reggio, qui est à Wilna, est entièrement rétabli.

Le général en chef ennemi Bagration est mort des blessures qu'il a reçues à la bataille de la Moskwa.

L'armée russe désavoue l'incendie de Moscou. Les auteurs de cet attentat sont en horreur aux Russes. Ils regardent Rostopchin comme une espèce de Marat. Il a pu se consoler dans la société du commissaire anglais Wilson.

L'état-major fait imprimer les détails du combat de Smolensk et de la bataille de la Moskwa, et fera connaître ceux qui se sont distingués.

On vient d'armer le Kremlin de cinquante pièces de canon, et l'on a construit des flèches à tous les rentrans. Il forme une forteresse. Les fours et les magasins y sont établis.

Moscou, 14 octobre 1812.

Vingt-quatrième bulletin de la grande armée.

Le général baron Delzons s'est porté sur Dmitrow. Le roi de Naples est à l'avant-garde sur la Nara, en présence de l'ennemi, qui est occupé à refaire son armée, en la complétant par des milices.

Le temps est encore beau. La première neige est tombée hier. Dans vingt jours il faudra être en quartiers d'hiver.

Les forces que la Russie avait en Moldavie ont rejoint le général Tormasow. Celles de Finlande ont débarqué à Riga. Elles sont sorties et ont attaqué le dixième corps. Elles ont été battues; trois mille hommes ont été faits prisonniers. On n'a pas encore la relation officielle de ce brillant combat, qui fait tant d'honneur au général d'Yorck.

Tous nos blessés sont évacués sur Smolensk, Minsk et Mohilow. Un grand nombre sont rétablis et ont rejoint leurs corps.

Beaucoup de correspondances particulières entre Saint-Pétersbourg et Moscou font bien connaître la situation de cet empire. Le projet d'incendier Moscou ayant été tenu secret, la plupart des seigneurs et des particuliers n'avaient rien enlevé.

Les ingénieurs ont levé le plan de la ville, en marquant les maisons qui ont été sauvées de l'incendie. Il résulte que l'on n'est parvenu à sauver du feu que la dixième partie de la ville. Les neuf dixièmes n'existent plus.

A Noilskoë, le 20 octobre 1812.

Vingt-cinquième bulletin de la grande armée.

Tous les malades qui étaient aux hôpitaux de Moscou, ont été évacués dans les journées du 15, du 16, du 17 et du 18 sur Mojaïsk et Smolensk. Les caissons d'artillerie, les munitions prises, et une grande quantité de choses curieuses, et des trophées, ont été emballés et sont partis le 15. L'armée a reçu l'ordre de faire du biscuit pour vingt jours, et de se tenir prête à partir; effectivement, l'empereur a quitté Moscou le 19. Le quartier-général était le même jour à Desna.

D'un côté, on a armé le Kremlin et on l'a fortifié : dans le même temps, on l'a miné pour le faire sauter. Les uns croient que l'empereur veut marcher sur Toula et Kalouga pour passer l'hiver dans ces provinces, en occupant Moscou par une garnison dans le Kremlin.

Les autres croient que l'empereur fera sauter le Kremlin et brûler les établissemens publics qui restent, et qu'il se rapprochera de cent lieues de la Pologne, pour établir ses quartiers d'hiver dans un pays ami, et être à portée de recevoir tout ce qui existe dans les magasins de Dantzick, de Kowno, de Wilna et Minsk, pour se rétablir des fatigues de la guerre : ceux-ci font l'observation que Moscou est éloigné de Pétersbourg de cent quatre-vingt lieues de mauvaise route, tandis qu'il n'y a de Witepsk à Pétersbourg que cent trente lieues; qu'il y a de Moscou à Kiow deux cent dix-huit lieues, tandis qu'il n'y a de Smolensk à Kiow que cent douze lieues, d'où l'on conclut que Moscou n'est pas une position militaire; or, Moscou n'a plus d'importance politique, puisque cette ville est brûlée et ruinée pour cent ans.

L'ennemi montre beaucoup de cosaques qui inquiètent la cavalerie : l'avant-garde de la cavalerie, placée en avant de

Vinkovo, a été surprise par une horde de ces cosaques ; ils étaient dans le camp avant qu'on pût être à cheval. Ils ont pris un parc du général Sébastiani de cent voitures de bagages, et fait une centaine de prisonniers. Le roi de Naples est monté à cheval avec les cuirassiers et les carabiniers, et apercevant une colonne d'infanterie légère de quatre bataillons, que l'ennemi envoyait pour appuyer les cosaques, il l'a chargée, rompue et taillée en pièces. Le général Dery, aide-de-camp du roi, officier brave, a été tué dans cette charge, qui honore les carabiniers.

Le vice-roi est arrivé à Fominskoë. Toute l'armée est en marche.

Le maréchal duc de Trévise est resté à Moscou avec une garnison.

Le temps est très-beau, comme en France en octobre, peut-être un peu plus chaud. Mais dans les premiers jours de novembre on aura des froids. Tout indique qu'il faut songer aux quartiers d'hiver. Notre cavalerie, surtout, en a besoin. L'infanterie s'est remise à Moscou, et elle est très-bien portante.

Borowsk, 23 octobre 1812.

Vingt-sixième bulletin de la grande armée.

Après la bataille de la Moskwa, le général Kutusow prit position à une lieue en avant de Moscou ; il avait établi plusieurs redoutes pour défendre la ville ; il s'y tint, espérant sans doute en imposer jusqu'au dernier moment. Le 14 septembre, ayant vu l'armée française marcher à lui, il prit son parti, et évacua la position en passant par Moscou. Il traversa cette ville avec son quartier-général à neuf heures du matin. Notre avant-garde la traversa à une heure après midi.

Le commandant de l'arrière-garde russe fit demander qu'on

le laissât défiler dans la ville sans tirer : on y consentit ; mais au Kremlin, la canaille armée par le gouverneur, fit résistance et fut sur-le-champ dispersée. Dix mille soldats russes furent, le lendemain et les jours suivans, ramassés dans la ville, où ils s'étaient éparpillés par l'appât du pillage : c'étaient d'anciens et bons soldats; ils ont augmenté le nombre des prisonniers.

Les 15, 16 et 17 septembre, le général d'arrière-garde russe dit que l'on ne tirerait plus, et que l'on ne devait plus se battre, et parla beaucoup de paix. Il se porta sur la route de Kolomna, et notre avant-garde se plaça à cinq lieues de Moscou, au pont de la Moskwa. Pendant ce temps, l'armée russe quitta la route de Kolomna et prit celle de Kalouga par la traverse. Elle fit ainsi la moitié du tour de la ville, à six lieues de distance. Le vent y portait des tourbillons de flammes et de fumée. Cette marche, au dire des officiers russes, était sombre et religieuse. La consternation était dans les ames : on assure qu'officiers et soldats étaient si pénétrés, que le plus profond silence régnait dans toute l'armée comme dans la prière.

On s'aperçut bientôt de la marche de l'ennemi. Le duc d'Istrie se porta à Desna avec un corps d'observation.

Le roi de Naples suivit l'ennemi d'abord sur Podol, et ensuite se porta sur ses derrières, menaçant de lui couper la route de Kalouga. Quoique le roi n'eût avec lui que l'avant-garde, l'ennemi ne se donna que le temps d'évacuer les retranchemens qu'il avait faits, et se porta six lieues en arrière, après un combat glorieux pour l'avant-garde. Le prince Pouiatowski prit position derrière la Nara, au confluent de l'Istia.

Le général Lauriston ayant dû aller au quartier-général russe le 5 octobre, les communications se rétablirent entre nos avant-postes et ceux de l'ennemi, qui convinrent entre eux de ne pas s'attaquer sans se prévenir trois heures d'avance; mais le 18, à sept heures du matin, quatre mille cosaques sortirent d'un bois situé à demi-portée de canon du général Sébastiani, formant l'extrême gauche de l'avantgarde, qui n'avait été ni occupé ni éclairé ce jour-là. Ils firent un houra sur cette cavalerie légère dans le temps qu'elle était à pied à la distribution de farine. Cette cavalerie légère ne put se former qu'à un quart de lieue plus loin. Cependant l'ennemi pénétrant par cette trouée, un parc de douze pièces de canon et de vingt caissons du général Sébastiani fut pris dans un ravin, avec des voitures de bagages, au nombre de trente; en tout soixante-cinq voitures, au lieu de cent que l'on avait portées dans le dernier bulletin.

Dans le même temps, la cavalerie régulière de l'ennemi et deux colonnes d'infanterie pénétraient dans la trouée. Elles espéraient gagner le bois et le défilé de Voronosvo avant nous; mais le roi de Naples était là : il était à cheval. Il marcha, et enfonça la cavalerie de ligne russe dans dix ou douze charges différentes. Il aperçut la division de six bataillons ennemis commandée par le lieutenant-général Muller, la chargea et l'enfonça. Cette division a été massacrée. Le lieutenant-général Muller a été tué.

Pendant que ceci se passait, le prince Poniatowski repoussait une division russe avec succès. Le général polonais Fischer a été tué d'un boulet.

L'ennemi a non-seulement éprouvé une perte supérieure à la nôtre; mais il a la honte d'avoir violé une trêve d'avantgarde, ce qu'on ne vit presque jamais. Notre perte se monte à huit cents hommes tués, blessés ou pris; celle de l'ennemi est double. Plusieurs officiers russes ont été pris : deux de leurs généraux ont été tués. Le roi de Naples, dans cette journée, a montré ce que peuvent la présence d'esprit, la valeur et l'habitude de la guerre. En général, dans toute la campagne, ce prince s'est montré digne du rang suprême où il est.

Cependant, l'empereur voulant obliger l'ennemi à évacuer son camp retranché, et le rejeter à plusieurs marches en arrière, pour pouvoir tranquillement se porter sur les pays choisis pour ses quartiers-d'hiver, et nécessaires à occuper actuellement pour l'exécution de ses projets ultérieurs, avait ordonné, le 17, par le général Lauriston, à son avant-garde, de se placer derrière le défilé de Winkowo, afin que ses mouvemens ne pussent pas être aperçus. Depuis que Moscou avait cessé d'exister, l'empereur avait projeté ou d'abandonner cet amas de décombres, ou d'occuper seulement le Kremlin avec trois mille hommes; mais le Kremlin, après quinze jours de travaux, ne fut pas jugé assez fort pour être abandonné vingt ou trente jours à ses propres forces; il aurait affaibli et gêné l'armée dans ses mouvemens, sans donner un grand avantage. Si l'on eût voulu garder Moscou contre les mendians et les pillards, il fallait vingt mille hommes. Moscou est aujourd'hui un vrai cloaque malsain et impur. Une population de deux cent mille ames, errant dans les bois voisins, mourant de faim, vient sur ses décombres chercher quelques débris et quelques légumes de jardins pour vivre. Il parut inutile de compromettre quoi que ce soit pour un objet qui n'était d'aucune importance militaire, et qui est aujourd'hui devenu sans importance politique.

Tous les magasins qui étaient dans la ville ayant été découverts avec soin, les autres évacués, l'empereur fit miner le Kremlin. Le duc de Trévise le fit sauter le 23, à deux heures du matin : l'arsenal, les casernes, les magasins, tout a été détruit. Cette ancienne citadelle, qui date de la fondation de la monarchie, ce premier palais des czars, ont été! Le duc de Trévise s'est mis en marche pour Vereja. L'aide-de-camp de l'empereur de Russie, Winzingerode, ayant voulu percer, le 22, à la tête de cinq cents cosaques, fut repoussé et fait prisonnier avec un jeune officier russe nommé Nariskin.

Le quartier-général fut porté le 19 au château de Troitskoe; il y séjourna le 20 : le 21, il était à Ignatiew, le 22, à Fominskoi, toute l'armée ayant fait deux marches de flanc, et le 21 à Borowsk.

L'empereur compte se mettre en marche le 24, pour gagner la Dwina, et prendre une position qui le rapproche de quatre-vingts lieues de Pétersbourg et de Wilna, double avantage, c'est-à-dire plus près de vingt marches des moyens et du but.

De quatre mille maisons de pierre qui existaient à Moscou, il n'en restait plus que deux cents. On a dit qu'il en restait le quart, parce qu'on y a compris huit cents églises, encore une partie en est endommagée. De huit mille maisons de bois, il en restait à peu près cinq cents. On proposa à l'empereur de faire brûler le reste de la ville pour servir les Russes comme ils le veulent, et d'étendre cette mesure autour de Moscou. Il y a deux mille villages et autant de maisons de campagne ou de châteaux. On proposa de former quatre colonnes de deux cents hommes chacune, et de les charger d'incendier tout à vingt lieues à la ronde. Cela apprendra aux Russes, disait-on, à faire la guerre en règle et non en Tartares. S'ils brûlent un village, une maison, il faut leur répondre en leur en brûlant cent.

L'empereur s'est refusé à ces mesures qui auraient tant aggravé les malheurs de cette population. Sur neuf mille propriétaires dont on aurait brûlé les châteaux, cent peut-être sont des sectateurs du Marat de la Russie; mais huit mille neuf cents sont de braves gens déjà trop victimes de l'intrigue de quelques misérables. Pour punir cent coupables, on en aurait ruiné huit mille neuf cents. Il faut ajouter que l'on aurait mis absolument sans ressources deux cent mille pauvres serfs innocens de tout cela. L'empereur s'est donc contenté d'ordonner la destruction des citadelles et établissemens militaires, selon les usages de la guerre, sans rien faire perdre aux particuliers, déjà trop malheureux par les suites de cette guerre.

Les habitans de la Russie ne reviennent pas du temps qu'il fait depuis vingt jours. C'est le soleil et les belles journées du voyage de Fontainebleau. L'armée est dans un pays extrêmement riche, et qui peut se comparer aux meilleurs de la France et de l'Allemagne.

Vereia, le 27 octobre 1812.

Vingt-septième bulletin de la grande armée.

Le 22, le prince Poniatowski se porta sur Vereia. Le 23, l'armée allait suivre ce mouvement, lorsque, dans l'après-midi, on apprit que l'ennemi avait quitté son camp retranché, et se portait sur la petite ville de Maloiaroslawetz. On jugea nécessaire de marcher à lui pour l'en chasser.

Le vice-roi reçut l'ordre de s'y porter. La division Delzons arriva le 23, à six heures du soir, sur la rive gauche, s'empara du pont, et le fit rétablir.

Dans la nuit du 23 au 24, deux divisions russes arrivèrent dans la ville et s'emparèrent des hauteurs sur la rive droite, qui sont extrêmement favorables.

Le 24, à la pointe du jour, le combat s'engagea. Pendant ce temps, l'armée ennemie parut tout entière, et vint prendre position derrière la ville : les divisions Delzons, Broussier et Pino, et la garde italienne furent successivement engagées. Ce combat fait le plus grand honneur au vice-roi et au quatrième corps d'armée. L'ennemi engagea les deux tiers de son armée pour soutenir la position; ce fut en vain : la ville fut enlevée, ainsi que les hauteurs. La retraite de l'ennemi fut si précipitée, qu'il fut obligé de jeter vingt pièces de canon dans la rivière.

Vers le soir, le maréchal prince d'Eckmühl déboucha avec son corps; et toute l'armée se trouva en bataille avec son artillerie, le 25, sur la position que l'ennemi occupait la veille.

L'empereur porta son quartier-général le 24 au village de Ghorodnia. A sept heures du matin, six mille cosaques, qui s'étaient glissés dans les bois, firent un houra général sur les derrières de la position, et enlevèrent six pièces de canon qui étaient parquées. Le duc d'Istrie se porta au galop avec toute la garde à cheval : cette horde fut sabrée, ramenée et jetée dans la rivière ; on lui reprit l'artillerie qu'elle avait prise, et plusieurs voitures qui lui appartenaient ; six cents de ces cosaques ont été tués, blessés ou pris ; trente hommes de la garde ont été blessés, et trois tués. Le général de division comte Rapp a eu un cheval tué sous lui : l'intrépidité dont ce général a donné tant de preuves, se montre dans toutes les occasions. Au commencement de la charge, les officiers de cosaques appelaient la garde, qu'ils reconnaissaient, *muscadins de Paris*. Le major des dragons Letort s'était fait remarquer. A huit heures, l'ordre était rétabli.

L'empereur se porta à Maloiaroslavetz, reconnut la position de l'ennemi, et ordonna l'attaque pour le lendemain; mais dans la nuit l'ennemi a battu en retraite. Le prince d'Eckmühl l'a poursuivi pendant six lieues ; l'empereur alors l'a laissé aller, et a ordonné le mouvement sur Vereia.

Le 26, le quartier-général était à Borowsk, et le 25 à Vereia. Le prince d'Eckmühl est ce soir à Borowsk ; le maréchal duc d'Elchingen à Mojaïsk.

Le temps est superbe, les chemins sont beaux : c'est le reste de l'automne : ce temps durera encore huit jours, et à cette époque nous serons rendus dans nos nouvelles positions.

Dans le combat de Maloiaroslavetz, la garde italienne s'est distinguée; elle a pris la position et s'y est maintenue. Le général baron Delzons, officier distingué, a été tué de trois balles. Notre perte est de quinze cents hommes tués ou blessés; celle des ennemis est de six à sept mille. On a trouvé sur le champ de bataille dix-sept cents Russes, parmi lesquels onze cents recrues habillées de vestes grises, ayant à peine deux mois de service.

L'ancienne infanterie russe est détruite; l'armée russe n'a quelque consistance que par les nombreux renforts de cosaques récemment arrivés du Don. Des gens instruits assurent qu'il n'y a dans l'infanterie russe que le premier rang composé de soldats, et que les deuxième et troisième rangs sont remplis par des recrues et des milices, que, malgré la parole qu'on leur avait donnée, on y a incorporées. Les Russes ont eu trois généraux tués. Le général comte Pino a été légèrement blessé.

Smolensk, le 11 novembre 1812.

Vingt-huitième bulletin de la grande armée.

Le quartier-général impérial était, le 1er novembre, à Viasma, et le 9 à Smolensk. Le temps a été très-beau jusqu'au 6; mais le 7, l'hiver a commencé, la terre s'est couverte de neige. Les chemins sont devenus très-glissans et très-difficiles pour les chevaux de trait. Nous en avons perdu beaucoup par le froid et les fatigues; les bivouacs de la nuit leur nuisent beaucoup.

Depuis le combat de Maloïaroslavetz, l'avant-garde n'avait pas vu l'ennemi, si ce n'est les cosaques qui, comme les Arabes, rôdent sur les flancs et voltigent pour inquiéter.

Le 2, à deux heures après-midi, douze mille hommes d'infanterie russe, couverts par une nuée de cosaques, coupèrent la route, à une lieue de Viasma, entre le prince d'Eckmülh et le vice-roi. Le prince d'Eckmülh et le vice-roi firent marcher sur cette colonne, la chassèrent du chemin, la culbutèrent dans les bois, lui prirent un général-major avec bon nombre de prisonniers, et lui enlevèrent six pièces de canon; depuis on n'a plus vu l'infanterie russe, mais seulement des cosaques.

Depuis le mauvais temps du 6, nous avons perdu plus de trois mille chevaux de trait, et près de cent de nos caissons ont été détruits.

Le général Wittgenstein ayant été renforcé par les divisions russes de Finlande et par un grand nombre de troupes de milice, a attaqué le 18 octobre, le maréchal Gouvion Saint-Cyr; il a été repoussé par ce maréchal et par le général de Wrede, qui lui ont fait trois mille prisonniers, et ont couvert le champ de bataille de ses morts.

Le 20, le maréchal Gouvion-Saint-Cyr, ayant appris que le maréchal duc de Bellune, avec le neuvième corps, marchait pour le renforcer, repassa la Dwina, et se porta à sa rencontre pour, sa jonction opérée avec lui, battre Wittgenstein et lui faire repasser la Dwina. Le maréchal Gouvion-Saint-Cyr fait le plus grand éloge de ses troupes. La division suisse s'est fait remarquer par son sang-froid et sa bravoure. Le colonel Guéhéneuc, du vingt-sixième régiment d'infanterie légère a été blessé. Le maréchal Saint-Cyr a eu une balle au pied. Le maréchal duc de Reggio est venu le remplacer, et a repris le commandement du deuxième corps.

La santé de l'empereur n'a jamais été meilleure.

Molodetschino, le 3 décembre 1812.

Vingt-neuvième bulletin de la grande armée.

Jusqu'au 6 novembre, le temps a été parfait, et le mouvement de l'armée s'est exécuté avec le plus grand succès. Le froid a commencé le 7; dès ce moment, chaque nuit nous avons perdu plusieurs centaines de chevaux, qui mouraient au bivouac. Arrivés à Smolensk, nous avions déjà perdu bien des chevaux de cavalerie et d'artillerie.

L'armée russe de Volhynie était opposée à notre droite. Notre droite quitta la ligne d'opération de Minsk, et prit pour pivot de ses opérations la ligne de Varsovie. L'empereur apprit à Smolensk, le 9, ce changement de ligne d'opérations, et présuma ce que ferait l'ennemi. Quelque dur qu'il lui parût de se mettre en mouvement dans une si cruelle saison, le nouvel état des choses le nécessitait; il espérait arriver à Minsk, ou du moins sur la Bérésina, avant l'ennemi; il partit le 13 de Smolensk; le 16, il coucha à Krasnoi. Le froid, qui avait commencé le 7, s'accrut subitement, et, du 14 au 15 et au 16, le thermomètre marqua seize et dix-huit degrés au-dessous de glace. Les chemins furent couverts de verglas; les chevaux de cavalerie, d'artillerie, de train, périssaient toutes les nuits, non par centaines, mais par milliers, surtout les chevaux de France et d'Allemagne: plus de trente mille chevaux périrent en peu de jours; notre cavalerie se trouva toute à pied; notre artillerie et nos transports se trouvaient sans attelage. Il fallut abandonner et détruire une bonne partie de nos pièces et de nos munitions de guerre et de bouche.

Cette armée, si belle le 6, était bien différente dès le 14, presque sans cavalerie, sans artillerie, sans transports. Sans cavalerie, nous ne pouvions pas nous éclairer à un quart de lieue; cependant, sans artillerie, nous ne pouvions pas risquer une bataille et attendre de pied ferme; il fallait marcher pour ne pas être contraint à une bataille, que le défaut de munitions nous empêchait de désirer; il fallait occuper un certain espace pour ne pas être tournés, et cela sans cavalerie qui éclairât et liât les colonnes. Cette difficulté, jointe à un froid excessif subitement venu, rendit notre situation fâcheuse. Les hommes que la nature n'a pas trempés assez fortement pour être au-dessus de toutes les chances du sort et de la fortune, parurent ébranlés, perdirent leur gaîté, leur bonne humeur, et ne rêvèrent que malheurs et catastrophes ; ceux qu'elle a créés supérieurs à tout, conservèrent leur gaîté, leurs manières ordinaires, et virent une nouvelle gloire dans des difficultés différentes à surmonter.

L'ennemi, qui voyait sur les chemins les traces de cette affreuse calamité qui frappait l'armée française, chercha à en profiter. Il enveloppait toutes les colonnes par ses cosaques, qui enlevaient, comme les Arabes dans les déserts, les trains et les voitures qui s'écartaient. Cette méprisable cavalerie, qui ne fait que du bruit, et n'est pas capable d'enfoncer une compagnie de voltigeurs, se rendit redoutable à la faveur des circonstances. Cependant l'ennemi eut à se repentir de toutes les tentatives sérieuses qu'il voulut entreprendre ; il fut culbuté par le vice-roi au-devant duquel il s'était placé, et y perdit beaucoup de monde.

Le duc d'Elchingen qui, avec trois mille hommes, faisait l'arrière-garde, avait fait sauter les remparts de Smolensk. Il fut cerné et se trouva dans une position critique : il s'en tira avec cette intrépidité qui le distingue. Après avoir tenu l'ennemi éloigné de lui pendant toute la journée du 18, et l'avoir constamment repoussé, à la nuit, il fit un mouvement par le flanc droit, passa le Borysthène, et déjoua tous les calculs de l'ennemi. Le 19, l'armée passa le Borysthène à

Orza, et l'armée russe fatiguée, ayant perdu beaucoup de monde, cessa là ses tentatives.

L'armée de Volhynie s'était portée dès le 16 sur Minsk, et marchait sur Borisow. Le général Dombrowski défendit la tête de pont de Borisow avec trois mille hommes. Le 23, il fut forcé, et obligé d'évacuer cette position. L'ennemi passa alors la Beresina, marchant sur Bobr; la division Lambert faisait l'avant-garde. Le deuxième corps, commandé par le duc de Reggio, qui était à Tscherein, avait reçu l'ordre de se porter sur Borisow pour assurer à l'armée le passage de la Beresina. Le 24, le duc de Reggio rencontra la division Lambert à quatre lieues de Borisow, l'attaqua, la battit, lui fit deux mille prisonniers, lui prit six pièces de canon, cinq cents voitures de bagages de l'armée de Volhynie, et rejeta l'ennemi sur la rive droite de la Beresina. Le général Berkeim, avec le quatrième de cuirassiers, se distingua par une belle charge. L'ennemi ne trouva son salut qu'en brûlant le pont, qui a plus de trois cents toises.

Cependant l'ennemi occupait tous les passages de la Beresina; cette rivière est large de quarante toises; elle charriait assez de glaces; mais ses bords sont couverts de marais de trois cents toises de long, ce qui la rend un obstacle difficile à franchir.

Le général ennemi avait placé ses quatre divisions dans différens débouchés où il présumait que l'armée française voudrait passer.

Le 26, à la pointe du jour, l'empereur, après avoir trompé l'ennemi par divers mouvemens faits dans la journée du 25, se porta sur le village de Studzianca, et fit aussitôt, malgré une division ennemie, et en sa présence, jeter deux ponts sur la rivière. Le duc de Reggio passa, attaqua l'ennemi, et le mena battant deux heures; l'ennemi se retira sur la tête de pont de Borisow. Le général Legrand, officier du premier mérite, fut blessé grièvement, mais non dangereusement. Toute la journée du 26 et du 27 l'armée passa.

Le duc de Bellune, commandant le neuvième corps, avait reçu ordre de suivre le mouvement du duc de Reggio, de faire l'arrière-garde, et de contenir l'armée russe de la Dwina qui le suivait. La division Partounaux faisait l'arrière-garde de ce corps. Le 27 à midi, le duc de Bellune arriva avec deux divisions au pont de Studzianca.

La division Partounaux partit à la nuit de Borisow. Une brigade de cette division qui formait l'arrière-garde, et qui était chargée de brûler les ponts, partit à sept heures du soir; elle arriva entre dix et onze heures; elle chercha sa première brigade et son général de division qui étaient partis deux heures avant, et qu'elle n'avait pas rencontrés en route. Ses recherches furent vaines; on conçut alors des inquiétudes. Tout ce qu'on a pu connaître depuis, c'est que cette première brigade, partie à cinq heures, s'est égarée à six, a pris à droite au lieu de prendre à gauche, et a fait deux ou trois lieues dans cette direction; que dans la nuit, et transie de froid, elle s'est ralliée aux feux de l'ennemi, qu'elle a pris pour ceux de l'armée française; entourée ainsi, elle aura été enlevée. Cette cruelle méprise doit nous avoir fait perdre deux mille hommes d'infanterie, trois cents chevaux et trois pièces d'artillerie. Des bruits couraient que le général de division n'était pas avec sa colonne, et avait marché isolément.

Toute l'armée ayant passé le 28 au matin, le duc de Bellune gardait la tête de pont sur la rive gauche; le duc de Reggio, et derrière lui toute l'armée, était sur la rive droite.

Borisow ayant été évacué, les armées de la Dwina et de Volhynie communiquèrent; elles concertèrent une attaque. Le 28, à la pointe du jour, le duc de Reggio fit prévenir l'empereur qu'il était attaqué ; une demi-heure après, le duc de Bellune le fut sur la rive gauche ; l'armée prit les armes. Le duc d'Elchingen se porta à la suite du duc de Reggio, et le duc de Trévise derrière le duc d'Elchingen. Le combat devint vif ; l'ennemi voulut déborder notre droite ; le général Doumerc, commandant la cinquième division de cuirassiers, et qui faisait partie du deuxième corps resté sur la Dwina, ordonna une charge de cavalerie aux quatrième et cinquième régimens de cuirassiers, au moment où la légion de la Vistule s'engageait dans les bois pour percer le centre de l'ennemi, qui fut culbuté et mis en déroute. Ces braves cuirassiers enfoncèrent successivement six carrés d'infanterie, et mirent en déroute la cavalerie ennemie qui venait au secours de son infanterie : six mille prisonniers, deux drapeaux et six pièces de canon tombèrent en notre pouvoir.

De son côté, le duc de Bellune fit charger vigoureusement l'ennemi, le battit, lui fit cinq à six cents prisonniers, et le tint hors la portée du canon du pont. Le général Fournier fit une belle charge de cavalerie.

Dans le combat de la Beresina, l'armée de Volhynie a beaucoup souffert. Le duc de Reggio a été blessé ; sa blessure n'est pas dangereuse ; c'est une balle qu'il a reçue dans le côté.

Le lendemain 29, nous restâmes sur le champ de bataille. Nous avions à choisir entre deux routes, celle de Minsk et celle de Wilna. La route de Minsk passe au milieu d'une forêt et de marais incultes, et il eût été impossible à l'armée de s'y nourrir. La route de Wilna, au contraire, passe dans de très-bons pays ; l'armée, sans cavalerie, faible en munitions, horriblement fatiguée de cinquante jours de marche, traînant à sa suite ses malades et les blessés de tant de combats, avait besoin d'arriver à ses magasins. Le 30, le quartier-général fut à Plechnitsi ; le 1er décembre à Slaïki, et le

3 à Molodetschino, où l'armée a reçu les premiers convois de Wilna.

Tous les officiers et soldats blessés, et tout ce qui est embarras, bagages, etc., ont été dirigés sur Wilna.

Dire que l'armée a besoin de rétablir sa discipline, de se refaire, de remonter sa cavalerie, son artillerie et son matériel, c'est le résultat de l'exposé qui vient d'être fait. Le repos est son premier besoin. Le matériel et les chevaux arrivent. Le général Bourcier a déjà plus de vingt mille chevaux de remonte dans différens dépôts. L'artillerie a déjà réparé ses pertes; les généraux, les officiers et les soldats ont beaucoup souffert de la fatigue et de la disette. Beaucoup ont perdu leurs bagages par suite de la perte de leurs chevaux; quelques-uns par le fait des embuscades des cosaques. Les cosaques ont pris nombre d'hommes isolés, d'ingénieurs-géographes qui levaient les positions, et d'officiers blessés qui marchaient sans précaution, préférant courir des risques plutôt que de marcher posément et dans les convois.

Les rapports des officiers-généraux commandant les corps feront connaître les officiers et soldats qui se sont le plus distingués, et les détails de tous ces mémorables événemens.

Dans tous ces mouvemens, l'empereur a toujours marché au milieu de sa garde, la cavalerie, commandée par le maréchal duc d'Istrie, et l'infanterie, commandée par le duc de Dantzick. S. M. a été satisfaite du bon esprit que sa garde a montré; elle a toujours été prête à se porter partout où les circonstances l'auraient exigé; mais les circonstances ont toujours été telles que sa simple présence a suffi, et qu'elle n'a pas été dans le cas de donner.

Le prince de Neufchâtel, le grand-maréchal, le grand-écuyer et tous les aides-de-camp et les officiers militaires de la maison de l'empereur, ont toujours accompagné Sa Majesté.

Notre cavalerie était tellement démontée, que l'on a dû réunir les officiers auxquels il restait un cheval, pour en former quatre compagnies de cent cinquante hommes chacune. Les généraux y faisaient les fonctions de capitaines, et les colonels celles de sous-officiers. Cet escadron sacré, commandé par le général Grouchy, et sous les ordres du roi de Naples, ne perdait pas de vue l'empereur dans tous ses mouvemens.

La santé de Sa Majesté n'a jamais été meilleure.

Paris, 18 décembre 1812.

Note publiée dans le Moniteur au retour de l'empereur à Paris.

Le 5 décembre, l'empereur réunit au quartier-général de Smorgony, le roi de Naples, le vice-roi, le prince de Neufchâtel, et les maréchaux ducs d'Elchingen, de Dantzick, de Trévise, le prince d'Eckmülh, le duc d'Istrie, et leur fit connaître qu'il avait nommé le roi de Naples son lieutenant-général pour commander l'armée pendant la rigoureuse saison.

S. M. passant à Wilna accorda un travail de plusieurs heures à M. le duc de Bassano.

S. M. voyagea *incognito* dans un seul traîneau, avec et sous le nom du *duc de Vicence*. Elle visita les fortifications de Praga, parcourut Varsovie, et y passa plusieurs heures inconnue. Deux heures avant son départ, elle fit chercher le comte Potocki et le ministre des finances du grand-duché, qu'elle entretint long-temps.

S. M. arriva le 14, à une heure après minuit à Dresde, et descendit chez le comte Serra, son ministre. Elle s'entretint long-temps avec le roi de Saxe, et repartit immédiatement, prenant la route de Leipsick et de Mayence.

Paris, 20 décembre 1812.

Réponse de l'empereur aux députations du sénat et du conseil d'état, envoyées pour le féliciter sur son retour de Russie.

Au Sénat.

« Sénateurs,

« Ce que vous me dites m'est fort agréable. J'ai à cœur la gloire et la puissance de la France; mais mes premières pensées sont pour tout ce qui peut perpétuer la tranquillité intérieure, et mettre à jamais mes peuples à l'abri des déchiremens des factions et des horreurs de l'anarchie. C'est sur ces ennemies du bonheur des peuples que j'ai fondé, avec la volonté et l'amour des Français, ce trône auquel sont attachées désormais les destinées de la patrie.

« Des soldats timides et lâches perdent l'indépendance des nations; mais des magistrats pusillanimes détruisent l'empire des lois, les droits du trône, et l'ordre social lui-même.

« La plus belle mort serait celle d'un soldat qui périt au champ d'honneur, si la mort d'un magistrat périssant en défendant le souverain, le trône et les lois, n'était plus glorieuse encore.

« Lorsque j'ai entrepris la régénération de la France, j'ai demandé à la Providence un nombre d'années déterminé. On détruit dans un moment, mais on ne peut réédifier sans le secours du temps. Le plus grand besoin de l'état est celui de magistrats courageux.

« Nos pères avaient pour cri de ralliement : *Le roi est mort, vive le roi!* Ce peu de mots contient les principaux avantages de la monarchie. Je crois avoir bien étudié l'esprit que mes peuples ont montré dans les différens siècles; j'ai réfléchi à ce qui a été fait aux différentes époques de notre histoire : j'y penserai encore.

« La guerre que je soutiens contre la Russie est une guerre politique. Je l'ai faite sans animosité : j'eusse voulu lui épargner les maux qu'elle-même s'est faits. J'aurais pu armer la plus grande partie de sa population contre elle-même, en proclamant la liberté des esclaves : un grand nombre de villages me l'ont demandé ; mais lorsque j'ai connu l'abrutissement de cette classe nombreuse du peuple russe, je me suis refusé à cette mesure qui aurait voué à la mort et aux plus horribles supplices bien des familles. Mon armée a essuyé des pertes, mais c'est par la rigueur prématurée de la saison.

« J'agrée les sentimens que vous m'exprimez. »

Au conseil d'état.

« Conseillers d'état,

« Toutes les fois que j'entre en France, mon cœur éprouve une bien vive satisfaction. Si le peuple montre tant d'amour pour mon fils, c'est qu'il est convaincu, par sentiment, des bienfaits de la monarchie.

« C'est à l'idéologie, à cette ténébreuse métaphysique, qui, en recherchant avec subtilité les causes premières, veut sur ses bases fonder la législation des peuples, au lieu d'approprier les lois à la connaissance du cœur humain et aux leçons de l'histoire, qu'il faut attribuer tous les malheurs qu'a éprouvés notre belle France. Ces erreurs devaient et ont effectivement amené le régime des hommes de sang. En effet, qui a proclamé le principe d'insurrection comme un devoir ? qui a adulé le peuple en le proclamant à une souveraineté qu'il était incapable d'exercer ? qui a détruit la sainteté et le respect des lois, en les faisant dépendre, non des principes sacrés de la justice, de la nature des choses et de la justice civile, mais seulement de la volonté d'une assemblée composée d'hommes étrangers à la connaissance des lois civiles, criminelles, administratives, politiques et militaires? Lorsqu'on est appelé à régénérer un état, ce sont des principes constamment opposés qu'il faut suivre. L'histoire peint le cœur humain ; c'est dans l'histoire qu'il faut chercher les avantages et les inconvéniens des différentes législations. Voilà les principes que le conseil d'état d'un grand empire ne doit jamais perdre de vue ; il doit y joindre un courage à toute épreuve ; et, à l'exemple des présidens Harlay et Molé, être prêt à périr en défendant le souverain, le trône et les lois.

« J'apprécie les preuves d'attachement que le conseil-d'état m'a données dans toutes les circonstances. J'agrée ses sentimens. »

Au palais des Tuileries, 8 janvier 1813.

Lettre de l'empereur au Sénat.

« Sénateurs,

« Nous avons jugé utile de reconnaître par des récompenses éclatantes les services qui nous ont été rendus, spécialement dans cette dernière campagne, par notre cousin le maréchal duc d'Elchingen.

« Nous avons pensé d'ailleurs qu'il convenait de consacrer le souvenir honorable pour nos peuples, de ces grandes circonstances où nos armées nous ont donné tant de preuves signalées de leur bravoure et de leur dévouement, et que tout ce qui tendrait à en perpétuer la mémoire dans la postérité était conforme à la gloire et aux intérêts de notre couronne.

« Nous avons en conséquence érigé en principauté, sous le titre de principauté de la Moskwa, le château de Rivoli, département du Pô, et les terres qui en dépendent, pour être possédés par notre cousin le maréchal duc d'Elchingen et ses descendans, aux closes et conditions portées aux lettres-patentes que nous avons ordonné à notre cousin le prince archi-chancelier de l'empire de faire expédier par le conseil du sceau des titres.

« Nous avons pris des mesures pour que les domaines de ladite principauté soient augmentés de manière à ce que le titulaire et ses descendans puissent soutenir dignement le nouveau titre que nous conférons, et ce, au moyen des dispositions qui nous sont compétentes.

« Notre intention est, ainsi qu'il est spécifié dans nos lettres-patentes, que la principauté que nous avons érigée en faveur de notredit cousin le maréchal duc d'Elchingen, ne donne à lui et à ses descendans d'autres rang et prérogatives que ceux dont jouissent les ducs parmi lesquels ils prendront rang selon la date de l'érection du titre. » NAPOLÉON.

Paris, 14 février 1813.

Discours de l'empereur à l'ouverture du corps-législatif.

« Messieurs les députés des départemens au corps-législatif,

« La guerre rallumée dans le nord de l'Europe offrait une occasion favorable aux projets des Anglais sur la péninsule. Ils ont fait de grands efforts. Toutes leurs espérances ont été déçues......... Leur armée a échoué devant la citadelle de Burgos, et a dû, après avoir essuyé de grandes pertes, évacuer le territoire de toutes les Espagnes.

« Je suis moi-même entré en Russie. Les armes françaises ont été constamment victorieuses aux champs d'Ostrowno, de Polotsk, de Mohilow, de Smolensk, de la Moskwa, de Maloïaroslawetz. Nulle part les armées russes n'ont pu tenir devant nos aigles; *Moscou est tombé en notre pouvoir.*

« Lorsque les barrières de la Russie ont été forcées, et que l'impuissance de ses armes a été reconnue, un essaim de Tartares ont tourné leurs mains parricides contre les plus belles provinces de ce vaste empire qu'ils avaient été appelés à défendre. Ils ont, en peu de semaines, malgré les larmes et le désespoir des infortunés Moscovites, incendié plus de quatre mille de leurs plus beaux villages, plus de cinquante de leurs plus belles villes, assouvissant ainsi leur ancienne haine, et sous le prétexte de retarder notre marche en nous environnant d'un désert. *Nous avons triomphé de tous ces obstacles!* L'incendie même de Moscou où, en quatre jours, ils ont anéanti le fruit des travaux et des épargnes de quarante générations, n'avait rien changé à l'état prospère de mes affaires..... Mais la rigueur excessive et prématurée de l'hiver a fait peser sur mon armée une affreuse calamité. *En peu de nuits, j'ai vu tout changer.* J'ai fait de grandes pertes. Elles auraient brisé mon ame si, dans ces grandes circonstances, j'avais dû être accessible à d'autres sentimens qu'à l'intérêt, à la gloire et à l'avenir de mes peuples.

« A la vue des maux qui ont pesé sur nous, la joie de l'Angleterre a été grande, ses espérances n'ont pas eu de bornes. Elle offrait nos plus belles provinces pour récompense à la trahison. Elle mettait pour condition à la paix le déchirement de ce bel empire : c'était, sous d'autres termes, proclamer *la guerre perpétuelle.*

« L'énergie de mes peuples, dans ces grandes circonstances, leur attachement à l'intégrité de l'empire, qu'ils m'ont montré, ont dissipé toutes ces chimères, et ramené nos ennemis à un sentiment plus juste des choses.

« Les malheurs qu'a produits la rigueur des frimats ont fait ressortir dans toute leur étendue la grandeur et la solidité de cet empire, fondé sur les efforts et l'amour de cinquante millions de citoyens, et sur les ressources territoriales des plus belles contrées du monde.

« C'est avec une vive satisfaction que nous avons vu nos

peuples du royaume d'Italie, ceux de l'ancienne Hollande et des départemens réunis, rivaliser avec les anciens Français, et sentir qu'il n'y a pour eux d'espérance, d'avenir et de bien, que dans la consolidation et le triomphe du grand empire.

« Les agens de l'Angleterre propagent chez tous nos voisins l'esprit de révolte contre les souverains. L'Angleterre voudrait voir le continent entier en proie à la guerre civile et à toutes les fureurs de l'anarchie; mais la Providence l'a elle-même désignée pour être la première victime de l'anarchie et de la guerre civile.

« J'ai signé directement avec le pape un concordat qui termine tous les différens qui s'étaient malheureusement élevés dans l'église. La dynastie française règne et régnera en Espagne. Je suis satisfait de la conduite de tous mes alliés. Je n'en abandonnerai aucun; je maintiendrai l'intégrité de leurs états. Les Russes rentreront dans leur affreux climat.

« Je désire la paix; elle est nécessaire au monde. Quatre fois, depuis la rupture qui a suivi le traité d'Amiens, je l'ai proposée dans des démarches solennelles. Je ne ferai jamais qu'une paix honorable et conforme aux intérêts et à la grandeur de mon empire. Ma politique n'est point mystérieuse; j'ai fait connaître les sacrifices que je pouvais faire.

« Tant que cette guerre maritime durera, mes peuples doivent se tenir prêts à toute espèce de sacrifices; car une mauvaise paix ferait tout perdre, jusqu'à l'espérance, et tout serait compromis, même la prospérité de nos neveux.

« L'Amérique a recouru aux armes pour faire respecter la souveraineté de son pavillon; les vœux du monde l'accompagnent dans cette glorieuse lutte. Si elle la termine en obligeant les ennemis du continent à reconnaître le principe que le pavillon couvre la marchandise et l'équipage, et que les neutres ne doivent pas être soumis à des blocus sur le papier, le tout conformément aux stipulations du traité d'Utrecht, l'Amérique aura mérité de tous les peuples. La postérité dira que l'ancien monde avait perdu ses droits, et que le nouveau les a reconquis.

« Mon ministre de l'intérieur vous fera connaître, dans l'exposé de la situation de l'empire, l'état prospère de l'agriculture, des manufactures et de notre commerce intérieur, ainsi que l'accroissement toujours constant de notre population. Dans aucun siècle l'agriculture et les manufactures n'ont été en France à un plus haut degré de prospérité.

« J'ai besoin de grandes ressources pour faire face à toutes les dépenses qu'exigent les circonstances ; mais moyennant différentes mesures que vous proposera mon ministre des finances, je ne devrai imposer aucune nouvelle charge à mes peuples. »

De notre palais de l'Elysée, le 30 mars 1813.

Lettres-patentes.

Napoléon, par la grâce de Dieu et les constitutions, empereur des Français, roi d'Italie, protecteur de la confédération du Rhin, médiateur de la confédération suisse, etc., etc ;

A tous ceux qui ces présentes verront, salut.

Voulant donner à notre bien-aimée épouse l'impératrice et reine Marie-Louise, des marques de la haute confiance que nous avons en elle, nous avons résolu de l'investir, comme nous l'investissons par ces présentes, du droit d'assister aux conseils du cabinet, lorsqu'il en sera convoqué pendant la durée de mon règne, pour l'examen des affaires les plus importantes de l'état ; et attendu que nous sommes dans l'intention d'aller incessamment nous mettre à la tête de nos armées, pour délivrer le territoire de nos alliés, nous avons également résolu de conférer, comme nous conférons par ces présentes, à notre bien-aimée épouse l'impératrice et reine, le titre de régente, pour en exercer les fonctions, en conformité de nos intentions et de nos ordres, tels que nous les aurons fait transcrire sur le livre de l'état; entendant qu'il soit donné connaissance aux princes grands dignitaires et à nos ministres, desdits ordres et instructions, et qu'en aucun cas, l'impératrice ne puisse s'écarter de leur teneur, dans l'exercice des fonctions de régente.

Voulons que l'impératrice-régente préside, en notre nom, le sénat, le conseil-d'état, le conseil des ministres et le conseil privé, notamment pour l'examen des recours en grâce, sur lesquels nous l'autorisons à prononcer, après avoir entendu les membres dudit conseil privé. Toutefois notre intention n'est point que par suite de la présidence conférée à l'impératrice-régente, elle puisse autoriser par sa signature, la présentation d'aucun sénatus-consulte, ou proclamer aucune loi de l'état; nous référant à cet égard au contenu des ordres et instructions mentionnées ci-dessus.

Mandons à notre cousin le prince archi-chancelier de l'empire, de donner communication des présentes lettres-patentes au sénat, qui les fera transcrire sur ses registres, et à notre grand-juge ministre de la justice, de les faire publier au bulletin des lois, et de les adresser à nos cours impériales, pour y être lues, publiées et transcrites sur les registres d'icelles.

NAPOLÉON.

En notre palais de l'Elysée-Napoléon, le 3 avril 1813.

Message de l'empereur et roi au Sénat.

Sénateurs,

Conformément aux constitutions de l'empire, nous vous présentons comme candidats pour la place vacante au sénat par la mort du comte de Bougainville, le baron Lacuée, premier président de la cour impériale d'Agen, présenté par le collége électoral du département de Lot-et-Garonne ; le baron d'Haubersaert, premier président de la cour impériale de Douai, présenté par le collége électoral du département du Nord ; le président Berthereau, présenté par le collége électoral du département de la Seine.

Nous sommes bien aise que nos cours impériales voient dans le choix de ces trois magistrats notre satisfaction de la manière dont elles remplissent nos vœux pour l'administration de la justice. NAPOLÉON.

En notre palais de l'Elysée-Napoléon, le 5 avril 1813.

Message de l'empereur et roi au Sénat.

Sénateurs,

Nous avons nommé pour remplir les treize places vacantes au sénat :

Le cardinal Bayane, prélat distingué par ses vertus religieuses, l'étendue de ses lumières et les services qu'il a rendus à la patrie ; il a travaillé au corcordat de Fontainebleau, qui complète les libertés de nos églises ; œuvre commencée par saint Louis, continuée par Louis XIV, et achevée par nous ; le baron Bourlier, évêque d'Evreux, le doyen de nos évêques, l'un des docteurs les plus distingués de la Sorbonne de Paris, société qui a rendu de si importans services à l'état, en demêlant, au milieu des ténèbres des siècles, les vrais principes de notre religion, d'avec les prétentions subversives de l'indépendance des couronnes. Nous désirons que le clergé de notre empire voie dans ces choix un témoignage de la satisfaction que nous avons de sa fidélité, de ses lumières et de son attachement à notre personne.

Le comte Legrand, général de division, couvert d'honorables blessures, et auquel nous avons les plus grandes obligations pour les services qu'il nous a rendus dans les circonstances les plus importantes.

Le comte Chasseloup-Laubat, le comte Gassendi, et le comte Saint-Marsan, conseillers en notre conseil-d'état. Nous désirons que notre conseil voie dans cette distinction accordée à trois de ses membres, le contentement que nous avons de ses services;

Le comte Barbé-Marbois, premier président de notre cour des comptes: en peu d'années et par un travail assidu, notre cour des comptes a liquidé tout l'arriéré, et atteint le but pour lequel nous l'avions instituée.

Le comte De Crois, l'un de nos chambellans, présenté par le collége électoral du département de Sambre et Meuse : les officiers de notre maison verront dans cette distinction accordée à l'un d'eux, la satisfaction que nous avons de la fidélité et de l'attachement qu'ils nous montrent dans toutes les circonstances.

Le duc de Cadore, ministre d'état, intendant-général de notre maison; le duc de Frioul, notre grand-maréchal; le comte de Montesquiou, notre grand-chambellan; le duc de Vicence, notre grand-écuyer; le comte de Ségur, notre grand-maître des cérémonies.

Nous voyons de l'utilité à faire siéger au sénat les grands-officiers de notre couronne; nous sommes bien aise de leur donner cette preuve de notre satisfaction. NAPOLÉON.

CAMPAGNE DE SAXE.

LIVRE HUITIÈME.

A S. M. l'impératrice-reine et régente. [1]

SITUATION DES ARMÉES FRANÇAISES DANS LE NORD, AU 30 MARS.

La garnison de Dantzick avait éloigné l'ennemi de toutes les hauteurs d'Oliva, dans les premiers jours de mars.

Les garnisons de Thorn et de Modlin étaient dans le meilleur état. Le corps qui bloquait Zamosc s'en était éloigné.

Sur l'Oder, les places de Stettin, Custrin et Glogau n'étaient pas assiégées. L'ennemi se tenait hors de la portée du canon de ces forteresses. La garnison de Stettin avait brûlé tous les faubourgs et préparé tout le terrain autour de la place.

---

[1] Dans cette campagne et dans la suivante, Napoléon, comme s'il eût prévu que la victoire allait l'abandonner pour toujours, cessa d'envoyer dans sa capitale ces bulletins guerriers, fidèles témoignages de ses succès sur les champs de bataille. Les nouvelles des armées étaient adressées à l'impératrice, et publiées par extrait dans le Moniteur. Mais la rédaction n'en appartenait pas moins à l'empereur, et c'est à ce titre que nous les publions. Il sera curieux de comparer la peinture de nos revers tracée de la même main qui avait improvisé les brillans bulletins d'Austerlitz, de Iéna et de Friedland.

La garnison de Spandau avait également brûlé tout ce qui pouvait gêner la défense de la place.

Sur l'Elbe, le 17, on avait fait sauter une arche du pont de Dresde, et le général Durutte avait pris position sur la rive gauche. Les Saxons s'étaient portés autour de Torgau.

Le vice-roi était parti de Leipsick, et avait porté, le 21, son quartier-général à Magdebourg.

Le général Lapoype commandait à Wittenberg le pont et la place, qui étaient armés et approvisionnés pour plusieurs mois. On l'avait remise en bon état.

Arrivé à Magdebourg, le vice-roi avait envoyé le 22 le général Lauriston sur la rive droite de l'Elbe. Le général Maison s'était porté à Mockern et avait poussé des postes sur Burg et Ziczar; il n'a trouvé que quelques pulks de troupes légères, qu'il a culbutés et sur lesquels il a pris ou tué une soixantaine d'hommes.

Le 12, le général Carra-Saint-Cyr, commandant la trente-deuxième division militaire, avait jugé convenable de repasser sur la rive gauche de l'Elbe, et de laisser Hambourg à la garde des autorités et des gardes nationales. Du 15 au 20, différentes insurrections se manifestèrent dans les départemens des Bouches-de-l'Elbe et de l'Ems.

Le général Morand, qui occupait la Poméranie suédoise, ayant appris l'évacuation de Berlin, faisait sa retraite sur Hambourg. Il passa l'Elbe à Zollenpischer, et le 17, il fit sa jonction avec le général Carra-Saint-Cyr. Deux cents hommes de troupes légères ennemies ayant atteint son arrière-garde, il les fit charger et leur tua quelques hommes. Le général Morand se porta sur la rive gauche, et le général Saint-Cyr se dirigea sur Brême.

Le 24, le général Saint-Cyr fit partir deux colonnes mobiles, pour se porter sur les batteries de Galsbourg et de Blexen, que des contrebandiers aidés des paysans et de quelques débarquemens anglais avaient enlevées. Ces colonnes ont mis les insurgés en déroute et repris les batteries. Les chefs ont été pris et fusillés. Les Anglais débarqués n'étaient qu'une centaine; on n'a pu leur faire que quarante prisonniers.

Le vice-roi avait réuni toute son armée, forte de cent mille hommes et de trois cents pièces de canon, autour de Magdebourg, manœuvrant sur les deux rives.

Le général de brigade Montbrun, qui, avec une brigade de cavalerie, occupait Steindal, ayant appris que l'ennemi avait passé le bas Elbe dans des bateaux près de Werden, s'y porta le 28, chassa les troupes légères de l'ennemi, et entra dans Werden au galop. Le quatrième de lanciers exécuta une charge à fond, dans laquelle il tua une cinquantaine de cosaques et en prit douze. L'ennemi se hâta de regagner la rive droite de l'Elbe. Trois gros bateaux furent coulés bas, et quelques barques chavirèrent; elles pouvaient être chargées de soixante chevaux et d'un pareil nombre d'hommes. On a pu sauver dix-sept cavaliers, parmi lesquels se sont trouvés deux officiers, dont un aide-de-camp du général Dornberg, qui commandait cette colonne.

Il paraît qu'un corps de troupes légères, d'un millier de chevaux, de deux mille hommes d'infanterie et de six pièces de canon, est parvenu à se diriger du côté de Brunswick, pour exciter à la révolte le Hanovre et le royaume de Vestphalie. Le roi de Westphalie s'est mis à la poursuite de ce corps, et d'autres colonnes envoyées par le vice-roi arrivent sur ses derrières.

Quinze cents hommes de troupes légères ennemies ont passé l'Elbe le 27, près de Dresde, sur des batelets. Le général Durutte marche sur eux. Les Saxons avaient laissé ce point dégarni, en se groupant autour de Torgau.

Le prince de la Moskwa était arrivé le 26 avec son quartier-général et son corps d'armée à Wurtzbourg ; son avant-garde débouchait des montagnes de la Thuringe.

Le duc de Raguse a porté le 22 mars son quartier-général à Hanau ; ses divisions s'y réunissaient.

Au 30 mars, l'avant-garde du corps d'observation d'Italie était arrivée à Augsbourg. Tout le corps traversait le Tyrol.

Le 27, le général Vandamme arrivait de sa personne à Brême. Les divisions Dumonceau et Dufour avaient déjà dépassé Wesel.

Indépendamment de l'armée du vice-roi, des armées du Mein et du corps du roi de Westphalie, il y aura dans la première quinzaine d'avril, près de cinquante mille hommes dans la trente-deuxième division militaire, afin de faire un exemple sévère des insurrections qui ont troublé cette division. Le comte de Bentink, maire de Varel, a eu l'infamie de se mettre à la tête des révoltés. Ses propriétés seront confisquées, et il aura, par sa trahison, consommé à jamais la ruine de sa famille.

Pendant tout le mois de mars, il n'y a eu aucune affaire. Dans toutes les escarmouches, dont celle du 28 (à Werden) est, de beaucoup, la plus considérable, l'armée française a toujours eu le dessus.

A S. M. l'impératrice-reine et régente.

SITUATION DES ARMÉES FRANÇAISES DANS LE NORD, AU 5 AVRIL.

Les nouvelles de Dantzick étaient satisfaisantes. La nombreuse garnison a formé des camps en dehors. L'ennemi se tenait éloigné de la place, et ne paraissait pas en disposition de rien tenter. Deux frégates anglaises s'étaient fait voir devant la place.

A Thorn, il n'y avait rien de nouveau. On y avait mis le temps à profit pour améliorer les fortifications.

L'ennemi n'avait que très-peu de forces devant Modlin; le général Daendels en a profité pour faire une sortie, a repoussé le corps ennemi, et s'est emparé d'un gros convoi, où il y avait entre autres cinq cents bœufs.

La garnison de Zamosc est maîtresse du pays à six lieues à la ronde, l'ennemi n'observant cette place qu'avec quelque cavalerie légère.

Le général Frimont et le prince Poniatowski étaient toujours dans la même position sur la Pilica.

Stettin, Custrin et Glogau étaient dans le même état. L'ennemi paraissait avoir des projets sur Glogau dont le blocus était resserré.

Le corps ennemi qui, le 27 mars, a passé l'Elbe à Werden, et dont l'arrière-garde a été défaite le 28 par le général Montbrun, et jetée dans la rivière, s'était dirigé sur Lunebourg.

Le 29, le général Morand partit de Brême, et se porta sur Lunebourg, où il arriva le premier avril. Les habitans, soutenus par quelques troupes légères de l'ennemi, voulurent faire résistance; les portes furent enfoncées à coups de canon, une trentaine de ces rebelles passés par les armes, et la ville fut soumise.

Le 2, le corps ennemi qu'on supposait de trois à quatre mille hommes, cavalerie, infanterie et artillerie, se présenta devant Lunebourg. Le général Morand marcha à sa rencontre avec sa colonne, composée de huit cents Saxons, et de deux cents Français, avec une trentaine de cavaliers et quatre pièces de canon. La canonnade s'engagea. L'ennemi avait été forcé de quitter plusieurs positions, lorsque le général Morand fut tué par un boulet. Le commandement passa à un colonel saxon. Les troupes, étonnées de la perte de leur chef, se replièrent dans la ville ; et après s'y être défendues pendant une demi-journée, elles capitulèrent le soir. L'ennemi fit ainsi prisonniers sept cents Saxons et deux cents Français. Une partie des prisonniers ont été repris.

Le lendemain, le général Montbrun, commandant l'avant-garde du corps du prince d'Eckmühl, arriva à Lunebourg. L'ennemi, instruit de son approche, avait évacué la ville en toute hâte et repassé l'Elbe. Le prince d'Eckmühl, arrivé le 4, a forcé l'ennemi à retirer tous ses partis de la rive gauche de l'Elbe, et a fait occuper Stade.

Le 5, le général Vandamme avait réuni à Brême les divisions Saint-Cyr et Dufour. Le général Dumonceau, avec sa division, était à Minden.

Le vice-roi a rencontré, le 2 avril, une division prussienne en avant de Magdebourg sur la rive droite de l'Elbe, l'a culbutée, l'a poursuivie l'espace de plusieurs lieues, et lui a fait quelques centaines de prisonniers.

La brigade bavaroise, qui fait partie de la division du général Durutte, a eu, le 29 mars, une affaire à Coldiz avec la cavalerie ennemie. Cette infanterie a repoussé toutes les charges que l'ennemi a tentées sur elle, et lui a tué plus de cent hommes, parmi lesquels on a reconnu un colonel et plusieurs officiers. La perte des Bavarois n'a été que de seize hommes blessés. Depuis lors le général Durutte a continué son mouvement sans être inquiété, pour se porter sur la Saale à Bernbourg.

Un détachement de cavalerie ennemie était entré le 5 dans Leipsick.

Le duc de Bellune était en observation à Calbe et Bernbourg sur la Saale.

A S. M. l'impératrice-reine et régente.

SITUATION DES ARMÉES FRANÇAISES DANS LE NORD, AU 10 AVRIL.

Le 5, la trente-cinquième division, commandée par le général Grenier, a eu une affaire d'avant-postes sur la rive droite de l'Elbe, à quatre lieues de Magdebourg. Quatre bataillons de cette division seulement ont été engagés. L'infanterie a montré son intrépidité ordinaire, et l'ennemi a été repoussé.

Le 7, le vice-roi étant instruit que l'ennemi avait passé l'Elbe à Dessau, a envoyé le cinquième corps et une partie du onzième pour appuyer le deuxième corps, commandé par le duc de Bellune. Lui-même il s'est porté à Stassfurt, où son quartier-général était le 9, et il a réuni son armée sur la Saale, la gauche à l'Elbe, la droite appuyée aux montagnes du Hartz, et la réserve à Magdebourg.

Le prince d'Eckmühl, qui le 8 avait son quartier-général à Lunebourg, se mettait en marche pour se rapprocher de Magdebourg.

L'artillerie des divisions du général Vandamme arrivait à Brême et à Minden.

La tête d'un corps composé de deux divisions, qui doit prendre position à Wesel, sous les ordres du général Lemarrois, commençait à arriver.

Le 10, le général Souham avait envoyé un régiment à Erfurt, où on n'avait pas encore de nouvelles des troupes légères de l'ennemi.

Le duc de Raguse prenait position sur les hauteurs d'Eisenach.

L'armée française du Mein paraissait en mouvement dans différentes directions.

Le prince de Neufchâtel était attendu à Mayence.

Une partie de l'état-major de l'empereur y était arrivée, ce qui faisait présumer l'arrivée prochaine de ce souverain.

A S. M. l'impératrice-reine et régente.

SITUATION DES ARMÉES FRANÇAISES DANS LE NORD, AU 20 AVRIL.

Dantzick, Thorn, Modlin, Zamosc, étaient dans le même état.

Stettin, Custrin, Glogau, Spandau, n'étaient que faiblement bloqués.

Magdebourg était le point de réserve du vice-roi.

Wittemberg et Torgau étaient en bon état. La garnison de Wittemberg avait repoussé l'attaque de vive force.

Le général Vandamme était en avant de Brême; le général Sébastiani entre Celle et le Weser; le vice-roi dans la même position, la gauche sur l'Elbe, à l'embouchure de la Saale, et la droite au Hartz, occupant Bernbourg, sa réserve à Magdebourg.

Le prince de la Moskwa était à Erfurt; le duc de Raguse à Gotha, occupant Langen-Saltza; le duc d'Istrie à Eisenach; le comte Bertrand à Cobourg.

Le général Souham était à Weymar. La ville avait été occupée par trois cents hussards prussiens, qui furent éparpillés dans la journée du 19 par un escadron du dixième de hussards, et un escadron badois, sous les ordres du général Laboissière. On leur a pris soixante hussards et quatre officiers, parmi lesquels se trouve un aide-de-camp du général Blucher.

Mayence, le 24 avril 1813.

A S. M. l'impératrice-reine et régente.

S. M. l'empereur a passé, le 22 du mois, la revue de quatre beaux régimens de la vieille garde ; il a témoigné sa satisfaction du bel état des ces troupes ; elles sont arriveés à Mayence en poste, et n'ont mis que six jours pour faire la route ; elles étaient si peu fatiguées, qu'elles ont passé le Rhin sur-le-champ. Le général Curial est arrivé à Mayence avec les cadres des douze nouveaux régimens de la jeune garde qui s'organisent en cette ville. Toutes les fournitures destinées à l'équipement de ces troupes sont arrivées à Mayence par les transports accélérés.

Le duc de Castiglione a été nommé gouverneur militaire des grands-duchés de Francfort et de Wurtzbourg. La citadelle de Wurtzbourg a été armée et approvisionnée.

Les bruits qui avaient été répandus sur une prétendue défaite du général Sébastiani et sur la mort de ses aides-de-camp, sont faux et controuvés ; au contraire, se proposant d'attirer l'ennemi à lui, il ordonna au général Maurin d'évacuer Celle ; douze cents cosaques s'y jetèrent sur-le-champ. Le 28, le général Maurin rentra précipitamment dans Celle, pêle-mêle avec l'ennemi, qui fut mis dans une déroute compète, et perdit une cinquantaine de tués, grand nombre de blessés et une centaine de prisonniers.

Pendant ce temps, le général Sébastiani se portait sur Ueltzen ; il chassa de Gros-OEsingen un parti de six cents cosaques, qui se reploya sur Sprakensehl, où l'ennemi avait réuni quinze cents cavaliers. Le général Sébastiani les fit aussitôt charger et enfoncer ; on leur a tué vingt-cinq hommes, blessé beaucoup plus, et pris une vingtaine de cosaques ; les fuyards ont été poursuivis jusque près d'Ueltzen.

Le général Vandamme commande à Brême; il a sous ses ordres les trois divisions Dufour, Saint-Cyr et Dumonceau.

L'effervescence des esprits se calme dans la trente-deuxième division militaire; la quantité de forces qu'on voit arriver de tous côtés, les exemples sévères qu'on a faits sur les chefs des complots, mais surtout le peu de monde que l'ennemi a pu montrer sur ce point, ont comprimé la malveillance.

Le duc de Reggio est parti le 23 de Mayence pour prendre le commandement du douzième corps de la grande-armée.

Au 24, la plus grande partie de l'armée avait passé les montagnes de la Thuringe.

Le roi de Saxe ayant jugé convenable de s'approcher le plus possible de Dresde, s'est porté sur Prague.

S. M. l'empereur est parti le 24, à huit heures du soir, de Mayence.

Le duc de Dalmatie a repris les fonctions de colonel-général de la garde. S. M. a envoyé à Wetzlar le duc de Trévise pour organiser le corps polonais du général Dombrowski, et en former deux régimens d'infanterie, deux régimens de cavalerie et deux batteries d'artillerie. S. M. a pris ce corps à sa solde depuis le premier janvier.

Le prince d'Eckmühl s'est rendu dans la trente-deuxième division militaire, pour y exercer, vu les circonstances, les pouvoirs extraordinaires délégués par le sénatus-consulte du 3 avril.

Le 25 avril 1813.

A S. M. l'impératrice-reine et régente.

La place de Thorn a capitulé : la garnison retourne en Bavière; elle était composée de six cents Français et de deux mille sept cents Bavarois : dans ce nombre de trois mille trois cents hommes, douze cents étaient aux hôpitaux. Aucun préparatif n'annonçait encore le commencement du siége de Dantzick : la garnison était en bon état et maîtresse des dehors. Modlin et Zamosk n'étaient point sérieusement inquiétés. A Stettin, un combat très-vif avait eu lieu. L'ennemi, ayant voulu s'introduire entre Stettin et Dam, avait été culbuté dans les marais, et quinze cents Prussiens y avaient été tués ou pris.

Une lettre reçue de Glogau faisait connaître que cette place, au 12 avril, était dans le meilleur état. Il n'y avait rien de nouveau à Custrin. Spandau était assiégé : un magasin à poudre y avait sauté, et l'ennemi ayant cru pouvoir profiter de cette circonstance pour donner l'assaut, avait été repoussé après avoir perdu mille hommes tués ou blessés. On n'a point fait de prisonniers, parce qu'on était séparé par des marais.

Les Russes ont jeté des obus dans Wittenberg, et brûlé une partie de la ville. Ils ont voulu tenter une attaque de vive force qui ne leur a point réussi. Ils y ont perdu cinq à six cents hommes.

La position de l'armée russe paraissait être la suivante : un corps de partisans, commandé par un nommé Dornberg qui, en 1809, était capitaine des gardes du roi de Westphalie, et qui le trahit lâchement, était à Hambourg et faisait des courses entre l'Elbe et le Weser. Le général Sébastiani était parti pour lui couper l'Elbe.

Les deux corps prussiens des généraux Lecoq et Blucher paraissaient occuper, le premier, la rive droite de la Basse-Saale ; le second, la rive droite de la Haute-Saale.

Les généraux russes Wintzingerode et Wittgenstein occupaient Leipsick ; le général Barclay de Tolly était sur la Vistule, observant Dantzick ; le général Saken était devant le corps autrichien, dans la direction de Cracovie, sur la Pilica.

L'empereur Alexandre avec la garde russe, et le général Kutusow ayant une vingtaine de mille hommes, paraissaient être sur l'Oder; ils s'étaient fait annoncer à Dresde pour le 12 avril, ils s'y étaient fait depuis annoncer pour le 20 : aucune de ces annonces ne s'est réalisée.

L'ennemi paraissait vouloir se maintenir sur la Saale.

Les Saxons étaient dans Torgau.

Voici la position de l'armée française :

Le vice-roi avait son quartier-général à Mansfeld, la gauche appuyée à l'embouchure de la Saale, occupant Calbe et Bernbourg, où est le duc de Bellune. Le général Lauriston, avec le cinquième corps, occupait Asleben, Sondersleben et Gerbstet. La trente-unième division était sur Eisleben, la trente-sixième et la trente-cinquième étaient en arrière en réserve. Le prince de la Moskwa avait son corps en avant de Weymar. Le duc de Raguse était à Gotha; le quatrième corps, commandé par le général Bertrand, était à Saalfeld; le douzième corps, sous les ordres du duc de Reggio, arrivant à Cobourg.

La garde est à Erfurt, où l'empereur est arrivé le 25 à onze heures du soir. Le 26, S. M. a passé la revue de la garde, et a visité les fortifications de la ville et de la citadelle. Elle a fait désigner des locaux pour y établir des hôpitaux qui pussent contenir six mille malades ou blessés, ayant ordonné qu'Erfurt serait la dernière ligne d'évacuation.

Le 27, l'empereur a passé en revue la division Bonnet, faisant partie du sixième corps aux ordres du duc de Raguse.

Toute l'armée paraissait en mouvement : déjà tous les partis que l'ennemi avait sur la rive gauche de la Saale se sont repliés. Trois mille hommes de cavalerie s'étaient portés sur Nordhausen pour pénétrer dans le Hartz, et un autre parti sur Heiligenstadt pour menacer Cassel : tout cela s'est reployé avec précipitation, en laissant des malades, des blessés, et des traînards qui ont été faits prisonniers. Depuis les hauteurs d'Ebersdorf jusqu'à l'embouchure de la Saale, il n'y a plus d'ennemis sur la rive gauche.

La jonction entre l'armée de l'Elbe et l'armée du Mein doit s'opérer le 27 entre Naumbourg et Mersebourg.

Le 28 avril 1813.

A S. M. l'impératrice-reine et régente.

Le quartier-général de l'empereur était le 28 à Naumbourg : le prince de la Moskwa avait passé la Saale. Le général Souham avait culbuté une avant-garde de deux mille hommes qui avait voulu s'opposer au passage de la rivière. Tout le corps du prince de la Moskwa était en bataille au-delà de Naumbourg.

Le général Bertrand occupait Jéna et avait son corps rangé sur le fameux champ de bataille d'Jéna.

Le duc de Reggio, avec le douzième corps, arrivait à Saalfeld.

Le vice-roi débouchait par Halle et Mersebourg.

Le général Sébastiani s'était porté, le 24, sur Velzen : il avait culbuté un corps de quatre mille aventuriers, commandés par le général russe Czernicheff : il avait dispersé son infanterie ; il avait pris une partie de ses bagages et de son artillerie, et le poursuivait l'épée dans les reins sur Lunebourg.

Le 30 avril 1813.

A S. M. l'impératrice-reine et régente.

Le 29, l'empereur avait porté son quartier général à Naumbourg.

Le prince de la Moskwa s'était porté sur Weissenfels. Son avant-garde, commandée par le général Souham, arriva près de cette ville à deux heures après midi, et se trouva en présence du général russe Lanskoi, commandant une division de six à sept mille hommes de cavalerie, d'infanterie et d'artillerie. Le général Souham n'avait pas de cavalerie; mais, sans en attendre, il marcha à l'ennemi et le culbuta de ses différentes positions. L'ennemi démasqua douze pièces de canon; le général Souham en fit mettre un pareil nombre en batterie. La canonnade devint vive et fit des ravages dans les rangs russes qui étaient à cheval et à découvert, tandis que nos pièces étaient soutenues par des tirailleurs placés dans des ravins et dans des villages. Le général de brigade Chemineau s'est fait remarquer. L'ennemi essaya plusieurs charges de cavalerie : notre infanterie le reçut en carré et par un feu de file qui couvrit le champ de bataille de cadavres russes et de chevaux. Le prince de la Moskwa dit qu'il n'a jamais vu à la fois plus d'enthousiasme et de sang-froid dans l'infanterie. Nous entrâmes dans Weissenfels; mais voyant que l'ennemi voulait tenir près de la ville, l'infanterie marcha à lui au pas de charge, les schakos au bout des fusils et aux cris de *vive l'empereur!* La division ennemie se mit en retraite. Notre perte en tués et blessés a été d'une centaine d'hommes.

Le 27, le comte Lauriston s'était porté sur Wettin, où l'ennemi avait un pont. Le général Maison fit placer une batterie qui obligea l'ennemi à brûler le pont, et il s'empara de la tête de pont que l'ennemi avait construite.

Le 28, le comte Lauriston se porta vis-à-vis Hall, où un corps prussien occupait une tête de pont, culbuta l'ennemi et l'obligea d'évacuer cette tête de pont et de couper le pont. Une canonnade très-vive s'en était suivie d'une rive à l'autre. Notre perte a été de soixante-sept hommes; celle de l'ennemi a été bien plus considérable.

Le vice-roi avait ordonné au maréchal duc de Tarente de se porter sur Mersebourg. Le 29, à quatre heures après midi, ce maréchal arriva devant cette ville; il y trouva deux mille Prussiens qui voulurent s'y défendre; ces Prussiens étaient du corps d'Yorck, de ceux mêmes que le maréchal commandait en chef et qui l'avaient abandonné sur le Niémen. Le maréchal entra de vive force, leur tua du monde, leur fit deux cents prisonniers, parmi lesquels se trouve un major, et s'empara de la ville et du pont.

Le comte Bertrand avait, le 29, son quartier-général à Dornburg, sur la Saale, occupant par une de ses divisions le pont d'Jéna.

Le duc de Raguse avait son quartier-général à Kœsen sur la Saale; le duc de Reggio avait son quartier-général à Saalfeld sur la Saale.

Ce combat de Weissenfels est remarquable parce que c'est une lutte d'infanterie et de cavalerie en égal nombre et en rase plaine, et que l'avantage y est resté à notre infanterie. On a vu de jeunes bataillons se comporter avec autant de sang-froid et d'impétuosité que les vieilles troupes.

Ainsi, pour le début de cette campagne, l'ennemi est chassé de tout ce qu'il occupait sur la rive gauche de la Saale; nous sommes maîtres de tous les débouchés de cette rivière; la jonction entre les armées de l'Elbe et du Mein est opérée, et les villes importantes de Naumbourg, de Weissenfels et de Mersebourg ont été occupées de vive force.

Veymar, le 30 avril 1813.

S. M. l'empereur et roi a passé ici le 28 à deux heures après midi. Le duc de Weymar et le prince Bernard avaient été à sa rencontre jusqu'aux limites du territoire. S. M. est descendue au palais et s'est entretenue près de deux heures avec la duchesse ; après quoi S. M. est montée à cheval pour se rendre à six lieues d'ici, à Eckarsberg, où était son quartier-général. Les princes ayant reconduit S. M. jusque-là, ont eu l'honneur d'y dîner le soir avec elle à son quartier-général.

La quantité de troupes qui passe ici est innombrable. Jamais on n'a vu de plus beaux trains d'artillerie ni de convois d'équipages militaires en meilleur état.

A S. M. l'impératrice-reine et régente.

SITUATION DES ARMÉES FRANÇAISES DANS LE NORD, AU PREMIER MAI.

L'empereur avait porté son quartier-général à Weissenfels ; le vice-roi avait porté le sien à Mersebourg ; le général Maison était entré à Halle ; le duc de Raguse avait son quartier-général à Naumbourg ; le comte Bertrand était à Stohssen ; le duc de Reggio avait son quartier-général à Jéna.

Il a beaucoup plu dans la journée du 30 : le premier mai, le temps était meilleur.

Trois ponts avaient été jetés sur la Saale, à Weissenfels : des ouvrages de campagne avaient été commencés à Naumbourg, et trois pont jetés sur la Saale.

Quinze grenadiers du treizième de ligne se trouvant entre Saalfeld et Jéna, furent entourés par quatre-vingt-quinze hussards prussiens. Le commandant, qui était un colonel, s'avança en disant : *Français, rendez-vous !* Le sergent l'ajusta et le jeta par terre roide mort. Les autres grenadiers se pelotonnèrent, tuèrent sept Prussiens, et les hussards s'en allèrent plus vite qu'ils n'étaient venus.

Les différens partis de la vieille garde se sont réunis à Weissenfels ; le général de division Roguet les commande.

L'empereur a visité tous les avant-postes : malgré le mauvais temps, S. M. jouit d'une très-bonne santé.

Le premier coup de sabre qui a été donné à ce renouvellement de campagne, a coupé l'oreille au fils du général Blucher, général-major. C'est par un maréchal-des-logis du dixième de hussards que ce coup de sabre a été donné. Les habitans de Weymar ont remarqué que le premier coup de sabre donné dans la campagne de 1806 à Saalfeld, et qui a tué le prince Louis de Prusse, a été donné aussi par un maréchal-des-logis de ce même régiment.

Le 2 mai, à neuf heures du matin.

A. S. l'impératrice-reine et régente.

Le premier mai, l'empereur monta à cheval à neuf heures du matin, avec le prince de la Moskwa et le général Souham. La division Souham se mit en mouvement vers la belle plaine qui commence sur les hauteurs de Weissenfels et s'étend jusqu'à l'Elbe. Cette division se forma en quatre carrés de quatre bataillons chacun, chaque carré à cinq cents toises l'un de l'autre, et ayant quatre pièces de canon. Derrière les carrés se plaça la brigade de cavalerie du général Laboissière, sous les ordres du comte de Valmy qui venait d'arriver. Les divisions Gérard et Marchand venaient d'arriver en échelons et formées de la même manière que la division Souham. Le maréchal duc d'Istrie tenait la droite avec toute la cavalerie de la garde.

A onze heures, ces dispositions faites, le prince de la Moskwa, en présence d'une nuée de cavalerie ennemie qui couvrait la plaine, se mit en mouvement sur le défilé de Poserna. On s'empara de différens villages sans coup férir. L'ennemi occupait, sur les hauteurs du défilé, une de plus belles positions qu'on puisse voir ; il avait six pièces de canon, et présentait trois lignes de cavalerie.

Le premier carré passa le défilé au pas de charge et aux cris de *vive l'empereur* long-temps prolongés sur toute la ligne. On s'empara de la hauteur. Les quatre carrés de la division Souham dépassèrent le défilé.

Deux autres divisions de cavalerie vinrent alors renforcer l'ennemi avec vingt pièces de canon. La canonnade devint vive ; l'ennemi ploya partout : la division Souham se dirigea sur Lutzen ; la division Gérard prit la direction de la route de Pegau. L'empereur voulant renforcer les batteries de cette dernière division, envoya douze pièces de la garde, sous les ordres de son aide-de-camp le général Drouot, et ce renfort fit merveille. Les rangs de la cavalerie ennemie furent culbutés par la mitraille.

Au même moment, le vice-roi débouchait de Mersebourg, avec le onzième corps, commandé par le duc de Tarente, et le cinquième, commandé par le général Lauriston : le corps du général Lauriston tenait la gauche sur la grande route de Mersebourg à Leipsick ; celui du duc de Tarente, où était le vice-roi, tenait la droite. Le vice-roi ayant entendu la vive canonnade qui avait lieu près de Lutzen, fit un mouvement à droite, et l'empereur se trouva presqu'au même moment au village de Lutzen.

La division Marchand, et successivement les divisions Brenier et Ricard passèrent le défilé ; mais l'affaire était décidée quand elles entrèrent en ligne.

Quinze mille hommes de cavalerie ont donc été chassés de ces belles plaines, à peu près par un pareil nombre d'infanterie. C'est le général Wintzingerode qui commandait ces trois divisions, dont une était celle du général Lanskoï ; l'ennemi n'a montré qu'une division d'infanterie. Devenu plus prudent par le combat de Weissenfels, et étonné du bel ordre et du sang-froid de notre marche, l'ennemi n'a osé aborder d'aucune part l'infanterie, et il a été écrasé par notre mitraille. Notre perte se monte à trente-trois hommes tués et cinquante-cinq blessés, dont un chef de bataillon. Cette perte pourrait être considérée comme extrêmement légère, en comparaison de celle de l'ennemi qui a eu trois colonels, trente officiers et quatre cents hommes tués ou blessés, outre un grand nombre de chevaux; mais par une de ces fatalités dont l'histoire de la guerre est pleine, le premier coup de canon qui fut tiré dans cette journée, coupa le poignet au duc d'Istrie, lui perça la poitrine, et le jeta roide mort. Il s'était avancé à cinq cents pas du côté des tirailleurs pour bien reconnaître la plaine. Ce maréchal qu'on peut à juste titre nommer brave et juste, était recommandable autant par son coup-d'œil militaire, par sa grande expérience de l'arme de la cavalerie, que par ses qualités civiles et son attachement à l'empereur. Sa mort sur le champ d'honneur est la plus digne d'envie; elle a été si rapide qu'elle a dû être sans douleur. Il est peu de pertes qui pussent être plus sensibles au cœur de l'empereur; l'armée et la France entière partageront la douleur que S. M. a ressentie.

Le duc d'Istrie, depuis les premières campagnes d'Italie, c'est-à-dire, depuis seize ans, avait toujours, dans différens grades, commandé la garde de l'empereur qu'il avait suivi dans toutes ses campagnes et à toutes ses batailles.

Le sang-froid, la bonne volonté et l'intrépidité des jeunes soldats étonne les vétérans et tous les officiers : c'est le cas de dire *qu'aux âmes bien nées, la valeur n'attend pas le nombre des années.*

S. M. a eu dans la nuit du 1.er au 2 mai son quartier-général à Lutzen; le vice-roi avait son quartier-général à Markrandstedt; le général Lauriston était à Kiebersdorf; le prince de la Moskwa avait son quartier-général à Kaya, et le duc

8.

de Raguse avait le sien à Poserna. Le général Bertrand était à Stohssen ; le duc de Reggio en marche sur Naumbourg.

A Dantzick la garnison a obtenu de grands avantages et fait une sortie si heureuse qu'elle a fait prisonnier un corps de trois mille Russes.

La garnison de Wittemberg paraît aussi s'être distinguée et avoir fait, dans une sortie, beaucoup de mal à l'ennemi.

Le 2 mai 1813.

A. S. M. l'impératrice-reine et régente.

Les combats de Weissenfels et de Lutzen n'étaient que le prélude d'événemens de la plus haute importance. L'empereur Alexandre et le roi de Prusse qui étaient arrivés à Dresde avec toutes leurs forces dans les derniers jours d'avril, apprenant que l'armée française avait débouché de la Thuringe, adoptèrent le plan de lui livrer bataille dans les plaines de Lutzen, et se mirent en marche pour en occuper la position ; mais ils furent prévenus par la rapidité des mouvemens de l'armée française ; ils persistèrent cependant dans leurs projets, et résolurent d'attaquer l'armée pour la déposter des positions qu'elle avait prises.

La position de l'armée française au 2 mai, à neuf heures du matin, était la suivante :

La gauche de l'armée s'appuyait à l'Elster ; elle était formée par le vice-roi, ayant sous ses ordres les cinquième et onzième corps. Le centre était commandé par le prince de la Moskwa, au village de Kaïa. L'empereur avec la jeune et la vieille garde était à Lutzen.

Le duc de Raguse était au défilé de Poserna, et formait la droite avec ses trois divisions. Enfin le général Bertrand, commandant le quatrième corps, marchait pour se rendre à ce défilé. L'ennemi débouchait et passait l'Elster aux ponts de Zwenkau, Pegau et Zeist. S. M. ayant l'espérance de le prévenir dans son mouvement, et pensant qu'il ne pourrait attaquer que le 3, ordonna au général Lauriston, dont le corps formait l'extrémité de la gauche, de se porter sur Leipsick, afin de déconcerter les projets de l'ennemi, et de placer l'armée française, pour la journée du 3, dans une position toute différente de celle où les ennemis avaient compté la trouver et où elle était effectivement le 2, et de porter ainsi de la confusion et du désordre dans leurs colonnes.

A neuf heures du matin, S. M. ayant entendu une canonnade du côté de Leipsick, s'y porta au galop. L'ennemi défendait le petit village de Listenau et les ponts en avant de Leipsick. S. M. n'attendait que le moment où ces dernières positions seraient enlevées, pour mettre en mouvement toute son armée dans cette direction, la faire pivoter sur Leipsick, passer sur la droite de l'Elster, et prendre l'ennemi à revers; mais à dix heures, l'armée ennemie déboucha vers Kaïa, sur plusieurs colonnes d'une noire profondeur; l'horizon en était obscurci. L'ennemi présentait des forces qui paraissaient immenses. L'empereur fit sur-le-champ ses dispositions. Le vice-roi reçut l'ordre de se porter sur la gauche du prince de la Moskwa; mais il lui fallait trois heures pour exécuter ce mouvement. Le prince de la Moskwa prit les armes, et avec ses cinq divisions soutint le combat, qui au bout d'une demi-heure devint terrible. S. M. se porta elle-même à la tête de la garde derrière le centre de l'armée, soutenant la droite du prince de la Moskwa. Le duc de Raguse, avec ses trois divisions, occupait l'extrême droite. Le général Bertrand eut ordre de déboucher sur les derrières de l'armée ennemie, au moment où la ligne se trouverait le plus fortement engagée. La fortune se plut à couronner du plus brillant succès toutes ces dispositions. L'ennemi, qui paraissait certain de la réussite de son entreprise, marchait pour déborder notre droite et gagner le chemin de Weissenfels. Le général Compans, général de bataille du premier mérite, à la tête de la première division du duc de Raguse, l'arrêta tout court. Les régimens de marine soutinrent plusieurs charges avec sang-froid, et couvrirent le champ de bataille de l'élite de la cavalerie ennemie. Mais les grands efforts d'infanterie, d'artillerie et de cavalerie, étaient sur le centre. Quatre des cinq divisions du prince de la Moskwa étaient déjà engagées. Le village de Kaïa fut pris et repris plusieurs fois. Ce village était resté au pouvoir de l'ennemi : le comte de Lobau dirigea le général Ricard pour reprendre le village; il fut repris.

La bataille embrassait une ligne de deux lieues couvertes de feu, de fumée et de tourbillons de poussière. Le prince de la Moskwa, le général Souham, le général Girard, étaient partout, faisaient face à tout. Blessé de plusieurs balles, le général Girard voulut rester sur le champ de bataille. Il déclara vouloir mourir en commandant et dirigeant ses troupes, puisque le moment était arrivé pour tous les Français qui avaient du cœur, de vaincre ou de mourir.

Cependant, on commençait à apercevoir dans le lointain la poussière et les premiers feux du corps du général Bertrand. Au même moment le vice-roi entrait en ligne sur la gauche, et le duc de Tarente attaquait la réserve de l'ennemi, et abordait au village où l'ennemi appuyait sa droite. Dans ce moment, l'ennemi redoubla ses efforts sur le centre; le village de Kaïa fut emporté de nouveau; notre centre fléchit; quelques bataillons se débandèrent; mais cette valeureuse jeunesse, à la vue de l'empereur, se rallia en criant *vive l'empereur!* S. M. jugea que le moment de crise qui décide du gain ou de la perte des batailles était arrivé : il n'y avait plus un moment à perdre. L'empereur ordonna au duc de Trévise de se porter avec seize bataillons de la jeune garde au village de Kaïa, de donner tête baissée, de culbuter l'ennemi, de reprendre le village, et de faire main-basse sur tout ce qui s'y trouvait. Au même moment, S. M. ordonna à son aide-de-camp le général Drouot, officier d'artillerie de la plus grande distinction, de réunir une batterie de quatre-vingts pièces, et de la placer en avant de la vieille garde, qui fut disposée en échelons comme quatre redoutes, pour soutenir le centre, toute notre cavalerie rangée en bataille derrière. Les généraux Dulauloy, Drouot et Devaux partirent au galop avec leurs quatre-vingts bouches à feu placées en un même groupe. Le feu devint épouvantable. L'ennemi fléchit de tous côtés. Le duc de Trévise emporta sans coup férir le village de Kaïa, culbuta l'ennemi et continua à se porter en avant en battant la charge. Cavalerie, infanterie, artillerie de l'ennemi, tout se mit en retraite.

Le général Bonnet, commandant une division du duc de Raguse, reçut ordre de faire un mouvement par sa gauche sur Kaïa, pour appuyer les succès du centre. Il soutint plusieurs charges de cavalerie dans lesquelles l'ennemi éprouva de grandes pertes.

Cependant le général comte Bertrand s'avançait et entrait en ligne. C'est en vain que la cavalerie ennemie caracola autour de ses carrés; sa marche n'en fut pas ralentie. Pour le rejoindre plus promptement, l'empereur ordonna un changement de direction en pivotant sur Kaïa. Toute la droite fit un changement de front, la droite en avant.

L'ennemi ne fit plus que fuir; nous le poursuivîmes une lieue et demie. Nous arrivâmes bientôt sur la hauteur que l'empereur Alexandre, le roi de Prusse et la famille de Brandebourg occupaient pendant la bataille. Un officier prisonnier qui se trouvait là, nous apprit cette circonstance.

Nous avons fait plusieurs milliers de prisonniers. Le nombre n'en a pu être considérable, vu l'infériorité de notre cavalerie et le désir que l'empereur avait montré de l'épargner.

Au commencement de la bataille, l'empereur avait dit aux troupes : *C'est une bataille d'Egypte. Une bonne infanterie doit savoir se suffire.*

Le général Gouré, chef d'état-major du prince de la Moskwa a été tué, mort digne d'un si bon soldat ! Notre perte se monte à dix mille hommes tués ou blessés; celle de l'ennemi peut être évaluée de vingt-cinq à trente mille hommes. La garde royale de Prusse a été détruite. Les gardes de l'empereur de Russie ont considérablement souffert : les deux divisions de dix régimens de cuirassiers russes ont été écrasées.

S. M. ne saurait trop faire l'éloge de la bonne volonté, du courage et de l'intrépidité de l'armée. Nos jeunes soldats ne considéraient pas le danger. Ils ont dans cette circonstance relevé toute la noblesse du sang français.

L'état-major-général, dans sa relation, fera connaître les belles actions qui ont illustré cette brillante journée, qui, comme un coup de tonerre, a pulvérisé les chimériques espérances et tous les calculs de destruction et de démembrement de l'empire. Les trames ténébreuses ourdies par le cabinet de Saint-James pendant tout un hiver, se trouvent en un instant dénouées comme le nœud gordien par l'épée d'Alexandre.

Le prince de Hesse-Hombourg a été tué. Les prisonniers disent que le jeune prince royal de Prusse a été blessé, que le prince de Mecklenbourg-Strelitz a été tué.

L'infanterie de la vieille garde, dont six bataillons étaient seulement arrivés, a soutenu par sa présence l'affaire avec ce sang-froid qui la caractérise. Elle n'a pas tiré un seul coup de fusil. La moitié de l'armée n'a pas donné, car les quatre divisions du corps du général Lauriston n'ont fait qu'occuper Leipsick ; les trois divisions du duc de Reggio étaient encore à deux journées du champ de bataille ; le comte Bertrand n'a donné qu'avec une de ses divisions, et si légèrement, qu'elle n'a pas perdu cinquante hommes ; ses seconde et troisième divisions n'ont pas donné. La seconde division de la jeune garde, commandée par le général Barrois, était encore à cinq journées ; il en est de même de la moitié de la vieille garde, commandée par le général Decouz, qui n'était encore qu'à Erfurth : des batteries de réserve formant plus de cent bouches à feu n'avaient pas rejoint, et elles sont encore en marche depuis Mayence jusqu'à Erfurth : le corps du duc de Bellune était aussi à trois jours du champ de bataille. Le corps de cavalerie du général Sébastiani, avec les trois divisions du prince d'Eckmühl, étaient du côté du Bas-Elbe. L'armée alliée forte de cent cinquante à deux cent mille hommes, commandée par les deux souverains, ayant un grand nombre de princes de la maison de Prusse à sa tête, a donc été défaite et mise en déroute par moins de la moitié de l'armée française.

Les ambulances et le champ de bataille offraient le spectacle le plus touchant : les jeunes soldats, à la vue de l'empereur, faisaient trêve à leur douleur, en criant : *vive l'empereur!* — *Il y a vingt ans,* a dit l'empereur, *que je commande des armées françaises ; je n'ai pas encore vu autant de bravoure et de dévouement.*

L'Europe serait enfin tranquille, si les souverains et les ministres qui dirigent leurs cabinets, pouvaient avoir été présens sur ce champ de bataille. Ils renonceraient à l'espérance de faire rétrograder l'étoile de la France ; ils verraient que les conseillers qui veulent démembrer l'empire français et humilier l'empereur, préparent la perte de leurs souverains.

Le 3 mai, à neuf heures du soir.

A S. M. l'impératrice-reine et régente.

L'empereur, à la pointe du jour du 3, avait parcouru le champ de bataille. A dix heures, il s'est mis en marche pour suivre l'ennemi. Son quartier-général, le 3 au soir, était à Pegau. Le vice-roi avait son quartier-général à Wichstanden, à mi-chemin de Pegau à Borna. Le comte Lauriston, dont le corps n'avait pas pris part à la bataille, était parti de Leipsick, pour se porter sur Zwemkau où il était arrivé. Le duc de Raguse avait passé l'Elster au village de Lietzkowitz, et le comte Bertrand l'avait passé au village de Gredel. Le prince de la Moswka était resté en position sur le champ de bataille. Le duc de Reggio, de Naumbourg devait se porter sur Zeist.

L'empereur de Russie et le roi de Prusse avaient passé par Pegau dans la soirée du 2, et étaient arrivés au village de Loberstedt à onze heures du soir; ils s'y étaient reposés quatre heures, et en étaient partis le 3, à trois heures du matin, se dirigeant sur Borna.

L'ennemi ne revenait pas de son étonnement de se trouver battu dans une si grande plaine, par une armée ayant une si grande infériorité de cavalerie. Plusieurs colonels et officiers supérieurs faits prisonniers, assurent qu'au quartier-général ennemi, on n'avait appris la présence de l'empereur à l'armée, que lorsque la bataille était engagée; ils croyaient tous l'empereur à Erfurt.

Comme cela arrive toujours dans de pareilles circonstances, les Prussiens accusent les Russes de ne pas les avoir soutenus; les Russes accusent les Prussiens de né s'être pas bien battus. La plus grande confusion règne dans leur retraite. Plusieurs de ces prétendus volontaires qu'on lève en Prusse, ont été faits prisonniers; ils font pitié. Tous déclarent qu'ils ont été enrôlés de force, et sous peine de voir les biens de leur famille confisqués.

Les gens du pays disent que le prince de Hesse-Hombourg a été tué : que plusieurs généraux russes et prussiens ont été tués ou blessés; le prince de Mecklenbourg-Strelitz aurait également été tué; mais toutes ces nouvelles ne sont encore que des bruits du pays.

La joie de ces contrées d'être délivrées des cosaques ne peut se décrire. Les habitans parlent avec mépris de toutes les proclamations et de toutes les tentatives qu'on a faites pour les engager à s'insurger.

L'armée russe et prussienne était composée du corps des généraux prussiens York, Blucher et Bulow; de ceux des généraux russes Wittgenstein, Wintzingerode, Milorado-witch et Tormazow. Les gardes russes et prussiennes y étaient. L'empereur de Russie, le roi de Prusse, le prince-royal de Prusse, tous les princes de la maison de Prusse étaient à la bataille.

L'armée combinée russe et prussienne est évaluée de cent cinquante à deux cent mille hommes. Tous les cuirassiers russes y étaient, et ont beaucoup souffert.

Le 4 mai au soir.

A S. M. l'impératrice-reine et régente.

Le quartier-général de l'empereur était le 4 au soir à Borna;

Celui du vice-roi à Kolditz;

Celui du général comte Bertrand à Frohbourg;

Celui du général comte Lauriston à Mœlbus;

Celui du prince de la Moskwa à Leipsick;

Celui du duc de Reggio à Zeitz.

L'ennemi se retire sur Dresde dans le plus grand désordre et par toutes les routes.

Tous les villages qu'on trouve sur la route de l'armée sont pleins de blessés russes et prussiens.

Le prince de Neufchâtel, major-général, a ordonné que l'on enterrât, le 4 au matin, à Pegau, le prince de Mecklenbourg-Strelitz avec tous les honneurs dus à son grade.

A la bataille du 2, le général Dumoutier, qui commande la division de la jeune garde, a soutenu la réputation qu'il avait déjà acquise dans les précédentes campagnes. Il se loue beaucoup de sa division.

Le général de division Brenier a été blessé. Les généraux de brigade Chemineau et Grillot ont été blessés et amputés.

Recensement fait des coups de canon tirés à la bataille, le nombre s'en est trouvé moins considérable qu'on avait cru d'abord : on n'a tiré que trente-neuf mille cinq cents coups de canon. A la bataille de la Moskwa on en avait tiré cinquante et quelques mille.

Le 5 mai au soir.

A S. M. l'impératrice-reine et régente.

Le quartier-général de l'empereur était à Colditz, celui du vice-roi à Harta, celui du duc de Raguse derrière Colditz, celui du général Lauriston à Wurtzen, du prince de la Moskwa à Leipsick, du duc de Reggio à Altenbourg, et du général Bertrand à Rochlitz.

Le vice-roi arriva devant Colditz le 5 à neuf heures du matin. Le pont était coupé, et des colonnes d'infanterie et de cavalerie avec de l'artillerie défendaient le passage. Le vice-roi se porta avec une division à un gué qui est sur la gauche, passa la rivière, et gagna le village de Komichau, où il fit placer une batterie de vingt pièces de canon : l'ennemi évaeua alors la ville de Colditz dans le plus grand désordre, et en défilant sous la mitraille de nos vingt pièces.

Le vice-roi poursuivit vivement l'ennemi ; c'était le reste de l'armée prussienne, fort de vingt à vingt-cinq mille hommes, qui se dirigea, partie sur Leissnig, et partie sur Gersdorff.

Arrivées à Gersdorff, les troupes prussiennes passèrent à travers une réserve qui occupait cette position : c'était le corps russe de Miloradovitch, composé de deux divisions formant à peu près huit mille hommes sous les armes ; les régimens russes, n'étant que de deux bataillons de quatre compagnies chaque, et les compagnies n'étant que de cent cinquante hommes, mais n'ayant que cent hommes présens sous les armes, ce qui ne fait que sept à huit cents hommes par régiment : ces deux divisions de Miloradovitch étaient arrivées à la bataille au moment où elle finissait, et n'avaient pas pu y prendre part.

Aussitôt que la trente-sixième division eut rejoint la trente-cinquième, le vice-roi donna l'ordre au duc de Tarente de former les deux divisions en trois colonnes, et de déposter l'ennemi. L'attaque fut vive : nos braves se précipitèrent sur les Russes, les enfoncèrent et les poussèrent sur Harta. Dans ce combat nous avons eu cinq à six cents blessés, et nous avons fait mille prisonniers : l'ennemi a perdu dans cette journée deux mille hommes.

Le général Bertrand arrivé à Rochlitz, y a pris quelques convois de blessés, de malades et de bagages, et a fait des prisonniers ; plus de douze cents voitures de blessés avaient passé par cette route.

Le roi de Prusse et l'empereur Alexandre avaient couché à Rochlitz.

Un adjudant-sous-officier du dix-septième provisoire, qui avait été fait prisonnier à la bataille du 2, s'est échappé et a raconté que l'ennemi a fait de grandes pertes et se retire dans le plus grand désordre; que pendant la bataille les Russes et les Prussiens tenaient leur drapeaux en réserve, ce qui fait que nous n'en avons pas pu prendre; qu'ils nous ont fait cent deux prisonniers, dont quatre officiers; que ces prisonniers étaient conduits en arrière sous la garde du détachement laissé aux drapeaux; que les Prussiens ont fait de mauvais traitemens aux prisonniers; que deux prisonniers ne pouvant pas marcher par extrême fatigue, ils leur ont passé le sabre au travers du corps; que l'étonnement des Prussiens et des Russes d'avoir trouvé une armée si nombreuse, aussi bien exercée et munie de tout, était à son comble; qu'il y avait de la mésintelligence entre eux, et qu'ils s'accusaient respectivement de leurs pertes.

Le général comte Lauriston, de Wurtzen, s'est mis en marche sur la grande route de Dresde.

Le prince de la Moskwa s'est porté sur l'Elbe pour débloquer le général Thielmann qui commande à Torgau, prendre position sur ce point et débloquer Wittemberg: il paraît que cette dernière place a fait une belle défense et repoussé plusieurs attaques qui ont coûté fort cher à l'ennemi.

Des prisonniers racontent que l'empereur Alexandre, voyant la bataille perdue, parcourait la ligne russe pour animer le soldat, en disant: « Courage, Dieu est pour nous. »

Ils ajoutent que le général prussien Blucher est blessé, et qu'il y a cinq généraux de division et de brigade prussiens tués ou blessés.

Le 6 mai au soir.

A S. M. l'impératrice-reine et régente.

Le quartier-général de S. M. l'empereur et roi était à Waldheim; celui du vice-roi, à Ertzdorf; celui du général Lauriston était à Oschatz ; celui du prince de la Moskwa, entre Leipsick et Torgau ; celui du comte Bertrand, à Mittweyda ; celui du duc de Reggio, à Penig.

L'ennemi avait brûlé à Waldheim un très-beau pont en bois d'une seule arche ; ce qui nous avait retardé de quelques heures. Son arrière-garde avait voulu défendre le passage, mais s'était repliée sur Ertzdorf : la position de ce dernier point est fort belle ; l'ennemi a voulu la tenir. Le pont étant brûlé, le vice-roi fit tourner le village par la droite et par la gauche. L'ennemi était placé derrière des ravins. Une fusillade et une canonnade assez vives s'engagèrent ; aussitôt on marcha droit à l'ennemi, et la position fut enlevée : l'ennemi a laissé deux cents morts sur le champ de bataille.

Le général Vandamme avait, le 1er mai, son quartier-général à Harbourg. Nos troupes ont pris un cutter de guerre russe armée de vingt pièces de canon. L'ennemi a repassé l'Elbe avec tant de précipitation, qu'il a laissé sur la rive gauche une infinité de barques propres au passage et beaucoup de bagages. Les mouvemens de la grande armée étaient déjà connus, et causaient une grande consternation à Hambourg. Les traîtres de Hambourg voyaient que le jour de la vengeance était près d'arriver.

Le général Dumonceau était à Lunebourg.

A la bataille du 2, les officiers d'ordonnance Bérenger et Pretel ont été blessés, mais peu dangereusement.

En notre camp impérial de Golditz, le 6 mai 1813.

Lettre de l'empereur à la maréchale duchesse d'Istrie.

« Ma cousine, votre mari est mort au champ d'honneur. La perte que vous faites et celle de vos enfans est grande sans doute, mais la mienne l'est davantage encore. Le duc d'Istrie est mort de la plus belle mort et sans souffrir. Il laisse une réputation sans tache ; c'est le plus bel héritage qu'il ait pu léguer à ses enfans. Ma protection leur est acquise ; ils hériteront aussi de l'affection que je portais à leur père. Trouvez dans toutes ces considérations des motifs de consolation pour alléger vos peines, et ne doutez jamais de mes sentimens pour vous. Cette lettre n'étant à autre fin, je prie Dieu qu'il vous ait, ma chère cousine, en sa sainte et digne garde. » NAPOLÉON.

Le 9 mai au matin.

A S. M. l'impératrice-reine et régente.

Le 7, le quartier-général de S. M. l'empereur et roi était à Nossen.

Entre Nossen et Wilsdruf, le vice-roi a rencontré l'ennemi placé derrière un torrent et dans une belle position. Il l'en a déposté, lui a tué un millier d'hommes et fait cinq cents prisonniers.

Un cosaque qui a été arrêté, était porteur de l'ordre de brûler les bagages de l'arrière-garde russe. Effectivement, huit cents voitures russes ont été brûlées, des bagages et vingt pièces de canon ont été ramassés par nous sur les routes ; plusieurs colonnes de cosaques sont coupées : on les poursuit.

Le 8, à midi, le vice-roi est entré à Dresde. L'ennemi, indépendamment du grand pont qu'il avait rétabli, avait jeté trois ponts sur l'Elbe. Le vice-roi ayant fait marcher des troupes dans la direction de ces ponts, l'ennemi y a mis le feu sur-le-champ ; les trois têtes de pont qui les couvraient ont été enlevées.

Le même jour 8, à neuf heures du matin, le comte Lauriston était arrivé à Meissen. Il y a trouvé trois redoutes avec des blockhaus que les Prussiens y avaient construites : ils avaient brûlé le pont.

Toute la rive de l'Elbe est libre de l'ennemi.

S. M. l'empereur est arrivé à Dresde le 8, à une heure après-midi. L'empereur, en faisant le tour de la ville, s'est porté sur-le-champ au chantier de construction à la porte de Pirna, et de là au village de Prielsnitz, où S. M. a ordonné qu'on jetât un pont. S. M. est revenue à sept heures du soir de sa reconnaissance, au palais où elle est logée.

La vieille garde a fait son entrée à Dresde à huit heures du soir.

Le 9, à trois heures du matin, l'empereur a fait placer lui-même sur un des bastions qui domine la rive droite, une batterie qui a chassé l'ennemi de la position qu'il occupait de ce côté.

Le prince de la Moskwa marche sur Torgau.

La relation que l'ennemi a faite de la bataille de Lutzen n'est qu'une série de faussetés. On assure ici que l'ordre avait été donné de chanter un *Te Deum*, mais que des gens du pays qui leur étaient affidés ont fait sentir que ce serait ridicule; que ce qui pouvait être bon en Russie, serait par trop absurde en Allemagne.

L'empereur de Russie a quitté Dresde hier matin.

Le fameux Stein est l'objet du mépris de tous les honnêtes gens. Il voulait révolter la canaille contre les propriétaires. On ne revenait pas de surprise de voir des souverains comme le roi de Prusse, et surtout comme l'empereur Alexandre, que la nature a doués de belles qualités, prêter l'appui de leurs noms à des menées aussi criminelles qu'atroces.

Indépendamment des canons et des bagages pris à la poursuite de l'ennemi, nous avons fait à la bataille cinq mille prisonniers, et pris dix pièces de canon. L'ennemi ne nous a pris aucun canon; mais il a fait cent onze prisonniers.

Le général en chef Koutouzow est mort à Bautzen, de la fièvre nerveuse, il y a quinze jours. Il a été remplacé dans le commandement en chef par le général Wittgenstein, qui a débuté par la perte de la bataille de Lutzen.

Le 10 mai au soir.

A S. M. l'impératrice-reine et régente.

Le 9, le colonel Lasalle, directeur des équipages de pont, a commencé à faire établir des radeaux pour le pont qu'on jette au village de Prielnitz. On y a établi également un *va-et-vient*. Trois cents voltigeurs ont été jetés sur la rive droite, sous la protection de vingt pièces de canon placées sur une hauteur.

A dix heures du matin, l'ennemi s'est avancé pour culbuter ces tirailleurs dans l'eau. Il a pensé qu'une batterie de douze pièces serait suffisante pour faire taire les nôtres; la canonnade s'est engagée : les pièces de l'ennemi ont été démontées; trois bataillons qu'il avait fait avancer en tirailleurs ont été écrasés sous notre mitraille : l'empereur s'y est porté; le général Dulauloi s'est placé avec le général Devaux et dix-huit pièces d'artillerie légère sur la gauche du village de Prielnitz, position qui prend à revers toute la plaine de la rive droite : le général Drouot s'est porté avec seize pièces sur la droite : l'ennemi a fait avancer quarante pièces de canon; nous en avons mis jusqu'à quatre-vingts en batterie.

Pendant ce temps, on traçait un boyau sur la rive droite, en forme de tête de pont, où nos tirailleurs s'établissaient à couvert. Après avoir eu douze à quinze pièces démontées, et quinze à dix-huit cents hommes tués ou blessés, l'ennemi comprit la folie de son entreprise, et à trois heures de l'après-midi il s'éloigna.

On a travaillé toute la nuit au pont; mais l'Elbe a crû;

quelques ancres ont dérivé; le pont ne sera terminé que ce soir.

Aujourd'hui 10, l'empereur a fait passer dans la ville neuve, en profitant du pont de Dresde, la division Charpentier. Ce soir, ce pont se trouve rétabli; toute l'armée y passe pour se porter sur la rive droite. Il paraît que l'ennemi se retire sur l'Oder.

Le prince de la Moskwa est à Wittemberg; le général Lauriston est à Torgau; le général Reynier a repris le commandement du septième corps, composé du contingent saxon et de la division Durutte.

Les quatrième, sixième, onzième et douzième corps passeront sur le pont de Dresde demain à la pointe du jour. La garde, jeune et vieille, est autour de Dresde. La deuxième division de la garde, commandée par le général Barrois, arrive aujourd'hui à Altenbourg.

Le roi de Saxe, qui s'était dirigé sur Prague, pour être plus près de sa capitale, sera rendu à Dresde dans la journée de demain. L'empereur a envoyé une escorte de cinq cents hommes de sa garde, avec son aide-de-camp le général Flahaut, pour le recevoir et l'accompagner.

Deux mille hommes de cavalerie ennemie ont été coupés de l'Elbe, ainsi qu'un grand nombre de bagages, de patrouilles de troupes légères et de cosaques. Il paraît qu'ils se sont réfugiés en Bohême.

Le 11 mai au soir.

A S. M. l'impératrice-reine et régente.

Le vice-roi s'était porté, avec le onzième corps, à Bischoffswerda; le général Bertrand, avec le quatrième corps, à Kœnigsbruck; le duc de Raguse, avec le sixième corps, à

Reichenbach; le duc de Reggio, à Dresde; la jeune et la vieille garde, à Dresde.

Le prince de la Moskwa est entré le 11 au matin à Torgau, et a pris position sur la rive droite, à une journée de cette place; le général Lauriston est arrivé le même jour à Torgau avec son corps, à trois heures de l'après-midi.

Le duc de Bellune, avec le deuxième corps, s'est mis en marche sur Wittemberg, ainsi que le corps de cavalerie du général Sébastiani.

Le corps de cavalerie commandé par le général Latour-Maubourg a passé le 11 sur le pont de Dresde, à trois heures après-midi.

Le roi de Saxe a couché à Sedlitz. Toute la cavalerie saxonne doit rejoindre dans la journée du 13 à Dresde. Le général Reynier a repris le commandement du septième corps à Torgau : ce corps est composé de deux divisions saxonnes, formant douze mille hommes.

S. M. a passé toute la journée sur le pont, à voir défiler ses troupes.

Le colonel du génie Bernard, aide-de-camp de l'empereur, a mis une grande activité dans la réparation du pont de Dresde.

Le général Rogniat, commandant en chef le génie de l'armée, a tracé les ouvrages qui vont couvrir la ville neuve, et servir de tête de pont.

On a intercepté un courrier du comte de Stackelberg, ex-ambassadeur de Russie à Vienne, au comte de Nesselrode, secrétaire d'état, accompagnant l'empereur de Russie à Dresde. On a aussi intercepté plusieurs estafettes venant de Berlin et de Prague.

Le 12 mai au soir.

A S. M. l'impératrice-reine et régente.

Le 12, à dix heures du matin, la garde impériale a pris les armes, et s'est mise en bataille sur le chemin de Pirna jusqu'au Gross-Garten. L'empereur en a passé la revue. Le roi de Saxe, qui avait couché la veille à Sedlitz, est arrivé à midi. Les deux souverains sont descendus de cheval, et se sont embrassés, et ensuite sont entrés à la tête de la garde, dans Dresde, aux acclamations d'une immense population. Cela formait un très-beau spectacle.

A trois heures, l'empereur a passé la revue de la division de cavalerie du général Fresia, composée de trois mille chevaux, venant d'Italie. S. M. a été extrêmement satisfaite de cette cavalerie, dont la bonne tenue est due aux soins et à l'activité du ministre de la guerre du royaume d'Italie, Fontanelli, qui n'a rien épargné pour la mettre en bon état.

L'empereur a donné ordre au vice-roi de se rendre à Milan pour y remplir une mission spéciale. S. M. a été extrêmement satisfaite de la conduite que ce prince a tenue pendant toute la campagne: cette conduite a acquis au vice-roi un nouveau titre à la confiance de l'empereur.

Proclamation de l'empereur à l'armée.

« Soldats,

» Je suis content de vous! vous avez rempli mon attente! vous avez suppléé à tout par votre bonne volonté et par votre bravoure. Vous avez, dans la célèbre journée du 2 mai, défait et mis en déroute l'armée russe et prussienne commandée par l'empereur Alexandre et le roi de Prusse. Vous avez ajouté un nouveau lustre à la gloire de mes aigles; vous avez montré tout ce dont est capable le sang français. La bataille de Lutzen sera mise au-dessus des batailles d'Austerlitz, d'Jéna, de Friedland et de la Moskwa! Dans la campagne passée, l'ennemi n'a trouvé de refuge contre nos armes qu'en suivant la méthode féroce des barbares ses ancêtres. Des armées de Tartares ont incendié ses campagnes, ses villes, la sainte Moskou elle-même. Aujourd'hui ils arrivaient dans nos contrées, précédés de tout ce que l'Allemagne, la France et l'Italie ont de mauvais sujets et de déserteurs, pour y prêcher la révolte, l'anarchie, la guerre civile, le meurtre. Ils se sont faits les apôtres de tous les crimes. C'est un incendie moral qu'ils voulaient allumer entre la Vistule et le Rhin, pour, selon l'usage des gouvernemens despotiques, mettre des déserts entre nous et eux. Les insensés! ils connaissaient peu l'attachement à leurs souverains, la sagesse, l'esprit d'ordre et le bon sens des Allemands. Ils connaissaient peu la puissance et la bravoure des Français!

» Dans une seule journée, vous avez déjoué tous les complots parricides.............. Nous rejetterons ces Tartares dans leurs affreux climats qu'ils ne doivent pas franchir. Qu'ils restent dans leurs déserts glacés, séjour d'esclavage, de barbarie et de corruption, où l'homme est ravalé à l'égal de la brute. Vous avez bien mérité de l'Europe civilisée; soldats! l'Italie, la France, l'Allemagne vous rendent des actions de grâces! »

« De notre camp impérial de Lutzen, le 3 mai 1813. »

NAPOLÉON.

Le 13 mai au matin.

A S. M. l'impératrice-reine et régente.

La place de Spandau a capitulé. Cet événement étonne tous les militaires. S. M. a ordonné que le général Bruny, le commandant de l'artillerie et le commandant du génie de la place, ainsi que les membres du conseil de défense qui n'auraient pas protesté, fussent arrêtés et traduits devant une commission de maréchaux, présidée par le prince vice-connétable.

S. M. a également ordonné que la capitulation de Thorn fût l'objet d'une enquête.

Si la garnison de Spandau a rendu sans siége une place forte environnée de marais, et a souscrit à une capitulation qui doit être l'objet d'une enquête et d'un jugement, la conduite qu'a tenue la garnison de Wittemberg a été bien différente. Le général Lapoype s'est parfaitement conduit, et a soutenu l'honneur des armes dans la défense de ce point important, qui du reste est une mauvaise place, n'ayant qu'une enceinte à moitié détruite, et qui ne pouvait devoir sa résistance qu'au courage de ses défenseurs.

Le baron de Montaran, écuyer de l'empereur, suivi d'un homme des écuries, s'était égaré le 6 mai, deux jours avant d'arriver à Dresde. Il est tombé dans une patrouille de cavalerie légère de trente hommes, et a été pris par l'ennemi.

Un nouveau courrier adressé de Vienne par M. de Stackelberg à M. de Nesselrode à Dresde, vient d'être intercepté. Ce qui est singulier, c'est que les dépêches sont datées du 8 au soir, et que pourtant elles contiennent des félicitations de M. Stackelberg à l'empereur Alexandre sur la victoire éclatante qu'il vient de remporter, et sur la retraite des Français au-delà de la Saale.

La grande-duchesse Catherine a reçu à Tœplitz une lettre de son frère l'empereur Alexandre, qui lui apprend cette grande victoire du 2. La grande duchesse, comme de raison, a donné lecture de cette lettre à tous les buveurs d'eau de Tœplitz. Cependant le lendemain elle a appris que l'empereur Alexandre était revenu sur Dresde, et qu'elle-même devait se rendre à Prague. Tout cela a paru extrêmement ridicule en Bohême. On y a vu le nom d'un souverain compromis sans aucun motif que la politique pût justifier. Tout cela ne peut s'expliquer que comme une habitude russe, résultant de la nécessité qu'il y a en Russie d'en imposer à une populace ignorante, et de la facilité qu'on trouve à lui faire tout accroire. On aurait bien dû adopter un autre usage dans un pays civilisé comme l'Allemagne.

Le 14 mai au matin.

A S. M. l'impératrice-reine et régente.

L'armée de l'Elbe a été dissoute, et les deux armées de l'Elbe et du Mein n'en font plus qu'une seule.

Le duc de Bellune était le 13 au soir sur Wittemberg.

Le prince de la Moskwa partait de Torgau pour se porter sur Lukau.

Le comte Lauriston marchait de Torgau sur Dobrilugk.

Le comte Bertrand était à Kœnigsbruck.

Le duc de Tarente, avec le onzième corps, était campé entre Bischofswerda et Bautzen. Il avait dans les journées du 11 et du 12, poursuivi vivement l'armée ennemie. Le général Miloradowitch avec une arrière-garde de vingt mille hommes et quarante pièces de canon, a voulu, le 12, tenir les positions de Fischbach, de Capellenberg, et celle de Bischofswerda, ce qui a donné lieu à trois combats successifs, dans lesquels nos troupes se sont conduites avec la plus grande intrépidité; la division Charpentier s'est distinguée à l'attaque de droite; l'ennemi a été tourné dans ses positions et débusqué sur tous les points; une de ses colonnes a été coupée. Nous lui avons fait cinq cents prisonniers. Il a eu plus de quinze cents hommes tués ou blessés. L'artillerie du onzième corps a tiré deux mille coups de canon dans ce combat.

Les débris de l'armée prussienne, conduite par le roi de Prusse, qui avaient passé à Meissen, se sont dirigés par Kœnigsbruck sur Bautzen pour se réunir à l'armée russe.

Le corps du duc de Reggio a passé hier à midi le pont de Dresde.

L'empereur a passé la revue du corps de cavalerie et des beaux cuirassiers du général Latour-Maubourg.

On dit que les Russes conseillent aux Prussiens de brûler Potsdam et Berlin, et de dévaster toute la Prusse. Ils commencent eux-mêmes à donner l'exemple; ils ont brûlé de gaîté de cœur la petite ville de Bischofswerda.

Le roi de Saxe a dîné le 15 chez l'empereur.

La deuxième division de la jeune garde, commandée par le général Barrois, est attendue demain 15 à Dresde.

Le 16 mai au soir.

A S. M. l'impératrice-reine et régente.

Le 15, S. M. l'empereur et S. M. le roi de Saxe ont passé la revue de quatre régimens de cavalerie saxons (un de hussards, un de lanciers, et deux régimens de cuirassiers), qui font partie du corps du général Latour-Maubourg. Ensuite LL. MM. ont visité le champ de bataille et la tête de pont de Priehnitz.

Le duc de Tarente s'était mis en mouvement le 15, à cinq heures du matin, pour se porter vis-à-vis Bautzen.

Il a rencontré au débouché du bois l'arrière-garde ennemie; quelques charges de cavalerie ont été essayées contre notre infanterie, mais sans succès. L'ennemi ayant voulu tenir dans cette position, la fusillade s'est engagée, et il a été déposté.

Nous avons eu deux cent cinquante hommes tués ou blessés dans cette affaire d'arrière-garde. On estime la perte de l'ennemi de sept à huit cents hommes, dont deux cents prisonniers.

La deuxième division de la jeune garde, commandée par le général Barrois, est arrivée hier à Dresde.

Toute l'armée a passé l'Elbe.

Indépendamment du grand pont de Dresde, il a été établi un pont de bateaux en aval, et un autre en amont de la ville. Trois mille ouvriers travaillent à couvrir la nouvelle ville par une tête de pont.

La gazette de Berlin, du 8 mai, contenait le réglement de la *landsturm*. On ne peut pousser la folie plus loin ; mais il est à prévoir que les habitans de la Prusse ont trop de sens, et sont trop attachés aux vrais principes de la propriété, pour imiter des barbares qui n'ont rien de sacré.

A la bataille de Lutzen, un régiment composé de l'élite de la noblesse prussienne, et qui se faisait appeler *cosaques prussiens*, a été presque entièrement détruit ; il n'en reste pas quinze hommes ; ce qui a mis en deuil toutes les familles.

Ces cosaques singeaient réellement les cosaques du Don. De pauvres jeunes gens délicats avaient à la main la lance, qu'ils soutenaient à peine, et étaient costumés comme de vrais cosaques.

Que dirait Frédéric, dont les ouvrages sont pleins d'expressions de mépris pour ces hideuses milices, s'il voyait que son petit-neveu y cherche aujourd'hui des modèles d'uniforme et de tenue !

Les cosaques sont mal vêtus ; ils sont sur de petits chevaux presque sans selle et sans harnachement, parce que ce sont des milices irrégulières que les peuplades du Don fournissent, et qui s'établissent à leurs frais. Aller chercher là un modèle pour la noblesse de Prusse, c'est montrer à quel point est porté l'esprit de déraison et d'inconséquence qui dirige les affaires de ce royaume.

Le 18 mai 1813.

A S. M. l'impératrice-reine et régente.

L'empereur était toujours à Dresde. Le 15, le duc de Trévise était parti avec le corps de cavalerie du général Latour-Maubourg et la division d'infanterie de la jeune garde du général Dumoutier.

Le 16, la division de la jeune garde commandée par le général Barrois partait également de Dresde.

Le duc de Reggio, le duc de Tarente, le duc de Raguse et le comte Bertrand étaient en ligne vis-à-vis Bautzen.

Le prince de la Moskwa et le général Lauriston arrivaient à Hoyers-Verda.

Le duc de Bellune, le général Sébastiani et le général Reynier marchaient sur Berlin. Ce qu'on avait prévu est arrivé : à l'approche du danger, les Prussiens se sont moqués du réglement du *landsturm*; une proclamation a fait connaître aux habitans de Berlin qu'ils étaient couverts par le corps de Bulow; mais que, dans tous les cas, si les Français arrivaient, il ne fallait pas prendre les armes, mais les recevoir suivant les principes de la guerre. Il n'est aucun Allemand qui veuille brûler ses maisons ou qui veuille assassiner personne. Cette circonstance fait l'éloge du peuple allemand. Lorsque des furibonds, sans honneur et sans principes, prêchent le désordre et l'assassinat, le caractère de ce bon peuple les repousse avec indignation. Les Schlegel, les Kotzbue et autres folliculaires aussi coupables, voudraient transformer en empoisonneurs et en assassins les loyaux Germains; mais la postérité remarquera qu'ils n'ont pu entraîner un seul individu, une seule autorité, hors de la ligne du devoir et de la probité.

Le comte Bubna est arrivé le 16 à Dresde. Il était porteur

d'une lettre de l'empereur d'Autriche pour l'empereur Napoléon. Il est reparti le 17 pour Vienne.

L'empereur Napoléon a offert la réunion d'un congrès à Prague, pour une paix générale. Du côté de la France, arriveraient à ce congrès les plénipotentiaires de la France, ceux des Etats-Unis d'Amérique, du Danemarck, du roi d'Espagne, et de tous les princes alliés; et du côté opposé, ceux de l'Angleterre, de la Russie, de la Prusse, des insurgés espagnols et des autres alliés de cette masse belligérante. Dans ce congrès seraient posées les bases d'une longue paix. Mais il est douteux que l'Angleterre veuille soumettre ses principes égoïstes et injustes à la censure et à l'opinion de l'univers; car il n'est aucune puissance, si petite qu'elle soit, qui ne réclame au préalable les priviléges adhérens à sa souveraineté, et qui sont consacrés par les articles du traité d'Utrecht, sur la navigation maritime.

Si l'Angletere, par ce sentiment d'égoïsme sur lequel est est fondée sa politique, refuse de coopérer à ce grand œuvre de la paix du monde, parce qu'elle veut exclure l'univers de l'élément qui forme les trois quarts de notre globe, l'empereur n'en propose pas moins la réunion à Prague de tous les plénipotentiaires des puissances belligérantes, pour régler la paix du continent. S. M. offre même de stipuler, au moment où le congrès sera formé, un armistice entre les différentes armées, afin de faire cesser l'effusion du sang humain.

Ces principes sont conformes aux vues de l'Autriche. Reste à voir actuellement ce que feront les cours d'Angleterre, de Russie et de Prusse.

L'éloignement des Etats-Unis d'Amérique ne doit pas être une raison pour les exclure; le congrès pourrait toujours s'ouvrir, et les députés des Etats-Unis auraient le temps d'arriver avant la conclusion des affaires, pour stipuler leurs droits et leurs intérêts.

Le 22 mai 1813.

A S. M. l'impératrice-reine et régente.

L'empereur Alexandre et le roi de Prusse attribuaient la perte de la bataille de Lutzen à des fautes que leurs généraux avaient commises dans la direction des forces combinées, et surtout aux difficultés attachées à un mouvement offensif de cent cinquante à cent quatre-vingt mille hommes. Ils résolurent de prendre la position de Bautzen et de Hochkirch, déjà célèbre dans l'histoire de la guerre de sept ans; d'y réunir tous les renforts qu'ils attendaient de la Vistule et d'autres points en arrière; d'ajouter à cette position tout ce que l'art pourrait fournir de moyens, et là, de courir les chances d'une nouvelle bataille, dont toutes les probabilités paraissaient être en leur faveur.

Le duc de Tarente, commandant le onzième corps, était parti de Bischofswerda, le 15, et se trouvait, le 15 au soir, à une portée de canon de Bautzen, où il reconnut toute l'armée ennemie. Il prit position.

Dès ce moment, les corps de l'armée française furent dirigés sur champ de Bautzen.

L'empereur partit de Dresde le 18; il coucha à Harta, et le 19, il arriva, à dix heures du matin, devant Bautzen. Il employa toute la journée à reconnaître les positions de l'ennemi.

On apprit que les corps russes de Barclai de Tolly, de Langeron et de Sass, et le corps prussien de Kleist avaient rejoint l'armée combinée, et que sa force pouvait être évaluée de cent cinquante à cent soixante mille hommes.

Le 19 au soir, la position de l'ennemi était la suivante: sa gauche était appuyée à des montagnes couvertes de bois, et perpendiculaires au cours de la Sprée, à peu près à une lieue de Bautzen. Bautzen soutenait son centre. Cette ville avait été crénelée, retranchée et couverte par des redoutes. La droite de l'ennemi s'appuyait sur des mamelons fortifiés qui défendent les débouchés de la Sprée, du côté du village de Nimschütz : tout son front était couvert sur la Sprée. Cette position très-forte n'était qu'une première position.

On apercevait distinctement, à trois mille toises en arrière, de la terre fraîchement remuée, et des travaux qui marquaient leur seconde position. La gauche était encore appuyée aux mêmes montagnes, à deux mille toises en arrière de celles de la première position, et fort en avant du village de Hochkirch. Le centre était appuyé à trois villages retranchés, où l'on avait fait tant de travaux, qu'on pouvait les considérer comme des places fortes. Un terrain marécageux et difficile couvrait les trois quarts du centre. Enfin leur droite s'appuyait en arrière de la première position, à des villages et à des mamelons également retranchés.

Le front de l'armée ennemie, soit dans la première, soit dans la seconde position, pouvait avoir une lieue et demie.

D'après cette reconnaissance, il était facile de concevoir comment, malgré une bataille perdue comme celle de Lutzen, et huit jours de retraite, l'ennemi pouvait encore avoir des espérances dans les chances de la fortune. Selon l'expression d'un officier russe à qui on demandait ce qu'ils voulaient faire : *Nous ne voulons*, disait-il, *ni avancer, ni reculer.* — *Vous êtes maîtres du premier point*, répondit un officier français ; *dans peu de jours, l'événement prouvera si vous êtes maîtres de l'autre !* Le quartier-général des deux souverains était au village de Natchen.

Au 19, la position de l'armée française était la suivante :

Sur la droite était le duc de Reggio, s'appuyant aux montagnes sur la rive gauche de la Sprée, et séparé de la gauche de l'ennemi par cette vallée. Le duc de Tarente était devant

Bautzen, à cheval sur la route de Dresde. Le duc de Raguse était sur la gauche de Bautzen, vis-à-vis le village de Niemenschütz. Le général Bertrand était sur la gauche du duc de Raguse, appuyé à un moulin à vent et à un bois, et faisant mine de déboucher de Jaselitz sur la droite de l'ennemi.

Le prince de la Moskwa, le général Lauriston et le général Reynier étaient à Hoyerswerda, sur la route de Berlin, hors de ligne et en arrière de notre gauche.

L'ennemi ayant appris qu'un corps considérable arrivait par Hoyerswerda, se douta que les projets de l'empereur étaient de tourner la position par la droite, de changer le champ de bataille, de faire tomber tous ses retranchemens élevés avec tant de peine, et l'objet de tant d'espérances. N'étant encore instruits que de l'arrivée du général Lauriston, il ne supposait pas que cette colonne fût de plus de dix-huit à vingt mille hommes. Il détacha donc contre elle, le 19 à quatre heures du matin, le général York, avec douze mille Prussiens, et le général Barclay de Tolly, avec dix-huit mille Russes. Les Russes se placèrent au village de Klix, et les Prussiens au village de Weissig.

Cependant le comte Bertrand avait envoyé le général Pery, avec la division italienne, à Kœnigswartha, pour maintenir notre communication avec les corps détachés. Arrivé à midi, le général Pery fit de mauvaises dispositions; il ne fit pas fouiller la forêt voisine. Il plaça mal ses postes, et à quatre heures il fut assailli par un *hourra* qui mit du désordre dans quelques bataillons. Il perdit six cents hommes, parmi lesquels se trouve le général de brigade italien Balathier, blessé; deux canons et trois caissons; mais la division ayant pris les armes, s'appuya au bois, et fit face à l'ennemi.

Le comte de Valmy étant arrivé avec de la cavalerie, se mit à tête de la division italienne, et reprit le village de Kœnigswartha. Dans ce même moment, le corps du comte Lauriston, qui marchait en tête du prince de la Moskwa pour tourner la position de l'ennemi, parti de Hoyerswerda, arriva sur Weissig. Le combat s'engagea, et le corps d'York aurait été écrasé, sans la circonstance d'un défilé à passer, qui fit que nos troupes ne purent arriver que successivement. Après trois heures de combat, le village de Weissig fut emporté, le corps d'York, culbuté fut rejeté sur l'autre côté de la Sprée

Le combat de Weissig serait seul un événement important. Un rapport détaillé en fera connaître les circonstances.

Le 19, le comte Lauriston coucha donc sur la position de Weissig; le prince de la Moskwa à Mankersdorf, et le comte Reynier à une lieue en arrière. La droite de la position de l'ennemi se trouvait évidemment débordée.

Le 20, à huit heures du matin l'empereur se porta sur la hauteur en arrière de Bautzen. Il donna ordre au duc de Reggio de passer la Sprée, et d'attaquer les montagnes qui appuyaient la gauche de l'ennemi; au duc de Tarente de jeter un pont sur chevalets sur la Sprée, entre Bautzen et les montagnes; au duc de Raguse de jeter un autre pont sur chevalets sur la Sprée, dans l'enfoncement que forme cette rivière sur la gauche, à une demi-lieue de Bautzen; au duc de Dalmatie, auquel S. M. avait donné le commandement supérieur du centre, de passer la Sprée pour inquiéter la droite de l'ennemi; enfin, au prince de la Moskwa, sous les ordres duquel étaient le troisième corps, le comte Lauriston et le général Reynier, de s'approcher sur Klix, de passer la Sprée, de tourner la droite de l'ennemi, et de se porter sur son quartier-général de Wurtchen, et de là sur Weissemberg.

A midi, la canonnade s'engagea. Le duc de Tarente n'eut pas besoin de jeter son pont sur chevalets : il trouva devant lui un pont de pierre, dont il força le passage. Le duc de Raguse jeta son pont; tout son corps d'armée passa sur l'autre rive de la Sprée. Après six heures d'une vive canonnade et plusieurs charges que l'ennemi fit sans succès, le général Compans fit occuper Bautzen; le général Bonnet fit occuper le village de Niedkayn, et enleva au pas de charge un plateau qui le rendit maître de tout le centre de la position de l'ennemi; le duc de Reggio s'empara des hauteurs, et à sept heures du soir, l'ennemi fut rejeté sur sa seconde position. Le général Bertrand passa un des bras de la Sprée; mais l'ennemi conserva les hauteurs qui appuyaient sa droite, et par ce moyen se maintint entre le corps du prince de la Moskwa et notre armée.

L'empereur entra à huit heures du soir à Bautzen, et fut accueilli par le habitans et les autorités avec les sentimens que devaient avoir des alliés, heureux de se voir délivrés des Stein, des Kotzbue et des cosaques. Cette journée qu'on pourrait appeler, si elle était isolée, *la bataille de Bautzen*, n'était que le prélude de la bataille de Wurtchen.

Cependant l'ennemi commençait à comprendre la possibilité d'être forcé dans sa position. Ses espérances n'étaient plus les mêmes, et il devait avoir dès ce moment le présage de sa défaite. Déjà toutes ses dispositions étaient changées. Le destin de la bataille ne devait plus se décider derrière ses retranchemens. Ses immenses travaux, et trois cents redoutes devenaient inutiles. La droite de sa position, qui était opposée au quatrième corps, devenait son centre, et il était obligé de jeter sa droite, qui formait une bonne partie de son armée, pour l'opposer au prince de la Moskwa, dans un lieu qu'il n'avait pas étudié et qu'il croyait hors de sa position.

Le 21, à cinq heures du matin, l'empereur se porta sur les hauteurs, à trois quarts de lieue en avant de Bautzen.

Le duc de Reggio soutenait une vive fusillade sur les hauteurs que défendait la gauche de l'ennemi. Les Russes qui sentaient l'importance de cette position, avaient placé là une forte partie de leur armée, afin que leur gauche ne fût pas tournée. L'empereur ordonna aux ducs de Reggio et de Tarente d'entretenir le combat, afin d'empêcher la gauche de l'ennemi de se dégarnir et de lui masquer la véritable attaque dont le résultat ne pouvait pas se faire sentir avant midi ou une heure.

A onze heures, le duc de Raguse marcha à mille toises en avant de sa position, et engagea une épouvantable canonnade devant les redoutes et tous les retranchemens ennemis.

La garde et la réserve de l'armée, infanterie et cavalerie, masqués par un rideau, avaient des débouchés faciles pour se porter en avant par la gauche ou par la droite, selon les vicissitudes que présenterait la journée. L'ennemi fut tenu ainsi incertain sur le véritable point d'attaque.

Pendant ce temps, le prince de la Moskwa culbutait l'ennemi au village de Klix, passait la Sprée, et menait battant ce qu'il avait devant lui jusqu'au village de Preilitz. A dix heures il enleva le village ; mais les réserves de l'ennemi s'étant avancées pour couvrir le quartier-général, le prince de la Moskwa fut ramené et perdit le village de Preilitz. Le duc de Dalmatie commença à déboucher à une heure après-midi. L'ennemi qui avait compris tout le danger dont il était menacé par la direction qu'avait prise la bataille, sentit que le seul moyen de soutenir avec avantage le combat contre le prince de la Moskwa, était de nous empêcher de déboucher. Il voulut s'opposer à l'attaque du duc de Dalmatie. Le moment de décider le bataille se trouvait dès-lors bien indiqué. L'empereur, par un mouvement à gauche, se porta, en vingt minutes, avec la garde, les quatre divisions du général Latour-Maubourg et une grande quantité d'artillerie, sur le flanc de la droite de la position de l'ennemi, qui était devenue le centre de l'armée russe.

La division Morand et la division wurtembergeoise enlevèrent le mamelon dont l'ennemi avait fait son point d'appui.

Le général Devaux établit une batterie dont il dirigea le feu sur les masses qui voulaient reprendre la position. Les généraux Dulauloy et Drouot, avec soixante pièces de batterie de réserve, se portèrent en avant. Enfin, le duc de Trévise, avec les divisions Dumoutier et Barrois de la jeune garde, se dirigea sur l'auberge de Klein-Baschwitz, coupant le chemin de Wurtchen à Baugen.

L'ennemi fut obligé de dégarnir sa droite pour parer à cette nouvelle attaque. Le prince de la Moskwa en profita et marcha en avant. Il prit le village de Preisig, et s'avança, ayant débordé l'armée ennemie, sur Wurtchen. Il était trois heures après midi, et lorsque l'armée était dans la plus grande incertitude du succès, et qu'un feu épouvantable se faisait entendre sur une ligne de trois lieues, l'empereur annonça que la bataille était gagnée.

L'ennemi voyant sa droite tournée se mit en retraite, et bientôt sa retraite devint une fuite.

A sept heures du soir, le prince de la Moskwa et le général Lauriston arrivèrent à Wurtchen. Le duc de Raguse reçut alors l'ordre de faire un mouvement inverse de celui que venait de faire la garde, occupa tous les villages retranchés, et toutes les redoutes que l'ennemi était obligé d'évacuer, s'avança dans la direction d'Hochkirch, et prit ainsi en flanc toute la gauche de l'ennemi, qui se mit alors dans une épouvantable déroute. Le duc de Tarente, de son côté, poussa vivement cette gauche et lui fit beaucoup de mal.

L'empereur coucha sur la route au milieu de sa garde à l'auberge de Klein-Baschwitz. Ainsi, l'ennemi, forcé dans toutes ses positions, laissa en notre pouvoir le champ de bataille couvert de ses morts et de ses blessés, et plusieurs milliers de prisonniers.

Le 22, à quatre heures du matin, l'armée française se mit en mouvement. L'ennemi avait fui toute la nuit par tous les chemins et par toutes les directions. On ne trouva ses premiers postes qu'au-delà de Weissemberg, et il n'opposa de résistance que sur les hauteurs en arrière de Reichenbach. L'ennemi n'avait pas encore vu notre cavalerie.

Le général Lefèvre-Desnouettes, à la tête de quinze cents chevaux lanciers polonais et des lanciers rouges de la garde, chargea, dans la plaine de Reichenbach, la cavalerie ennemie, et la culbuta. L'ennemi, croyant qu'ils étaient seuls, fit avancer une division de cavalerie, et plusieurs divisions s'engagèrent successivement. Le général Latour-Maubourg, avec ses quatorze mille chevaux et les cuirassiers français et saxons, arriva à leur secours, et plusieurs charges de cavalerie eurent lieu. L'ennemi, tout surpris de trouver devant lui quinze à seize mille hommes de cavalerie, quand il nous en croyait dépourvus, se retira en désordre. Les lanciers rouges de la garde se composent en grande partie des volontaires de Paris et des environs. Le général Lefèvre-Desnouettes et le général Colbert, leur colonel, en font le plus grand éloge.

Dans cette affaire de cavalerie, le général Bruyères, général de cavalerie légère de la plus haute distinction, a eu la jambe emportée par un boulet.

Le général Reynier se porta avec le corps saxon sur les hauteurs au-delà de la Reichenbach, et poursuivit l'ennemi jusqu'au village de Hotterndorf. La nuit nous prit à une lieue de Gœrlitz. Quoique la journée eût été extrêmement longue, puisque nous nous trouvions à huit lieues du champ de bataille, et que les troupes eussent éprouvé tant de fatigues, l'armée française aurait couché à Gœrlitz; mais l'ennemi avait placé un corps d'arrière-garde sur la hauteur en avant de cette ville, et il aurait fallu une demi-heure de jour de plus pour la tourner par la gauche. L'empereur ordonna donc qu'on prît position.

Dans les batailles des 20 et 21, le général wurtembergeois

Franquemont et le général Lorencez ont été blessés. Notre perte dans ces journées peut s'évaluer à onze ou douze mille hommes tués ou blessés. Le soir de la journée du 22, à sept heures, le grand-maréchal duc de Frioul, étant sur une petite éminence à causer avec le duc de Trévise et le général Kirgener, tous les trois pied à terre et assez éloignés du feu, un des derniers boulets de l'ennemi rasa de près le duc de Trévise, ouvrit le bas-ventre au grand-maréchal, et jeta roide mort le général Kirgener. Le duc de Frioul se sentit aussitôt frappé à mort; il expira douze heures après.

Dès que les postes furent placés et que l'armée eut pris ses bivouacs, l'empereur alla voir le duc de Frioul. Il le trouva avec toute sa connaissance, et montrant le plus grand sang-froid. Le duc serra la main de l'empereur, qu'il porta sur ses lèvres. *Toute ma vie*, lui dit-il, *a été consacrée à votre service, et je ne la regrette que par l'utilité dont elle pouvait vous être encore!* — *Duroc*, lui dit l'empereur, *il est une autre vie! C'est là que vous irez m'attendre, et que nous nous retrouverons un jour!* — *Oui, sire; mais ce sera dans trente ans, quand vous aurez triomphé de vos ennemis, et réalisé toutes les espérances de notre patrie....... J'ai vécu en honnête homme; je ne me reproche rien. Je laisse une fille, V. M. lui servira de père.*

L'empereur serrant de la main droite le grand-maréchal, resta un quart-d'heure la tête appuyée sur la main gauche dans le plus profond silence. Le grand-maréchal rompit le premier ce silence. *Ah! sire, allez-vous-en! ce spectacle vous peine!* L'empereur, s'appuyant sur le duc de Dalmatie et sur le grand-écuyer, quitta le duc de Frioul sans pouvoir lui dire autre chose que ces mots, *adieu donc, mon ami!* S. M. rentra dans sa tente, et ne reçut personne pendant toute la nuit.

Le 23, à neuf heures du matin, le général Regnier entra

dans Gœrlitz. Des ponts furent jetés sur la Neiss, et l'armée se porta au-delà de cette rivière.

Au 23, au soir, le duc de Bellune était sur Botzemberg; le comte Lauriston avait son quartier-général à Hochkirch, le comte Reynier en avant de Trotskendorf sur le chemin de Lauban, et le comte Bertrand en arrière du même village; le duc de Tarente était sur Schœnberg; l'empereur était à Gœrlitz.

Un parlementaire, envoyé par l'ennemi, portait plusieurs lettres, où l'on croit qu'il est question de négocier un armistice.

L'armée ennemie s'est retirée, par Banalau et Lauban, en Silésie. Toute la Saxe est délivrée de ses ennemis, et dès demain 24, l'armée française sera en Silésie.

L'ennemi a brûlé beaucoup de bagages, fait sauter beaucoup de parcs, disséminé dans les villages une grande quantité de blessés. Ceux qu'il a pu emmener sur des charrettes n'étaient pas pansés; les habitans en portent le nombre à dix-huit mille. Il en est resté plus de dix mille en notre pouvoir.

La ville de Gœrlitz, qui compte huit à dix mille habitans, a reçu les Français comme des libérateurs.

La ville de Dresde et le ministère saxon ont mis la plus grande activité à approvisionner l'armée, qui jamais n'a été dans une plus grande abondance.

Quoiqu'une grande quantité de munitions ait été consommée, les ateliers de Torgau et de Dresde, et les convois qui arrivent, par les soins du général Sorbier, tiennent notre artillerie bien approvisionnée.

On a des nouvelles de Glogau, Custrin et Stettin. Toutes ces places étaient dans un bon état.

Ce récit de la bataille de Wurtchen ne peut être considéré que comme une esquisse. L'état-major-général recueillera les rapports qui feront connaître les officiers, soldats et les corps qui se sont distingués.

Dans le petit combat du 22, à Reichenbach, nous avons acquis la certitude que notre jeune cavalerie est, à nombre égal, supérieure à celle de l'ennemi.

Nous n'avons pu prendre de drapeaux; l'ennemi les retire toujours du champ de bataille. Nous n'avons pris que dix-neuf canons, l'ennemi ayant fait sauter ses parcs et ses caissons. D'ailleurs l'empereur tient sa cavalerie en réserve; et jusqu'à ce qu'elle soit assez nombreuse, il veut la ménager.

Le 25 mai au soir.

A S. M. l'impératrice-reine et régente.

Le prince de la Moskwa, ayant sous ses ordres les corps du général Lauriston et du général Reynier, avait forcé, le 24 mai, le passage de la Neiss, et le 25 au matin, le passage de la Queiss, et était arrivé à Buntzlau. Le général Lauriston avait son quartier-général à mi-chemin de Buntzlau à Haynau.

Le quartier-général de l'empereur était, le 25 au soir, à Buntzlau.

Le duc de Bellune était à Wehrau, sur la Queiss.

Le général Bertrand était entré, le 24, à Lauban, et le 25 il avait suivi l'ennemi.

Le duc de Tarente, après avoir passé la Queiss, avait eu un combat avec l'arrière-garde ennemie. L'ennemi, encombré de charrettes de blessés et de bagages, voulut tenir. Le duc de Tarente eut ses trois divisions engagées. Le combat fut vif; l'ennemi souffrit beaucoup. Le duc de Tarente avait, le 25 au soir, son quartier-général à Stegkigt.

Le duc de Raguse était à Ottendorf.

Le duc de Reggio était parti de Bautzen, marchant sur Berlin par la route de Luckau.

Nos avant-postes n'étaient plus qu'à une marche de Glogau.

C'est à Buntzlau que le général russe Koutouzow est mort, il y a six semaines. Nos armées n'ont trouvé dans ce pays aucune exaltation. Les esprits y sont comme à l'ordinaire. La *landwehr*, la *landsturm* n'ont existé que dans les journaux, du moins dans ce pays-ci; et les habitans sont bien loin d'adhérer au conseil des Russes, de brûler leurs maisons et de dévaster leur pays.

Le général Durosnel est resté en qualité de gouverneur à Dresde. Il commande toutes les troupes et garnisons françaises en Saxe.

Plusieurs corps français se dirigent sur Berlin, où il paraît que l'on déménage, et où l'on s'attend depuis quelques jours à voir arriver l'armée.

Le 27 mai au soir.

A S. M. l'impératrice-reine et régente.

Le 26, le quartier-général du comte Lauriston était à Haynau. Un bataillon du général Maison a été chargé inopinément, à cinq heures du soir, par trois mille chevaux, et a été obligé de se replier sur un village. Il a perdu deux pièces de canon et trois caissons qui étaient sous sa garde. La division a pris les armes. L'ennemi a voulu charger sur le cent cinquante-troisième régiment ; mais il a été chassé du champ de bataille, qu'il a laissé couvert de morts. Parmi les tués, se trouvent le colonel et une douzaine d'officiers des gardes-du-corps de Prusse, dont on a apporté les décorations.

Le 27, le quartier-général de l'empereur était à Liegnitz, où se trouvaient la jeune et la vieille garde, et les corps du général Lauriston et du général Reynier. Le corps du prince de la Moskwa était à Haynau ; celui du duc de Bellune manœuvrait sur Glogau. Le duc de Tarente était à Goldberg. Le duc de Raguse et le comte Bertrand étaient sur la route de Goldberg à Liegnitz.

Il paraît que toute l'armée ennemie a pris la direction de Jauer et de Schweidnitz.

On ramasse bon nombre de prisonniers. Les villages sont pleins de blessés ennemis.

Liegnitz est une assez jolie ville, de dix mille habitans. Les autorités l'avaient quittée par ordres exprès ; ce qui mécontente fort les habitans et les paysans du cercle. Le comte Daru a été en conséquence chargé de former de nouvelles magistratures.

Tous les gens de la cour et toute la noblesse qui avaient évacué Berlin, s'étaient retirés à Breslau ; aujourd'hui ils évacuent Breslau, et une partie se retire en Bohême.

Les lettres interceptées ne parlent que de la consternation de l'ennemi et des pertes énormes qu'il a faites à la bataille de Wurtchen.

Le 29 mai au matin.

A S. M. l'impératrice-reine et régente.

Le duc de Bellune s'est porté sur Glogau. Le général Sébastiani a rencontré près de Sprottau un convoi ennemi, l'a chargé, lui a pris vingt-deux pièces de canon, quatre-vingts caissons et cinq cents prisonniers.

Le duc de Raguse est arrivé le 28 au soir à Jauer, poussant l'arrière-garde ennemie, dont il avait tourné la position sur ce point. Il lui a fait trois cents prisonniers. Le duc de Tarente et le comte Bertrand étaient arrivés à la hauteur de cette ville.

Le 28, à la pointe du jour, le prince de la Moskwa, avec les corps du comte Lauriston et du général Reynier, s'était porté sur Neumarck. Ainsi, notre avant-garde n'est plus qu'à sept lieues de Breslau.

Le 29 mai, à dix heures du matin, le comte Schouvaloff, aide-de-camp de l'empereur de Russie, et le général Kleist, général de division prussien, se sont présentés aux avant-postes. Le duc de Vicence a été parlementer avec eux. On croit que cette entrevue est relative à la négociation de l'armistice.

On a des nouvelles de nos places, qui sont toutes dans la meilleure situation.

Les ouvrages qui défendaient le champ de bataille de Wurtchen sont très-considérables; aussi l'ennemi avait-il dans ses retranchemens la plus grande confiance. On peut s'en faire une idée, quand on saura que c'était le travail de dix mille ouvriers pendant trois mois; car c'est depuis le mois de février que les Russes travaillaient à cette position qu'ils considéraient comme inexpugnable.

Il paraît que le général Wittgenstein a quitté le commandement de l'armée combinée : c'est le général Barclay de Tolly qui la commande.

L'armée est ici dans le plus beau pays possible; la Silésie est un jardin continu, où l'armée se trouve dans la plus grande abondance de tout.

Le 30 mai 1813.

A S. M. l'impératrice-reine et régente.

Un convoi d'artillerie d'une cinquantaine de voitures, parti d'Augsbourg, s'est éloigné de la route de l'armée, et s'est dirigé d'Augsbourg sur Bayreuth; les partisans ennemis ont attaqué ce convoi entre Zwickau et Chemnitz, ce qui a occasioné la perte de deux cents hommes et de trois cents chevaux qui ont été pris; de sept à huit pièces de canon, et de plusieurs voitures qui ont été détruites; les pièces ont été reprises. S. M. a ordonné de faire une enquête pour savoir qui a pris sur soi de changer la route de l'armée. Que ce soit un général ou un commissaire des guerres, il doit être puni selon la rigueur des lois militaires, la route de l'armée ayant été ordonnée d'Augsbourg par Wurtzbourg et Fulde.

Le général Poinsot, venant de Brunswick avec un régiment de marche de cavalerie, fort de quatre cents hommes, a été attaqué par sept à huit cents hommes de cavalerie ennemie près Halle; il a été fait prisonnier avec une centaine d'hommes; deux cents hommes sont revenus à Leipsick.

Le duc de Padoue est arrivé à Leipsick, où il réunit sa cavalerie pour balayer toute la rive gauche de l'Elbe.

Le 31 mai au soir.

A S. M. l'impératrice-reine et régente.

Le duc de Vicence, le comte de Schouvaloff et le général Kleist ont eu une conférence de dix-huit heures, au couvent de Watelstadt, près de Liegnitz. Ils se sont séparés hier 30, à cinq heures après-midi. Le résultat n'est pas encore connu. On est convenu, dit-on, du principe d'un armistice, mais on ne paraît pas d'accord sur les limites qui doivent former la ligne de démarcation. Le 31, à six heures du soir, les conférences ont recommencé du côté de Striegau.

Le quartier-général de l'empereur était à Neumarck; celui du prince de la Moskwa, ayant sous ses ordres le général Lauriston et le général Reynier, était à Lissa. Le duc de Tarente et le comte Bertrand étaient entre Jauer et Striegau. Le duc de Raguse était entre Moys et Neumarkt. Le duc de Bellune était à Steinau sur l'Oder. Glogau était entièrement débloqué. La garnison a eu constamment du succès dans ses sorties. Cette place a encore pour sept mois de vivres.

Le 28, le duc de Reggio ayant pris position à Hoyerswerda, fut attaqué par le corps du général Bulow, fort de quinze à dix-huit mille hommes. Le combat s'engagea; l'ennemi fut repoussé sur tous les points et poursuvi l'espace de deux lieues.

Le 22 mai, le lieutenant-général Vandamme s'est emparé de Wilhelmsburg, devant Hambourg.

Le 24, le quartier-général du prince d'Eckmülh était à Haarbourg. Plusieurs bombes étaient tombées dans Hambourg, et les troupes russes paraissant évacuer cette ville, les négociations s'étaient ouvertes pour la reddition de cette place; les troupes danoises faisaient cause commune avec les troupes françaises.

Il devait y avoir, le 25, une conférence avec les généraux danois, pour régler le plan d'opérations. M. le comte de Kaas, ministre de l'intérieur du roi de Danemarck, et chargé d'une mission auprès de l'empereur, était parti pour se rendre au quartier-général.

Le 2 juin 1813.

A S. M. l'impératrice-reine et régente.

Le quartier-général de l'empereur était toujours à Neumarkt; celui du prince de la Moskwa était à Lissa; le duc de Tarente et le comte Bertrand étaient entre Jauer et Striegau; le duc de Raguse au village d'Eisendorf; le troisième corps, au village de Titersdorf; le duc de Bellune entre Glogau et Liegnitz.

Le comte de Bubna était arrivé à Liegnitz, et avait des conférences avec le duc de Bassano.

Le général Lauriston est entré à Breslau le 1er juin, à six heures du matin. Une division prussienne de six à sept mille hommes qui couvrait cette ville en défendant le passage de la Lohe, a été enfoncée au village de Neukirchen.

Le bourgmestre et quatre députés de la ville de Breslau ont été présentés à l'empereur, à Neumarkt, le 1er juin, à deux heures après-midi.

S. M. leur a dit qu'ils pouvaient rassurer les habitans ; que quelque chose qu'ils eussent faite pour seconder l'esprit d'anarchie que les Stein et les Scharnhorss voulaient exciter, elle pardonnait à tous.

La ville est parfaitement tranquille, et tous les habitans y sont restés. Breslau offre de très-grandes ressources.

Le duc de Vicence et les plénipotentiaires russe et prussien, le comte Schouvaloff et le général de Kleist, avaient échangé leurs pleins-pouvoirs, et avaient neutralisé le village de Peicherwitz. Quarante hommes d'infanterie et vingt hommes de cavalerie, fournis par l'armée française, et le même nombre d'hommes fournis par l'armée alliée, occupaient respectivement les deux entrées du village. Le 2 au matin, les plénipotentiaires étaient en conférence pour convenir de la ligne qui, pendant l'armistice, doit déterminer la position des deux armées. En attendant, des ordres ont été donnés des deux quartiers-généraux afin qu'aucunes hostilités n'eussent lieu. Ainsi, depuis le 1er juin, à deux heures de l'après-midi, il n'a été commis aucune hostilité de part ni d'autre.

Le 4 juin au soir.

A S. M. l'impératrice-reine et régente.

L'armistice a été signé le 4, à deux heures après midi.

S. M. l'empereur part le 5, à la pointe du jour, pour se rendre à Liegnitz. On croit que pendant la durée de l'armistice, S. M. se tiendra une partie du temps à Glogau, et la plus grande partie à Dresde, afin d'être plus près de ses états.

Glogau est approvisionné pour un an.

Le 6 juin 1813.

A. S. M. l'impératrice-reine et régente.

Le quartier-général de l'empereur était, le 6, à Liegnitz. Le prince de la Moskwa était toujours à Breslau.

Les commissaires nommés par l'empereur de Russie, pour l'exécution de l'armistice, étaient le comte de Schouwaloff, aide-de-camp de l'empereur, et M. de Koutousoff, major-général, aide-de-camp de l'empereur. Les commissaires nommés de la part de la France, sont le général de division Dumoutier, commandant une division de la garde, et le général de brigade Flahaut, aide-de-camp de l'empereur. — Ces commissaires se tiennent à Neumarkt.

Le duc de Trévise porte son quartier-général à Glogau, avec la jeune garde. La vieille garde retourne à Dresde, où l'on croit que S. M. va porter son quartier-général.

Les différens corps d'armée se sont mis en marche, pour former des camps dans les différentes positions de Goldberg, de Lœwenberg, de Buntzlau, de Liegnitz, de Sproteau, de Sagan, etc.

Le corps polonais du prince Poniatowski, qui traverse la Bohême, est attendu à Zittau le 10 juin.

Le 7 juin 1813.

A S. M. l'impératrice-reine et régente.

Le quartier-général de S. M. l'empereur était à Buntzlau. Tous les corps d'armée étaient en marche pour se rendre dans leurs cantonnemens. L'Oder était couvert de bateaux qui descendaient de Breslau à Glogau, chargés d'artillerie, d'outils, de farine et d'objets de toute espèce pris à l'ennemi.

La ville de Hambourg a été reprise le 30 mai, de vive

force. Le prince d'Eckmühl se loue spécialement de la conduite du général Vandamme. Hambourg avait été perdu, pendant la campagne précédente, par la pusillanimité du général Saint-Cyr : c'est à la vigueur qu'a déployée le général Vandamme, du moment de son arrivée dans la trente-deuxième division militaire, qu'on doit la conservation de Brême, et aujourd'hui la prise de Hambourg. On y a fait plusieurs centaines de prisonniers. On a trouvé dans la ville deux ou trois cents pièces de canon, dont quatre-vingts sur les remparts. On avait fait des travaux pour mettre la ville en état de défense.

Le Danemarck marche avec nous : le prince d'Eckmülh avait le projet de se porter sur Lubeck. Ainsi, la trente-deuxième division militaire et tout le territoire de l'empire sont entièrement délivrés de l'ennemi.

Des ordres ont été donnés pour faire de Hambourg une place forte : elle est environnée d'un rempart bastionné, ayant un large fossé plein d'eau, et pouvant être couvert en partie par des inondations. Les travaux sont dirigés de manière que la communication avec Hambourg se fasse par les îles, en tout temps.

L'empereur a ordonné la construction d'une autre place sur l'Elbe, à l'embouchure du Havel. Kœnigstein, Torgau, Wittemberg, Magdebourg, la place du Havel et Hambourg, complèteront la défense de la ligne de l'Elbe.

Les ducs de Cambridge et de Brunswick, princes de la maison d'Angleterre, sont arrivés à temps à Hambourg, pour donner plus de relief au succès des Français. Leur voyage se réduit à ceci : ils sont arrivés, et se sont sauvés.

Les derniers bataillons des cinq divisions du prince d'Eckmülh, lesquelles sont composées de soixante-douze bataillons au grand complet, sont partis de Wesel.

Depuis le commencement de la campagne, l'armée française a délivré la Saxe, conquis la moitié de la Silésie, réoccupé la trente-deuxième division militaire, confondu les espérances de nos ennemis.

Le 10 juin 1813.

A S. M. l'impératrice-reine et régente.

L'empereur était arrivé le 10, à quatre heures du matin, à Dresde. La garde à cheval y était arrivée à midi. La garde à pied y était attendue le lendemain 11.

S. M., arrivée au moment où on s'y attendait le moins, avait ainsi rendu inutiles les préparatifs faits pour sa réception.

A midi, le roi de Saxe est venu voir l'empereur, qu'on a logé au faubourg, dans la belle maison Marcolini, où il y a un grand appartement au rez-de-chaussée et un beau parc; le palais du roi, qu'habitait précédemment l'empereur, n'ayant pas de jardin.

A sept heures du soir, l'empereur a reçu M. de Kaas, ministre de l'intérieur et de la justice du roi de Danemarck.

Une brigade danoise de la division auxiliaire mise sous les ordres du prince d'Eckmühl, avait pris, le 2 juin, possession de Lubeck.

Le prince de la Moskwa était, le 10, à Breslau; le duc de Trévise, à Glogau; le duc de Bellune, à Crossen; le duc de Reggio, sur les frontières de la Prusse, du côté de Berlin. L'armistice avait été publié partout. Les troupes faisaient des préparatifs pour asseoir leurs baraques et camper dans leurs positions respectives, depuis Glogau et Liegnitz, jusqu'aux frontières de la Bohême et à Gœrlitz.

Le 14 juin au soir.

A S. M. l'impératrice-reine et régente

Toutes les troupes sont arrivées dans leurs cantonnemens. On élève des baraques et l'on forme les camps.

L'empereur a paradé tous les jours à dix heures.

Quelques partisans ennemis sont encore sur les derrières. Il y en a qui font la guerre pour leur compte, à la manière de Schill, et qui refusent de reconnaître l'armistice. Plusieurs colonnes sont en mouvement pour les détruire.

Le 15 juin 1813.

A S. M. l'impératrice-reine et régente.

Le baron de Kaas, ministre de l'intérieur de Danemarck, et envoyé avec des lettres du roi, a été présenté à l'empereur.

Après les affaires de Copenhague, un traité d'alliance fut conclu entre la France et le Danemarck : par ce traité, l'empereur garantissait l'intégrité du Danemarck.

Dans le courant de 1811, la cour de Suède fit connaître à Paris le désir qu'elle avait de réunir la Norwège à la Suède, et demanda l'assistance de la France. L'on répondit que, quelque désir qu'eût la France de faire une chose agréable à la Suède, un traité d'alliance ayant été conclu avec le Danemarck, et garantissant l'intégrité de cette puissance, S. M. ne pouvait jamais donner son consentement au démembrement du territoire de son allié.

Dès ce moment, la Suède s'éloigna de la France, et entra en négociation avec ses ennemis.

Depuis, la guerre devint imminente entre la France et la Russie. La cour de Suède proposa de faire cause commune avec la France, mais en renouvelant sa proposition relative à la Norwège. C'est en vain que la Suède fit entrevoir que des ports de Norwège une descente en Ecosse était facile ; c'est en vain que l'on fit valoir toutes les garanties que l'ancienne alliance de la Suède donnerait à la France de la conduite qu'on tiendrait avec l'Angleterre. La conduite du cabinet des Tuileries fut la même : on avait les mains liées par le traité avec le Danemarck.

Dès ce moment, la Suède ne garda plus de mesures ; elle contracta une alliance avec l'Angleterre et la Russie ; et la première stipulation de ce traité fut l'engagement commun de contraindre le Danemarck à céder la Norwège à la Suède.

Les batailles de Smolensk et de la Moskwa enchaînèrent l'activité de la Suède ; elle reçut quelques subsides, fit quelques préparatifs, mais ne commença aucune hostilité. Les événemens de l'hiver de 1812 arrivèrent, les troupes françaises évacuèrent Hambourg. La situation du Danemarck devint périlleuse ; en guerre avec l'Angleterre, menacée par la Suède et par la Russie, la France paraissait impuissante pour le soutenir. Le roi de Danemarck, avec cette loyauté qui le caractérise, s'adressa à l'empereur pour sortir de cette situation. L'empereur, qui veut que sa politique ne soit jamais à charge à ses alliés, répondit que le Danemarck était maître de traiter avec l'Angleterre pour sauver l'intégrité de son territoire, et que son estime et son amitié pour le roi ne recevraient aucun refroidissement des nouvelles liaisons que la force des circonstances obligeait le Danemarck à contracter. Le roi témoigna toute sa reconnaissance de ce procédé.

Quatre équipages de très-bons matelots avaient été fournis par le Danemarck, et montaient quatre vaisseaux de notre flotte de l'Escaut. Le roi de Danemarck ayant témoigné, sur ces entrefaites, le désir que ces marins lui fussent rendus, l'empereur les lui renvoya avec la plus scrupuleuse exactitude, en témoignant aux officiers et aux matelots la satisfaction qu'il avait de leurs bons services.

Cependant les événemens marchaient.

Les alliés pensaient que le rêve de Burke était réalisé. L'empire français, dans leur imagination, était déjà effacé du globe, et il faut que cette idée ait prédominé à un étrange point, puisqu'ils offraient au Danemarck, en indemnité de la Norwège, nos départemens de la trente-deuxième division militaire, et même toute la Hollande, afin de recomposer dans le Nord une puissance maritime qui fît système avec la Russie.

Le roi de Danemarck, loin de se laisser surprendre à ces appâts trompeurs, leur dit : « Vous voulez donc me donner des colonies en Europe, et cela au détriment de la France ? »

Dans l'impossibilité de faire partager au roi de Danemarck une idée aussi folle, le prince Dolgorouki fut envoyé à Copenhague pour demander qu'on fît cause commune avec les alliés, et moyennant ce, les alliés garantissaient l'intégrité du Danemarck et même de la Norwège.

L'urgence des circonstances, les dangers imminens que courait le Danemarck, l'éloignement des armées françaises, son propre salut firent fléchir la politique du Danemarck. Le roi consentit, moyennant la garantie de l'intégrité de ses états, à couvrir Hambourg, et à tenir cette ville à l'abri même des armées françaises, pendant toute la guerre. Il comprit tout ce que cette stipulation pouvait avoir de désagréable pour l'empereur ; il y fit toutes les modifications de rédaction qu'il était possible d'y faire, et même ne la signa qu'en cédant aux instances de tous ceux dont il était entouré, qui lui représentaient la nécessité de sauver ses états ; mais il était loin de penser que c'était un piége qu'on venait là de lui tendre. On voulait le mettre ainsi en guerre avec la France, et après lui avoir fait perdre de cette façon son appui naturel dans cette circonstance, on voulait lui manquer de parole, et l'obliger de souscrire à toutes les conditions honteuses qu'on voudrait lui imposer.

M. de Bernstorf se rendit à Londres ; il croyait y être reçu avec empressement et n'avoir plus qu'à renouveler le traité consenti avec le prince Dolgorouki : mais quel fut son étonnement, lorsque le prince régent refusa de recevoir la lettre du roi, et que lord Castlereagh lui fit connaître qu'il ne pouvait y avoir de traité entre le Danemarck et l'Angleterre, si, au préalable, la Norwège n'était cédée à la Suède. Peu de jours après, le comte de Bernstorf reçut ordre de retourner en Danemarck.

Au même moment, on tint le même langage au comte de Moltke, envoyé de Danemarck auprès de l'empereur Alexandre. Le prince Dolgorouki fut désavoué comme ayant dépassé ses pouvoirs, et pendant ce temps les Danois faisaient leur notification à l'armée française, et quelques hostilités avaient lieu !!!

C'est en vain qu'on ouvrirait les annales des nations pour y voir une politique plus immorale. C'est au moment que le Danemarck se trouve ainsi engagé dans un état de guerre avec la France, que le traité auquel il croit se conformer est à la fois désavoué à Londres et en Russie, et qu'on profite de l'embarras où cette puissance est placée, pour lui présenter comme *ultimatum*, un traité qui l'engageait à reconnaître la cession de la Norwège !

Dans ces circonstances difficiles le roi montra la plus grande confiance dans l'empereur ; il déclara le traité nul. Il rappela ses troupes de Hambourg. Il ordonna que son armée marcherait avec l'armée française, et enfin il déclara qu'il se considérait toujours comme allié de la France, et qu'il s'en reposait sur la magnanimité de l'empereur.

Le président de Kaas fut envoyé au quartier-général français avec des lettres du roi.

En même temps le roi fit partir pour la Norwège le prince héréditaire de Danemarck, jeune prince de la plus grande espérance, et particulièrement aimé des Norwégiens. Il partit déguisé en matelot, se jeta dans une barque de pêcheur et arriva en Norwège le 22 mai.

Le 30 mai les troupes françaises entrèrent à Hambourg, et une division danoise, qui marchait avec nos troupes, entra à Lubeck.

Le baron de Kaas se trouvant à Altona, eut à essuyer une autre scène de perfidie égale à la première.

Les envoyés des alliés vinrent à son logement et lui firent connaître que l'on renonçait à la cession de la Norwège, et que sous la condition que le Danemarck fît cause commune avec les alliés, il n'en serait plus question; qu'ils le conjureraient de retarder son départ. La réponse de M. de Kaas fut simple : « J'ai mes ordres, je dois les exécuter. » On lui dit que les armées françaises étaient défaites; cela ne l'ébranla pas davantage, et il continua sa route.

Cependant, le 31 mai une flotte anglaise parut dans la rade de Copenhague; un des vaisseaux de guerre mouilla devant la ville, et M. Thornton se présenta. Il fit connaître que les alliés allaient commencer les hostilités, si, dans quarante-huit heures, le Danemarck ne souscrivait à un traité, dont les principales conditions étaient de céder la Norwège à la Suède, en remettant sur-le-champ en dépôt la province de Drontheim, et de fournir vingt cinq mille hommes pour marcher avec les alliés contre la France, et conquérir les indemnités qui devaient être la part du Danemarck. On déclarait en même temps que les ouvertures faites à M. de Kaas, à son passage à Altona, étaient désavouées et ne pouvaient être considérées que comme des pourparlers militaires.

Le roi rejeta avec indignation cette injurieuse sommation.

Cependant le prince royal arrivé en Norwège, y avait publié la proclamation suivante :

« Norwégiens !

« Votre roi connaît et apprécie votre fidélité inébranlable pour lui et la dynastie des rois de Norwège et de Danemarck, qui, depuis des siècles, règne sur vos pères et sur vous. Son désir paternel est de resserrer encore davantage le lien indissoluble de l'amitié *fraternelle* et de l'union qui lie les peuples des deux royaumes. Le cœur de Frédéric VI est toujours avec vous, mais ses soins pour toutes les branches de l'administration de l'état le privent de se voir entouré de son peuple norwégien. C'est pour cela qu'il m'envoie près de vous, comme gouverneur, pour exécuter ses volontés comme s'il était présent ; ses ordres seront mes lois. Mes efforts seront de gagner votre confiance. Votre estime et votre amitié seront ma récompense. Peut-être que des épreuves plus dures nous menacent.... Mais ayant confiance dans la Providence, j'irai sans crainte au-devant d'elles, et avec votre aide, fidèles Norwégiens ; je vaincrai tous les obstacles. Je sais que je puis compter sur votre fidélité pour le roi, que vous voulez conserver l'ancienne indépendance de la Norwège, et que la devise qui nous réunit est : *Pour Dieu, le roi et la patrie !*

Signé Christian-Frédéric.

La confiance que le roi de Danemarck a eue dans l'empereur se trouve entièrement justifiée, et tous les liens entre les deux peuples ont été rétablis et resserrés.

L'armée française est à Hambourg : une division danoise en suit les mouvements, pour la soutenir. Les Anglais ne retirent de leur politique que honte et confusion ; les vœux de tous les gens de bien accompagnent le prince héréditaire de

Danemarck en Norwège. Ce qui rend critique la position de la Norwège, c'est le manque de subsistances ; mais la Norwège restera danoise; l'intégrité du Danemarck est garantie par la France.

Le bombardement de Copenhague, pendant qu'un ministre anglais était encore auprès du roi, l'incendie de cette capitale et de la flotte sans déclaration de guerre, sans aucune hostilité préalable, paraissaient devoir être la scène la plus odieuse de l'histoire moderne ; mais la politique tortueuse qui porte les Anglais à demander la cession d'une province, heureuse depuis tant d'années sous le sceptre de la maison de Holstein, et la série d'intrigues dans laquelle ils descendent pour arriver à cet odieux résultat, seront considérées comme plus immorales et plus outrageantes encore que l'incendie de Copenhague. On y reconnaîtra la politique dont les maisons de *Timor* et de *Sicile* ont été victimes, et qui les a dépouillées de leurs états. Les Anglais se sont accoutumés dans l'Inde à n'être jamais arrêtés par aucune idée de justice. Ils suivent cette politique en Europe.

Il paraît que dans tous les pourparlers que les alliés ont eus avec l'Angleterre, les puissances les plus ennemies de la France ont été soulevées par l'exagération des prétentions du gouvernement anglais. Les bases même de la paix de Lunéville, les Anglais les déclaraient inadmissibles comme trop favorables à la France. Les insensés ! ils se trompent de latitude, et prennent les Français pour des Indous !

Le 21 juin 1813.

A S. M. l'impératrice-reine et régente.

Le huitième corps commandé par le prince Poniatowski, qui a traversé la Bohême, est arrivé à Zittau en Lusace.

Ce corps est fort de dix-huit mille hommes, dont six mille de cavalerie. Tous les ordres ont été donnés pour compléter son habillement, et pour lui fournir tout ce qui pourrait lui manquer.

S. M. a été le 20 à Pirna et à Kœnigstein.

Le président de Kaas, envoyé par le roi de Danemarck, a reçu son audience de congé, et est parti de Dresde.

Les corps francs prussiens levés à l'instar de celui de Schill, ont continué, depuis l'armistice, à mettre des contributions, et à arrêter les hommes isolés. On leur a fait signifier l'armistice dès le 8 ; mais ils ont déclaré faire la guerre pour leur compte ; et comme ils continuaient la même conduite, on a fait marcher contre eux plusieurs colonnes. Le capitaine Lutzow, qui commandait une de ces bandes, a été tué ; quatre cents des siens ont été tués ou pris, et le reste dispersé. On ne croit pas que cent de ces brigands soient parvenus à repasser l'Elbe. Une autre bande, commandée par un capitaine Colombe, est entièrement cernée, et on a l'espoir que sous peu de jours la rive gauche de l'Elbe sera tout-à-fait purgée de la présence de ces bandes, qui se portaient à toute espèce d'excès envers les malheureux habitans.

L'officier envoyé à Custrin est de retour. La garnison de cette place est d'environ cinq mille hommes, et n'a que cent cinquante malades. La place est dans le meilleur état, et est approvisionnée pour six mois en blé, riz, légume, viandes fraîches, et tous les objets nécessaires.

La garnison a toujours été maîtresse des dehors de la place jusqu'à mille toises. Pendant ces quatre mois, le commandant n'a pas cessé de travailler à augmenter les moyens de son artillerie et les fortifications de la place.

Toute l'armée est campée ; ce repos fait le plus grand bien à nos troupes. Les distributions régulières de riz contribuent beaucoup à entretenir la santé du soldat.

Le 25 juin 1813.

A S. M. l'impératrice-reine et régente.

Le 24, l'empereur a dîné chez le roi de Saxe. Le soir, la comédie française a donné sur le théâtre de la cour une représentation d'une pièce de Molière, à laquelle LL. MM. ont assisté.

Le roi de Westphalie est venu à Dresde, voir l'empereur.

Le 25, l'empereur a parcouru les différens débouchés des forêts de Dresde, et a fait une vingtaine de lieues. S. M., partie à cinq heures après midi, était de retour à dix heures du soir.

Deux ponts ont été jetés sur l'Elbe, vis-à-vis la forteresse de Kœnigstein. Le rocher de Silienstein, qui est sur la rive droite, à une demi-portée de canon de Kœnigstein, a été occupé et fortifié. Des magasins et autres établissemens militaires sont préparés dans cette intéressante position. Un camp de soixante mille hommes, appuyé ainsi à la forteresse de Kœnigstein, et pouvant manœuvrer sur les deux rives, serait inattaquable par quelque force que ce fût.

Le roi de Bavière a établi autour de Nymphenbourg, près de Munich, un camp de vingt-cinq mille hommes.

L'empereur a donné au duc de Castiglione le commandement du corps d'observation de Bavière. Cette armée se réunit à Wurzbourg. Elle est composée de six divisions d'infanterie et de deux de cavalerie.

Le vice-roi réunit entre la Piave et l'Adige l'armée d'Italie, composée de trois corps. Le général Grenier en commande un.

Le nouveau corps qui vient d'être formé à Magdebourg, sous le commandement du général Vandamme, compte déjà quarante bataillons et quatre-vingt pièces d'artillerie.

Le prince d'Eckmühl est à Hambourg. Son corps a été renforcé par des troupes venant de France et de Hollande, de sorte que sur ce point il y plus de troupes qu'il n'y en a jamais eu. La division danoise qui est réunie au corps du prince d'Eckmühl est de quinze mille hommes.

Le deuxième corps, que commande le duc de Bellune, n'avait qu'une division pendant la campagne qui vient de finir; ce corps a été complété, et le duc de Bellune commande aujourd'hui les trois divisions.

Les circonstances étaient si urgentes au commencement de la campagne, que les bataillons d'un même régiment se trouvaient disséminés dans différens corps. Tout a été régularisé, et chaque régiment a réuni ses bataillons. Chaque jour il arrive une grande quantité de bataillons de marche qui passent l'Elbe à Magdebourg, à Wittemberg, à Torgau, à Dresde. S. M. passe tous les jours la revue de ceux qui arrivent par Dresde.

Les équipages militaires de l'armée ont aujourd'hui, soit en caissons d'ancien modèle, soit en caissons du nouveau modèle (dit n.° 2), soit en voitures à la comtoise, de quoi transporter des vivres pour toute l'armée pour un mois. S. M. a reconnu que les voitures à la comtoise, ainsi que les caissons d'ancien modèle, ont des inconvéniens, et elle a prescrit que désormais les équipages, au fur et à mesure des remplacemens, fussent établis sur les modèles des caissons n° 2, attelés de quatre chevaux et qui portent facilement vingt quintaux.

L'armée est pourvue de moulins portatifs pesant seize livres, et faisant chaque jour cinq quintaux de farine. On a distribué trois de ces moulins par bataillon.

On travaille avec la plus grande activité à augmenter les fortifications de Glogau.

On travaille également à augmenter les fortifications de

Wittemberg. S. M. veut faire de cette ville une place régulière ; et comme le tracé en est défectueux, elle a ordonné qu'on la fît couvrir par trois couronnes en suivant à peu près la même méthode que le sénateur Chasseloup-Laubat a mise en pratique à Alexandrie.

Torgau est en bon état.

On travaille aussi avec une grande activité à fortifier Hambourg. Le général du génie Haxo s'y est rendu pour tracer la citadelle et les ouvrages à établir dans les îles pour lier Harbourg avec Hambourg. Les ingénieurs des ponts et chaussées y construisent deux ponts volans dans le même système que ceux d'Anvers, un pour la marée montante, l'autre pour la marée descendante.

Une nouvelle place sur l'Elbe a été tracée par le général Haxo du côté de Verden, à l'embouchure de la Havel.

Les forts de Cuxhaven, qui étaient en état de soutenir un siége, mais qu'on avait abandonnés sans raison, et que l'ennemi avait rasés, se rétablissent. On y travaille avec activité ; ce ne seront plus de simples batteries fermées, mais un fort qui, comme le fort impérial de l'Escaut, protégera l'arsenal de construction et le bassin, dont l'établissement est projeté sur l'Elbe, depuis que l'ingénieur Beaupré, qui a employé deux ans à sonder ce fleuve, a reconnu qu'il avait les mêmes propriétés que l'Escaut, et que les plus grandes escadres pouvaient y être construites et réunies dans ses rades.

La troisième division de la jeune garde, que commande le général Laborde, officier d'un mérite consommé, est campée dans les bois en avant de Dresde, sur la rive droite de l'Elbe.

La quatrième division de la jeune garde, que commande le général Friant, débouche par Wurtzbourg. Des régimens de cette division ont déjà dépassé cette ville, et se portent sur Dresde.

La cavalerie de la garde compte déjà plus de neuf mille

chevaux. L'artillerie a déjà plus de deux cents pièces de canon. L'infanterie forme cinq divisions, dont quatre de la jeune garde et une de la vieille.

Le septième corps, que commande le général Reynier, composé de la division Durutte, qui est une division française, et de deux divisions saxonnes, reçoit son complément. Ce corps est campé en avant de Gœrlitz. Toute la cavalerie légère saxonne y est réunie, et va être également complétée.

Le roi de Saxe porte aussi ses deux beaux régimens de cuirassiers à leur complet.

S. M. a été extrêmement satisfaite des rois et des grands-ducs de la confédération. Le roi de Wurtemberg s'est particulièrement distingué. Il a fait, proportion gardée, des efforts égaux à ceux de la France, et son armée, infanterie, cavalerie et artillerie, a été portée au grand complet. Le prince Émile de Hesse-Darmstadt, qui commande le contingent de Hesse-Darmstadt, s'est constamment fait distinguer dans la campagne passée et dans celle-ci par beaucoup de sang-froid et beaucoup d'intrépidité. C'est un jeune prince d'espérance, que l'empereur affectionne beaucoup. Les seuls princes de Saxe sont en arrière pour le contingent.

Non-seulement la citadelle d'Erfurt est en bon état et parfaitement approvisionnée, mais les fortifications ont été relevées; elles sont couvertes par des ouvrages avancés, et désormais Erfurt sera une place forte de première importance.

Le congrès n'est pas encore réuni : on espère pourtant qu'il le sera sous quelques jours. Si on a perdu un mois, la faute n'en est pas à la France.

L'Angleterre, qui n'a pas d'argent, n'a pu en fournir aux coalisés; mais elle vient d'imaginer un expédient nouveau. Un traité a été conclu entre l'Angleterre, la Russie et la Prusse, moyennant lequel il sera créé pour plusieurs centaines de millions d'un nouveau papier garanti par les trois puissances. C'est sur cette ressource que l'on compte pour faire face aux frais de la guerre.

Dans les articles séparés, l'Angleterre garantit le tiers de ce papier, de sorte qu'en réalité, c'est une nouvelle dette ajoutée à la dette anglaise. Il reste à savoir dans quel pays on émettra ce nouveau papier. Lorsque cette idée lumineuse a été conçue, on espérait probablement que cette émission aurait lieu aux dépens de la confédération du Rhin et même de la France, notamment dans la Hollande, dans la Belgique et dans les départemens du Rhin. Cependant le traité n'en a pas moins été ratifié depuis l'armistice. La Russie fait la dépense de son armée avec du papier, que les habitans de la Prusse sont obligés de recevoir; la Prusse elle-même fait son service avec du papier : l'Angleterre aussi a son papier. Il paraît que chacun de ces papiers isolé n'a plus le crédit suffisant, puisque ces puissances prennent le parti d'en créer un en commun. C'est aux négocians et aux banquiers à nous faire connaître s'il faut multiplier le crédit du nouveau papier par le crédit des trois puissances, ou bien si ce crédit doit être le quotient.

La Suède seule paraît avoir reçu de l'argent de l'Angleterre, à peu près cinq à six cent mille liv. sterl.

La garnison de Modlin est en bon état; les fortifications sont augmentées. On déchiffrait au quartier-général les rapports des gouverneurs de Modlin et de Zamosc. Les garnisons de ces deux places sont restées maîtresses du pays à une lieue autour d'elles, les troupes qui les bloquaient n'étant que des milices mal armées et mal équipées.

L'empereur a pris à sa solde l'armée du prince Poniatowski, et lui a donné une nouvelle organisation. Des ateliers sont établis pour fournir à ses besoins. Avant vingt jours, elle sera équipée à neuf et remise en bon état.

Quelque brillante que soit cette situation, et quoique S. M.

ait réellement plus de puissance militaire que jamais, elle n'en désire la paix qu'avec plus d'ardeur.

L'administration a fait acheter une grande quantité de riz, afin que pendant toute la grande chaleur cette denrée entre pour un quart dans les rations du soldat.

A S. M. l'impératrice-reine et régente.

Le comte de Metternich, ministre d'état et des conférences de S. M. l'empereur d'Autriche, est arrivé à Dresde, et a déjà eu plusieurs conférences avec le duc de Bassano.

La Russie vient d'obtenir du roi de Prusse que le papier russe ait un cours forcé dans les états prussiens, et comme le papier prussien perd déjà soixante-dix pour cent, cette ordonnance ne semble pas propre à relever le crédit de la Prusse.

La ville de Berlin est tourmentée de toutes les manières, et chaque jour les vexations s'y font sentir davantage. Cette capitale compare déjà sa situation à celle de plusieurs villes de France en 1793.

S. M. l'empereur a fait le 28 une course de huit à dix heures aux environs de Dresde.

On a reçu des nouvelles de Modlin et de Zamosc. Ces places sont dans la meilleure situation, soit pour les vivres et les munitions de guerre, soit pour les fortifications.

Magdebourg, le 12 juillet 1813.

A S. M. l'impératrice-reine et régente.

L'empereur est arrivé aujourd'hui ici à sept heures du matin. S. M. est aussitôt montée à cheval, et a visité les fortifications, qui rendent Magdebourg une des plus fortes places de l'Europe.

S. M. est partie de Dresde le 10, à trois heures du matin. Elle a déjeuné à Torgau, a visité les fortifications de cette place, et y a vu la brigade de troupes saxonnes commandée par le général Lecocq. A six du soir, elle est arrivée à Wittemberg, et en a visité les fortifications.

Le 11, à cinq heures du matin, S. M. a passé en revue trois divisions (les cinquième, sixième et sixième *bis*) arrivant de France; elle a nommé aux emplois vacans, et a accordé des récompenses à plusieurs officiers et soldats.

Parti de Wittemberg à trois heures après-midi, l'empereur est arrivé à six heures à Dessau, où S. M. a vu la division du général Philippon.

S. M. a quitté Dessau à deux heures du matin, et dès cinq heures elle se trouvait à Magdebourg, où sont campées les trois divisions du corps du général comte Vandamme.

Dresde, le 15 juillet 1813.

A S. M. l'impératrice-reine et régente.

L'empereur est parti de Magdebourg le 13, après avoir vu les divisions du corps du général Vandamme, et s'est rendu à Leipsick.

Le 14, à cinq heures du matin, S. M. a vu le troisième corps de cavalerie, que commande le duc de Padoue.

Dans l'après-midi, S. M. a vu sur la grande place de Leipsick le reste des troupes du duc de Padoue, qu'elle n'avait pas pu voir le matin. Elle est montée ensuite en voiture, à cinq heures du soir, pour Dresde, où elle est arrivée à une heure après minuit.

A S. M. l'impératrice-reine et régente.

Le duc de Vicence, grand-écuyer, et le comte de Narbonne, ambassadeur de France à Vienne, ont été nommés par l'empereur ses ministres plénipotentiaires à Prague.

Le comte de Narbonne était parti le 9.

On croit que le duc de Vicence partira le 18.

Le conseiller intime d'Anstett, plénipotentiaire de l'empereur de Russie, était arrivé le 12 juillet à Prague.

Une convention avait été signée à Neumarkt pour la prolongation de l'armistice jusqu'à la mi-août.

De notre camp impérial de Dresde, le 14 août 1813.

Lettre de l'empereur au duc de Massa, grand-juge-ministre de la justice.

« Monsieur le duc de Massa, notre grand-juge ministre de la justice,

« Nous avons appris avec la plus grande peine la scène scandaleuse qui vient de se passer à Bruxelles, aux assises de la cour impériale. Notre bonne ville d'Anvers, après avoir perdu plusieurs millions par la déprédation publique et avouée des agens de l'octroi, a perdu son procès et a été condamnée aux dépens. Le jury, dans cette circonstance, n'a pas répondu à la confiance de la loi, et plusieurs jurés, trahissant leur serment, se sont livrés publiquement à la plus honteuse corruption. Dans cette circonstance, quoiqu'il soit dans nos principes et dans notre volonté que nos tribunaux administrent la justice avec la plus grande indépendance, cependant, comme ils l'administrent en notre nom et à la décharge de notre conscience, nous ne pouvons pas ignorer et tolérer un pareil scandale, ni permettre que la corruption triomphe et marche tête levée dans nos bonnes villes de Bruxelles et d'Anvers.

« Notre intention est qu'à la reception de la présente lettre, vous ayez à ordonner à notre procureur impérial près la cour de Bruxelles de réunir les juges qui ont présidé la session des assises, et de dresser procès-verbal en forme d'enquête de ce qui est à leur connaissance, et de ce qu'ils pensent relativement à la scandaleuse déclaration du jury dans l'affaire dont il s'agit. Notre intention est que vous fassiez connaître à notre procureur impérial près la cour de Bruxelles, que le jugement de la cour rendu en conséquence de ladite déclaration du jury, doit être regardé comme suspendu ; qu'en conséquence les prévenus doivent être remis sous la main de la justice, et le séquestre réapposé sur leurs biens. Enfin notre intention est qu'en vertu du paragraphe 4 de l'article 55 du titre 5 des constitutions de l'empire, vous nous présentiez, dans un conseil privé que nous autorisons à cet effet la régente, notre chère et bien-aimée épouse, à présider, un projet de sénatus-consulte pour annuler le jugement de la cour d'assises de Bruxelles, et envoyer cette affaire à notre cour de cassation qui désignera une cour impériale pardevant laquelle la procédure sera recommencée et jugée, les chambres réunies et sans jury. Nous désirons que si la corruption est active à éluder l'effet des lois, les corrupteurs sachent que les lois, dans leur sagesse, ont su pourvoir à tout. Notre intention est aussi que vous donniez des instructions à notre procureur impérial, qui sera à cet effet autorisé par un article du sénatus-consulte, pour qu'il poursuive ceux des jurés que la clameur publique accuse d'avoir cédé à la corruption dans cette affaire. Nous espérons que notre bonne ville d'Anvers sera consolée par cette juste décision souveraine, et qu'elle y verra la sollicitude que nous portons à nos peuples, même au milieu des camps et des circonstances de la guerre.

» Sur ce, nous prions Dieu qu'il vous ait en sa sainte garde. »   NAPOLÉON.

Le 20 août 1813.

A S. M. l'impératrice-reine et régente.

Les ennemis ont dénoncé l'armistice le 11, à midi, et ont fait connaître que les hostilités commenceraient le 17 après minuit.

En même temps, une note de M. le comte de Metternich, ministre des relations extérieures d'Autriche, adressée à M. le comte de Narbonne, lui fait connaître que l'Autriche déclarait la guerre à la France.

Le 17 au matin, les dispositions des deux armées étaient les suivantes :

Les quatrième, douzième et septième corps, sous les ordres du duc de Reggio, étaient à Dahme.

Le prince d'Eckmühl, avec son corps, auquel les Danois étaient réunis, campait devant Hambourg, son quartier-général étant à Bergedorf.

Le troisième corps était à Liegnitz, sous les ordres du prince de la Moskwa.

Le cinquième corps était à Goldberg, sous les ordres du général Lauriston.

Le onzième corps était à Lœwenberg, sous les ordres du duc de Tarente.

Le sixième corps, commandé par le duc de Raguse, était à Bunzlau

Le huitième corps, aux ordres du prince Poniatowski, était à Zittau.

Le maréchal Saint-Cyr était, avec le quatorzième corps, la gauche appuyée à l'Elbe, au camp de Kœnigstein et à cheval sur la grande chaussée de Prague à Dresde, poussant des corps d'observation jusqu'aux débouchés de Marienberg.

Le premier corps arrivait à Dresde, et le deuxième corps à Zittau.

Dresde, Torgau, Wittemberg, Magdebourg et Hambourg avaient chacun leur garnison, et étaient armés et approvisionnés.

L'armée ennemie était, autant qu'on en peut juger, dans la position suivante :

Quatre-vingt mille Russes et Prussiens étaient entrés, dès le 10 au matin, en Bohême, et devaient arriver vers le 21 sur l'Elbe. Cette armée est commandée par l'empereur Alexandre et le roi de Prusse, les généraux russes Barclay de Tolly, Wittgenstein et Miloradowitch, et le général prussien Kleist. Les gardes russe et prussienne en font partie; ce qui, joint à l'armée du prince Schwartzenberg, formait la grande armée et une force de deux cent mille hommes. Cette armée devait opérer sur la rive gauche de l'Elbe, en passant ce fleuve en Bohême.

L'armée de Silésie, commandée par les généraux prussiens Blucher et Yorck, et par les généraux russes Sacken et Langeron, paraissait se réunir à Breslaw; elle était forte de cent mille hommes.

Plusieurs corps prussiens, suédois et des troupes d'insurrection couvraient Berlin, et étaient opposés à Hambourg et au duc de Reggio. L'on portait la force de ces armées qui couvraient Berlin, à cent dix mille hommes.

Toutes les opérations de l'ennemi étaient faites dans l'idée que l'empereur repasserait sur la rive gauche de l'Elbe.

La garde impériale partie de Dresde, se porta le 15 à Bautzen, et le 18 à Gœrlitz.

Le 19, l'empereur se porta à Zittau, fit marcher sur-le-champ les troupes du prince Poniatowski, força les débouchés de la Bohême, passa la grande chaîne des montagnes qui séparent la Bohême de la Lusace, et entra à Gobel, pendant le temps que le général Lefèvre-Desnouettes, avec une division d'infanterie et de cavalerie de la garde, s'emparait de Rumbourg, franchissait le col des montagnes à Georgenthal, et que le général polonais Reminski s'emparait de Friedland et de Reichenberg.

Cette opération avait pour but d'inquiéter les alliés sur Prague, et d'acquérir des notions certaines sur leurs projets. On apprit là ce que nos espions avaient déjà fait connaître, que l'élite de l'armée russe et prussienne traversait la Bohême, se réunissant sur la rive gauche de l'Elbe.

Nos coureurs poussèrent jusqu'à seize lieues de Prague.

L'empereur était de retour de Bohême à Zittau le 20 à une heure du matin; il laissa le duc de Bellune avec le deuxième corps à Zittau, pour appuyer le corps du prince Poniatowski; il plaça le général Vandamme, avec le premier corps, à Rumbourg, pour appuyer le général Lefèvre-Desnouettes, ces deux généraux occupant en force le col, et faisant construire des redoutes sur le mamelon qui domine sur le col. L'empereur se porta par Lauban en Silésie, où il arriva le 20 avant sept heures du soir.

L'armée ennemie de Silésie avait violé l'armistice, traversé le territoire neutre dès le 12. Ils avaient le 15 insulté tous nos avant-postes, et enlevé quelques védettes.

Le 16, un corps russe se plaça entre le Bober et le poste de Spiller, occupé par deux cents hommes de la division Charpentier. Ces braves qui se reposaient sur la foi des traités, coururent aux armes, passèrent sur le ventre des ennemis et les dispersèrent. Le chef de bataillon la Guillermie les commandait.

Le 18, le duc de Tarente donna l'ordre au général Zucchi de prendre la petite ville de Lahn; il s'y porta avec une brigade italienne; il exécuta bravement son ordre, et fit perdre à l'ennemi plus de cinq cents hommes : le général Zucchi est un officier d'un mérite distingué. Les troupes italiennes ont attaqué, à la baïonnette, les Russes, qui étaient en nombre supérieur.

Le 19, l'ennemi est venu camper à Zobten. Un corps de douze mille Russes a passé le Bober et a attaqué le poste de Siebenicken, défendu par trois compagnies légères. Le général Lauriston fait prendre les armes à une partie de son corps, part de Lœwenberg, marche à l'ennemi et le culbute dans le Bober. La brigade du général Lafitte, de la division Rochambeau, s'est distinguée.

Cependant, l'empereur, arrivé le 20 à Lauban, était, le 21, à la pointe du jour, à Lœwenberg, et faisait jeter des ponts sur le Bober. Le corps du général Lauriston passa à midi. Le général Maison culbuta, avec sa valeur accoutumée, tout ce qui voulut s'opposer à son passage, s'empara de toutes les positions, et mena l'ennemi battant jusqu'auprès de Goldberg. Le cinquième et le onzième corps l'appuyèrent. Sur la gauche, le prince de la Moskwa faisait attaquer le général Saken par le troisième corps, en avant de Bunzlau; le culbutait, le mettait en déroute, et lui faisait des prisonniers.

L'ennemi se mit en retraite.

Un combat eut lieu le 23 août devant Goldberg. Le général Lauriston s'y trouvait à la tête des cinquième et onzième corps. Il avait devant lui les Russes qui couvraient la position de Flensberg, et les Prussiens qui s'étendaient à droite sur la route de Liegnitz. Au moment où le général Gérard débouchait par la gauche sur *Nieder-au*, une colonne de vingt-cinq mille Prussiens parut sur ce point; il la fit attaquer au milieu des baraques de l'ancien camp; elle fut enfoncée de toutes parts; les Prussiens essayèrent plusieurs charges de cavalerie qui furent repoussées à bout-portant; ils furent chassés de toutes leurs positions, et laissèrent sur le champ de bataille près de cinq mille morts, des prisonniers, etc. A la droite, *le Fleusberg* fut pris et repris plusieurs fois ; enfin, le cent trente-cinquième régiment s'élança sur l'ennemi et le culbuta entièrement. L'ennemi a perdu sur ce point mille morts et quatre mille blessés.

L'armée des alliés se retira en désordre et en toute hâte sur Jauer.

L'ennemi ainsi battu en Silésie, l'empereur prit avec lui le prince de la Moskwa, laissa le commandement de l'armée de Silésie au duc de Tarente, et arriva le 25 à Stolpen. La garde vieille et jeune, infanterie, cavalerie et artillerie, fit ces quarante lieues en quatre jours.

Le 28 août 1813.

A S. M. l'impératrice-reine et régente.

Le 26, à huit heures du matin, l'empereur entra dans Dresde. La grande armée russe, prussienne et autrichienne, commandée par les souverains, était en présence ; elle couronnait toutes les collines qui environnent Dresde, à la distance d'une petite lieue par la rive gauche. Le maréchal Saint-Cyr, avec le quatorzième corps et la garnison de Dresde, occupait le camp retranché et bordait de tirailleurs les palanques qui environnaient les faubourgs. Tout était calme à midi ; mais, pour l'œil exercé, ce calme était le précurseur de l'orage : une attaque paraissait imminente.

A quatre heures après-midi, au signal de trois coups de canon, six colonnes ennemies, précédées chacune de cinquante bouches à feu, se formèrent, et peu de momens après descendirent dans la plaine ; elles se dirigèrent sur les redoutes. En moins d'un quart-d'heure la canonnade devint terrible. Le feu d'une redoute étant éteint, les assiégeans l'avaient tournée et faisaient des efforts au pied de la palanque des faubourgs, où un bon nombre trouvèrent la mort.

Il était près de cinq heures : une partie des réserves du quatorzième corps était engagée. Quelques obus tombaient dans la ville; le moment paraissait pressant. L'empereur ordonna au roi de Naples de se porter avec le corps de cavalerie du général Latour-Maubourg sur le flanc droit de l'ennemi, et au duc de Trévise de se porter sur le flanc gauche. Les quatre divisions de la jeune garde, commandées par les généraux Dumoutier, Barrois, Decouz et Roguet, débouchèrent alors, deux par la porte de Pirna et deux par la porte de Plauen. Le prince de la Moskwa déboucha à la tête de la division Barrois. Ces divisions culbutèrent tout devant elles; le feu s'éloigna sur-le-champ du centre à la circonférence, et bientôt fut rejeté sur les collines. Le champ de bataille resta couvert de morts, de canons et de débris. Le général Dumoutier est blessé, ainsi que les généraux Boyeldieu, Tindal et Combelles. L'officier d'ordonnance Béranger est blessé à mort; c'était un jeune homme d'espérance. Le général Gros, de la garde, s'est jeté le premier dans le fossé d'une redoute où les sapeurs ennemis travaillaient déjà à couper des palissades : il est blessé d'un coup de baïonnette.

La nuit devint obscure et le feu cessa, l'ennemi ayant échoué dans son attaque et laissé plus de deux mille prisonniers sur le champ de bataille, couvert de blessés et de morts.

Le 27, le temps était affreux; la pluie tombait par torrens. Le soldat avait passé la nuit dans la boue et dans l'eau. A neuf heures du matin, l'on vit distinctement l'ennemi prolonger sa gauche et couvrir les collines qui étaient séparées de son centre par le vallon de Plauen.

Le roi de Naples partit avec le corps du duc de Bellune et les divisions de cuirassiers, et déboucha sur la route de Freyberg pour attaquer cette gauche. Il le fit avec le plus grand succès. Les six divisions qui composaient cette aile furent culbutées et éparpillées. La moitié, avec les drapeaux et les canons, fut faite prisonnière, et dans le nombre se trouvent plusieurs généraux.

Au centre, une vive canonnade soutenait l'attention de l'ennemi, et des colonnes se montraient prêtes à l'attaquer sur la gauche.

Le duc de Trévise, avec le général Nansouty, manœuvrait dans la plaine, la gauche à la rivière et la droite aux collines.

Le maréchal Saint-Cyr liait notre gauche au centre, qui était formé par le corps du duc de Raguse.

Sur les deux heures après midi, l'ennemi se décida à la retraite, il avait perdu sa grande communication de Bohême par sa gauche et par sa droite.

Les résultats de cette journée sont vingt-cinq à trente mille prisonniers, quarante drapeaux et soixante pièces de canon.

On peut compter que l'ennemi a soixante mille hommes de moins. Notre perte se monte, en blessés, tués ou pris, à quatre mille hommes.

La cavalerie s'est couverte de gloire. L'état-major de la cavalerie fera connaître les détails et ceux qui se sont distingués.

La jeune garde a mérité les éloges de toute l'armée. La vieille garde a eu deux bataillons engagés; ses autres bataillons étaient dans la ville, disponibles en réserve. Les deux bataillons qui ont donné ont tout culbuté à l'arme blanche.

La ville de Dresde a été épouvantée et a couru de grands dangers.

La conduite des habitants a été ce qu'on devait attendre d'un peuple allié. Le roi de Saxe et sa famille sont restés à Dresde, et ont donné l'exemple de la confiance.

Le 30 août 1813.

A S. M. l'impératrice-reine et régente.

Le 28, le 29 et le 30, nous avons poursuivi nos succès. Les généraux Castex, Doumerc et d'Audenarde, du corps du général Latour-Maubourg, ont pris plus de mille caissons ou voitures de munitions, et ramassé beaucoup de prisonniers. Les villages sont pleins de blessés ennemis; on en compte plus de dix mille.

L'ennemi a perdu, suivant les rapports des prisonniers, huit généraux tués ou blessés.

Le duc de Raguse a eu plusieurs affaires d'avant-garde qui attestent l'intrépidité de ses troupes.

Le général Vandamme, commandant le premier corps, a débouché le 25 par Kœnigstein, et s'est emparé, le 26, du camp de Pirna, de la ville et de Hohendorf. Il a intercepté la grande communication de Prague à Dresde. Le duc de Wurtemberg, avec quinze mille Russes, avait été chargé d'observer ce débouché. Le 28, le général Vandamme l'a attaqué, battu, lui a fait deux mille prisonniers, lui a pris six pièces de canon, et l'a poussé en Bohême. Le prince de Reuss, général de brigade, officier de mérite, a été tué.

Dans la journée du 29, le général Vandamme s'est placé sur les hauteurs de la Bohême, et s'y est établi. Il fait battre le pays par des coureurs et des partis, pour avoir des nouvelles de l'ennemi, l'inquiéter et s'emparer de ses magasins.

Le prince d'Eckmühl était, le 24, à Schwerin. Il n'avait encore eu aucune affaire majeure. Les Danois s'étaient distingués dans plusieurs petites affaires.

Ce début de la campagne est des plus brillans, et fait concevoir de grandes espérances. La qualité de notre infanterie est de beaucoup supérieure à celle de l'ennemi.

Le 1er septembre 1813.

A S. M. l'impératrice-reine et régente.

Le 28 août, le roi de Naples a couché à Freyberg avec le duc de Bellune; le 29, à Lichtenberg; le 30, à Zetau; le 31, à Seyda.

Le duc de Raguse, avec le sixième corps, a couché le 28, à Dippoldiswalda, où l'ennemi a abandonné douze cents blessés; le 29, à Falkenhain; le 30, à Altenberg, et le 31, à Zinnwald.

Le quatorzième corps, sous les ordres du maréchal Saint-Cyr, était le 28 à Maxen; le 29, à Reinhards-Grimma; le 30, à Dittersdorff, et le 31, à Liebenau.

Le premier corps, sous les ordres du général Vandamme, était le 28 à Hollendorff, et le 29, à Peterswalde, occupant les montagnes.

Le duc de Trévise était en position, le 28 et le 29, à Pirna.

Le général Pajol, commandant la cavalerie du quatorzième corps, a fait des prisonniers.

L'ennemi se retira dans la position de Dippoldiswalda et Altenberg. Sa gauche suivit la route de Plauen, et se replia par Tharandt sur Dippoldiswalda, ne pouvant faire sa retraite par la route de Freyberg. Sa droite ne pouvant se retirer par la chaussée de Pirna, ni par celle de Dohna, se retira sur Maxen, et de là sur Dippoldiswalda. Tout ce qui était en partisan et détaché de Meissen, se trouva coupé. Les bagages russes, prussiens, autrichiens, s'étaient entassés sur la chaussée de Freyberg; on y prit plusieurs milliers de voitures.

Arrivé à Altenberg, où le chemin de Tœplitz à Dippoldiswalda devient impraticable, l'ennemi prit le parti de laisser plus de mille voitures de munitions et de bagages. Cette grande armée rentra en Bohême après avoir perdu partie de son artillerie et de ses bagages.

Le 29, le général Vandamme passa avec huit ou dix bataillons le col de la grande chaîne et se porta sur Kulm : il y rencontra l'ennemi, fort de huit à dix mille hommes ; il s'engagea : ne se trouvant plus assez fort, il fit descendre tout son corps d'armée : il eut bientôt culbuté l'ennemi. Au lieu de rentrer et de se replacer sur la hauteur, il resta et prit position à Kulm, sans garder la montagne ; cette montagne commande la seule chaussée ; elle est haute. Ce n'était que le 30 au soir que le maréchal Saint-Cyr et le duc de Raguse arrivaient au débouché de Tœplitz. Le général Vandamme ne pensa qu'au résultat de barrer le chemin de l'ennemi, et de tout prendre. A une armée qui fuit, il faut *faire un pont d'or, ou opposer une barrière d'acier* : il n'était pas assez fort pour former cette barrière d'acier.

Cependant l'ennemi voyant que ce corps d'armée de dix-huit mille hommes, était seul en Bohême, séparé par de hautes montagnes, et que tout le reste était encore au pied en-deçà des monts, se vit perdu s'il ne le culbutait. Il conçut l'espoir de l'attaquer avec succès, sa position étant mauvaise. Les gardes russes étaient en tête de l'armée qui battait en retraite : on y joignit deux divisions autrichiennes fraîches ; le reste de l'armée ennemie s'y réunit à mesure qu'elle débouchait, suivie par les deuxième, sixième et quatorzième corps. Ces troupes débordèrent le premier corps. Le général Vandamme fit bonne contenance, repoussa toutes les attaques, enfonça tout ce qui se présentait, et couvrit de morts le champ de bataille. Le désordre gagna l'armée ennemie, et l'on voyait avec admiration ce que peut un petit nombre de braves contre une multitude dont le moral est affaibli.

A deux heures après-midi, la colonne prussienne du général Kleist, coupée dans sa retraite, déboucha par Peterswalde pour tâcher de pénétrer en Bohême ; elle ne rencontra aucun ennemi, arriva sur le haut de la montagne sans résistance, s'y plaça, et là, vit l'affaire qui était engagée. L'effet de cette colonne sur les derrières de l'armée, décida l'affaire.

Le général Vandamme se porta sur-le-champ contre cette colonne, qu'il repoussa : il fut obligé d'affaiblir sa ligne dans ce moment délicat. La chance tourna : il réussit cependant à culbuter la colonne du général Kleist, qui fut tué ; les soldats prussiens jetaient leurs armes et se précipitaient dans les fossés et les bois. Dans cette bagarre, le général Vandamme a disparu ; on le croit frappé à mort.

Les généraux Corbineau, Dumonceau et Philippon se déterminèrent à profiter du moment, et à se retirer partie par la grande route, et partie par des chemins de traverse, avec leur division, en abandonnant tout le matériel, qui consistait en trente pièces de canon et trois cents voitures de toute espèce, mais en ramenant tous les attelages. Dans la position où étaient les affaires, ils ne pouvaient pas prendre un meilleur parti. Les tués, blessés et prisonniers doivent porter notre perte dans cette affaire à six mille hommes. L'on croit que la perte de l'ennemi ne peut être moindre que de quatre à cinq mille hommes.

Le premier corps se rallia, à une lieue du champ de bataille, au quatorzième corps. On dresse l'état des pertes éprouvées dans cette catastrophe, due à une ardeur guerrière mal calculée.

Le général Vandamme mérite des regrets : il était d'une rare intrépidité. Il est mort sur le champ d'honneur, mort digne d'envie pour tout brave.

Le 2 septembre 1813.

A. S. M. l'impératrice-reine et régente.

Le 21 août, l'armée russe, prussienne et autrichienne, commandée par l'empereur Alexandre et le roi de Prusse, était entrée en Saxe, et s'était portée le 22 sur Dresde, forte de cent quatre-vingt à deux cent mille hommes, ayant un matériel immense, et pleine de l'espérance non-seulement de nous chasser de la rive droite de l'Elbe, mais encore de se porter sur le Rhin, et de nourrir la guerre entre le Rhin et l'Elbe. En cinq jours de temps, elle a vu ses espérances confondues : trente mille prisonniers, dix mille blessés tombés en notre pouvoir, ce qui fait quarante mille; vingt mille tués ou blessés, et autant de malades par l'effet de la fatigue et du défaut de vivres (elle a été cinq à six jours sans pain), l'ont affaiblie de près de quatre-vingt mille hommes.

Elle ne compte pas aujourd'hui cent mille hommes sous les armes; elle a perdu plus de cent pièces canon, des parcs entiers, quinze cents charrettes de munitions d'artillerie, qu'elle a fait sauter ou qui sont tombées en notre pouvoir; plus de trois mille voitures de bagages, qu'elle a brûlées ou que nous avons prises. On avait quarante drapeaux ou étendards. Parmi les prisonniers, il y a quatre mille Russes. L'ardeur de l'armée française et le courage de l'infanterie fixent l'attention.

Le premier coup de canon tiré des batteries de la garde impériale dans la journée du 27 août, a blessé mortellement le général Moreau qui était revenu d'Amérique pour prendre du service en Russie.

Le 6 septembre au soir.

A S. M. l'impératrice-reine et régente.

Le 2 septembre, l'empereur a passé, à Dresde, la revue du premier corps, et en a conféré le commandement au comte de Lobau. Ce corps se compose des trois divisions Dumonceau, Philippon et Teste. Ce corps a moins perdu qu'on ne l'avait cru d'abord, beaucoup d'hommes étant rentrés.

Le général Vandamme n'a pas été tué; il a été fait prisonnier. Le général du génie Haxo, qui avait été envoyé en mission auprès du général Vandamme, se trouvant dans ce moment avec ce général, a été fait également prisonnier. L'élite de la garde russe a été tuée dans cette affaire.

Le 3, l'empereur a été coucher au château de Harta, sur la route de Silésie; et le 4, au village de Hochkirch (au-delà de Bautzen). Depuis le départ de S. M. de Lœvenberg, des événemens importans s'étaient passés en Silésie.

Le duc de Tarente, à qui l'empereur avait laissé le commandement de l'armée de Silésie, avait fait de bonnes dispositions pour poursuivre les alliés, et les chasser de Jauer: l'ennemi était poussé de toutes ses positions; ses colonnes étaient en pleine retraite: le 26, le duc de Tarente avait pris toutes ses mesures pour le faire tourner; mais dans la nuit du 26 au 27, le Bober et tous les torrens qui y affluent débordèrent; en moins de sept à huit heures, les chemins furent couverts de trois à quatre pieds d'eau et tous les ponts emportés. Nos colonnes se trouvèrent isolées entre elles. Celle qui devait tourner l'ennemi ne put arriver. Les alliés s'aperçurent bientôt de ce changement de circonstances.

Le duc de Tarente employa les journées du 28 et du 29 à réunir ses colonnes séparées par l'inondation. Elles parvinrent à regagner Bunzlau, où se trouvait le seul pont qui n'eût pas été emporté par les eaux du Bober. Mais une brigade de la division Puthod ne put pas y arriver. Au lieu de chercher à se jeter du côté des montagnes, le général voulut revenir sur Lœvenberg. Là, se trouvant entouré d'ennemis et la rivière à dos, après s'être défendu de tous ses moyens, il a dû céder au nombre. Tout ce qui savait nager dans ses deux régimens se sauva ; on en compte environ sept à huit cents : le reste fut pris.

L'ennemi nous a fait dans ces différentes affaires trois à quatre mille prisonniers, et nous a pris deux aigles de deux régimens, avec les canons de la brigade.

Après ces circonstances qui avaient fatigué l'armée, elle repassa successivement le Bober, la Queisse et la Neisse. L'empereur la trouva le 4 sur les hauteurs de Hochkirch. Il fit, le soir même, réattaquer l'ennemi, le fit débusquer des hauteurs du Wohlenberg, et le poursuivit pendant toute la journée du 5, l'épée dans les reins, jusqu'à Gœrlitz. Le général Sébastiani exécuta des charges de cavalerie à Reichenbach, et fit des prisonniers.

L'ennemi repassa en toute hâte la Neisse et la Queisse, et notre armée prit position sur les hauteurs de Gœrlitz, au-delà de la Neisse.

Le 6, à sept heures du soir, l'empereur était de retour à Dresde.

Le conseil de guerre du troisième corps d'armée a condamné à la peine de mort le général de brigade Jomini, chef d'état-major de ce corps, qui, du quartier-général de Liegnitz, a déserté à l'ennemi au moment de la rupture de l'armistice.

Le 7 septembre 1813.

A S. M. l'impératrice-reine et régente.

Le duc de Reggio, avec les douzième, septième et quatrième corps, s'est porté le 23 août sur Berlin. Il a fait attaquer le village de Trebbin, défendu par l'armée ennemie, et l'a forcé. Il a continué son mouvement.

Le 24 août, le septième corps n'ayant pas réussi dans le combat de Gross-Beeren, le duc de Reggio s'est reporté sur Wittemberg.

Le 3 septembre, le prince de la Moskwa a pris le commandement de l'armée, et s'est porté sur Iuterbock. Le 5, il a attaqué et battu le général Tauensien; mais le 6, il a été attaqué en marche par l'armée ennemie, commandée par le général Bulow. Des charges de cavalerie sur ses derrières ont mis le désordre dans ses parcs. Il a dû se retirer sur Torgau. Il a perdu huit mille hommes tués, blessés ou prisonniers, et douze pièces de canon. La perte de l'ennemi doit avoir été aussi très-forte.

Le 11 septembre 1813.

A S. M. l'impératrice-reine et régente.

La grande armée ennemie, battue à Dresde, s'était réfugiée en Bohême. Instruits que l'empereur s'était porté en Silésie, les alliés ont réuni un corps de quatre-vingt mille hommes, composé de Russes, de Prussiens et d'Autrichiens, et se sont portés, le 5, sur Hottendorf; le 6, sur Gieshubel, et le 7, sur Pirna.

Le 9, l'armée française marcha sur Borna et Furstenwalde. Le quartier-général de l'empereur fut à Liebstadt.

Le 10, le maréchal Saint-Cyr se porta du village de Furstenwalde sur le Geyersberg, qui domine la plaine de la Bohême. Le général Bonnet, avec la quarante-troisième division, descendit dans la plaine près de Tœplitz. L'on aperçut l'armée ennemie qui cherchait à se rallier après avoir rappelé tous ses détachemens de la Saxe. Si le débouché du Geyersberg avait été praticable pour l'artillerie, cette armée aurait été attaquée en flanc pendant sa marche; mais tous les efforts faits pour descendre du canon furent inutiles.

Le général Ornano déboucha sur les hauteurs de Peterswalde, pendant que le général Dumonceau y arrivait par Nollendorf.

Nous avons fait quelques centaines de prisonniers, dont plusieurs officiers. L'ennemi a constamment évité la bataille, et s'est retiré précipitamment dans toutes les directions.

Le 11, l'empereur est retourné à Dresde.

Le 13 septembre 1813.

A S. M. l'impératrice-reine et régente.

Le quartier-général de l'empereur était à Dresde.

Le duc de Tarente, avec les cinquième, onzième et troisième corps, s'était placé sur la rive gauche de la Sprée. Le prince Poniatowski, avec le huitième corps, était à Stolpen. Toutes ces forces étaient ainsi concentrées à une journée de Dresde, sur la rive droite de l'Elbe.

Le comte de Lobau, avec le premier corps, était à Nollendorff, en avant de Péterswalde; le duc de Trévise, à Pirna; le maréchal Saint-Cyr, sur les hauteurs de Borna, occupant les débouchés de Furstenwalde et du Geyersberg; le duc de Bellune, à Altenberg.

Le prince de la Moskwa était à Torgau avec les quatrième, septième et douzième corps.

Le duc de Raguse et le roi de Naples, avec la cavalerie du général Latour-Maubourg, se portaient sur Grossen-Hayn.

Le prince d'Eckmülh était sur Ratzeburg.

L'armée ennemie de Silésie était sur la droite de la Sprée. Celle de la Bohême était : les Russes et les Prussiens, dans la plaine de Tœplitz, et un corps autrichien à Marienberg. L'armée ennemie de Berlin était était à Iuterbock.

Le général français Margaron, avec un corps d'observation, occupait Leipsick.

Le château de Sonnenstein, au-dessus de Pirna, avait été occupé, fortifié et armé.

S. M. avait donné le commandement de Torgau au comte de Narbonne.

Les quatre régimens des gardes-d'honneur avaient été attachés, le premier, aux chasseurs à cheval de la garde; le deuxième, aux dragons; le troisième, aux grenadiers à cheval; et le quatrième, au premier régiment de lanciers. Ces régimens de la garde leur fournissaient des instructeurs, et toutes les fois qu'on marchait au combat, y joignaient de vieux soldats pour renforcer leurs cadres et les guider. Un escadron de chaque régiment des gardes-d'honneur était toujours de service auprès de l'empereur, avec l'escadron que fournit chaque régiment de la garde; ce qui portait à huit le nombre des escadrons de service.

Le 17 septembre 1813.

A S. M. l'impératrice-reine et régente.

Le 14, l'ennemi déboucha de Tœplitz sur Nollendorf, et menaça de tourner la division Dumonceau, qui était sur la hauteur. Cette division se retira en bon ordre sur Gushabel, où le comte de Lobau réunit son corps. L'ennemi ayant voulu attaquer le camp de Gushabel, fut repoussé et perdit beaucoup de monde.

Le 15, l'empereur partit de Dresde, et se porta au camp de Pirna. Il dirigea le général Mouton-Duvernet, commandant la quarante-deuxième division, par les villages de Langenhenersdorf et de Bera, tournant ainsi la droite de l'ennemi. En même temps, le comte de Lobau l'attaqua de front. L'ennemi fut mené l'épée dans les reins tout le reste de la journée.

Le 16, il occupait encore les hauteurs au-delà de Péterswalde. A midi, on se mit à sa poursuite, et il fut délogé de sa position. Le général Ornano fit faire de belles charges à sa division de cavalerie de la garde et à la brigade de chevau-légers polonais du prince Poniatowski. L'ennemi fut poussé et jeté en Bohême dans le plus grand désordre. Il a fait sa retraite avec tant d'activité, qu'on n'a pu lui prendre que quelques prisonniers, parmi lesquels se trouve le général Blucher, commandant l'avant-garde, et fils du général en chef prussien Blucher.

Notre perte a été peu considérable.

Le 16, l'empereur a couché à Péterswalde, et le 17, S. M. était de retour à Pirna.

Thielmann, général transfuge du service de Saxe, avec un corps de partisans et de transfuges, s'est porté sur la Saale. Un colonel autrichien s'est aussi porté en partisan sur Colditz.

Les généraux Margaron, Lefèvre-Desnouettes et Piré se sont mis avec des colonnes de cavalerie et d'infanterie à la poursuite de ces partis, espérant en avoir bon compte.

13

Le 19 septembre 1813.

A S. M. l'impératrice-reine et régente

Le 17, à deux heures après-midi, l'empereur est monté à cheval, et au lieu de se rendre à Pirna, est allé aux avant-postes. Ayant aperçu que l'ennemi avait fait une grande quantité d'abattis pour défendre la descente de la montagne, S. M. le fit attaquer par le général Duvernet, qui, avec la quarante-deuxième division, s'empara du village d'Abessau et repoussa l'ennemi dans la plaine de Tœplitz. Il était chargé de manœuvrer de manière à bien reconnaître la position de l'ennemi, et à l'obliger de démasquer ses forces. Ce général réussit parfaitement à exécuter ses instructions. Il s'engagea une vive canonnade hors de portée, et qui fit peu de mal; mais une batterie autrichienne de 24 pièces ayant quitté sa position pour se rapprocher de la division Duvernet, le général Ornano l'a fait charger par les lanciers rouges de la garde : ils ont enlevé ces vingt-quatre pièces, et sabré tous les canonniers, mais on n'a pu ramener que les chevaux, deux pièces de canon et un avant-train.

Le 18, le comte de Lobau était resté dans la même position, occupant le village d'Arbessau et tous les débouchés de la plaine. A quatre heures après-midi, l'ennemi envoya une division pour tâcher de surprendre la hauteur au village de Keinitz. Cette division fut repoussée l'épée dans les reins, et mitraillée pendant une heure.

Le 18, à neuf heures du soir, S. M. est arrivée à Pirna, et le 19, le comte de Lobau a repris ses positions en avant de Nollendorff et au camp de Gushabel.

La pluie tombait par torrent.

Le prince de Neufchâtel est un peu incommodé d'un accès de fièvre.

S. M. se porte très-bien.

Le 26 septembre 1813.

A S. M. l'impératrice-reine et régente.

L'empereur a passé les journées du 19 et du 20 à Pirna, S. M. y a fait jeter un pont, et établir une tête de pont sur la rive droite.

Le 21, l'empereur est venu coucher à Dresde, et le 22, il s'est porté à Hartau : il a sur-le champ fait déboucher au-delà de la forêt de Bischoffwerda, le onzième corps, commandé par le duc de Tarente, le cinquième corps, commandé par le général Lauriston, et le troisième corps, commandé par le général Souham.

L'armée ennemie de Silésie qui s'était portée, la droite, commandée par Sacken, sur Kamenz, la gauche, commandée par Langeron, sur Neustadt aux débouchés de Bohême, et le centre, commandé par Yorck, sur Bischoffwerda, se mit sur le champ en retraite de tous côtés. Le général Gérard, commandant notre avant-garde, la poussa vivement, et lui fit quelques prisonniers. L'ennemi fut mené battant jusqu'à la Sprée. Le général Lauriston entra dans Neustadt.

L'ennemi refusant ainsi la bataille, l'empereur est revenu le 24 à Dresde, et a ordonné au duc de Tarente de prendre position sur les hauteurs de Weissig.

Le huitième corps, commandé par le prince Poniatowski, a repassé sur la rive gauche.

Le comte de Lobau, avec le premier corps, occupe toujours Gushabel.

Le maréchal Saint-Cyr occupe Pirna et la position de Borna.

Le duc de Bellune occupe la position de Freyberg.

Le duc de Raguse, avec le sixième corps et la cavalerie du général Latour-Maubourg, était au-delà de Grossenhayn. Il avait repoussé l'ennemi sur la rive droite au-delà de Torgau, pour faciliter le passage d'un convoi de vingt mille quintaux de farine qui remontait l'Elbe sur des bateaux, et qui est arrivé à Dresde.

Le duc de Padoue est à Leipsick ; le prince de la Moskwa entre Wittenberg et Torgau.

Le général comte Lefèvre-Desnouettes était, avec quatre mille chevaux, à la suite du transfuge Thielmann. Ce Thielmann est Saxon, et comblé des bienfaits du roi. Pour prix de tant de bienfaits, il s'est montré l'ennemi le plus irréconciliable de son roi et de son pays. A la tête de trois mille coureurs, partie Prussiens, partie cosaques et Autrichiens, il a pillé les haras du roi, levé partout des contributions à son profit, et traité ses compatriotes avec toute la haine d'un homme qui est tourmenté par le crime. Ce transfuge, décoré de l'uniforme de lieutenant-général russe, s'était porté à Nauembourg, où il n'y avait ni commandant ni garnison, mais où il avait surpris trois à quatre cents malades. Cependant le général Lefèvre-Desnouettes l'avait rencontré à Freybourg le 19, lui avait repris les trois ou quatre cents malades que ce misérable avait arrachés de leurs lits pour s'en faire un trophée; lui avait fait quelques centaines de prisonniers, pris quelques bagages, et repris quelques voitures dont il s'était emparé. Thielmann s'était alors réfugié sur Zeitz, où le colonel Munsdorff, partisan autrichien qui parcourait le pays, s'était réuni à lui : le général comte Lefèvre-Desnouettes les a attaqués le 24, à Altenbourg, les a rejetés en Bohême, leur a tué beaucoup de monde, entre autres un prince de Hohenzollernn et un colonel.

La marche de Thielmann avait apporté quelques retards dans les communications d'Erfurth et de Leipsick.

L'armée ennemie de Berlin paraissait faire des préparatifs pour jeter un pont à Dessau.

Le prince de Neufchâtel est malade d'une fièvre bilieuse ; il garde le lit depuis plusieurs jours.

S. M. ne s'est jamais mieux portée.

Le 29 septembre 1813.

A S. M. l'impératrice-reine et régente.

L'empereur a donné le commandement d'un corps de la jeune garde au duc de Reggio.

Le duc de Castiglione s'est mis en marche avec son corps pour venir prendre position sur les débouchés de la Saale.

Le prince Poniatowski s'est porté avec son corps sur Penig.

Le général comte Bertrand a attaqué, le 26, le corps de l'armée ennemie de Berlin qui couvrait le pont jeté sur Wartenbourg, l'a forcé, lui a fait des prisonniers, et l'a mené battant jusque sur la tête de pont. L'ennemi a évacué la rive gauche et a coupé son pont. Le général Bertrand a sur-le-champ fait détruire la tête de pont.

Le prince de la Moskwa s'est porté sur Oranienbaum, et le septième corps sur Dessau. Une division suédoise qui était à Dessau s'est empressée de repasser sur la rive droite. L'ennemi a été également obligé de couper son pont, et on a rasé sa tête de pont.

L'ennemi a jeté des obus sur Wittenberg par la rive droite.

Dans la journée du 28, l'empereur a passé la revue du deuxième corps de cavalerie sur les hauteurs de Weissig.

Le mois de septembre a été très-mauvais, très-pluvieux, contre l'ordinaire de ce pays. On espère que le mois d'octobre sera meilleur.

La fièvre bilieuse du prince de Neufchâtel a cessé : le prince est en convalescence.

Le 4 octobre 1813.

A S. M. l'impératrice-reine et régente.

Le général comte Lefèvre-Desnouettes a été attaqué le 28 septembre, à sept heures du matin, à Altenbourg par dix mille hommes de cavalerie et trois mille hommes d'infanterie. Il a fait sa retraite devant des forces aussi supérieures ; il a opéré de belles charges, et a fait beaucoup de mal à l'ennemi. Il a perdu trois cents hommes de son infanterie ; il est arrivé sur la Saale. L'ennemi était commandé par l'hetman Platow et le général Thielmann. Le prince Poniatowski s'est porté le 2 sur Altenbourg, par Nossan, Waldeim et Colditz. Il a culbuté l'ennemi, lui a fait plus de quatre cents prisonniers et l'a chassé en Bohême.

Le 27, le prince de la Moskwa s'est emparé de Dessau, qu'occupait une division, et a rejeté cette division sur sa tête de pont. Le lendemain, les Suédois sont arrivés pour reprendre la ville. Le général Guilleminot les a laissés avancer à portée de mitraille ; a démasqué alors ses batteries, et les a repoussés en leur faisant beaucoup de mal.

Le 3 octobre, l'armée ennemie de Silésie s'est portée par Konigsburck et Elterswerda, sur Elster, a jeté un pont au coude que forme l'Elbe à Wartembourg, et a passé le fleuve. Le général Bertrand était placé sur l'isthme, dans une fort belle position, environnée de digues et de marais. Depuis neuf heures du matin, jusqu'à cinq heures du soir, l'ennemi a faits sept attaques et a toujours été repoussé. Il a laissé six mille morts sur le champ de bataille ; notre perte a été de cinq cents hommes tués ou blessés. Cette grande différence est due à la bonne position que les divisions Morand et Fontanelli occupaient. Le soir, le général Bertrand voyant déboucher de nouvelles forces, jugea devoir opérer sa retraite, et prit position sur la Mulde avec le prince de la Moskwa.

Le 4 le prince de la Moskwa était sur la rive gauche de la Mulde à Dalitzch. Le duc de Raguse et le corps de cavalerie du général Latour-Maubourg étaient à Eulenbourg; le troisième corps était sur Torgau.

Deux cent cinquante partisans commandés par un général-major russe, se sont portés sur Mulhausen, et apprenant que Cassel était dégarni de troupes, ils ont tenté une surprise sur les portes de Cassel. Ils ont été repoussés; mais le lendemain les troupes westphaliennes s'étant dissoutes, les partisans entrèrent dans Cassel, ils livrèrent au pillage tout ce qui leur tomba sous la main, et peu de jours après en sortirent. Le roi de Westphalie s'était retiré sur le Rhin.

Paris, 7 octobre 1813.

Discours de l'impératrice au sénat [1].

« Sénateurs,

» Les principales puissances de l'Europe, révoltées des prétentions de l'Angleterre, avaient, l'année dernière, réuni leurs armées aux nôtres pour obtenir la paix du monde et le rétablissement des droits de tous les peuples. Aux premières chances de la guerre, des passions assoupies se réveillèrent. L'Angleterre et la Russie ont entraîné la Prusse et l'Autriche dans leur cause. Nos ennemis veulent détruire nos alliés, pour les punir de leur fidélité. Ils veulent porter la guerre au sein de notre belle patrie, pour se venger des triomphes qui ont conduit nos aigles victorieuses au milieu de leurs états. Je connais, mieux que personne, ce que nos peuples auraient à redouter, s'ils se laissaient jamais vaincre.

---

[1] Nous insérons ce discours de Marie-Louise dans ce Recueil, parce que personne n'ignore qu'il fut dicté par Napoléon.

Avant de monter sur le trône où m'ont appelée le choix de mon auguste époux et la volonté de mon père, j'avais la plus grande opinion du courage et de l'énergie de ce grand peuple. Cette opinion s'est accrue tous les jours par tout ce que j'ai vu se passer sous mes yeux. Associée depuis quatre ans aux pensées les plus intimes de mon époux, je sais de quels sentimens il serait agité sur un trône flétri et sous une couronne sans gloire.

« Français ! votre empereur, la patrie et l'honneur vous appellent ! »

Le 15 octobre 1813.

A S. M. l'impératrice-reine et régente.

Le 7, l'empereur est parti de Dresde. Le 8, il a couché à Wurzen ; le 9, à Eulenbourg, et le 10, à Duben.

L'armée ennemie de Silésie, qui se portait sur Wurzen, a sur-le-champ battu en retraite et repassé sur la rive gauche de la Mulde; elle a eu quelques engagemens où nous lui avons fait des prisonniers et pris plusieurs centaines de voitures de bagages.

Le général Reynier s'est porté sur Wittenberg, a passé l'Elbe, a marché sur Roslau, a tourné le pont de Dessau, s'en est emparé, s'est ensuite porté sur Aken et s'est emparé du pont. Le général Bertrand s'est porté sur les ponts de Wartenbourg et s'en est emparé. Le prince de la Moskwa s'est porté sur la ville de Dessau; il a rencontré une division prussienne; le général Delmas l'a culbutée, et lui a pris trois mille hommes et six pièces de canon.

Plusieurs courriers du cabinet, entr'autres le sieur Kraft, avec des dépêches de haute importance, ont été pris.

Après s'être ainsi emparé de tous les ponts de l'ennemi, le projet de l'empereur était de passer l'Elbe, de manœuvrer sur la rive droite, depuis Hambourg jusqu'à Dresde ; de menacer Potsdam et Berlin, et de prendre pour centre d'opération Magdebourg, qui, dans ce dessein, avait été approvisionné en munitions de guerre et de bouche. Mais le 13, l'empereur apprit à Deiben que l'armée bavaroise était réunie à l'armée autrichienne et menaçait le Bas-Rhin. Cette inconcevable défection fit prévoir la défection d'autres princes, et fit prendre à l'empereur le parti de retourner sur le Rhin ; changement fâcheux, puisque tout avait été préparé pour opérer sur Magdebourg ; mais il aurait fallu rester séparé et sans communication avec la France pendant un mois ; ce n'avait pas d'inconvénient au moment où l'empereur avait arrêté ses projets ; il n'en était plus de même lorsque l'Autriche allait se trouver avoir deux nouvelles armées disponibles : l'armée bavaroise et l'armée opposée à la Bavière. L'empereur changea donc avec ces circonstances imprévues, et porta son quartier-général à Leipsick.

Cependant le roi de Naples, qui était resté en observation à Freyberg, avait reçu le 7 l'ordre de faire un changement de front, et de se porter sur Gernig et Frohbourg, opérant sur Wurzen et Vittenberg. Une division autrichienne, qui occupait Augustusbourg, rendant difficile ce mouvement, le roi reçut l'ordre de l'attaquer, la défit, lui prit plusieurs bataillons, et après cela opéra sa conversion à droite. Cependant la droite de l'armée ennemie de Bohême, composée du corps russe de Wittgenstein, s'était portée sur Altenbourg, à la nouvelle du changement de front du roi de Naples. Elle se porta sur Frohbourg, et ensuite par la gauche sur Borna, se plaçant entre le roi de Naples et Leipsick. Le roi n'hésita pas sur la manœuvre qu'il devait faire ; il fit volte-face, marcha sur l'ennemi, le culbuta, lui prit neuf pièces de canon, un millier de prisonniers, et le jeta au-delà de l'Elster, après lui avoir fait éprouver une perte de quatre à cinq mille hommes.

Le 15, la position de l'armée était la suivante :

Le quartier-général de l'empereur était à Reidnitz, à une demi-lieue de Leipsick.

Le quatrième corps, commandé par le général Bertrand, était au village de Lindenau.

Le sixième corps était à Libenthal.

Le roi de Naples, avec les deuxième, huitième et cinquième corps, avait sa droite à Dœlitz et sa gauche à Liberwolkowitz.

Les troisième et septième corps étaient en marche d'Eulenbourg pour flanquer le sixième corps.

La grande armée autrichienne de Bohême avait le corps de Giulay vis-à-vis Lindenau; un corps à Zwenckau, et le reste de l'armée, la gauche appuyée à Grobern, et la droite à Nauendorf.

Les ponts de Wurzen et d'Eulenbourg sur la Mulde, et la position de Taucha sur la Partha, étaient occupés par nos troupes. Tout annonçait une grande bataille.

Le résultat de nos divers mouvemens dans ces six jours, a été cinq mille prisonniers, plusieurs pièces de canon, et beaucoup de mal fait à l'ennemi. Le prince Poniatowski s'est dans ces circonstances couvert de gloire.

Le 16 octobre au soir.

A S. M. l'impératrice-reine et régente.

Le 15, le prince de Schwartzenberg, commandant l'armée ennemie, annonça à l'ordre du jour, que le lendemain 16, il y aurait une bataille générale et décisive.

Effectivement le 16, à neuf heures du matin, la grande armée alliée déboucha sur nous. Elle opérait constamment pour s'étendre sur sa droite. On vit d'abord trois grosses colonnes se porter, l'une le long de la rivière de l'Elster, contre le village de Dœlitz ; la seconde contre le village de Wachau, et la troisième contre celui de Liberwolkowitz. Ces trois colonnes étaient précédées par deux cents pièces de canon.

L'empereur fit aussitôt ses dispositions.

A dix heures, la canonnade était des plus fortes, et à onze heures les deux armées étaient engagées aux villages de Dœlitz, Wachau et Liberwolkowitz. Ces villages furent attaqués six à sept fois; l'ennemi fut constamment repoussé et couvrit les avenues de ses cadavres. Le comte Lauriston, avec le cinquième corps, défendait le village de gauche (Liberwolkowitz); le prince Poniatowski, avec ses braves Polonais, défendait le village de droite (Dœlitz), et le duc de Bellune défendait Wachau.

A midi, la sixième attaque de l'ennemi avait été repoussée, nous étions maîtres des trois villages, et nous avions fait deux mille prisonniers.

A peu près au même moment, le duc de Tarente débouchait par Holzhausen, se portant sur une redoute de l'ennemi, que le général Charpentier enleva au pas de charge, en s'emparant de l'artillerie et faisant quelques prisonniers.

Le moment parut décisif.

L'empereur ordonna au duc de Reggio de se porter sur Wachau avec deux divisions de la jeune garde. Il ordonna également au duc de Trévise de se porter sur Liberwolkowitz avec deux autres divisions de la jeune garde, et de s'emparer d'un grand bois qui est sur la gauche du village. En même temps, il fit avancer sur le centre une batterie de cent cinquante pièces de canon, que dirigea le général Drouot.

L'ensemble de ces dispositions eut le succès qu'on en attendait. L'artillerie ennemie s'éloigna. L'ennemi se retira, et le champ de bataille nous resta en entier.

Il était trois heures après midi. Toutes les troupes de l'ennemi avaient été engagées. Il eut recours à sa réserve. Le comte de Merfeld qui commandait en chef la réserve autrichienne, releva avec six divisions toutes les troupes sur toutes les attaques, et la garde impériale russe, qui formait la réserve de l'armée russe, les releva au centre.

La cavalerie de la garde russe et les cuirassiers autrichiens se précipitèrent par leur gauche sur notre droite, s'emparèrent de Dœlitz et vinrent caracoller autour des carrés du duc de Bellune.

Le roi de Naples marcha avec les cuirassiers de Latour-Maubourg, et chargea la cavalerie ennemie par la gauche de Wachau, dans le temps que la cavalerie polonaise et les dragons de la garde, commandés par le général Letort, chargeaient par la droite. La cavalerie ennemie fut défaite; deux régimens entiers restèrent sur le champ de bataille. Le général Letort fit trois cents prisonniers russes et autrichiens. Le général Latour-Maubourg prit quelques centaines d'hommes de la garde russe.

L'empereur fit sur-le-champ avancer la division Curial de la garde, pour renforcer le prince Poniatowski. Le général Curial se porta au village de Dœlitz, l'attaqua à la baïonnette, le prit sans coup férir, et fit douze cents prisonniers, parmi lesquels s'est trouvé le général en chef Merfeld.

Les affaires ainsi rétablies à notre droite, l'ennemi se mit en retraite, et le champ de bataille ne nous fut pas disputé.

Les pièces de la réserve de la garde, que commandait le général Drouot, étaient avec les tirailleurs; la cavalerie ennemi vint les charger. Les canonniers rangèrent en carré leurs pièces, qu'ils avaient eu la précaution de charger à mitraille, et tirèrent avec tant d'agilité, qu'en un instant l'ennemi fut repoussé. Sur ces entrefaites, la cavalerie française s'avança pour soutenir ces batteries.

Le général Maison, commandant une division du cinquième corps, officier de la plus grande distinction, fut blessé. Le général Latour-Maubourg, commandant la cavalerie, eut la cuisse emportée d'un boulet. Notre perte, dans cette journée, a été de deux mille cinq cents hommes, tant tués que blessés. Ce n'est pas exagérer que de porter celle de l'ennemi à vingt-cinq mille hommes.

On ne saurait trop faire l'éloge de la conduite du comte Lauriston et du prince Poniatowski dans cette journée. Pour donner à ce dernier une preuve de sa satisfaction, l'empereur l'a nommé sur le champ de bataille maréchal de France, et a accordé un grand nombre de décorations aux régimens de son corps.

Le général Bertrand était en même temps attaqué au village de Lindenau par les généraux Giulay, Thielmann et Lichtenstein. On déploya de part et d'autre une cinquantaine de pièces de canon. Le combat dura six heures, sans que l'ennemi pût gagner un pouce de terrain. A cinq heures du soir, le général Bertrand décida la victoire en faisant une charge avec sa réserve, et non-seulement il rendit vains les projets de l'ennemi, qui voulait s'emparer des ponts de Lindenau et des faubourgs de Leipsick, mais encore il le contraignit à évacuer son champ de bataille.

Sur la droite de la Partha, à une lieue de Leipsick, et à peu près à quatre lieues du champ de bataille, où se trouvait l'empereur, le duc de Raguse fut engagé. Par une de ces circonstances fatales, qui influent souvent sur les affaires les plus importantes, le troisième corps, qui devait soutenir le duc de Raguse, n'entendant rien de ce côté, à dix heures du matin, et entendant au contraire une effroyable canonnade du côté où se trouvait l'empereur, crut bien faire de s'y porter, et perdit ainsi sa journée en marches. Le duc de Raguse, livré à ses propres forces, défendit Leipsick et soutint sa position pendant toute la journée; mais il éprouva des pertes qui n'ont point été compensées par celles qu'il a fait éprouver à l'ennemi, quelque grandes qu'elles fussent. Des bataillons de canonniers de la marine se sont faiblement comportés. Les généraux Compans et Frederichs ont été blessés. Le soir, le duc de Raguse, légèrement blessé lui-même, a été obligé de resserrer sa position sur la Partha. Il a dû abandonner dans ce mouvement plusieurs pièces démontées et plusieurs voitures.

Le 24 octobre 1813.

A S. M. l'impératrice-reine et régente.

La bataille de Wachau avait déconcerté tous les projets de l'ennemi ; mais son armée était tellement nombreuse, qu'il avait encore des ressources. Il rappela en toute hâte, dans la nuit, les corps qu'il avait laissés sur sa ligne d'opération et les divisions restées sur la Saale ; et il pressa la marche du général Benigsen, qui arrivait avec quarante mille hommes.

Après le mouvement de retraite qu'il avait fait le 16 au soir et pendant la nuit, l'ennemi occupa une belle position à deux lieues en arrière. Il fallut employer la journée du 17 à le reconnaître et à bien déterminer le point d'attaque. Cette journée était d'ailleurs nécessaire pour faire venir les parcs de réserve et remplacer les quatre-vingt mille coups de canon qui avaient été consommés dans la bataille. L'ennemi eut donc le temps de rassembler ses troupes qu'il avait disséminées lorsqu'il se livrait à des projets chimériques, et de recevoir les renforts qu'il attendait.

Ayant eu avis de l'arrivée de ces renforts, et ayant reconnu que la position de l'ennemi était très-forte, l'empereur résolut de l'attirer sur un autre terrain. Le 18, à deux heures du matin, il se rapprocha de Leipsick de deux lieues, et plaça son armée, la droite à Connewitz, le centre à Probstheide la gauche à Stœtteritz, en se plaçant de sa personne au moulin de Ta.

De son côté, le prince de la Moskwa avait placé ses troupes vis-à-vis l'armée de Silésie, sur la Partha; le sixième corps à Schœnfeld, et le troisième et le septième le long de la Partha à Neutsch et à Teckla. Le duc de Padoue avec le général Dombrowski, gardait la position et le faubourg de Leipsick, sur la route de Halle.

A trois heures du matin, l'empereur était au village de Lindenau. Il ordonna au général Bertrand de se porter sur Lutzen et Weissenfels, de balayer la plaine et de s'assurer des débouchés sur la Saale et de la communication avec Erfurt. Les troupes légères de l'ennemi se dispersèrent; et à midi, le général Bertrand était maître de Weissenfels et du pont sur la Saale.

Ayant ainsi assuré ses communications, l'empereur attendit de pied ferme l'ennemi.

A neuf heures, les coureurs annoncèrent qu'il marchait sur toute la ligne. A dix heures, la canonnade s'engagea.

Le prince Poniatowski et le général Lefol défendaient le pont de Connewitz. Le roi de Naples, avec le deuxième corps, était à Probstheide, et le duc de Tarente à Holzhausen.

Tous les efforts de l'ennemi, pendant la journée, contre Connewitz et Probstheide, échouèrent. Le duc de Tarente fut débordé à Holzhausen. L'empereur ordonna qu'il se plaçât au village de Stætteritz. Là canonnade fut terrible. Le duc de Castiglione qui défendait un bois sur le centre, s'y soutint toute la journée.

La vieille garde était rangée en réserve sur une élévation, formant quatre grosses colonnes dirigées sur les quatre principaux points d'attaque.

Le duc de Reggio fut envoyé pour soutenir le prince Poniatowski, et le duc de Trévise pour garder les débouchés de la ville de Leipsick.

Le succès de la bataille était dans le village de Probstheide. L'ennemi l'attaqua quatre fois avec des forces considérables; quatre fois il fut repoussé avec une grande perte.

A cinq heures du soir, l'empereur fit avancer ses réserves d'artillerie, et reploya tout le feu de l'ennemi, qui s'éloigna à une lieue du champ de bataille.

Pendant ce temps, l'armée de Silésie attaqua le faubourg de Halle. Ses attaques, renouvelées un grand nombre de fois dans la journée, échouèrent toutes. Elle essaya, avec la plus grande partie de ses forces, de passer la Partha à Schœnfeld et à Saint-Teekla. Trois fois elle parvint à se placer sur la rive gauche, et trois fois le prince de la Moskwa la chassa et la culbuta à la baïonnette.

A trois heures après-midi, la victoire était pour nous de ce côté contre l'armée de Silésie, comme du côté où était l'empereur contre la grande armée. Mais en ce moment l'armée saxonne, infanterie, cavalerie et artillerie, et la cavalerie wurtembergeoise, passèrent toutes entières à l'ennemi. Il ne resta de l'armée saxonne que le général Zeschau, qui la commandait en chef, et cinq cents hommes. Cette trahison, non-seulement mit le vide dans nos lignes, mais livra à l'ennemi le débouché important confié à l'armée saxonne, qui poussa l'infamie au point de tourner sur-le-champ ses quarante pièces de canon contre la division Durutte. Un moment de désordre s'ensuivit; l'ennemi passa la Partha et marcha sur Reidnitz, dont il s'empara : il ne se trouvait plus qu'à une demi-lieue de Leipsick.

L'empereur envoya sa garde à cheval, commandée par le général Nansouty, avec vingt pièces d'artillerie, afin de prendre en flanc les troupes qui s'avançaient le long de la Partha pour attaquer Leipsick. Il se porta lui-même avec une division de la garde, au village de Reidnitz. La promptitude de ces mouvemens rétablit l'ordre, le village fut repris, et l'ennemi poussé fort loin.

Le champ de bataille resta en entier en notre pouvoir, et l'armée française resta victorieuse aux champs de Leipsick, comme elle l'avait été aux champs de Wachau.

A la nuit, le feu de nos canons avait, sur tous les points, repoussé à une lieue du champ de bataille le feu de l'ennemi.

Le genéraux de division Vial et Rochambeau sont morts glorieusement. Notre perte dans cette journée peut s'évaluer à quatre mille tués ou blessés; celle de l'ennemi doit avoir été extrêmement considérable. Il ne nous a fait aucun prisonnier, et nous lui avons pris cinq cents hommes.

A six heures du soir, l'empereur ordonna les dispositions pour la journée du lendemain. Mais à sept heures, les généraux Sorbier et Dulauloy, commandant l'artillerie de l'armée et de la garde, vinrent à son bivouac lui rendre compte des consommations de la journée : on avait tiré quatre-vingt-quinze mille coups de canon : ils dirent que les réserves étaient épuisées, qu'il ne restait pas plus de seize mille coups de canon; que cela suffisait à peine pour entretenir le feu pendant deux heures, et qu'ensuite on serait sans munitions pour les événemens ultérieurs; que l'armée, depuis cinq jours, avait tiré plus de deux cent vingt mille coups de canon, et qu'on ne pourrait se réapprovisionner qu'à Magdebourg ou à Erfurt.

Cet état de choses rendait nécessaire un prompt mouvement sur un de nos deux grands dépôts : l'empereur se décida pour Erfurt, par la même raison qui l'avait décidé à venir sur Leipsick, pour être à portée d'apprécier l'influence de la défection de la Bavière.

L'empereur donna sur-le-champ les ordres pour que les bagages, les parcs, l'artillerie, passassent les défilés de Lindenau; il donna le même ordre à la cavalerie et à différens corps d'armée; et il vint dans les faubourgs de Leipsick, à l'hôtel de Prusse, où il arriva à neuf heures du soir.

Cette circonstance obligea l'armée française à renoncer aux fruits des deux victoires où elle avait, avec tant de gloire, battu des troupes de beaucoup supérieures en nombre et les armées de tout le continent.

Mais ce mouvement n'était pas sans difficulté. De Leipsick à Lindenau, il y a un défilé de deux lieues, traversé par cinq ou six ponts. On proposa de mettre six mille hommes et soixante pièces de canon dans la ville de Leipsick, qui a des remparts, d'occuper cette ville comme tête de défilé, et d'incendier ses vastes faubourgs, afin d'empêcher l'ennemi de s'y loger, et de donner jeu à notre artillerie placée sur les remparts.

Quelque odieuse que fût la trahison de l'armée saxonne, l'empereur ne put se résoudre à détruire une des belles villes de l'Allemagne, à la livrer à tous les genres de désordre inséparables d'une telle défense, et cela sous les yeux du roi, qui, depuis Dresde, avait voulu accompagner l'empereur, et qui était si vivement affligé de la conduite de son armée. L'empereur aima mieux s'exposer à perdre quelques centaines de voitures que d'adopter ce parti barbare.

A la pointe du jour, tous les parcs, les bagages, toute l'artillerie, la cavalerie, la garde et les deux tiers de l'armée avaient passé le défilé.

Le duc de Tarente et le prince Poniatowski furent chargés de garder les faubourgs, de les défendre assez de temps pour laisser tout déboucher, et d'exécuter eux-mêmes le passage du défilé vers onze heures.

Le magistrat de Leipsick envoya, à six heures du matin, une députation au prince de Schwartzenberg, pour lui demander de ne pas rendre la ville le théâtre d'un combat qui entraînerait sa ruine.

A neuf heures, l'empereur monta à cheval, entra dans Leipsick et alla voir le roi. Il a laissé ce prince maître de faire ce qu'il voudrait, et de ne pas quitter ses états, en les laissant exposés à cet esprit de sédition qu'on avait fomenté parmi les soldats. Un bataillon saxon avait été formé à Dresde, et joint à la jeune garde. L'empereur le fit ranger à Leipsick, devant le palais du roi, pour lui servir de garde, et pour le mettre à l'abri du premier mouvement de l'ennemi.

Une demi-heure après, l'empereur se rendit à Lindenau, pour y attendre l'évacuation de Leipsick, et voir les dernières troupes passer les ponts avant de se mettre en marche.

Cependant l'ennemi ne tarda pas à apprendre que la plus grande partie de l'armée avait évacué Leipsick, et qu'il n'y restait qu'une forte arrière-garde. Il attaqua vivement le duc de Tarente et le prince Poniatowski; il fut plusieurs fois repoussé; et, tout en défendant les faubourgs, notre arrière-garde opéra sa retraite. Mais les Saxons restés dans la ville tirèrent sur nos troupes de dessus les remparts; ce qui obligea d'accélérer la retraite et mit un peu de désordre.

L'empereur avait ordonné au génie de pratiquer des fougasses sous le grand pont qui est entre Leipsick et Lindenau, afin de le faire sauter au dernier moment; de retarder ainsi la marche de l'ennemi, et de laisser le temps aux bagages de filer. Le général Dulauloy avait chargé le colonel Monfort de cette opération. Ce colonel, au lieu de rester sur les lieux pour la diriger et pour donner le signal, ordonna à un caporal et à quatre sapeurs de faire sauter le pont aussitôt que l'ennemi se présenterait. Le caporal, homme sans intelligence, et comprenant mal sa mission, entendant les premiers coups de fusil tirés des remparts de la ville, mit le feu aux fougasses, et fit sauter le pont : une partie de l'armée était encore de l'autre côté, avec un parc de quatre-vingt bouches à feu et de quelques centaines de voitures.

La tête de cette partie de l'armée, qui arrivait au pont,

le voyant sauter, crut qu'il était au pouvoir de l'ennemi. Un cri d'épouvante se propagea de rang en rang : *L'ennemi est sur nos derrières, et les ponts sont coupés !* — Ces malheureux se débandèrent et cherchèrent à se sauver. Le duc de Tarente passa la rivière à la nage; le comte Lauriston moins heureux, se noya; le prince Poniatowski monté sur un cheval fougueux, s'élança dans l'eau et n'a plus reparu. L'empereur n'apprit ce désastre que lorsqu'il n'était plus temps d'y remédier; aucun remède même n'eût été possible. Le colonel Monfort et le caporal de sapeurs sont traduits à un conseil de guerre.

On ne peut encore évaluer les pertes occasionées par ce malheureux événement; mais on les porte, par approximation, à douze mille hommes, et à plusieurs centaines de voitures. Les désordres qu'il a portés dans l'armée ont changé la situation des choses : l'armée française victorieuse arrive à Erfurt comme y arriverait une armée battue. Il est impossible de peindre les regrets que l'armée a donnés au prince Poniatowski, au comte Lauriston et à tous les braves qui ont péri par la suite de ce funeste événement.

On n'a pas de nouvelles du général Reynier; on ignore s'il a été pris ou tué. On se figurera facilement la profonde douleur de l'empereur, qui voit, par un oubli de ses prudentes dispositions, s'évanouir les résultats de tant de fatigues et de travaux.

Le 19, l'empereur a couché à Markranstaed; le duc de Reggio était resté à Lindenau.

Le 20, l'empereur a passé la Saale à Weissenfels.

Le 21, l'armée a passé l'Unstrut à Frybourg; le général Bertrand a pris position sur les hauteurs de Coesen.

Le 22, l'empereur a couché au village d'Ollendorf.

Le 23, il est arrivé à Erfurt.

L'ennemi, qui avait été consterné des batailles du 16 et du 18, a repris, par le désastre du 19, du courage et l'ascendant de la victoire. L'armée française, après de si brillans succès, a perdu son attitude victorieuse.

Nous avons trouvé à Erfurt, en vivres, munitions, habits, souliers, tout ce dont l'armée pouvait avoir besoin.

L'état-major publiera les rapports des différens chefs d'armée sur les officiers qui se sont distingués dans les grandes journées de Wachau et de Leipsick.

Le 31 octobre 1813.

A S. M. l'impératrice-reine et régente.

Les deux régimens de cuirassiers du roi de Saxe, faisant partie du premier corps de cavalerie, étaient restés avec l'armée française. Lorsque l'empereur eut quitté Leipsick, il leur fit écrire par le duc de Vicence, et les renvoya à Leipsick, pour servir de garde au roi.

Lorsqu'on fut certain de la défection de la Bavière, un bataillon bavarois était encore avec l'armée : S. M. a fait écrire au commandant de ce bataillon par le major-général.

L'empereur est parti d'Erfurt le 25.

Notre armée a opéré tranquillement son mouvement sur le Mein. Arrivé le 29 à Gelnhausen, on aperçut un corps ennemi de cinq à six mille hommes, cavalerie, infanterie et artillerie, qu'on sut par les prisonniers être l'avant-garde de l'armée autrichienne et bavaroise. Cette avant-garde fut poussée et obligée de se retirer. On rétablit promptement le pont que l'ennemi avait coupé. On apprit aussi par les prisonniers que l'armée autrichienne et bavaroise, annoncée forte de soixante à soixante-dix mille hommes, venant de Braunau, était arrivée à Hanau, et prétendait barrer le chemin à l'armée française.

Le 29 au soir, les tirailleurs de l'avant-garde ennemie furent poussés au-delà du village de Langensebolde; et à sept heures du soir, l'empereur et son quartier-général étaient dans ce village au château d'Issenbourg.

Le lendemain 30, à neuf heures du matin, l'empereur monta à cheval. Le duc de Tarente se porta en avant avec 5,000 tirailleurs sous les ordres du général Charpentier. La cavalerie du général Sébastiani, la division de la garde, commandée par le général Friant, et la cavalerie de la vieille garde, suivirent; le reste de l'armée était en arrière d'une marche.

L'ennemi avait placé six bataillons au village de Ruchingen, afin de couper toutes les routes qui pouvaient conduire sur le Rhin. Quelques coups de mitraille et une charge de cavalerie firent reculer précipitamment ces bataillons.

Arrivés sur la lisières du bois, à deux lieues de Hanau, les tirailleurs ne tardèrent pas à s'engager. L'ennemi fut acculé dans le bois jusqu'au point de jonction de la vieille et de la nouvelle route. Ne pouvant rien opposer à la supériorité de notre infanterie, il essaya de tirer parti de son grand nombre; il étendit le feu sur sa droite. Une brigade de deux mille tirailleurs du deuxième corps, commandée par le général Dubreton, fut engagée pour le contenir, et le général Sébastiani fit exécuter avec succès, dans l'éclairci du bois, plusieurs charges sur les tirailleurs ennemis. Nos cinq mille tirailleurs continrent ainsi toute l'armée ennemie, en gagnant insensiblement du temps, jusqu'à trois heures de l'après-midi.

L'artillerie étant arrivée, l'empereur ordonna au général Curial de se porter au pas de charge sur l'ennemi avec deux bataillons de chasseurs de la vieille garde, et de le culbuter au-delà du débouché; au général Drouot de déboucher sur-le-champ avec cinquante pièces de canon; au général Nansouty, avec tout le corps du général Sébastiani et la cavalerie de la vieille garde, de charger vigoureusement l'ennemi dans la plaine.

Toutes ces dispositions furent exécutées exactement.

Le général Curial culbuta plusieurs bataillons ennemis. Au seul aspect de la vieille garde, les Autrichiens et les Bavarois fuirent épouvantés.

Quinze pièces de canon, et successivement jusqu'à cinquante, furent placées en batterie avec l'activité et l'intrépide sang-froid qui distinguent le général Drouot. Le général Nansouty se porta sur la droite de ces batteries et fit charger dix mille hommes de cavalerie ennemie par le général Levêque, major de la vieille garde, par la division de cuirassiers Saint-Germain, et successivement par les grenadiers et les dragons de la cavalerie de la garde. Toutes ces charges eurent le plus heureux résultat. La cavalerie ennemie fut culbutée et sabrée; plusieurs carrés d'infanterie furent enfoncés; le régiment autrichien Jordis et les hulans du prince de Schwartzenberg ont été entièrement détruits. L'ennemi abandonna précipitamment le chemin de Francfort qu'il barrait, et tout le terrain qu'occupait sa gauche. Il se mit en retraite et bientôt après en complète déroute.

Il était cinq heures. Les ennemis firent un effort sur leur droite pour dégager leur gauche et donner le temps à celle-ci de se replier. Le général Friant envoya deux bataillons de la vieille garde à une ferme située sur le vieux chemin de Hanau. L'ennemi en fut promptement débusqué et sa droite fut obligée de plier et de se mettre en retraite. Avant six heures du soir, il repassa en déroute la petite rivière de la Kintzig.

La victoire fut complète.

L'ennemi, qui prétendait barrer tout le pays, fut obligé d'évacuer le chemin de Francfort et de Hanau.

Nous avons fait six mille prisonniers et pris plusieurs drapeaux et plusieurs pièces de canon. L'ennemi a eu six généraux tués ou blessés. Sa perte a été d'environ dix mille hommes tués, blessés ou prisonniers. La nôtre n'est que de quatre à cinq cents hommes tués ou blessés. Nous n'avons eu d'engagés que cinq mille tirailleurs, quatre bataillons de la vieille garde, et à peu près quatre-vingts escadrons de cavalerie et cent vingt pièces de canon.

A la pointe du jour, le 31, l'ennemi s'est retiré, se dirigeant sur Aschaffenbourg. L'empereur a continué son mouvement, et à trois heures après-midi, S. M. était à Francfort.

Les drapeaux pris à cette bataille et ceux qui ont été pris aux batailles de Wachau et de Leipsick, sont partis pour Paris.

Les cuirassiers, les grenadiers à cheval, les dragons ont fait de brillantes charges. Deux escadrons de gardes-d'honneur du troisième régiment, commandés par le major Saluces, se sont spécialement distingués, et font présumer ce qu'on doit attendre de ce corps au printemps prochain, lorsqu'il sera parfaitement organisé et instruit.

Le général d'artillerie de l'armée Nourrit, et le général Devaux, major d'artillerie de la garde, ont mérité d'être distingués; le général Letort, major des dragons de la garde, quoique blessé à la bataille de Wachau, a voulu charger à la tête de son régiment, et a eu son cheval tué.

Le 31 au soir, le grand quartier-général était à Francfort.

Le duc de Trévise, avec deux divisions de la jeune garde et le premier corps de cavalerie, était à Gelnhaussen. Le duc de Reggio arrivait à Francfort.

Le comte Bertrand et le duc de Raguse étaient à Hanau.

Le général Sébastiani était sur la Nida.

Francfort, le 1ᵉʳ novembre 1813.

Extrait d'une lettre de l'empereur à l'impératrice.

« Madame et très-chère épouse, je vous envoie vingt drapeaux pris par mes armes aux batailles de Wachau, de Leipsick et de Hanau ; c'est un hommage que j'aime à vous rendre. Je désire que vous y voyiez une marque de ma grande satisfaction de votre conduite pendant la régence que je vous ai confiée. » NAPOLÉON.

Le 3 novembre 1813.

A S. M. l'impératrice-reine et régente.

Le 30 octobre, dans le moment où se livrait la bataille de Hanau, le général Lefèvre-Desnouettes, à la tête de sa division de cavalerie et du cinquième corps de cavalerie commandé par le général Milhaud, flanquait toute la droite de l'armée, du côté de Bruckœbel et de Nieder-Issengheim. Il se trouvait en présence d'un corps de cavalerie russe et alliée, de six à sept mille hommes : le combat s'engagea ; plusieurs charges eurent lieu, toutes à notre avantage ; et ce corps ennemi formé par la réunion de deux ou trois partisans, fut rompu et vivement poursuivi. Nous lui avons fait cent cinquante prisonniers montés. Notre perte est d'une soixantaine d'hommes blessés.

Le lendemain de la bataille de Hanau, l'ennemi était en pleine retraite ; l'empereur ne voulut point le poursuivre, l'armée se trouvant fatiguée, et S. M., bien loin d'y attacher quelque importance, ne pouvant voir qu'avec regret la destruction de quatre à cinq mille Bavarois, qui aurait été le résultat de cette poursuite. S. M. se contenta donc de faire poursuivre légèrement l'arrière-garde ennemie, et laissa le général Bertrand sur la rive droite de la Kintzig.

Vers les trois heures de l'après-midi, l'ennemi sachant que l'armée avait filé, revint sur ses pas, espérant avoir quelque avantage sur le corps du général Bertrand. Les divisions Morand et Guilleminot lui laissèrent faire ses préparatifs pour le passage de la Kintzig ; et quand il l'eut passée, marchèrent à lui à la baïonnette, et le culbutèrent dans la rivière, où la plus grande partie de ses gens se noyèrent. L'ennemi a perdu trois mille hommes dans cette circonstance.

Le général bavarois de Wrede, commandant en chef de cette armée, a été mortellement blessé, et on a remarqué que tous les parens qu'il avait dans l'armée ont péri dans la bataille de Hanau, entre autres son gendre le prince d'Oettingen.

Une division bavaroise-autrichienne est entrée le 30 octobre à midi à Francfort; mais à l'approche des coureurs de l'armée française, elle s'est retirée sur la rive gauche du Mein, après avoir coupé le pont.

Le 2 novembre, l'arrière-garde française a évacué Francfort, et s'est portée sur la Nidda.

Le même jour à cinq heures du matin l'empereur est entré à Mayence.

On suppose, dans le public, que le général de Wrede a été l'auteur et l'agent principal de la défection de la Bavière. Ce général avait été comblé des bienfaits de l'empereur.

Le 7 novembre 1813.

A S. M. l'impératrice-reine et régente.

Le duc de Tarente était à Cologne, où il organise une armée pour la défense du Bas-Rhin.

Le duc de Raguse était à Mayence.

Le duc de Bellune était à Strasbourg.

Le duc de Valmi était allé prendre à Metz le commandement de toutes les réserves.

Le comte Bertrand, avec le quatrième corps, composé de quatre divisions d'infanterie et d'une division de cavalerie, et fort de quarante mille hommes, occupait la rive droite en avant de Cassel. Son quartier-général était à Hocheim. Depuis quatre jours, on travaillait à un camp retranché sur les hauteurs à une lieue en avant de Cassel. Plusieurs ouvrages étaient tracés et fort avancés.

Tout le reste de l'armée avait passé le Rhin.

S. M. avait signé, le 7, la réorganisation de l'armée et la nomination à toutes les places vacantes.

L'avant-garde commandée par le comte Bertrand, n'avait pas encore vu d'infanterie ennemie, mais seulement quelques troupes de cavalerie légère.

Toutes les places du Rhin s'armaient et s'approvisionnaient avec la plus grande activité.

Les gardes nationales récemment levées se rendaient de tous côtés dans les places pour en former la garnison et laisser l'armée disponible.

Le général Dulauloy avait réorganisé les deux cents bouches à feu de la garde. Le général Sorbier était occupé à réorganiser cent batteries à pied et à cheval, et à réparer la perte des chevaux qu'avait éprouvée l'artillerie de l'armée.

On croyait que S. M. ne tarderait pas à se rendre à Paris.

S. M. l'empereur est arrivée le 9, à cinq heures après-midi, à Saint-Cloud.

S. M. avait quitté Mayence le 8, à une heure du matin.

Paris, 14 novembre 1813.

Réponse de l'empereur à une députation du sénat.

« Sénateurs,

« J'agrée les sentimens que vous m'exprimez.

« Toute l'Europe marchait avec nous il y a un an; toute l'Europe marche aujourd'hui contre nous : c'est que l'opinion du monde est faite par la France ou par l'Angleterre. Nous aurions donc tout à redouter sans l'énergie et la puissance de la nation.

« La postérité dira que si de grandes et critiques circonstances se sont présentées, elles n'étaient pas au-dessus de la France et de moi. »

Au palais des Tuileries, 14 décembre 1813.

Lettre de l'empereur à S. Exc. M. Reinhard, landamman de la Suisse.

« Monsieur le landamman, j'ai lu avec plaisir la lettre que vous avez chargé MM. de Ruttimann et Vieland, envoyés extraordinaires de la confédération, de me rendre. J'ai appris, avec une particulière satisfaction, l'union qui a régné entre tous les cantons et entre toutes les classes de citoyens. La neutralité que la diète a proclamée à l'unanimité est à la fois conforme aux obligations de vos traités et à vos plus chers intérêts. Je connais cette neutralité, et j'ai donné les ordres nécessaires pour qu'elle soit respectée. Faites connaître aux dix-neuf cantons qu'en toute occasion ils peuvent compter sur le vif intérêt que je leur porte, et que je serai toujours disposé à leur donner des preuves de ma protection et de mon amitié.

« Sur ce, je prie Dieu, monsieur le landamman, qu'il vous ait en sa sainte et digne garde. »   NAPOLÉON.

Paris, 19 décembre 1813.

Discours de l'empereur à l'ouverture extraordinaire du corps-législatif.

« Sénateurs, conseillers-d'état, députés des départemens au corps-législatif,

« D'éclatantes victoires ont illustré les armes françaises dans cette campagne. Des défections sans exemple ont rendu ces victoires inutiles. Tout a tourné contre nous. La France même serait en danger sans l'énergie et l'union des Français.

« Dans ces grandes circonstances, ma première pensée a été de vous appeler près de moi. Mon cœur a besoin de la présence et de l'affection de mes sujets.

« Je n'ai jamais été séduit par la prospérité : l'adversité me trouverait au-dessus de ses atteintes.

« J'ai plusieurs fois donné la paix aux nations, lorsqu'elles avaient tout perdu. D'une part de mes conquêtes, j'ai élevé des trônes pour des rois qui m'ont abandonné.

« J'avais conçu et exécuté de grands desseins pour la prospérité et le bonheur du monde !......... Monarque et père, je sens que la paix ajoute à la sécurité des trônes et à celle des familles. Des négociations ont été entamées avec les puissances coalisées. J'ai adhéré aux bases préliminaires qu'elles ont présentées. J'avais donc l'espoir qu'avant l'ouverture de cette session, le congrès de Manheim serait réuni ; mais de nouveaux retards, qui ne sont pas attribués à la France, ont différé ce moment que presse le vœu du monde.

« J'ai ordonné qu'on vous communiquât toutes les pièces originales qui se trouvent au portefeuille de mon département des affaires étrangères. Vous en prendrez connaissance par l'intermédiaire d'une commission. Les orateurs de mon conseil vous feront connaître ma volonté sur cet objet.

« Rien ne s'oppose de ma part au rétablissement de la paix. Je connais et je partage tous les sentimens des Français : je dis des Français, parce qu'il n'en est aucun qui désirât la paix au prix de l'honneur.

« C'est à regret que je demande à ce peuple généreux de nouveaux sacrifices ; mais ils sont commandés par ses plus nobles et ses plus chers intérêts. J'ai dû renforcer mes armées par de nombreuses levées : les nations ne traitent avec sécurité qu'en déployant toutes leurs forces. Un accroissement dans les recettes devient indispensable. Ce que mon ministre des finances vous propsera, est conforme au système de finances que j'ai établi. Nous ferons face à tout sans emprunt qui consomme l'avenir, et sans papier-monnaie qui est le plus grand ennemi de l'ordre social.

« Je suis satisfait des sentimens que m'ont montrés dans cette circonstance mes peuples d'Italie.

« Le Danemarck et Naples sont seuls restés fidèles à mon alliance.

« La république des Etats-Unis d'Amérique continue avec succès sa guerre contre l'Angleterre.

« J'ai reconnu la neutralité des dix-neuf cantons suisses.

« Sénateurs, conseillers-d'état, députés des départemens au corps-législatif,

« Vous êtes les organes naturels de ce trône : c'est à vous de donner l'exemple d'une énergie qui recommande notre génération aux générations futures. Qu'elles ne disent pas de nous : « Ils ont sacrifié les premiers intérêts du pays ! ils ont reconnu les lois que l'Angleterre a cherché en vain, pendant quatre siècles, à imposer à la France ! »

« Mes peuples ne peuvent pas craindre que la politique de leur empereur trahisse jamais la gloire nationale. De mon côté, j'ai la confiance que les Français seront constamment dignes d'eux et de moi ! »

Paris, 23 décembre 1813.

Lettre de l'empereur au président du corps-législatif.

« Monsieur le duc de Massa, président du corps-législatif, nous vous adressons la présente lettre close pour vous faire connaître que notre intention est que vous vous rendiez demain, 24 du courant, heure de midi, chez notre cousin le prince archi-chancelier de l'empire, avec la commission nommée hier par le corps-législatif, en exécution de notre décret du 20 de ce mois, laquelle est composée des sieurs Raynouard, Lainé, Gallois, Flaugergue et Biran; et ce, à l'effet de prendre connaissance des pièces relatives à la négociation, ainsi que de la déclaration des puissances coalisées, qui seront communiquées par le comte Regnaud, ministre d'état, et le comte d'Hauterive, conseiller d'état, attaché à l'office des relations extérieures, lequel sera porteur desdites pièces et déclaration.

« Notre intention est aussi que notredit cousin préside la commission.

« La présente n'étant à d'autres fins, je prie Dieu qu'il vous ait, monsieur le duc de Massa, en sa sainte garde. »

NAPOLÉON.

Paris, 30 décembre 1813.

Réponse de l'empereur à une députation du sénat.

« Je suis sensible aux sentimens que vous m'exprimez.

« Vous avez vu, par les pièces que je vous ait fait communiquer, ce que je fais pour la paix. Les sacrifices que comportent les bases préliminaires que m'ont proposées les ennemis, et que j'ai acceptées, je les ferais sans regret; ma vie n'a qu'un but, le bonheur des Français.

« Cependant, le Béarn, l'Alsace, la Franche-Comté, le Brabant, sont entamés. Les cris de cette partie de ma famille me déchirent l'ame! J'appelle les Français au secours des Français! J'appelle les Français de Paris, de la Bretagne, de la Normandie, de la Champagne, de la Bourgogne et d'autres départemens, au secours de leurs frères! Les abandonnerons-nous dans leur malheur? Paix et délivrance de notre territoire, doit être notre cri de ralliement. A l'aspect de tout ce peuple en armes, l'étranger fuira ou signera la paix sur les bases qu'il a lui-même proposées. Il n'est plus question de recouvrer les conquêtes que nous avions faites.

Paris, 31 décembre 1813.

Réponse de l'empereur à une députation envoyée par le corps législatif [1].

Le corps législatif ayant ensuite de ce rapport présenté une adresse à l'empereur, en a reçu une réponse où on remarque ces passages :

[1] Cette députation était chargée de présenter à l'empereur le rapport fait par la commission nommée par le corps législatif pour examiner les actes officiels relatifs aux négociations entamées jusqu'alors pour la paix. On doit se rappeler combien ce rapport irrita l'empereur. Aussi sa réponse indique toute son indignation. Nous croyons faire plaisir à nos lecteurs en mettant sous leurs yeux cette pièce importante. La voici telle qu'elle fut prononcée dans le corps législatif par M. Raynouard, membre de la commission :

« Nous avons examiné avec une scrupuleuse attention les pièces officielles que l'empereur a daigné mettre sous nos yeux. Nous nous sommes regardés alors comme les représentans de la nation elle-même, parlant avec effusion à un père qui les écoute avec bonté. Pénétrés de ce sentiment si propre à élever nos ames et à les dégager de toute considération personnelle, nous avons osé apporter la vérité au pied du trône ; notre auguste souverain ne saurait souffrir un autre langage.

« Des troubles politiques dont les causes furent inconnues rompirent la bonne intelligence qui régnait entre l'empereur des Français et l'empereur de toutes les Russies ; la guerre fut sans doute nécessaire, mais elle fut entreprise dans un temps où nos expéditions devenaient périlleuses. Nos armées marchèrent avec celles de tous les souverains du Nord contre le plus puissant de tous. Nos victoires furent rapides, mais nous les payâmes cher. Les horreurs d'un hiver inconnu dans nos climats changèrent en défaites toutes nos victoires, et le souffle du Nord dévora l'élite des armées françaises. Nos désastres parurent des crimes à nos alliés. Les plaintes publiques de la Prusse, les sourds murmures du cabinet autrichien, les inquiétudes des princes de la confédération, tout dès-lors dut faire présager à la France les malheurs qui ne tardèrent pas à fondre sur elle. Les armes de l'empereur de Russie avaient traversé la Prusse et menaçaient l'Allemagne chancelante. L'Autriche offrit sa médiation aux deux souverains et s'affranchit elle-même par un traité secret des craintes d'un envahissement. Les funestes conséquences de nos premiers désastres ne tardèrent pas à se manifester par des désastres nouveaux. Dantzick et Torgau

J'ai supprimé l'impression de votre adresse; elle était incendiaire. Les onze douzièmes du corps législatif sont com-

avaient été l'asyle de nos soldats vaincus; cette ressource nous fut enlevée par la déclaration de la Prusse; ces places furent enveloppées, et nous fûmes privés par la force des choses de quarante mille hommes en état de défendre la patrie. Le mouvement simultané de la Prusse devint pour l'Europe le signal d'une défection solennelle.

« En vain l'armistice de juillet semblait porter les puissances à un accord que tous les peuples désiraient. Les plaines de Lutzen et de Bautzen furent signalées par de nouveaux exploits; il semble dans ces mémorables journées que le soleil eclaira le dernier de nos triomphes. Un prince fidèle à son alliance appela dans le cœur de ses états l'armée française et son auguste chef; Dresde devint le centre des opérations militaires. Mais tandis que la cour de Saxe se distinguait par sa fidélité généreuse, une opinion contraire fermentait au milieu des Saxons et préparait l'inexcusable trahison qu'une inimitié mal placée aurait dû laisser prévoir.

« La Bavière avait, depuis la retraite de Moscou, séparé sa cause de la nôtre; le régime de notre administration avait déplu à un peuple dès long-temps accoutumé à une grande indépendance dans la répartition de ses contributions et dans la perception des impôts. Mais il y avait loin de la froideur à l'agression; le prince bavarois crut devoir prendre ce dernier parti aussitôt qu'il jugea les Français hors d'état de résister à l'attaque générale dont nos ennemis avaient donné le signal. Un guerrier né parmi nous, qui avait osé préférer un trône à la dignité de citoyen français, voulut asseoir sa puissance par une éclatante protestation contre la main bienfaisante à laquelle il devait son titre. Ne scrutons point la cause d'un si étrange abandon, respectons sa conduite, que la politique doit tôt ou tard légitimer, mais déplorons des talens funestes à la patrie. Quelques journées de gloire furent suivies de désastres plus affreux peut-être que ceux qui avaient anéanti notre première armée. La France vit alors contre elle l'Europe soulevée, et tandis que le héros de la Suède guidait ses phalanges victorieuses au milieu des confédérés, la Hollande brisait les liens qui l'attachaient à nous; l'Europe enfin cherchait à embraser la France du feu dont elle était dévorée. Nous n'avons, messieurs, à vous offrir aucune image consolante dans le tableau de tant de malheurs. Une armée nombreuse emportée par les frimats du Nord fut remplacée par une armée dont les soldats ont été arrachés à la gloire, aux arts et au commerce; celle-ci a engraissé les plaines maudites de Leipsick, et les flots de l'Elster ont entraîné des bataillons de nos concitoyens. Ici messieurs, nous devons l'avouer, l'ennemi porté par la victoire jusque sur les bords du Rhin, a offert à notre auguste monarque une paix qu'un héros accoutumé à tant de succès a pu posés de bons citoyens, je les reconnais et j'aurai des égards pour eux; mais une autre douzième renferme des factieux, et

trouver bien étrange. Mais si un sentiment mâle et héroïque lui a dicté un refus avant que l'état déplorable de la France eût été jugé, ce refus ne peut plus être réitéré sans imprudence lorsque l'ennemi franchit déjà les frontières de notre territoire. S'il s'agissait de discuter ici des conditions flétrissantes, Sa Majesté n'eût daigné répondre qu'en faisant connaître à ses peuples les projets de l'étranger; mais on veut non pas nous humilier, mais nous renfermer dans nos limites et réprimer l'élan d'une activité ambitieuse si fatale depuis vingt ans à tous les peuples de l'Europe.

« De telles propositions nous paraissent honorables pour la nation, puisqu'elles prouvent que l'étranger nous craint et nous respecte. Ce n'est pas lui qui assigne des bornes à notre puissance, c'est le monde effrayé qui invoque le droit commun des nations. Les Pyrénées, les Alpes et le Rhin renferment un vaste territoire dont plusieurs provinces ne relevaient pas de l'empire des lis, et cependant la royale couronne de France était brillante de gloire et de majesté entre tous les diadèmes. (Ici le président interrompt l'orateur en ces termes: « Orateur, ce que vous dites-là est inconstitutionnel. » M. Raynouard a répondu: il n'y a ici d'inconstitutionnel que votre présence, et a continué.)

« D'ailleurs, le protectorat du Rhin cesse d'être un titre d'honneur pour une couronne, dès le moment que les peuples de cette confédération dédaignent cette protection.

« Il est évident qu'il ne s'agit point ici d'un droit de conquête, mais d'un titre d'alliance utile seulement aux Germains. Une main puissante les assurait de son secours; ils veulent se dérober à ce bienfait comme à un fardeau insupportable, il est de la dignité de S. M. d'abandonner à eux-mêmes ces peuples qui courent se ranger sous le joug de l'Autriche. Quant au Brabant, puisque les coalisés proposent de s'en tenir aux bases du traité de Lunéville, il nous a paru que la France pouvait sacrifier sans perte des provinces difficiles à conserver, où l'esprit anglais domine presque exclusivement, et pour lesquelles enfin le commerce avec l'Angleterre est d'une nécessité si indispensable que ces contrées ont été languissantes et appauvries tant qu'a duré notre domination. N'avons-nous pas vu les familles patriciennes s'exiler du sol hollandais, comme si les fléaux dévastateurs les avaient poursuivies, et aller porter chez l'ennemi les richesses et l'industrie de leur patrie? Il n'est pas besoin sans doute de courage pour faire entendre la vérité au cœur de notre monarque; mais dussions-nous nous exposer à tous les périls, nous aimerions mieux encourir sa disgrâce que de trahir sa confiance, et exposer notre vie même, que le salut de la nation que nous représentons.

« Ne dissimulons rien; nos maux sont à leur comble; la patrie est menacée votre commission est de ce nombre (cette commission était composée de messieurs Lainé, Raynouard, Maine de Biran et Flaugergue). Le nommé Lainé est un traître qui correspond avec le prince régent par l'intermédiaire de Desèze; je le sais, j'en ai la preuve; les quatre autres sont des factieux. Ce douzième est composé de gens qui veulent l'anarchie et qui sont comme les Girondins. Où une pareille conduite a-t-elle mené Vergneau et les autres chefs ? à l'échafaud. Ce n'est pas dans le moment où l'on doit chasser l'ennemi de nos frontières que l'on doit exiger de moi un changement dans la constitution ; il faut suivre l'exemple de l'Alsace, de la Franche-Comté et des Vosges. Les habitans s'adressent à moi pour avoir des armes et que je leur donne des partisans; aussi j'ai fait partir des aides-de-camp. Vous n'êtes point les repré-

sur tous les points de ses frontières; le commerce est anéanti, l'agriculture languit, l'industrie expire, et il n'est point de Français qui n'ait dans sa famille ou dans sa fortune une plaie cruelle à guérir. Ne nous apesantissons pas sur ces faits: l'agriculteur, depuis cinq ans, ne jouit pas, il vit à peine, et les fruits de ses travaux servent à grossir le trésor qui se dissipe annuellement par les secours que réclament des armées sans cesse ruinées et affamées. La conscription est devenue pour toute la France un odieux fléau, parce que cette mesure a toujours été outrée dans l'exécution. Depuis deux ans on moissonne trois fois l'année; une guerre barbare et sans but engloutit périodiquement une jeunesse arrachée à l'éducation, à l'agriculture, au commerce et aux arts. Les larmes des mères et les sueurs des peuples sont-elles donc le patrimoine des rois? Il est temps que les nations respirent; il est temps que les puissances cessent de s'entrechoquer et de se déchirer les entrailles; il est temps que les trônes s'affermissent, et que l'on cesse de reprocher à la France de vouloir porter dans tout le monde les torches révolutionnaires. Notre auguste monarque, qui partage le zèle qui nous anime, et qui brûle de consolider le bonheur de ses peuples, est le seul digne d'achever ce grand ouvrage. L'amour de l'honneur militaire et des conquêtes peut séduire un cœur magnanime; mais le génie d'un héros véritable qui méprise une gloire achetée aux dépens du sang et du repos des peuples, trouve sa véritable grandeur dans la félicité publique qui est son ouvrage. Les monarques français se sont toujours glorifiés de tenir leur couronne de Dieu, du peuple et de leur épée, parce que la paix, la morale et la force sont, avec la liberté, le plus ferme soutien des empires. »

sentans de la nation, mais les députés des départemens. Je vous ai rassemblés pour avoir des consolations; ce n'est pas que je manque de courage; mais j'espérais que le corps législatif m'en donnerait; au lieu de cela, il m'a trompé; au lieu du bien que j'attendais il a fait du mal, peu de mal cependant, parce qu'il n'en pouvait beaucoup faire. Vous cherchez dans votre adresse à séparer le souverain de la nation. Moi seul je suis le représentant du peuple. Et qui de vous pourrait se charger d'un pareil fardeau? Le trône n'est que du bois recouvert de velours. Si je voulais vous croire, je céderais à l'ennemi plus qu'il ne me demande : vous aurez la paix dans trois mois ou je périrai. C'est ici qu'il faut montrer de l'énergie; j'irai chercher les ennemis et nous les renverrons. Ce n'est pas au moment où Huningue est bombardé, Béfort attaqué qu'il faut se plaindre de la constitution de l'état et de l'abus du pouvoir. Le corps législatif n'est qu'une partie de l'état qui ne peut pas même entrer en comparaison avec le sénat et le conseil d'état; au reste je ne suis à la tête de cette nation que parce que la constitution de l'état me convient. Si la France exigeait une autre constitution et qu'elle ne me convînt pas, je lui dirais de chercher un autre souverain.

C'est contre moi que les ennemis s'acharnent plus encore que contre les Français; mais pour cela seul faut-il qu'il me soit permis de démembrer l'état?

Est-ce que je ne sacrifie pas mon orgueil et ma fierté pour obtenir la paix? Oui, je suis fier parce que je suis courageux; je suis fier parce que j'ai fait de grandes choses pour la France. L'adresse était indigne de moi et du corps législatif; un jour je la ferai imprimer, mais ce sera pour faire honte au corps législatif et à la nation.

Retournez dans vos foyers...... En supposant même que j'eusse des torts, vous ne deviez pas me faire des reproches publics; c'est en famille qu'il faut laver son linge sale. Au reste, la France a plus besoin de moi que je n'ai besoin de la France.

Paris, 23 janvier 1814.

Lettres-patentes signées au palais des Tuileries le 23 janvier 1814, et par lesquelles l'empereur confère à S. M. l'impératrice et reine Marie-Louise le titre de régente.

Napoléon, par la grâce de Dieu et les constitutions, empereur des Français, roi d'Italie, protecteur de la confédération suisse, etc.

A tous ceux qui ces présentes verront, salut :

Voulant donner à notre bien-aimée épouse l'impératrice et reine Marie-Louise des marques de la haute confiance que nous avons en elle, attendu que nous sommes dans l'intention d'aller incessamment nous mettre à la tête de nos armées pour délivrer notre territoire de la présence de nos ennemis, nous avons résolu de conférer, comme nous conférons par ces présentes, à notre bien-aimée épouse l'impératrice et reine, le titre de *régente*, pour en exercer les fonctions en conformité de nos intentions et de nos ordres, tels que nous les aurons fait transcrire sur le livre de l'état ; entendant qu'il soit donné connaissance aux princes grands dignitaires et à nos ministres desdits ordres et instructions, et qu'en aucun cas l'impératrice ne puisse s'écarter de leur teneur dans l'exercice des fonctions de régente. Voulons que l'impératrice-régente préside, en notre nom, le sénat, le conseil d'état, le conseil des ministres et le conseil-privé, notamment pour l'examen des recours en grâce, sur lesquels nous l'autorisons à prononcer, après avoir entendu les membres dudit conseil-privé. Toutefois, notre intention n'est point que, par suite de la présidence conférée à l'impératrice-régente, elle puisse autoriser par sa signature la présentation d'aucun sénatus-consulte, ou proclamer aucune loi de l'état, nous référant, à cet égard, au contenu des ordres et intentions mentionnés ci-dessus.

Mandons à notre cousin le prince archichancelier de l'empire, de donner communication des présentes lettres-patentes au sénat, qui les transcrira sur ses registres, et à notre grand-juge ministre de la justice de les faire publier au Bulletin des lois, et de les adresser à nos cours impériales pour y être lues, publiées et transcrites sur les registres d'icelles.

NAPOLÉON.

Paris, 24 janvier 1814.

S. M. l'empereur et roi devant partir incessamment pour se mettre à la tête de ses armées, a conféré pour le temps de son absence, la régence à S. M. l'impératrice-reine, par lettres-patentes datées d'hier 23.

Le même jour, S. M. l'impératrice-reine a prêté serment, comme régente, entre les mains de l'empereur, et dans un conseil composé des princes français, des grands-dignitaires, des ministres du cabinet et des ministres d'état.

Paris, 25 janvier 1814.

Ce matin, à sept heures, S. M. l'empereur et roi est parti pour se mettre à la tête de ses armées.

CAMPAGNE DE FRANCE.

LIVRE NEUVIÈME.

Saint-Dizier, 28 janvier 1814.

A S. M. l'impératrice-reine et régente.

L'ennemi était ici depuis deux jours, y commettant les plus affreuses vexations : il ne respectait ni l'âge ni le sexe; les femmes et les vieillards étaient en butte à ses violences et à ses outrages. La femme du sieur Canard, riche fermier, âgée de cinquante ans, est morte des mauvais traitemens qu'elle a éprouvés : son mari, plus que septuagénaire, est à la mort. Il serait trop douloureux de rapporter ici la liste des autres victimes. L'arrivée des troupes françaises entrées hier dans notre ville a mis un terme à nos malheurs. L'ennemi ayant voulu opposer quelque résistance, a été bientôt mis en déroute avec une perte considérable. L'entrée de S. M. l'empereur a donné lieu aux scènes les plus touchantes. Toute la population se pressait autour de lui; tous les maux paraissaient oubliés. Il nous rendait la sécurité pour tout ce que nous avons de plus cher. Un vieux colonel, M. Bouland, âgé de soixante-dix ans, s'est jeté à ses pieds, qu'il baignait de larmes de joie. Il exprimait tout à la fois la douleur qu'un brave soldat avait ressentie en voyant les ennemis souiller le sol natal, et le bonheur de les voir fuir devant les aigles impériales.

Nous apprenons que le même enthousiasme qui a éclaté ici s'est manifesté à Bar, à l'arrivée de nos troupes. L'ennemi avait déjà pris la fuite.

A S. M. l'impératrice-reine et régente.

Après la prise de Saint-Dizier, l'empereur s'est porté sur les derrières de l'ennemi à Brienne, l'a battu le 29, et s'est emparé de la ville et du château après une affaire d'arrière-garde assez vive.

Brienne, 31 janvier 1814.

A S. M. l'impératrice-reine et régente.

Ce n'est pas seulement une arrière-garde, c'est l'armée du général Blücher, forte de quarante mille hommes, qui était ici lorsqu'elle a été attaquée le 29 par notre armée. Le combat a été très-vif. L'ennemi a laissé la grande avenue qui mène au château, les rues, les places et les vergers encombrés de ses morts. Sa perte est au moins de quatre mille hommes, non compris beaucoup de prisonniers.

Le général Blücher ne savait pas que l'empereur était à l'armée.

M. de Hardenberg, neveu du chancelier de Prusse, et commandant le quartier-général, a été pris au bas de la montée du château. Le général Blücher descendait alors du château, à pied, avec son état-major. Il a été lui-même au moment d'être fait prisonnier.

L'ennemi, pour embarrasser la poursuite des Français, a mis le feu aux maisons de la grande rue, qui étaient les plus belles de la ville. Il y a bien peu de nos citoyens qui n'aient éprouvé des violences personnelles pendant le court séjour de l'ennemi; il n'en est aucun qui n'ait été dépouillé de tout ce qu'il possédait.

Notre armée a poursuivi l'ennemi jusqu'à trois lieues de Bar-sur-Aube. Elle est belle, nombreuse et pleine d'ardeur. On est occupé à rétablir les différent ponts sur l'Aube.

Le 3 février 1814.

A S. M. l'impératrice-reine et régente.

L'empereur est entré à Vitry le 26 janvier.

Le général Blücher, avec l'armée de Silésie, avait passé la Marne et marchait sur Troyes. Le 27, l'ennemi entra à Brienne, et continua sa marche; mais il dut perdre du temps pour rétablir le pont de Lesmont sur l'Aube.

Le 27, l'empereur fit attaquer Saint-Dizier. Le duc de Bellune se présenta devant cette ville; le général Duhesme culbuta l'arrière-garde ennemie qui y était encore, et fit quelques centaines de prisonniers. A huit heures du matin, l'empereur arriva à Saint-Dizier; il est difficile de se peindre l'ivresse et la joie des habitans dans ce moment. Les vexations de toutes espèces que commettent les ennemis, et surtout les cosaques, sont au-dessus de tout ce que l'on peut dire.

Le 28, l'empereur se porta sur Montierender.

Le 29, à huit heures du matin, le général Grouchy, qui commande la cavalerie, fit prévenir que le général Milhaud, avec le cinquième corps de cavalerie, était en présence, entre Maizières et Brienne, de l'armée ennemie commandée par le général Blücher, et qu'on évaluait à quarante mille Russes et Prussiens, les Russes commandés par le général Sacken.

A quatre heures, la petite ville de Brienne fut attaquée.

Le général Lefèvre-Desnouettes, commandant une division de cavalerie de la garde, et les généraux Grouchy et Milhaud, exécutèrent plusieurs belles charges, sur la droite de la route, et s'emparèrent de la hauteur de Perthe.

Le prince de la Moskwa se mit à la tête de six bataillons en colonne serrée, et se porta sur la ville par le chemin de Maizières. Le général Château, chef d'état-major du duc de Bellune, à la tête de deux bataillons, tourna par la droite, et s'introduisit dans le château de Brienne par le parc.

Dans ce moment l'empereur dirigea une colonne sur la route de Bar-sur-Aube, qui paraissait être la retraite de l'ennemi ; l'attaque fut vive et la résistance opiniâtre. L'ennemi ne s'attendait pas à une attaque aussi brusque, et n'avait eu que le temps de faire revenir ses parcs du pont de Lesmont, où il comptait passer l'Aube pour marcher en avant. Cette contre-marche l'avait fort encombré.

La nuit ne mit pas fin au combat. La division Decouz, de la jeune garde, et une brigade de la division Meusnier furent engagées. La grande quantité de forces de l'ennemi et la belle situation de Brienne lui donnaient bien des avantages, mais la prise du château, qu'il avait négligé de garder en force, les lui fit perdre.

Vers les huit heures, voyant qu'il ne pouvait plus se maintenir, il mit le feu à la ville, et l'incendie se propagea avec rapidité, toutes les maisons étant de bois.

Profitant de cet événement, il chercha à reprendre le château, que le brave chef de bataillon Henders, du cinquante-sixième régiment, défendit avec intrépidité. Il joncha de morts toutes les approches du château, et spécialement les escaliers du côté du parc. Ce dernier échec décida la retraite de l'ennemi, que favorisait l'incendie de la ville.

Le 30, à onze heures du matin, le général Grouchy et le

duc de Bellune le poursuivirent jusqu'au-delà du village de la Rothière, où ils prirent position.

La journée du 31 fut employée par nous à réparer le pont de Lesmont-sur-Aube, l'empereur voulant se porter sur Troyes pour opérer sur les colonnes qui se dirigeaient par Bar-sur-Aube et par la route d'Auxerre sur Sens.

Le pont de Lesmont ne put être rétabli que le premier février au matin. On fit filer sur-le-champ une partie des troupes.

A trois heures après-midi, l'ennemi ayant été renforcé de toute son armée, déboucha sur la Rothière et Dienville que nous occupions encore. Notre arrière-garde fit bonne contenance. Le général Dubesme s'est fait remarquer en conservant la Rothière, et le général Gérard en conservant Dienville. Le corps autrichien du général Giulay, qui voulait passer de la rive gauche sur la droite et forcer le pont, a eu plusieurs de ses bataillons détruits. Le duc de Bellune tint toute la journée au hameau de la Giberie, malgré l'énorme disproportion de son corps avec les forces qui l'attaquaient.

Cette journée, où notre arrière-garde tint dans une vaste plaine contre toute l'armée ennemie et des forces quintuples, est un des beaux faits d'armes de l'armée française.

Au milieu de l'obscurité de la nuit, une batterie d'artillerie de la garde suivant le mouvement d'une colonne de cavalerie qui se portait en avant pour repousser une charge de l'ennemi, s'égara et fut prise. Lorsque les canonniers s'aperçurent de l'embuscade dans laquelle ils étaient tombés, et virent qu'ils n'avaient pas le temps de se mettre en batterie, ils se formèrent aussitôt en escadron, attaquèrent l'ennemi et sauvèrent leurs chevaux et leurs attelages. Ils ont perdu quinze hommes tués ou faits prisonniers.

A dix heures du soir, le prince de Neufchâtel visitant les postes, trouva les deux armées si près l'une de l'autre, qu'il prit plusieurs fois les postes de l'ennemi pour les nôtres. Un de ses aides-de-camp se trouvant à dix pas d'une vedette, fut fait prisonnier. Le même accident est arrivé à plusieurs officiers russes qui portaient le mot d'ordre et qui se jetèrent dans nos postes croyant arriver sur les leurs.

Il y a eu peu de prisonniers de part et d'autre. Nous en avons fait deux cent cinquante.

Le 2 février, à la pointe du jour, toute l'arrière-garde de l'armée était en bataille devant Brienne. Elle prit successivement des positions pour achever de passer le pont de Lesmont et de rejoindre le reste de l'armée.

Le duc de Raguse, qui était en position sur le pont de Rosnay, fut attaqué par un corps autrichien qui avait passé derrière les bois. Il le repoussa, fit trois cents prisonniers et chassa l'ennemi au-delà de la petite rivière de Voire.

Le 3 février, à midi, l'empereur est entré dans Troyes.

Nous avons perdu au combat de Brienne le brave général Baste. Le général Lefêvre-Desnouettes a été blessé d'un coup de baïonnette. Le général Forestier a été grièvement blessé. Notre perte dans ces deux journées peut s'élever de deux à trois mille hommes tués ou blessés. Celle de l'ennemi est au moins du double.

Une division tirée du corps d'armée ennemi qui observe Metz, Thionville et Luxembourg, et forte de douze bataillons, s'est portée sur Vitry. L'ennemi a voulu entrer dans cette ville que le général Montmarie et les habitans ont défendue. Il a jeté en vain des obus pour intimider les habitans; il a été reçu à coups de canon et repoussé à une lieue et demie. Le duc de Tarente arrivait à Châlons et marchait sur cette division.

Le 4 au matin, le comte de Stadion, le comte Razumowski, lord Castlereagh et le baron de Humboldt sont arrivés à Châtillon-sur-Seine où était déja le duc de Vicence. Les premières visites ont été faites de part et d'autre, et le soir du même jour la première conférence des plénipotentiaires devait avoir lieu.

A S. M. l'impératrice-reine et régente.

L'empereur a attaqué, hier, à Champaubert, l'ennemi fort de douze régimens, et ayant quarante pièces de canon.

Le général en chef Ousouwieff a été pris avec tous ses généraux, tous ses colonels, officiers, canons, caissons et bagages.

On avait fait six mille prisonniers ; le reste avait été jeté dans un étang, ou tué sur le champ de bataille.

L'empereur suit vivement le général Sacken, qui se trouve séparé d'avec le général Blücher.

Notre perte a été extrêmement légère ; nous n'avons pas deux cents hommes à regreter.

A S. M. l'impératrice-reine et régente.

Le 11 février, au point du jour, l'empereur, parti de Champaubert après la journée du 10, a poussé un corps sur Châlons, pour contenir les colonnes ennemies qui s'étaient rejetées de ce côté.

Avec le reste de son armée, il a pris la route de Montmirail.

A une lieue au-delà, il a rencontré le corps du général Blücher, et, après deux heures de combat, toute l'armée ennemie a été culbutée.

Jamais nos troupes n'ont montré plus d'ardeur.

L'ennemi, enfoncé de toutes parts, est dans une déroute

complète : infanterie, artillerie, munitions, tout est en notre pouvoir ou culbuté.

Les résultats sont immenses ; l'armée russe est détruite.

L'empereur se porte à merveille, et nous n'avons perdu personne de marque.

A S. M. l'impératrice-reine et régente.

Le 12 février l'empereur a poursuivi ses succès. Blücher cherchait à gagner Château-Thierry. Ses troupes ont été culbutées de position en position.

Un corps entier qui était resté réuni, et qui protégeait sa retraite, a été enlevé.

Cette arrière-garde était composée de quatre bataillons russes, trois bataillons prussiens, et de trois pièces de canon. Le général qui la commandait a aussi été pris.

Nos troupes sont entrées pêle-mêle avec l'ennemi dans Château-Thierry, et suivent, sur la route de Soissons, les débris de cette armée, qui est dans une horrible confusion.

Les résultats de la journée d'aujourd'hui sont trente pièces de canon, et une quantité innombrable de voitures de bagages.

On comptait déjà trois mille prisonniers : il en arrive à chaque instant. Nous avons encore deux heures de jour.

On compte parmi les prisonniers cinq à six généraux, qui sont dirigés sur Paris.

On croit le général en chef Saken tué.

Le 7 février 1814.

A S. M. l'impératrice-reine et régente.

Le 3 février, deux heures après son entrée à Troyes, S. M. a fait partir le duc de Trévise pour les Maisons-Blanches. Une division autrichienne, commandée par le prince Lichtenstein, s'était portée sur ce point, qui est à deux lieues de la ville; elle a été vivement repoussée et rejetée à deux lieues plus loin

Le 4 au soir, le quartier-général de l'empereur de Russie était à Lusigny près Vandœuvre, à deux lieues de Troyes, où se trouvaient la garde russe et l'armée ennemie. L'ennemi voulait entrer le soir dans Troyes. Il marcha sur le pont de la Guillotière; il y éprouva une vive résistance. Sa première attaque fut repoussée. Des cavaliers prisonniers lui apprirent que l'empereur était à Troyes. Il jugea alors devoir faire d'autres dispositions. Au même moment, le duc de Trévise faisait attaquer le pont de Clerey, qu'occupait la division du général Bianchi. L'ennemi fut chassé. Le général de division Briche, avec ses dragons, fit une charge dans laquelle il prit cent soixante hommes, et en tua une centaine à l'ennemi.

Le lendemain 5, l'empereur se disposait à passer le pont de la Guillotière et à attaquer l'ennemi, lorsque S. M. apprit qu'il avait battu en retraite et rétrogradé d'une marche sur Vandœuvre.

Le 6, les dispositions furent faites pour menacer Bar-sur-Seine. Quelques attaques eurent lieu sur cette route. On prit à l'ennemi une trentaine d'hommes, une pièce de canon et un caisson.

Pendant ce temps, l'armée se mettait en marche pour Nogent, afin de tomber sur les colonnes ennemies qui ont occupé Châlons et Vitry, et qui menaçaient Paris par la Ferté-sous-Jouarre et Meaux.

Le 7 au matin, le duc de Tarente avait son quartier-général près de Chaville, entre Epernay et Châlons.

Les divisions de gardes nationales d'élite venues à Montereau de Normandie et de Bretagne, se sont mises en mouvement, sous le commandement du général Pajol.

La division de l'armée d'Espagne, commandée par le général Leval, est arrivée à Provins; les autres suivent. Ces troupes sont composées de soldats qui ont fait les campagnes d'Autriche et de Pologne. Elles sont remplacées à l'armée d'Espagne par les cinq divisions de réserve.

Aujourd'hui 7, à midi, l'empereur est arrivé à Nogent.

Tout est en mouvement pour manœuvrer.

L'exaspération des habitans est à son comble. L'ennemi commet partout les plus horribles vexations.

Toutes les mesures sont prises pour qu'au premier mouvement rétrograde il soit enveloppé de tous côtés.

Des millions de bras n'attendent que ce moment pour se lever. La terre sacrée que l'ennemi a violée, sera pour lui une terre de feu qui le dévorera.

Le 12 février 1814.

A S. M. l'impératrice-reine et régente.

Le 10, l'empereur avait son quartier-général à Sézanne.

Le duc de Tarente était à Meaux, ayant fait couper les ponts de la Ferté et de Tréport.

Le général Sacken et le général Yorck étaient à la Ferté; le général Blücher à Vertus, et le général Alsuffiew à Champ-Aubert. L'armée de Silésie ne se trouvait plus qu'à trois marches de Paris. Cette armée, sous le commandement en chef du général Blücher, se composait des corps de Sacken et de Langeron, formant soixante régimens d'infanterie russe, et de l'élite de l'armée prussienne.

Le 10, à la pointe du jour, l'empereur se porta sur les hauteurs de Saint-Prix, pour couper en deux l'armée du général Blücher. A dix heures, le duc de Raguse passa les étangs de Saint-Gond, et attaqua le village de Baye. Le neuvième corps russe, sous le commandement du général Alsuffiew, et fort de douze régimens, se déploya et présenta une batterie de vingt-quatre pièces de canon. Les divisions Lagrange et Ricart, avec la cavalerie du premier corps, tournèrent les positions de l'ennemi par sa droite. A une heure après-midi, nous fûmes maîtres du village de Baye.

A deux heures, la garde impériale se déploya dans les belles plaines qui sont entre Baye et Champ-Aubert. L'ennemi se reployait et exécutait sa retraite. L'empereur ordonna au général Girardin de prendre, avec deux escadrons de la garde de service, la tête du premier corps de cavalerie, et de tourner l'ennemi, afin de lui couper le chemin de Châlons. L'ennemi, qui s'aperçut de ce mouvement, se mit en désordre. Le duc de Raguse fit enlever le village de Champ-Aubert. Au même instant, les cuirassiers chargèrent à la droite, et acculèrent les Russes à un bois et à un lac entre la route d'Epernay et celle de Châlons. L'ennemi avait peu de cavalerie; se voyant sans retraite, ses masses se mêlèrent. Artillerie, infanterie, cavalerie, tout s'enfuit pêle-mêle dans les bois; deux mille se noyèrent dans le lac. Trente pièces de canon et deux cents voitures furent prises. Le général en chef, les généraux, les colonels, plus de cent officiers et quatre cents hommes furent faits prisonniers.

Ce corps de deux divisions et douze régimens devait présenter une force de dix-huit mille hommes : mais les maladies, les longues marches, les combats, l'avaient réduit à huit mille hommes : quinze cents à peine sont parvenus à s'échapper à la faveur des bois et de l'obscurité. Le général Blücher était resté à son quartier-général des Vertus, où il a été témoin des désastres de cette partie de son armée sans pouvoir y porter remède.

Aucun homme de la garde n'a été engagé, à l'exception de deux des quatre escadrons de service, qui se sont vaillamment comportés. Les cuirassiers du premier corps de cavalerie ont montré la plus rare intrépidité.

A huit heures du soir, le général Nansouty ayant débouché sur la chaussée, se porta sur Montmirail avec les divisions de cavalerie de la garde des généraux Colbert et Laferrière, s'empara de la ville et de six cents cosaques qui l'occupaient.

Le 11, à cinq heures du matin, la division de cavalerie du général Guyot se porta également sur Montmirail. Différentes divisions d'infanterie furent retardées dans leur mouvement par la nécessité d'attendre leur artillerie. Les chemins de Sézanne à Champ-Aubert sont affreux. Notre artillerie n'a pu s'en tirer que par la constance des canonniers et qu'au moyen des secours fournis avec empressement par les habitans, qui ont amené leurs chevaux.

Le combat de Champ-Aubert, où une partie de l'armée russe a été détruite, ne nous a pas coûté plus de deux cents hommes tués ou blessés. Le général de division comte Lagrange est du nombre de ces derniers; il a été légèrement blessé à la tête.

L'empereur arriva le 11, à dix heures du matin, à une demi-lieue en avant de Montmirail. Le général Nansouty était en position avec la cavalerie de la garde, et contenait l'armée de Sacken, qui commençait à se présenter. Instruit du désastre d'une partie de l'armée russe, ce général avait quitté la Ferté-sous-Jouarre le 10 à neuf heures du soir, et marché toute la nuit. Le général Yorck avait également quitté Château-Thierry. A onze heures du matin, le 11, il commençait à se former, et tout présageait la bataille de Montmirail, dont l'issue était d'une si haute importance. Le duc de Raguse, avec son corps et le premier corps de cavalerie, avait porté son quartier-général à Etoges, sur la route de Châlons.

La division Ricart et la vieille garde arrivèrent sur les dix heures du matin. L'empereur ordonna au prince de la Moskwa de garnir le village de Marchais, par où l'ennemi paraissait vouloir déboucher. Ce village fut défendu par la brave division du général Ricart avec une rare constance ; il fut pris et repris plusieurs fois dans la journée.

A midi, l'empereur ordonna au général Nansouty de se porter sur la droite, coupant la route de Château-Thierry, et forma les seize bataillons de la première division de la vieille garde sous le commandement du général Friant en une seule colonne le long de la route, chaque colonne de bataillon étant éloignée de cent pas.

Pendant ce temps, nos batteries d'artillerie arrivaient successivement. A trois heures, le duc de Trévise, avec les seize bataillons de la deuxième division de la vieille garde, qui étaient partis le matin de Sézanne, déboucha sur Montmirail.

L'empereur aurait voulu attendre l'arrivée des autres divisions ; mais la nuit approchait. Il ordonna au général Friant de marcher avec quatre bataillons de la vieille garde, dont deux du deuxième régiment de grenadiers et deux du deuxième régiment de chasseurs, sur la ferme de l'Epine-aux-Bois, qui était la clef de la position, et de l'enlever. Le duc de Trévise se porta avec six bataillons de la deuxième division de la vieille garde sur la droite de l'attaque du général Friant.

De la position de la ferme de l'Epine-aux-Bois dépendait le succès de la journée. L'ennemi le sentait. Il y avait placé quarante pièces de canon ; il avait garni les haies d'un triple rang de tirailleurs, et formé en arrière des masses d'infanterie.

Cependant, pour rendre cette attaque plus facile, l'empereur ordonna au général Nansouty de s'étendre sur la droite, ce qui donna à l'ennemi l'inquiétude d'être coupé et le força de dégarnir une partie de son centre pour soutenir sa droite. Au même moment, il ordonna au général Ricart de céder une partie du village de Marchais, ce qui porta aussi l'ennemi à dégarnir son centre pour renforcer cette attaque.

dans la réussite de laquelle il supposait qu'était le gain de la bataille.

Aussitôt que le général Friant eut commencé son mouvement, et que l'ennemi eut dégarni son centre pour profiter de l'apparence d'un succès qu'il croyait réel, le général Friant s'élança sur la ferme de la Haute-Epine avec les quatre bataillons de la vieille garde. Ils abordèrent l'ennemi au pas de course, et firent sur lui l'effet de la tête de Méduse. Le prince de la Moskwa marchait le premier, et leur montrait le chemin de l'honneur. Les tirailleurs se retirèrent épouvantés sur les masses qui furent attaquées. L'artillerie ne put plus jouer; la fusillade devint alors effroyable, et le succès était balancé; mais au même moment, le général Guyot, à la tête du premier de lanciers, des vieux dragons et des vieux grenadiers de la garde impériale, qui défilaient sur la grande route au grand trot et aux cris de *vive l'empereur*, passa à la droite de la Haute-Epine; ils se jetèrent sur les derrières des masses d'infanterie, les rompirent, les mirent en désordre, et tuèrent tout ce qui ne fut pas fait prisonnier. Le duc de Trévise, avec six bataillons de la division du général Michel, secondait alors l'attaque de la vieille garde, arrivait au bois, enlevait le village de Fontenelle, et prenait tout un parc ennemi.

La division des gardes d'honneur défila après la vieille garde sur la grande route, et arrivée à la hauteur de l'Epine-aux-Bois, fit un à gauche pour enlever ce qui s'était avancé sur le village de Marchais. Le général Bertrand, grand-maréchal du palais, et le maréchal duc de Dantzick, à la tête de deux bataillons de la vieille garde, marchèrent en avant sur le village et le mirent entre deux feux. Tout ce qui s'y trouvait fut pris ou tué.

En moins d'un quart d'heure, un profond silence succéda au bruit du canon et d'une épouvantable fusillade. L'ennemi ne chercha plus son salut que dans la fuite : généraux, officiers, soldats, infanterie, cavalerie, artillerie, tout s'enfuit pêle-mêle.

A huit heures du soir, la nuit étant obscure, il fallut prendre position. L'empereur prit son quartier-général à la ferme de l'Epine-aux-Bois.

Le général Michel, de la garde, a été blessé d'une balle au bras. Notre perte s'élève au plus à mille hommes tués ou blessés. Celle de l'ennemi est au moins de huit mille tués ou prisonniers ; on lui a pris beaucoup de canons et six drapeaux. Cette mémorable journée, qui confond l'orgueil et la jactance de l'ennemi, a anéanti l'élite de l'armée russe. Le quart de notre armée n'a pas été engagé.

Le lendemain 12, à neuf heures du matin, le duc de Trévise suivit l'ennemi sur la route de Château-Thierry. L'empereur, avec deux divisions de cavalerie de la garde et quelques bataillons, se rendit à Vieux-Maisons, et de là prit la route qui va droit à Château-Thierry. L'ennemi soutenait sa retraite avec huit bataillons qui étaient arrivés tard la veille et qui n'avaient pas donné. Il les appuyait de quelques escadrons et de trois pièces de canon. Arrivé au petit village des Carquerets, il parut vouloir défendre la position qui est derrière le ruisseau, et couvrir le chemin de Château-Thierry.

Une compagnie de la vieille garde se porta sur la Petite-Noue, culbuta les tirailleurs de l'ennemi, qui fut poursuivi jusqu'à sa dernière position. Six bataillons de la vieille garde à toute distance de déploiement, occupaient la plaine, à cheval sur la grande route.

Le général Nansouty, avec les divisions de cavalerie des généraux Laferrière et Defrance, eut ordre de faire un mouvement à droite et de se porter entre Château-Thierry et l'arrière-garde ennemie. Ce mouvement fut exécuté avec autant d'habileté que d'intrépidité.

La cavalerie ennemie se porta de tous les points sur sa gauche pour s'opposer à la cavalerie française; elle fut culbutée et forcée de disparaître du champ de bataille.

Le brave général Letort, avec les dragons de la seconde division de la garde, après avoir repoussé la cavalerie de l'ennemi, s'élança sur les flancs et les derrières de huit masses d'infanterie qui formaient l'arrière-garde ennemie. Cette division brûlait d'égaler ce que les chevau-légers, les dragons et les grenadiers à cheval du général Guyot avaient fait la veille. Elle enveloppa de tous côtés ces masses, et en fit un horrible carnage. Les trois pièces de canon, le général russe Freudenreich, qui commandait cette arrière-garde, ont été pris. Tout ce qui composait ses bataillons a été tué ou fait prisonnier. Le nombre de prisonniers faits dans cette brillante affaire s'élève à plus de deux mille hommes. Le colonel Curely, du dixième de hussards, s'est fait remarquer. Nous arrivâmes alors sur les hauteurs de Château-Thierry, d'où nous vîmes les restes de cette armée fuyant dans le plus grand désordre, et gagnant en toute hâte ses ponts. Les grandes routes leur étaient coupées; ils cherchèrent leur salut sur la rive droite de la Marne. Le prince Guillaume de Prusse, qui était resté à Château-Thierry avec une réserve de deux mille hommes, s'avança à la tête des faubourgs pour protéger la fuite de cette masse désorganisée. Deux bataillons de la garde arrivèrent alors au pas de course. A leur aspect, le faubourg et la rive gauche furent nétoyés; l'ennemi brûla ses ponts, et démasqua sur la rive droite une batterie de douze pièces de canon: cinq cents hommes de la réserve du prince Guillaume ont été pris.

Le 12 au soir, l'empereur a pris son quartier-général au petit château de Nesle.

Le 13, dès la pointe du jour, on s'est occupé à réparer les ponts de Château-Thierry.

L'ennemi ne pouvant se retirer ni sur la route d'Epernay, qui lui était coupée, ni sur celle qui passe par la ville de Soissons, que nous occupons, a pris la traverse dans la direction de Reims. Les habitans assurent que de toute cette armée il n'est pas passé à Château-Thierry dix mille hommes, dans le plus grand désordre. Peu de jours auparavant, ils l'avaient vue florissante et pleine de jactance. Le général d'Yorck disait que dix obusiers suffiraient pour se rendre maître de Paris. En allant, ces troupes ne parlaient que de Paris; en revenant, c'est la paix qu'elles invoquaient.

On ne peut se faire une idée des excès auxquels se livrent les cosaques; il n'est point de vexations, de cruautés, de crimes que ces hordes de barbares n'aient commis. Les paysans les poursuivent, les attaquent dans les bois comme des bêtes féroces, s'en saisissent et les mènent partout où il y a des troupes françaises. Hier, ils en ont conduit plus de trois cents à Vieux-Maisons. Tous ceux qui se sont cachés dans les bois pour échapper aux vainqueurs, tombent dans leurs mains, et augmentent à chaque instant le nombre des prisonniers.

Le 15 février au matin.

A S. M. l'impératrice-reine et régente.

Le 13, à trois heures après midi, le pont de Château-Thierry fut raccommodé. Le duc de Trévise passa la Marne, et se mit à la suite de l'ennemi, qui, dans un épouvantable désordre, paraît s'être retiré sur Soissons et sur Reims, par la route de traverse de la Fère en Tardenois.

Le général Blücher, commandant en chef toute l'armée de Silésie, était constamment resté à Vertus pendant les trois jours qui ont anéanti son armée. Il recueillit douze cents hommes des débris du corps du général Alsuffiew battu à

Champ-Aubert, qu'il réunit à une division russe du corps de Langeron, arrivée de Mayence et commandée par le lieutenant-général Ouroussoff. Il était trop faible pour entreprendre quelque chose; mais le 13 il fut joint par un corps prussien du général Kleist, composé de quatre brigades. Il se mit alors à la tête de ces vingt mille hommes et marcha contre le duc de Raguse, qui occupait toujours Etoges. Dans la nuit du 13 au 14, ne jugeant pas ses forces suffisantes pour se mesurer contre l'ennemi, le duc de Raguse se mit en retraite et s'appuya sur Montmirail, où il était de sa personne le 14 à sept heures du matin.

L'empereur partit le même jour de Château-Thierry à quatre heures du matin, et arriva à huit heures à Montmirail. Il fit sur-le-champ attaquer l'ennemi, qui venait de prendre position avec le corps de ses troupes au village de Vauchamp. Le duc de Raguse attaqua ce village. Le général Grouchy, à la tête de la cavalerie, tourna la droite de l'ennemi par les villages et par les bois, et se porta à une lieue au-delà de la position de l'ennemi. Pendant que le village de Vauchamp était attaqué vigoureusement, défendu de même, pris et repris plusieurs fois, le général Grouchy arriva sur les derrières de l'ennemi, entoura et sabra trois carrés, et accula le reste dans les bois. Au même instant, l'empereur fit charger par notre droite ses quatre escadrons de service, commandés par le chef d'escadron de la garde La Biffe. Cette charge fut aussi brillante qu'heureuse. Un carré de deux mille hommes fut enfoncé et pris. Toute la cavalerie de la garde arriva alors au grand trot, et l'ennemi fut poussé l'épée dans les reins. A deux heures, nous étions au village de Fromentières; l'ennemi avait perdu six mille hommes faits prisonniers, dix drapeaux et trois pièces de canon.

L'empereur ordonna au général Grouchy de se porter sur Champ-Aubert à une lieue sur les derrières de l'ennemi. En effet, l'ennemi continuant sa retraite, arriva sur ce point à la nuit. Il était entouré de tous côtés, et tout aurait été pris si le mauvais état des chemins avait permis à douze pièces d'artillerie légère de suivre la cavalerie du général Grouchy. Toutefois, et quoique la nuit fût obscure, trois carrés de cette infanterie furent enfoncés, tués ou pris, et les autres poursuivis vivement jusqu'à Etoges; la cavalerie s'empara aussi de trois pièces de canon. L'arrière-garde ennemie était faite par la division russe; elle fut attaquée par le premier régiment de marine du duc de Raguse, abordée à la baïonnette, rompue, et on lui fit mille prisonniers, avec le lieutenant-général Ouroussoff qui la commandait, et plusieurs colonels.

Les résultats de cette brillante journée sont dix mille prisonniers, dix pièces de canon, dix drapeaux et un grand nombre d'hommes tués à l'ennemi.

Notre perte n'excède pas trois ou quatre cents hommes tués ou blessés; ce qui est dû à la manière franche dont les troupes ont abordé l'ennemi et à la supériorité de notre cavalerie qui le décida, aussitôt qu'il s'en aperçut, à mettre son artillerie en retraite; de sorte qu'il a marché constamment sous la mitraille de soixante bouches à feu, et que des soixante pièces de canon qu'il avait, il ne nous en a opposé que deux ou trois.

Le prince de Neufchâtel, le grand-maréchal du palais, comte Bertrand, le duc de Dantzick et le prince de la Moskwa, ont constamment été à la tête des troupes.

Le général Grouchy fait le plus grand éloge des divisions de cavalerie Saint-Germain et Doumerc. La cavalerie de la garde s'est couverte de gloire; rien n'égale son intrépidité. Le général Lion, de la garde, a été légèrement blessé. Le duc de Raguse fait une mention particulière du premier régiment de marine; le reste de l'infanterie, soit de la garde, soit de la ligne, n'a pas tiré un coup de fusil.

Ainsi, cette armée de Silésie, composée des corps russes de Sacken et de Langeron, des corps prussiens d'Yorck et de Kleist, et forte de près de quatre-vingt mille hommes, a été, en quatre jours, battue, dispersée, anéantie, sans affaire générale, et sans occasioner aucune perte proportionnée à de si grands résultats.

Le 17 février au matin.

A S. M. l'impératrice-reine et régente.

L'empereur, en partant de Nogent le 9, pour manœuvrer sur les corps ennemis qui s'avançaient par la Ferté et Meaux sur Paris, laissa les corps du duc de Bellune et du général Gérard en avant de Nogent; le septième corps du duc de Reggio, à Provins, chargé de la défense des ponts de Bray et de Montereau, et le général Pajol sur Montereau et Melun.

Le duc de Bellune, ayant eu avis que plusieurs divisions de l'armée autrichienne avaient marché de Troyes, dans la journée du 10, pour s'avancer sur Nogent, fit repasser la Seine à son corps d'armée, laissant le général Bourmont avec douze cents hommes à Nogent pour la défense de la ville.

L'ennemi se présenta le 11 pour entrer dans Nogent. Il renouvela ses attaques toute la journée, et toujours en vain; il fut vivement repoussé, avec perte de quinze cents hommes tués ou blessés.

Le général Bourmont avait barricadé les rues, crénelé les maisons, et pris toutes ses mesures pour une vigoureuse défense. Ce général, qui est un officier de distinction, fut blessé au genou; le colonel Ravier le remplaça. L'ennemi renouvela l'attaque le 12, mais toujours infructueusement. Nos jeunes troupes se sont couvertes de gloire.

Ces deux journées ont coûté à l'ennemi plus de deux mille hommes.

Le duc de Bellune, ayant appris que l'ennemi avait passé à Bray, jugea convenable de faire couper le pont de Nogent, et se porta sur Nangis. Le duc de Reggio ordonna de faire sauter les ponts de Montereau et de Melun, et se retira sur la rivière d'Yères.

Le 16, l'empereur est arrivé sur l'Yères, et a porté son quartier-général à Guignes.

Le soir de la bataille de Vauchamp (le 14), le duc de Raguse fit attaquer l'ennemi à huit heures sur Etoges; il lui a pris neuf pièces de canon, et il a achevé la destruction de la division russe : on a compté sur ce seul point, au champ de bataille, treize cents morts.

Les succès obtenus à la bataille de Vauchamp ont été beaucoup plus considérables qu'on ne l'a annoncé.

L'exaspération des habitans de la campagne est à son comble. Les atrocités commises par les cosaques surpassent tout ce que l'on peut imaginer. Dans leur féroce ivresse, ils ont porté leurs attentats sur des femmes de soixante ans et sur des jeunes filles de douze; ils ont ravagé et détruit les habitations. Les paysans, ne respirant que la vengeance, conduits par des vieux militaires réformés, et armés avec des fusils de l'ennemi ramassés sur le champ de bataille, battent les bois, et font main-basse sur tout ce qu'ils rencontrent : on estime déjà à plus de deux mille hommes ceux qu'ils ont pris; ils en ont tué plusieurs centaines. Les Russes épouvantés se rendent à nos colonnes de prisonniers, pour y trouver un asile. Les mêmes causes produiront les mêmes effets dans tout l'empire; et ces armées, qui entraient, disaient-elles, sur notre territoire pour y porter la paix, le bonheur, les sciences et les arts, y trouveront leur anéantissement.

A. S. l'impératrice-reine et régente.

L'empereur a fait marcher, le 18 au matin, sur les ponts de Bray et de Montereau.

Le duc de Reggio s'est porté sur Provins.

S. M. étant informée que le corps du général de Wrede et des Wurtembergeois était en position à Montereau, s'y est porté avec les corps du duc de Bellune et du général Gérard, la garde à pied et à cheval.

De son côté, le général Pajol marchait de Melun sur Montereau.

L'ennemi a défendu la position.

Il a été culbuté et si vivement, que la ville et les ponts sur l'Yonne et la Seine ont été enlevés de vive force; de sorte que ces ponts sont intacts, et nous les passons pour suivre l'ennemi.

Nous avons dans ce moment environ trois mille prisonniers bavarois et wurtembergeois, dont un général et cinq pièces de canon.

Le 19 février 1813.

A S. M. l'impératrice-reine et régente.

Le duc de Raguse marchait sur Châlons lorsqu'il apprit qu'une colonne de la garde impériale russe, composée de deux divisions de grenadiers, se portait sur Montmirail. Il fit volte-face, marcha à l'ennemi, lui prit trois cents hommes, le repoussa sur Sézanne, d'où les mouvemens de l'empereur ont obligé ce corps à se porter à marches forcées sur Troyes.

Le comte Grouchy, avec la division d'infanterie du général Leval et trois divisions du deuxième corps de cavalerie, passait à la Ferté-sous-Jouarre.

Les avant-postes du duc de Trévise étaient entrés à Soissons.

Le 17, à la pointe du jour, l'empereur a marché de Guignes sur Nangis. Le combat de Nangis a été des plus brillans.

Le général en chef russe Wittgenstein était à Nangis avec trois divisions qui formaient son corps d'armée.

Le général Pahlen, commandant les troisième et quatorzième divisions russes et beaucoup de cavalerie, était à Mormant.

Le général de division Gérard, officier de la plus haute espérance, déboucha au village de Mormant sur l'ennemi. Un bataillon du trente-deuxième régiment d'infanterie, toujours digne de son ancienne réputation, qui le fit distinguer il y a vingt ans par l'empereur aux batailles de Castiglione, entra dans le village au pas de charge. Le comte de Valmy, à la tête des dragons du général Treilhard venant d'Espagne, et qui arrivaient à l'armée, tourna le village par sa gauche. Le comte Milhaud, avec le cinquième corps de cavalerie, le tourna par sa droite. Le comte Drouot s'avança avec de nombreuses batteries. Dans un instant tout fut décidé. Les carrés formés par les divisions russes furent enfoncés. Tout fut pris, généraux et officiers : six mille prisonniers, dix mille fusils, seize pièces de canon et quarante caissons sont tombés en notre pouvoir. Le général Wittgenstein a manqué d'être pris : il s'est sauvé en toute hâte sur Nogent. Il avait annoncé au sieur Billy, chez lequel il logeait à Provins, qu'il serait le 18 à Paris. En retournant, il ne s'arrêta qu'un quart d'heure, et eut la franchise de dire à son hôte : « J'ai été bien battu ; deux de mes divisions ont été prises ; dans deux heures vous verrez les Français. »

Le comte de Valmy se porta sur Provins, avec le duc de Reggio ; le duc de Tarente sur Donnemarie.

Le duc de Bellune marcha sur Villeneuve-le-Comte. Le général de Wrede, avec ses deux divisions bavaroises, y était en position. Le général Gérard les attaqua et les mit en déroute. Les huit ou dix mille hommes qui composaient le corps bavarois étaient perdus, si le général Lhéritier, qui commande une division de dragons, avait chargé comme il le devait; mais ce général, qui s'est distingué dans tant d'occasions, a manqué celle qui s'offrait à lui. L'empereur lui en a fait témoigner son mécontentement. Il ne l'a pas fait traduire à un conseil d'enquête, certain que, comme à Hoff en Prusse et à Znaïm en Moravie, où il commandait le dixième régiment de cuirassiers, il méritera des éloges, et réparera sa faute.

S. M. a témoigné sa satisfaction au comte de Valmy, au général Treilhard et à sa division, au général Gérard et à son corps d'armée.

L'empereur a passé la nuit du 17 au 18 au château de Nangis.

Le 18, à la pointe du jour, le général Chateau s'est porté sur Montereau. Le duc de Bellune devait y arriver le 17 au soir. Il s'est arrêté à Salins : c'est une faute grave. L'occupation des ponts de Montereau aurait fait gagner à l'empereur un jour, et permis de prendre l'armée autrichienne en flagrant délit.

Le général Chateau arriva devant Montereau à dix heures du matin ; mais dès neuf heures le général Bianchi, commandant le premier corps autrichien, avait pris position avec deux divisions autrichiennes et la division wurtembergeoise, sur les hauteurs en avant de Montereau, couvrant les ponts et la ville. Le général Chateau l'attaqua; n'étant pas soutenu par les autres divisions du corps d'armée, il fut repoussé. Le sieur Lecouteulx, qui avait été envoyé le matin en reconnaissance, ayant eu son cheval tué, a été pris. C'est un intrépide jeune homme.

Le général Gérard soutint le combat pendant toute la matinée. L'empereur s'y porta au galop. A deux heures après-midi, il fit attaquer le plateau. Le général Pajol, qui marchait par la route de Melun, arriva sur ces entrefaites, exécuta une belle charge, culbuta l'ennemi et le jeta dans la Seine et dans l'Yonne. Les braves chasseurs du septième débouchèrent sur les ponts, que la mitraille de plus de soixante pièces de canon empêcha de faire sauter, et nous obtînmes le double résultat de pouvoir passer les ponts au pas de charge, de prendre quatre mille hommes, quatre drapeaux, six pièces de canon, et de tuer quatre à cinq mille hommes à l'ennemi.

Les escadrons de service de la garde débouchèrent dans la plaine. Le général Duhesme, officier d'une rare intrépidité et d'une longue expérience, déboucha sur le chemin de Sens; l'ennemi fut poussé dans toutes les directions, et notre armée défila sur les ponts. La vieille garde n'eut qu'à se montrer: l'ardeur des troupes du général Gérard et du général Pajol l'empêcha de participer à l'affaire.

Les habitans de Montereau n'étaient pas restés oisifs; des coups de fusil tirés par les fenêtres augmentèrent les embarras de l'ennemi. Les Autrichiens et les Wurtembergeois jetèrent leurs armes. Un général wurtembergeois a été tué. Un général autrichien a été pris, ainsi que plusieurs colonels, parmi lesquels se trouve le colonel du régiment de Collorédo, pris avec son état-major et son drapeau.

Dans la même journée, les généraux Charpentier et Alix débouchèrent de Melun, traversèrent la forêt de Fontainebleau et en chassèrent les cosaques et une brigade autrichienne. Le général Alix arriva à Moret.

Le duc de Tarente arriva devant Bray.

Le duc de Reggio poursuivit les partis ennemis de Provins sur Nogent.

Le général de brigade Montbrun, qui avait été chargé avec dix-huit cents hommes, de défendre Moret et Fontainebleau, les avait abandonnés et s'était retiré sur Essonne. Cependant la forêt de Fontainebleau pouvait être disputée pied à pied.

Le major-général a ordonné la suspension du général Montbrun et l'a envoyé devant un conseil d'enquête.

Une perte qui a sensiblement affecté l'empereur est celle du général Chateau. Ce jeune officier, qui donnait les plus grandes espérances, a été blessé mortellement sur le pont de Montereau, où il était avec les tirailleurs. S'il meurt, et le rapport des chirurgiens donne peu d'espoir, il mourra du moins accompagné des regrets de toute l'armée, mort digne d'envie et bien préférable à l'existence, pour tout militaire qui ne la conserverait qu'en survivant à sa réputation, et en étouffant les sentimens que doivent lui inspirer dans ces grandes circonstances la défense de la patrie et l'honneur du nom français.

Le palais de Fontainebleau a été conservé. Le général autrichien Hardeck, qui est entré dans la ville, y avait placé des sentinelles pour le défendre des excès des cosaques, qui sont cependant parvenus à piller des portiers et a enlever des couvertures dans les écuries. Les habitans ne se plaignent point des Autrichiens, mais de ces Tartares, monstres qui déshonorent le souverain qui les emploie et les armées qui les protégent. Ces brigands sont couverts d'or et de bijoux. On a trouvé jusqu'à huit et dix montres sur ceux que les soldats et les paysans ont tués : ce sont de véritables voleurs de grands chemins.

L'empereur a rencontré dans sa marche les gardes nationales de Brest et du Poitou. Il les a passées en revue : « Montrez, leur dit-il, de quoi sont capables les hommes de l'Ouest ; ils furent de tout temps les fidèles défenseurs de leur pays, et les plus fermes appuis de la monarchie. »

S. M. a passé la nuit du 19 au château de Surville, situé sur les hauteurs de Montereau.

Les habitans se plaignent beaucoup des vexations du prince royal de Wurtemberg.

Ainsi, l'armée de Schwartzenberg se trouve entamée par la défaite de Kleist, ce corps en ayant toujours fait partie, par la défaite de Wittgenstein, par celle du corps bavarois, de la division wurtembergeoise et du corps du général Bianchi.

L'empereur a accordé aux trois divisions de la vieille garde à cheval cinq cents décorations de la légion-d'honneur; il en a accordé également à la vieille garde à pied. Il en a donné cent à la cavalerie du général Treilhard, et un pareil nombre à celle du général Milhaud.

On a recueilli une grande quantité de décorations de Saint-Georges, de Saint-Wladimir, de Sainte-Anne, prises sur les hommes qui couvrent les différens champs de bataille.

Notre perte dans les combats de Nangis et de Montereau ne s'élève pas à plus quatre cents hommes tués ou blessés, ce qui, quoique invraisemblable, est pourtant l'exacte vérité.

La ville d'Epernay ayant eu connaissance des succès de notre armée, a sonné le tocsin, barricadé ses rues, refusé le passage à une colonne de deux mille hommes et fait des prisonniers. Que cet exemple soit imité partout, et il est à présumer que bien peu d'hommes des armées ennemies repasseront le Rhin.

Les villes de Guise et de Saint-Quentin ont aussi fermé leurs portes et déclaré qu'elles ne les ouvriraient que s'il se présentait devant elles des forces suffisantes et de l'infanterie. Elles n'ont pas fait comme Reims, qui a eu la faiblesse d'ouvrir ses portes à cent cinquante cosaques, et qui, pendant huit jours, les a complimentés et bien traités. Nos annales conserveront le souvenir des populations qui ont manqué à ce qu'elles devaient à elles-mêmes et à l'honneur. Elles exalteront, au contraire, celles qui, comme Lyon, Chalons-sur-Saône, Tournus, Sens, Saint-Jean-de-Losnes, Vitry, Châlons-sur-Marne, ont payé leurs dettes envers la patrie, et se sont souvenues de ce qu'exigeait la gloire du nom français.

La Franche-Comté, les Vosges et l'Alsace ne l'oublieront pas au moment du mouvement rétrograde des alliés. Le duc de Castiglione, qui a réuni à Lyon une armée d'élite, marche pour fermer la retraite aux ennemis.

Le 21 février 1814.

A. S. M. l'impératrice-reine et régente.

Le baron Marulaz, commandant à Besançon, écrit ce qui suit :

Le 31 janvier, l'ennemi a fait une attaque du côté de Bréguille, dans la nuit ; il a fait jouer sur la ville deux batteries d'obusiers et de canons, et il a tenté une attaque sur le fort de Chaudonne : il a partout été repoussé, aux cris de *vive l'empereur*. Il a perdu plus de douze cents hommes. Quelque part que l'ennemi se présente, nous sommes en mesure de le bien recevoir.

Tous les cosaques qui s'étaient répandus jusqu'à Orléans, se reploient en toute hâte. Partout les paysans les poursuivent, en prennent et en tuent un grand nombre. A Nogent, ces Tartares, qui n'ont rien d'humain, ont incendié des granges, auxquelles ils mettaient le feu à la main. Les habitans étant sortis pour venir l'éteindre, les cosaques les ont chargés et ont rallumé le feu. Dans un village de l'Yonne, les cosaques s'amusant à incendier une belle ferme, le tocsin sonna, et les habitans en jetèrent une trentaine dans les flammes.

L'empereur Alexandre a couché le 17 à Bray ; il avait fait marquer son quartier-général pour le jour suivant à Fontainebleau. L'empereur d'Autriche n'a pas quitté Troyes.

L'empereur Napoléon a eu le 20 au soir son quartier-général à Nogent.

Toute l'armée entière se dirige sur Troyes.

Le général Gérard est arrivé avec son corps et la division de cavalerie du général Roussel, à Sens; il a son avant-garde à Villeneuve-l'Archevêque. L'avant-garde du duc de Reggio est à moitié chemin de Nogent à Troyes, à Châtres et à Mesgrigny; celle du duc de Tarente est à Pavillon. Le duc de Raguse est à Sézanne, observant les mouvemens du général Witzingerode, qui, ayant quitté Soissons, s'est porté par Reims sur Châlons, pour se réunir aux débris du général Blücher. Le duc de Raguse tomberait sur son flanc gauche s'il s'engageait de nouveau.

Soissons est une place à l'abri d'un coup de main. Le général Witzingerode, à la tête de quatre à cinq mille hommes de troupes légères, la somma de se rendre. Le général Rusca répondit comme il le devait. Witzingerode mit ses douze pièces de canon en batterie; malheureusement le premier coup tua le général Rusca. Mille hommes de gardes nationales étaient la seule garnison qu'il y eût dans la place; ils s'épouvantèrent, et l'ennemi entra à Soissons, où il commit toutes les horreurs imaginables. Les généraux qui se trouvaient dans la place, et qui devaient prendre le commandement à la mort du général Rusca, seront traduits à un conseil d'enquête; car cette ville ne devait pas être prise.

Le duc de Trévise à réoccupé Soissons le 19, et en a réorganisé la défense.

Le général Vincent écrit de Château-Thierry que deux cent cinquante coureurs ennemis étant revenus à Fère-en-Tardenoy, M. d'Arbaud-Missun s'est porté contre eux, avec soixante chevaux du troisième régiment des gardes-d'honneur qu'il a réunis, et avec le secours des gardes nationaux des villages, il a battu ces coureurs, en a tué plusieurs, et a chassé le reste.

Le général Milhaud a rencontré l'ennemi à Saint-Martin-le Bosnay, sur la vieille route de Nogent à Troyes. L'ennemi avait huit cents chevaux environ. Il l'a fait attaquer par trois cents hommes, qui l'ont culbuté, lui ont fait cent soixante prisonniers, tué une vingtaine d'hommes et pris une centaine de chevaux. Il a poursuivi l'ennemi et le poursuit encore l'épée dans les reins.

Le duc de Castiglione part de Lyon avec un corps d'armée considérable, composé de troupes d'élite, pour se porter en Franche-Comté et en Suisse.

Le congrès de Châtillon continue toujours, mais l'ennemi y porte toute espèce d'entraves. Les cosaques arrêtent à chaque pas les courriers, et leur font faire des détours tels, que, quoiqu'on ne soit qu'à trente lieues de Châtillon en ligne droite, les courriers n'arrivent qu'après quatre à cinq jours de course. C'est la première fois qu'on viole ainsi le droit des gens. Chez les nations les moins civilisées, les courriers des ambassadeurs sont respectés, et aucun empêchement n'est mis aux communications des négociateurs avec leur gouvernement.

Les habitans de Paris devaient s'attendre aux plus grands malheurs, si, l'ennemi parvenant à leurs portes, ils lui eussent livré leur ville sans défense. Le pillage, la devastation et l'incendie auraient fini les destinées de cette belle capitale.

Le froid est extrêmement vif. Cette circonstance a été favorables à nos ennemis, puisqu'elle leur a permis d'évacuer leur artillerie et leurs bagages par tous les chemins. Sans cela, plus de la moitié de leurs voitures seraient tombées en notre pouvoir.

Le 24 février 1814.

A S. M. l'impératrice-reine et régente.

L'empereur s'est rendu le 22, à deux heures après midi, dans la petite ville de Méry-sur-Seine.

Le général Boyer a attaqué à Mery les débris des corps des généraux Blücher, Sacken et Yorck, qui avaient passé l'Aube pour rejoindre l'armée du prince de Schwartzenberg à Troyes. Le général Boyer a poussé l'ennemi au pas de charge, l'a culbuté et s'est emparé de la ville. L'ennemi, dans sa rage, y a mis le feu avec tant de rapidité, qu'il a été impossible de traverser l'incendie pour le poursuivre. Nous avons fait une centaine de prisonniers.

Du 22 au 23, l'empereur a eu son quartier-général au petit bourg de Châtres.

Le 23, le prince Wenzel-Lichtenstein est arrivé au quartier-général. Ce nouveau parlementaire était envoyé par le prince Schwartzenberg pour proposer un armistice.

Le général Milhaud, commandant la cavalerie du cinquième corps, a fait prisonniers deux cents hommes à cheval, entre Pavillon et Troyes.

Le général Gérard, parti de Sens et marchant par Villeneuve-l'Archevêque, Villemont et Saint-Liebaut, a rencontré l'arrière-garde du prince Maurice de Lichtenstein, lui a pris six pièces de canon et six cents hommes montés, qui ont été entourés par la brave division de cavalerie du général Roussel.

Le 23, nos troupes investissaient Troyes de tous côtés. Un aide-de-camp russe est venu aux avant-postes, pour demander le temps d'évacuer la ville, sans quoi elle serait brûlée. Cette considération a arrêté les mouvemens de l'empereur.

La ville a été évacuée dans la nuit, et nous y sommes entrés ce matin.

Il est impossible de se faire une idée des vexations auxquelles les habitans ont été en proie pendant les dix-sept jours de l'occupation de l'ennemi. On se peindrait aussi difficilement l'enthousiasme et l'exaltation des sentimens qu'ils ont montrés à l'arrivée de l'empereur. Une mère qui voit ses enfans arrachés à la mort, des esclaves qui voient briser leurs fers après la captivité la plus cruelle, n'éprouvent pas une joie plus vive que celle que les habitans de Troyes ont manifestée. Leur conduite a été honorable et digne d'éloges. Le théâtre a été ouvert tous les soirs, mais aucun homme, aucune femme, même des classes inférieures, n'a voulu y paraître.

Le sieur Gau, ancien émigré, et le sieur Viderange, ancien garde-du-corps, se sont prononcés en faveur de l'ennemi, et ont porté la croix de Saint-Louis. Ils ont été traduits devant une commission prévôtale et condamnés à mort. Le premier a subi son jugement; le deuxième a été condamné par contumace.

La population entière demande à marcher. « Vous aviez bien raison, s'écriaient les habitans, en entourant l'empereur, de nous dire de nous lever en masse. La mort est préférable aux vexations, aux mauvais traitemens, aux cruautés que nous avons éprouvés pendant dix-sept jours. »

Dans tous les villages, les habitans sont en armes; ils font partout main-basse sur les ennemis qu'ils rencontrent. Les hommes isolés, les prisonniers se présentent d'eux-mêmes aux gendarmes, qu'ils ne regardent plus comme des gardiens, mais comme des protecteurs.

Le général Vincent écrit de Château-Thierry, le 22, que l'ennemi ayant voulu frapper des réquisitions sur les communes de Bazzy, Passi et Vincelle, les gardes nationaux se sont réunis et ont repoussé l'ennemi, après lui avoir pris et blessé plusieurs hommes. Le même général écrit à la même date, qu'un parti de cavalerie russe et prussienne s'étant approché de Château-Thierry, il l'a fait attaquer par un détachement du troisième régiment des gardes-d'honneur, commandé par le chef d'escadron d'Andlaw, et soutenu par les gardes nationales de Château-Thierry, et des communes de Blesmes et Cruzensi. L'ennemi a été chassé et mis en déroute; douze cosaques et quatorze chevaux ont été pris. Les gardes nationaux étaient à la recherche du reste de cette troupe, qui s'est sauvée dans les bois. S. M. a accordé trois décorations de la légion-d'honneur au détachement du troisième régiment des gardes-d'honneur, et un pareil nombre aux gardes nationaux.

Le comte de Valmy s'est dirigé, aujourd'hui 24, sur Bar-sur-Seine. Arrivé à Saint-Paar, il a trouvé l'arrière-garde du général Giulay, l'a fait charger, l'a mise en déroute et lui a fait douze cents prisonniers. Il est probable que le comte de Valmy sera ce soir à Bar-sur-Seine.

Le général Gérard est parti du pont de la Guillotière, soutenu par le duc de Reggio ; il s'est porté sur Lusigny, et a passé la Barce. Le général Duhesme a pris position à Montieramey, près Vandœuvre.

Le comte Flahaut, aide-de-camp de l'empereur Napoléon, le comte Ducca, aide-de-camp de l'empereur d'Autriche, le comte Schouvaloff, aide-de-camp de l'empereur de Russie, et le général de Rauch, chef du corps du génie du roi de Prusse, sont réunis à Lusigny, pour traiter des conditions d'une suspension d'armes.

Ainsi, dans la journée du 24, la capitale de la Champagne a été délivrée, et nous avons fait environ deux mille prisonniers, dont un bon nombre d'officiers. On a de plus trouvé dans les hôpitaux de la ville un millier de blessés, officiers et soldats, abandonnés par l'ennemi.

Le 27 février 1814.

A S. M. l'impératrice-reine et régente.

Le 26, le quartier-général était à Troyes.

Le duc de Reggio était à Bar-sur-Aube, avec le général Gérard, et le second corps de cavalerie, commandé par le comte de Valmy.

Le duc de Tarente avait son quartier-général à Mussy-l'Evêque, et ses avant-postes à Châtillon; il marchait sur l'Aube et sur Clairvaux.

Le duc de Castiglione, qui a sous ses ordres une armée de quarante mille hommes, dont une grande partie se compose de troupes d'élite, était en mouvement.

Le général Marchand était à Chambéry, le général Dessaix sous les murs de Genève, et le général Musnier était entré à Mâcon.

Bourg et Nantua étaient également en notre pouvoir; le général autrichien Bubna, qui avait menacé Lyon, était en retraite de tous côtés; dès le 20, on évaluait sa perte, sur différens points, à quinze cents hommes, dont six cents prisonniers.

Le prince de la Moskwa est à Arcis-sur-Aube, le duc de Bellune à Plancy, le duc de Padoue à Nogent; on marchait sur les derrières des corps de Blücher, Sacken, Yorck et Kleist, qui avaient reçu des renforts de Soissons, et qui manœuvraient sur le corps du duc de Raguse, qui se trouvait à la Ferté-Gaucher.

Le général Duhesme a enlevé Bar-sur-Aube à la baïonnette, et en faisant des prisonniers, parmi lesquels sont plusieurs officiers bavarois.

Le 5 mars 1814.

A S. M. l'impératrice-reine et régente.

S. M. l'empereur et roi avait, le 5, son quartier-général à Bery-le-Bac, sur l'Aisne.

L'armée ennemie de Blücher, Sacken, Yorck, Witzingerode et de Bulow était en retraite; sans la trahison du commandant de la ville de Soissons, qui a livré ses portes, cette armée était perdue.

Le général Corbineau est entré, le 5, à Reims, à quatre heures du matin.

Nous avons battu l'ennemi aux combats de Lisy-sur-Ourcq et de May.

Le résultat des diverses affaires, est : quatre mille prisonniers, six cents voitures de bagages, plusieurs pièces de canon, et la délivrance de la ville de Reims.

Craonne, le 7 mars 1814.

A S. M. l'impératrice-reine et régente.

Il y a eu aujourd'hui ici une bataille très-glorieuse pour les armées françaises.

S. M. l'empereur et roi a battu les corps des généraux ennemis Witzingerode, Woronzoff et Langeron, réunis aux débris du corps du général Sacken.

Nous avons déjà deux mille prisonniers et plusieurs pièces de canon.

Notre armée est à la poursuite de l'ennemi sur la route de Laon.

Le 9 mars 1814.

A S. M. l'impératrice-reine et régente.

L'armée du général Blücher, composée des débris des corps des généraux Sacken, Kleist et Yorck, se retira, après les batailles de Montmirail et de Vauchamp, par Reims, sur Châlons. Elle y reçut les deux dernières divisions du corps du général Langeron, qui étaient encore restées devant Mayence, et elle y reforma ses cadres. Sa perte avait été telle, qu'elle fut obligée de les réduire à moitié, quoiqu'il lui fût arrivé plusieurs convois de recrues de ses réserves.

L'armée dite du nord, composée de quatre divisions russes,

sous les ordres des généraux Witzingerode, Woronzoff et Strogonow, et d'une division prussienne sous les ordres du général Bulow, remplaçait, à Châlons et à Reims, l'armée de Silésie.

Celle-ci passa l'Aube à Arcis, pendant que le prince de Schwartzenberg bordait la droite de la Seine, et, par suite des combats de Nangis et de Montereau, évacuait tout le pays entre la Seine et l'Yonne.

Le 22 février, le général Blücher se présenta devant Méry. Il avait déjà passé le pont lorsque le général de division Boyer marcha sur lui à la baïonnette, le culbuta et le rejeta de l'autre côté de la rivière; mais l'ennemi mit le feu au pont et à la petite ville de Méry, et l'incendie fut si violent, que pendant quarante-huit heures il fut impossible de passer.

Le 24, le corps du duc de Reggio se porta sur Vandœuvre, et celui du duc de Tarente sur Bar-sur-Seine.

Il paraît que l'armée de Silésie s'était portée sur la gauche de l'Aube, pour se réunir à l'armée autrichienne et donner une bataille générale; mais l'ennemi ayant renoncé à ce projet, le général Blücher repassa l'Aube le 24, et se porta sur Sézanne.

Le duc de Raguse observa ce corps, retarda sa marche, et se retira devant lui sans éprouver aucune perte. Il arriva le 25 à la Ferté-Gaucher, et fit le 26, à la Ferté-sous-Jouarre, sa jonction avec le duc de Trévise, qui observait la droite de la Marne et les corps de l'armée dite du nord qui étaient à Châlons et à Reims.

Le 27, le général Sacken se porta sur Meaux, et se présenta au pont placé à la sortie de Meaux sur le chemin de Nangis, qui avait été coupé. Il fut reçu avec de la mitraille. Quelques-uns de ses coureurs s'avancèrent jusqu'au pont de Lagny.

Cependant l'empereur partit de Troyes le 27, coucha le

même jour au village d'Herbisse, le 28 au château d'Esternay, et le 1er mars à Jouarre.

L'armée de Silésie se trouvait ainsi fortement compromise. Elle n'eut d'autre parti à prendre que de passer la Marne. Elle jeta trois ponts, et se porta sur l'Ourcq.

Le général Kleist passa l'Ourcq et se portait sur Meaux par Varède. Le duc de Trévise le rencontra le 28 en position au village de Gué-à-Trême, sur la rive gauche de la Térouenne. Il l'aborda franchement. Le général Christiani, commandant une division de vieille garde, s'est couvert de gloire. L'ennemi a été poussé l'épée dans les reins pendant plusieurs lieues. On lui a pris quelques centaines d'hommes, et un grand nombre est resté sur le champ de bataille.

Dans le même temps, l'ennemi avait passé l'Ourcq à Lisy. Le duc de Raguse le rejeta sur l'autre rive.

Le mouvement de retraite de l'armée de Blücher fut prononcé. Tout filait sur la Ferté-Milon et Soissons.

L'empereur partit de la Ferté-sous-Jouarre le 3; son avant-garde fut le même jour à Rocourt.

Les ducs de Raguse et de Trévise poussaient l'arrière-garde ennemie; ils l'attaquèrent vivement le 3 à Neuilly-Saint-Front.

L'empereur arriva de bonne heure le 4 à Fismes. On fit des prisonniers et l'on prit beaucoup de voitures de bagages.

La ville de Soissons était armée de vingt pièces de canon et en état de se défendre. Le duc de Raguse et le duc de Trévise se portèrent sur cette ville pour y passer l'Aisne, tandis que l'empereur marchait sur Mezy. L'armée ennemie était dans la position la plus dangereuse; mais le général qui commandait à Soissons, par une lâcheté qu'on ne saurait définir, abandonna la place le 3, à quatre heures après midi, par une capitulation soi-disant honorable, en ce que l'ennemi lui permettait de sortir de la ville avec ses troupes et son artillerie, et se retira avec la garnison et son artillerie sur Villers-Cotterets. Au moment où l'armée ennemie se croyait perdue, elle apprit que le pont de Soissons lui appartenait et n'avait pas même été coupé. Le général qui commandait dans cette place et les membres du conseil de défense sont traduits à une commission d'enquête. Ils paraissent d'autant plus coupables, que pendant toutes les journées du 2 et du 3, on avait entendu de la ville la canonnade de notre armée qui se rapprochait de Soissons, et qu'un bataillon de la Vistule qui était dans la place, et qui ne la quitta qu'en pleurant, donnait les plus grands témoignages d'intrépidité.

Le général Corbineau, aide-de-camp de l'empereur, et le général de cavalerie Laferrière s'étaient portés sur Reims, où ils entrèrent le 5 à quatre heures du matin, en tournant un corps ennemi de quatre bataillons qui couvrait la ville, et dont les troupes furent faites prisonnières. Tout ce qui se trouvait dans Reims fut pris.

Le 5, l'empereur coucha à Bery-au-Bac. Le général Nansouty passa de vive force le pont de Bery, mit en déroute une division de cavalerie qui le couvrait, s'empara de ses deux pièces de canon, et prit trois cents cavaliers, parmi lesquels s'est trouvé le colonel prince Gagarin, qui commandait une brigade.

L'armée ennemie s'était divisée en deux parties. Les huit divisions russes de Sacken et de Witzingerode avaient pris position sur les hauteurs de Craonne, et les corps prussiens sur les hauteurs de Laon.

L'empereur vint coucher le 6 à Corbeni. Les hauteurs de Craonne furent attaquées et enlevées par deux bataillons de la garde. L'officier d'ordonnance Caraman, jeune officier d'espérance, à la tête d'un bataillon, tourna la droite. Le prince de la Moskowa marcha sur la ferme d'Urtubie. L'ennemi se retira, et prit position sur une hauteur, qu'on reconnut le 7 à la pointe du jour. C'est ce qui donna lieu à la bataille de Craoune.

Cette position était très-belle, l'ennemi ayant sa droite et sa gauche appuyées à deux ravins, et un troisième ravin devant lui. Il défendait le seul passage, d'une centaine de toises de largeur, qui joignait sa position au plateau de Craonne.

Le duc de Bellune se porta, avec deux divisions de la jeune garde, à l'abbaye de Vaucler, où l'ennemi avait mis le feu. Il l'en chassa, et passa le défilé que l'ennemi défendait avec soixante pièces de canon. Le général Drouot le franchit avec plusieurs batteries. Au même instant, le prince de la Moskowa passa le ravin de gauche et débouchait sur la droite de l'ennemi. Pendant une heure, la canonnade fut très-forte. Le général Grouchy, avec sa cavalerie, déboucha. Le général Nansouty, avec deux divisions de cavalerie, passa le ravin sur la droite de l'ennemi. Une fois le défilé franchi et l'ennemi forcé dans sa position, il fut poursuivi pendant quatre lieues, et canonné par quatre-vingts pièces de canon à mitraille; ce qui lui a causé une très-grande perte. Le plateau par lequel il se retirait ayant toujours des ravins à droite et à gauche, la cavalerie ne put le déborder et l'entamer.

L'empereur porta son quartier-général à Bray.

Le lendemain 8, nous avons poursuivi l'ennemi jusqu'au delà du défilé d'Urcel, et le jour même nous sommes entrés à Soissons, où il a laissé un équipage de pont.

La bataille de Craonne est extrêmement glorieuse pour nos armes. L'ennemi y a perdu six généraux; il évalue sa perte de cinq à six mille hommes. La nôtre a été de huit cents hommes tués ou blessés.

Le duc de Bellune a été blessé d'une balle. Le général Grouchy, ainsi que le général Laferrière, officier de cavalerie d'une grande distinction, ont également été blessés en débouchant à la tête de leurs troupes.

Le général Belliard a pris le commandement de la cavalerie.

Le résultat de toutes ces opérations est une perte pour l'ennemi de dix à douze mille hommes, et d'une trentaine de pièces de canon.

L'intention de l'empereur est de manœuvrer avec l'armée sur l'Aisne.

Le 12 mars 1814.

A S. M. l'impératrice-reine et régente.

Le lendemain de la bataille de Craonne (le 8), l'ennemi fut poursuivi par le prince de la Moskowa jusqu'au village d'Etouvelle. Le général Voronzoff, avec sept ou huit mille hommes, gardait cette position, qui était très-difficile à aborder, parce que la route qui y conduit chemine, pendant une lieue, entre deux marais impraticables.

Le baron Gourgault, premier officier d'ordonnance de S. M., et officier d'un mérite distingué, partit à onze heures du soir de Chavignon avec deux bataillons de la vieille garde, tourna la position, et se porta par Challevois sur Chivi. Il arriva à une heure du matin sur l'ennemi, qu'il aborda à la baïonnette. Les Russes furent réveillés par les cris de *vive l'empereur!* et poursuivis jusqu'à Laon. Le prince de la Moskowa déboucha par le défilé.

Le lendemain 9, à la pointe du jour, on reconnut l'ennemi, qui s'était réuni aux corps prussiens. La position qu'il occupait était telle, qu'on la jugea inattaquable. On prit position.

Le duc de Raguse, qui avait couché le 8 à Corbeni, parut à deux heures après midi à Veslùd, culbuta l'avant-garde ennemie, attaqua le village d'Athies, qu'il enleva, et eut des succès pendant toute la journée. A six heures et demie, il prit position. A sept heures, l'ennemi fit un *houra* de cavalerie à une lieue sur les derrières, où le duc de Raguse avait un parc de réserve. Le duc de Raguse s'y porta vivement; mais l'ennemi avait eu le temps d'enlever dans ce parc quinze pièces de canon. Une grande partie du personnel s'est sauvée.

Le même jour, le général Charpentier, avec sa division de jeune garde, enleva le village de Clacy. Le lendemain, l'ennemi attaqua sept fois ce village, et sept fois il fut repoussé. Le général Charpentier fit quatre cents prisonniers. L'ennemi laissa les avenues couvertes de ses morts. Le quartier-général de l'empereur a été, le 9 et le 10, à Chavignon.

S. M. jugeant qu'il était impossible d'attaquer les hauteurs de Laon, a porté le 11 son quartier-général à Soissons. Le duc de Raguse a occupé le même jour Bery-au-Bac.

Le général Corbineau se louait à Reims du bon esprit de ses habitans.

Le 7, à onze heures du matin, le général Saint-Priest, commandant une division russe, s'est présenté devant la ville de Reims, et l'a sommée de se rendre. Le général Corbineau lui a répondu avec du canon. Le général Defrance arrivait alors avec sa division de gardes-d'honneur. Il fit une belle charge et chassa l'ennemi. Le général Saint-Priest a fait mettre le feu à deux grandes manufactures et à cinquante maisons de la ville qui se trouvent hors de son enceinte, conduite digne d'un transfuge; de tout temps, les transfuges furent les plus cruels ennemis de leur patrie.

Soissons a beaucoup souffert; les habitans se sont conduits de la manière la plus honorable. Il n'est point d'éloges qu'ils ne donnent au régiment de la Vistule, qui formait leur garnison; il n'est pas d'éloges que le régiment de la Vistule ne fasse des habitans. S. M. a accordé à ce brave corps trente décorations de la légion-d'honneur.

Le plan de campagne de l'ennemi paraît avoir été une espèce de *houra* général sur Paris. Négligeant toutes les places de Flandres, et n'observant Berg-op-Zoom et Anvers qu'avec des troupes inférieures en nombre de moitié aux garnisons de ces villes, l'ennemi a pénétré sur Avesnes. Négligeant les places des Ardennes, Mézières, Rocroy, Philippeville, Givet, Charlemont, Montmédy, Maestricht, Venloo, Juliers, il a passé par des chemins impraticables, pour arriver sur Avesnes et Rethel. Ces places communiquent ensemble, ne sont pas observées, et leurs garnisons inquiètent fortement les derrières de l'ennemi. Au même instant où le général Saint-Priest brûlait Reims, son frère était arrêté par les habitans et conduit prisonnier à Charlemont. Négligeant toutes les places de la Meuse, l'ennemi s'était avancé par Bar et Saint-Dizier. La garnison de Verdun est venue jusqu'à Saint-Mihiel. Auprès de Bar, un général russe resté quelques momens, avec une quinzaine d'hommes, après le départ de sa troupe, a été tué, ainsi que son escorte, par les paysans, en représailles des atrocités qu'il avait ordonnées. Metz pousse ses sorties jusqu'à Nancy. Strasbourg et les autres places de l'Alsace n'étant observées que par quelques partis, on y entre, on en sort librement, et les vivres y arrivent en abondance. Les troupes de la garnison de Mayence vont jusqu'à Spire. Les départemens s'étant empressés de compléter les cadres des bataillons qui sont dans toutes ces places, où on les a armés, équipés et exercés, on peut dire qu'il y a plusieurs armées sur les derrières de l'ennemi. Sa position ne peut que devenir tous les jours plus dangereuse. On voit, par les rapports que l'on a interceptés, que les régimens de cosaques dont la force était de deux cent cinquante hommes, en ont perdu plus de cent vingt, sans avoir été à aucune action, mais par la guerre que leur ont faite les paysans.

Le duc de Castiglione manœuvre sur le Rhône, dans le

département de l'Ain et dans la Franche-Comté. Les généraux Dessaix et Marchand ont chassé l'ennemi de la Savoie. Quinze mille hommes passent les Alpes pour venir renforcer le duc de Castiglione.

Le vice-roi a obtenu de grands succès à Borghetto, et a repoussé l'ennemi sur l'Adige.

Le général Grenier, parti de Plaisance le 2 mars, a battu l'ennemi sur Parme, et l'a jeté au-delà du Taro.

Les troupes françaises qui occupaient Rome, Civita-Vecchia, la Toscane, entrent en Piémont pour passer les Alpes.

L'exaspération des populations entières s'accroît chaque jour dans la proportion des atrocités que commettent ces hordes, plus barbares encore que leurs climats, qui déshonoreraient l'espèce humaine, et dont l'existence militaire a pour mobile, au lieu de l'honneur, le pillage et tous les crimes.

Les conférences de Lusigny, pour la suspension d'armes, ont échoué. On n'a pu s'arranger sur la ligne de démarcation. On était d'accord sur les points d'occupation au nord et à l'est ; mais l'ennemi a voulu, non-seulement étendre sa ligne sur la Saône et le Rhône, mais en envelopper la Savoie. On a répondu à cette injuste prétention, en proposant d'adopter pour cette partie le *statu quo*, et de laisser le duc de Castiglione et le comte Bubna se régler sur la ligne de leurs avant-postes. Cette proposition a été rejetée. Il a donc fallu renoncer à une suspension d'armes de quinze jours, qui offrait plus d'inconvéniens que d'avantages. L'empereur n'a pas cru, d'ailleurs, avoir le droit de remettre de nombreuses populations sous le joug de fer dont elles avaient été délivrées. Il n'a pu consentir à abandonner nos communications avec l'Italie, que l'ennemi avait essayé tant de fois et vainement d'intercepter, lorsque nos troupes n'étaient pas encore réunies.

Le temps a été constamment très-froid. Les bivouacs sont

fort durs dans cette saison; mais on en a ressenti également les souffrances de part et d'autre. Il paraît même que les maladies font des ravages dans l'armée ennemie, tandis qu'il y en a fort peu dans la nôtre.

Le 14 mars 1814.

A S. M. l'impératrice-reine et régente.

Le général Saint-Priest, commandant en chef le huitième corps russe, était depuis plusieurs jours en position à Châlons-sur-Marne, ayant une avant-garde à Sillery. Ce corps, composé de trois divisions qui devaient former dix-huit régimens et trente-six bataillons, n'était réellement que de huit régimens ou seize bataillons, faisant cinq à six mille hommes.

Le général Jagow, commandant la dernière colonne de la réserve prussienne, et ayant sous ses ordres quatre régimens de la landwehr de la Poméranie prussienne et des Marches, formant seize bataillons ou sept mille hommes qui avaient été employés au siége de Torgau et de Wittemberg, se réunit au corps du général Saint-Priest, dont les forces se trouvèrent être de quinze à seize mille hommes, cavalerie et artillerie comprises.

Le général Saint-Priest résolut de surprendre la ville de Reims, où était le général Corbineau, à la tête de la garde nationale et de trois bataillons de levée en masse, avec cent hommes de cavalerie et huit pièces de canon. Le général Corbineau avait placé la division de cavalerie du général Defrance à Châlons-sur-Vesle, à deux lieues de la ville.

Le 12, à cinq heures du matin, le général Saint-Priest se présenta aux différentes portes. Il fit sa principale attaque sur la porte de Laon, que la supériorité de son nombre lui donna le moyen de forcer. Le général Corbineau opéra sa retraite avec les trois bataillons de la levée en masse et ses cent hommes de cavalerie, et se replia sur Châlons-sur-Vesle. La garde nationale et les habitans se sont très-bien comportés dans cette circonstance.

Le 13, à quatre heures du soir, l'empereur était sur les hauteurs du Moulin-à-Vent, à une lieue de Reims. Le duc de Raguse formait l'avant-garde. Le général de division Merlin attaqua, cerna et prit plusieurs bataillons de landwehr prussienne. Le général Sébastiani, commandant deux divisions de cavalerie, se porta sur la ville. Une centaine de pièces de canon furent engagées, tant d'un côté que de l'autre. L'ennemi couronnait les hauteurs en avant de Reims. Pendant qu'elles étaient attaquées, on réparait les ponts de Saint-Brice, pour tourner la ville. Le général Defrance fit une superbe charge avec les gardes d'honneur, qui se sont couverts de gloire, notamment le général comte de Ségur, commandant le troisième régiment. Ils chargèrent entre la ville et l'ennemi, qu'ils jetèrent dans le faubourg, et auquel ils prirent mille cavaliers et son artillerie.

Sur ces entrefaites, le général comte Krasinski ayant coupé la route de Reims à Bery-au-Bac, l'ennemi abandonna la ville, en fuyant en désordre de tous côtés. Vingt-deux pièces de canon, cinq mille prisonniers, cent voitures d'artillerie et de bagages, sont les résultats de cette journée, qui ne nous a pas coûté cent hommes.

La même batterie d'artillerie légère qui a frappé de mort le général Moreau devant Dresde, a blessé mortellement le général Saint-Priest, qui venait à la tête des Tartares du désert, ravager notre belle patrie.

L'empereur est entré à Reims à une heure du matin, aux acclamations des habitans de cette grande ville, et y a placé son quartier-général. L'ennemi s'est retiré, partie sur Châlons, partie sur Rethel, partie sur Laon. Il est poursuivi dans toutes ces directions.

Le dixième régiment de hussards s'est, ainsi que le troisième régiment des gardes-d'honneur, particulièrement distingué.

Le général comte de Ségur a été blessé grièvement, mais sans danger pour sa vie.

Le 20 mars 1814.

A S. M. l'impératrice-reine et régente.

Le général Wittgenstein, avec son corps d'armée, était à Villenoxe. Il avait jeté des ponts à Pont, où il avait passé la Seine, et il marchait sur Provins.

Le duc de Tarente avait réuni ses troupes sur cette ville. Le 16, l'ennemi manœuvrait pour déborder sa gauche. Le duc de Reggio engagea son artillerie, et toute la journée se passa en canonnade. Le mouvement de l'ennemi paraissait se prononcer sur Provins et sur Nangis.

D'un autre côté, le prince Schwartzenberg, l'empereur Alexandre et le roi de Prusse étaient à Arcis-sur-Aube.

Le corps du prince-royal de Wurtemberg s'était porté sur Villers-aux-Corneilles.

Le général Platow, avec trois mille barbares, s'était jeté sur Fère-Champenoise et Sézanne.

L'empereur d'Autriche venait d'arriver de Chaumont à Troyes.

Le prince de la Moskwa est entré le 16 à Châlons-sur-Marne.

L'empereur a couché le 17 à Epernay; le 18, à Fère-Champenoise, et le 19, à Plancy.

Le général Sébastiani, à la tête de sa cavalerie, a rencontré à Fère-Champenoise le général Platow, l'a culbuté et l'a poursuivi jusqu'à l'Aube, en lui faisant des prisonniers.

Le 19, après-midi, l'empereur a passé l'Aube à Plancy. A cinq heures du soir, il a passé la Seine à un gué, et a fait tourner Méry, qui a été occupé.

A sept heures du soir, le général Letort, avec les chasseurs de la garde, est arrivé au village de Châtre, coudant la route de Nogent à Troyes; mais l'ennemi était déjà partout en retraite. Cependant le général Letort a pu atteindre son parc de pontons, qui avait servi a faire le pont de Pont-sur-Seine; il s'est emparé de tous les pontons sur leurs haquets attelés, et d'une centaine de voitures de bagages; il a fait des prisonniers.

Dans la journée du 17, le général de Wrede avait rétrogradé rapidement sur Arcis-sur-Aube. Dans la nuit du 17 au 18, l'empereur de Russie s'était retiré sur Troyes. Le 18 les souverains alliés ont évacué Troyes, et se sont portés en toute hâte sur Bar-sur-Aube.

S. M. l'empereur est arrivé à Arcis-sur-Aube le 20 au matin.

Boulevent, le 25 mars 1814.

A S. M. l'impératrice-reine et régente,

Le quartier-général de l'empereur est ici. L'armée française occupe Chaumont, Brienne; elle est en communication avec Troyes, et ses patrouilles vont jusqu'à Langres. De tout côté, on ramène des prisonniers.

La santé de S. M. est très-bonne.

Le 29 mars 1814.

A S. M. l'impératrice-reine et régente.

Le 26 de ce mois, S. M. l'empereur a battu à Saint-Dizier, le général Witzingerode, lui a fait deux mille prisonniers, lui a pris des canons et beaucoup de voitures de bagages. Ce corps a été poursuivi très-loin.

Le 31 mars 1814.

A S. M. l'impératrice-reine et régente.

Le général de division Béré est entré à Chaumont le 25, et a ainsi coupé la ligne d'opération de l'ennemi ; il a intercepté beaucoup de courriers et d'estafettes, et enlevé à l'ennemi des bagages, plusieurs pièces de canon, des magasins d'habillement et une grande partie des hôpitaux. Il a été parfaitement secondé par les habitans de la campagne, qui sont partout en armes et montrent la plus grande ardeur. M. le baron de Wissemberg, ministre d'Autriche en Angleterre, revenant de Londres avec le comte de Pulsy, son secrétaire de légation ; le lieutenant-général suédois Sessiole de Brand, ministre de Suède auprès de l'empereur de Russie, avec un major suédois ; le conseiller de guerre prussien, Peguilhen ; MM. de Tolstoi et de Marcof, et deux autres officiers d'ordonnance russes, allant tous en mission aux différens quartiers-généraux des alliés, ont été arrêtés par les levées en masse, et conduits au quartier-général. L'enlèvement de ces personnages, et de leurs papiers, qui ont tous été pris, est d'une grande importance.

Le parc de l'armée russe et tous ses équipages étaient à Bar-sur-Aube. A la première nouvelle des mouvemens de l'armée, ils ont été évacués sur Bedfort ; ce qui prive l'ennemi de ses munitions d'artillerie, de ses transports de vivres de réserve, et de beaucoup d'autres objets qui lui étaient nécessaires.

L'armée ennemie ayant pris le parti d'opérer entre l'Aube et la Marne, avait laissé le général russe Witzingerode à Saint-Dizier, avec huit mille hommes de cavalerie et deux divisions d'infanterie, afin de maintenir la ligne d'opérations, et faciliter l'arrivée de l'artillerie, des munitions et des vivres dont l'ennemi a le plus grand besoin.

La division de dragons du général Milhaud, et la cavalerie de la garde, commandée par le général Sébastiani, ont passé le gué de Valcœur le 22 mars, ont marché sur cette cavalerie, et, après de belles charges, l'ont mise en déroute. Trois mille hommes de cavalerie russe; dont beaucoup de la garde impériale, ont été tués ou pris. Les dix-huit pièces de canon qu'avait l'ennemi, lui ont été enlevées, ainsi que ses bagages. L'ennemi a laissé les bois et les prairies jonchés de ses morts. Tous les corps de cavalerie se sont distingués à l'envi les uns des autres. Le duc de Reggio a poursuivi l'ennemi jusqu'à Bar-sur-Ornain, où il est entré le 27. Le 29, le quartier-général de l'empereur était à Troyes. Deux convois de prisonniers, dont le nombre s'élève à plus de six mille hommes, suivent l'armée.

Dans tous les villages, les habitans sont sous les armes; exaspérés par la violence, les crimes et les ravages de l'ennemi, ils lui font une guerre acharnée, qui est pour lui du plus grand danger.

Le 1er avril 1814.

L'empereur qui avait porté son quartier-général à Troyes le 29, s'est dirigé à marches forcées par Sens sur la capitale. S. M. était le 31 à Fontainebleau; elle a appris que l'ennemi, arrivé vingt-quatre heures avant l'armée française, occupait

Paris, après avoir éprouvé une forte résistance, qui lui a coûté beaucoup de monde.

Les corps des ducs de Trévise, de Raguse et celui du général Compans, qui ont concouru à la défense de la capitale, se sont réunis entre Essone et Paris, où S.M. a pris position avec toute l'armée qui arrive de Troyes.

L'occupation de la capitale par l'ennemi est un malheur qui afflige profondément le cœur de S. M., mais dont il ne faut pas concevoir d'alarmes ; la présence de l'empereur avec son armée, aux portes de Paris, empêchera l'ennemi de se porter à ses excès accoutumés, dans une ville si populeuse, qu'il ne saurait garder sans rendre sa position très-dangereuse.

Proclamation.

L'empereur se porte bien et veille pour le salut de tous.

S. M. l'impératrice et le roi de Rome sont en sûreté.

Les rois frères de l'empereur, les grands dignitaires, les ministres, le sénat et le conseil d'état, se sont portés sur les rives de la Loire, où le centre du gouvernement s'établit provisoirement.

Ainsi l'action du gouvernement ne sera pas paralysée ; les bons citoyens, les vrais Français, peuvent être affligés de l'occupation de la capitale ; mais ils n'en doivent pas concevoir de trop vives alarmes ; qu'ils se reposent sur l'activité de l'empereur, et sur son génie, du soin de notre délivrance ! Mais qu'ils sentent bien que c'est dans ces grandes circonstances que l'honneur national, et nos intérêts bien entendus, nous commandent plus que jamais de nous rallier autour de notre souverain ! Secondons ses efforts, et ne regrettons aucun sacrifice pour terminer enfin cette lutte terrible contre des ennemis qui, non contens de combattre nos armées, viennent encore frapper chaque citoyen dans ce qu'il a de plus cher, et ravager ce beau pays dont la gloire et la prospérité furent, dans tous les temps, l'objet de leur haine jalouse.

Malgré les succès que l'armée coalisée vient d'obtenir et dont elle ne s'enorgueillira pas long-temps, le théâtre de la guerre est encore loin de nous ; mais si quelques coureurs, attirés par l'espoir du pillage, osaient se répandre dans vos campagnes, ils vous trouveraient armés pour défendre *vos femmes, vos enfans, vos propriétés.*

Blois, 3 avril 1814.

Proclamation de l'impératrice-reine et régente.

Français,

Les événemens de la guerre ont mis la capitale au pouvoir de l'étranger.

L'empereur, accouru pour la défendre, est à la tête de ses armées si souvent victorieuses.

Elles sont en présence de l'ennemi, sous les murs de Paris. C'est de la résidence que j'ai choisie, et des ministres de l'empereur, qu'émaneront les seuls ordres que vous puissiez reconnaître.

Toute ville au pouvoir de l'ennemi cesse d'être libre ; toute direction qui en émane est le langage de l'étranger, ou celui qu'il convient à ses vues hostiles de propager.

Vous serez fidèles à vos sermens, vous écouterez la voix d'une princesse qui fut remise à votre foi, qui fait sa gloire d'être Française, d'être associée aux destinées du souverain que vous avez librement choisi.

Mon fils était moins sûr de vos cœurs au temps de nos prospérités.

Ses droits et sa personne sont sous votre sauve-garde.

MARIE-LOUISE.

Discours de Napoléon à sa garde lorsqu'il apprit l'entrée des alliés à Paris.

« Officiers, sous-officiers et soldats de la vieille garde! l'ennemi nous a dérobé trois marches, il est entré dans Paris. J'ai fait offrir à l'empereur Alexandre une paix achetée par de grands sacrifices : la France avec ses anciennes limites, en renonçant à ses conquêtes, et perdant tout ce que nous avons gagné depuis la révolution. Non-seulement il a refusé, il a fait plus encore ; par les suggestions perfides d'hommes à qui j'ai accordé la vie, que j'ai comblés de bienfaits, il les autorise à porter la cocarde blanche, et bientôt il voudra la substituer à notre cocarde nationale..... Dans peu de jours, j'irai l'attaquer dans Paris. Je compte sur vous.... Ai-je raison? (Ici s'élevèrent des cris nombreux : *vive l'empereur*, oui, à Paris, à Paris)..... Nous irons leur prouver que la nation française sait être maîtresse chez elle ; que si elle l'a été souvent chez les autres, elle le sera toujours sur son sol, et qu'enfin elle est capable de défendre sa cocarde, son indépendance et l'intégrité de son territoire. Allez communiquer ces sentimens à vos soldats. »

Fontainebleau, 4 avril 1814.

Ordre du jour.

L'empereur remercie l'armée pour l'attachement qu'elle lui témoigne, et principalement parce qu'elle reconnaît que la France est en lui, et non pas dans le peuple de la capitale. Le soldat suit la fortune et l'infortune de son général, son honneur et sa religion. Le duc de Raguse n'a pas inspiré ces sentimens à ses compagnons d'armes ; il est passé aux alliés. L'empereur ne peut approuver la condition sous laquelle il a fait cette démarche ; il ne peut accepter la vie ni la liberté de la merci d'un sujet. Le sénat s'est permis de disposer du gouvernement français ; il a oublié qu'il doit à l'empereur le pouvoir dont il abuse maintenant ; que c'est lui qui a sauvé une partie de ses membres de l'orage de la révolution, tiré de l'obscurité et protégé l'autre contre la haine de la nation. Le sénat se fonde sur les articles de la constitution, pour la renverser ; il ne rougit pas de faire des reproches à l'empereur, sans remarquer que, comme le premier corps de l'état, il a pris part à tous les événemens. Il est allé si loin qu'il a osé accuser l'empereur d'avoir changé des actes dans la publication ; le monde entier sait qu'il n'avait pas besoin de tels artifices : un signe était un ordre pour le sénat, qui toujours faisait plus qu'on ne désirait de lui. L'empereur a toujours été accessible aux sages remontrances de ses ministres, et il attendait d'eux dans cette circonstance, une justification la plus indéfinie des mesures qu'il avait prises. Si l'enthousiasme s'est mêlé dans les adresses et discours publics, alors l'empereur a été trompé ; mais ceux qui ont tenu ce langage, doivent s'attribuer à eux-mêmes la suite funeste de leurs flatteries. Le sénat ne rougit pas de parler des libelles publiés contre les gouvernemens étrangers ; il oublie qu'ils furent rédigés dans son sein. Si long-temps que la fortune s'est montrée fidèle à leur souverain, ces hommes sont restés fidèles, et nulle plainte n'a été entendue sur les abus du pouvoir. Si l'empereur avait méprisé les hommes, comme on le lui a reproché, alors le monde reconnaîtrait aujourd'hui qu'il a eu des raisons qui motivaient son mépris. Il tenait sa dignité de Dieu et de la nation ; eux seuls pouvaient l'en priver : il l'a toujours considérée comme un fardeau, et lorsqu'il l'accepta, c'était dans la conviction que lui seul était à même de la porter dignement. Son bonheur paraissait être sa destination : aujourd'hui que la fortune s'est décidée contre lui, la volonté de la nation seule pourrait le persuader de rester plus long-temps sur le trône. S'il se doit considérer comme le seul obstacle à la paix, il fait ce dernier sacrifice à la France : il a, en conséquence, envoyé le prince de la Moskwa et les ducs de Vicence et de Tarente à Paris, pour entamer les négociations. L'armée peut être certaine que son bonheur ne sera jamais en contradiction avec le bonheur de la France.

Au palais de Fontainebleau, le 11 avril 1814.

Acte d'abdication de l'empereur Napoléon.

Les puissances alliées ayant proclamé que l'empereur Napoléon était le seul obstacle au rétablissement de la paix en Europe, l'empereur Napoléon, fidèle à son serment, déclare qu'il renonce, pour lui et ses héritiers, aux trônes de France et d'Italie, et qu'il n'est aucun sacrifice personnel, même celui de la vie, qu'il ne soit prêt à faire à l'intérêt de la France.

Dernière allocution de Napoléon à sa garde.

« Généraux, officiers, sous-officiers et soldats de ma vieille garde, je vous fais mes adieux : depuis vingt ans, je suis content de vous; je vous ai toujours trouvés sur le chemin de la gloire.

« Les puissances alliées ont armé toute l'Europe contre moi; une partie de l'armée a trahi ses devoirs, et la France elle-même a voulu d'autres destinées.

« Avec vous et les braves qui me sont restés fidèles, j'aurais pu entretenir la guerre civile pendant trois ans ; mais la France eût été malheureuse, ce qui était contraire au but que je me suis proposé.

« Soyez fidèles au nouveau roi que la France s'est choisi; n'abandonnez pas notre chère patrie, trop long-temps malheureuse ! Aimez-la toujours, aimez-la bien cette chère patrie.

« Ne plaignez pas mon sort ; je serai toujours heureux, lorsque je saurai que vous l'êtes.

« J'aurais pu mourir ; rien ne m'eût été plus facile ; mais je suivrai sans cesse le chemin de l'honneur. J'ai encore à écrire ce que nous avons fait.

« Je ne puis vous embrasser tous ; mais j'embrasserai votre général.... Venez, général.... (Il serre le général Petit dans ses bras.) Qu'on m'apporte l'aigle..... (Il la baise.) Chère aigle ! que ces baisers retentissent dans le cœur de tous les braves !.... Adieu, mes enfans !.... Mes vœux vous accompagneront toujours ; conservez mon souvenir..... »

LIVRE DIXIÈME.

1815.

Au golfe Juan, le 1ᵉʳ mars 1815.

PROCLAMATION.

Au peuple français.

Napoléon, par la grâce de Dieu et les constitutions de l'Etat, empereur des Français, etc., etc., etc.

« Français, la défection du duc de Castiglione livra Lyon sans défense à nos ennemis ; l'armée dont je lui avais confié le commandement était, par le nombre de ses bataillons, la bravoure et le patriotisme des troupes qui la composaient, à même de battre le corps d'armée autrichien qui lui était opposé, et d'arriver sur les derrières du flanc gauche de l'armée ennemie qui menaçait Paris.

Les victoires de Champ-Aubert, de Montmirail, de Château-Thierry, de Vauchamp, de Mormans, de Montereau, de Craone, de Reims, d'Arcis-sur-Aube et de Saint-Dizier ; l'insurrection des braves paysans de la Lorraine, de la Champagne, de l'Alsace, de la Franche-Comté et de la Bourgogne, et la position que j'avais prise sur les derrières de l'armée ennemie, en la séparant de ses magasins, de ses parcs de réserve, de ses convois et de tous ses équipages, l'avaient placée dans une situation désespérée. Les Français ne furent jamais sur le point d'être plus puissans, et l'élite de l'armée ennemie était perdue sans ressource ; elle eût trouvé son tombeau dans ces vastes contrées qu'elle avait si impitoyablement saccagées, lorsque la trahison du duc de Raguse livra la capitale et désorganisa l'armée. La conduite inattendue de ces deux généraux qui trahirent à la fois leur patrie, leur prince et leur bienfaiteur, changea le destin de la guerre. La situation désastreuse de l'ennemi était telle, qu'à la fin de l'affaire qui eut lieu devant Paris, il était sans munitions par sa séparation de ses parcs de réserve.

Dans ces nouvelles et grandes circonstances, mon cœur fut déchiré, mais mon âme resta inébranlable. Je ne consultai que l'intérêt de la patrie ; je m'exilai sur un rocher au milieu des mers. Ma vie vous était et devait encore vous être utile. Je ne permis pas que le grand nombre de citoyens qui voulaient m'accompagner partageassent mon sort, je crus leur présence utile à la France, et je n'emmenai avec moi qu'une poignée de braves nécessaires à ma garde.

Elevé au trône par votre choix, tout ce qui a été fait sans vous est illégitime. Depuis vingt-cinq ans la France a de nouveaux intérêts, de nouvelles institutions, une nouvelle gloire, qui ne peuvent être garantis que par un gouvernement national et par une dynastie née dans ces nouvelles circonstances. Un prince qui régnerait sur vous, qui serait assis sur mon trône par la force des mêmes armes qui ont ravagé notre territoire, chercherait en vain à s'étayer des principes du droit féodal ; il ne pourrait assurer l'honneur et les droits que d'un petit nombre d'individus ennemis du peuple, qui, depuis vingt-cinq ans, les a condamnés dans toutes nos assemblées nationales. Votre tranquillité intérieure et votre considération extérieure seraient perdues à jamais.

Français ! dans mon exil j'ai entendu vos plaintes et vos vœux ; vous réclamez ce gouvernement de votre choix, qui seul est légitime. Vous accusiez mon long sommeil ; vous me reprochiez de sacrifier à mon repos les grands intérêts de la patrie.

J'ai traversé les mers au milieu des périls de toute espèce ; j'arrive parmi vous reprendre mes droits qui sont les vôtres. Tout ce que les individus ont fait, écrit ou dit depuis la prise de Paris, je l'ignorerai toujours : cela n'influera en rien sur le souvenir que je conserve des services importans qu'ils ont rendus ; car il est des événemens d'une telle nature, qu'ils sont au-dessus de l'organisation humaine.

Français ! il n'est aucune nation, quelque petite qu'elle soit, qui n'ait eu le droit, et ne se soit soustraite au déshonneur d'obéir à un prince imposé par un ennemi momentanément victorieux. Lorsque Charles VII rentra à Paris et renversa le trône éphémère de Henri V, il reconnut tenir son trône de la vaillance de ses braves, et non d'un prince régent d'Angleterre.

C'est aussi à vous seuls et aux braves de l'armée, que je fais et ferai toujours gloire de tout devoir.

NAPOLÉON.

Gap, le 6 mars 1815.

Aux habitans des départemens des Hautes et Basses-Alpes.

Napoléon, par la grâce de Dieu et les constitutions de l'empire, empereur des Français, etc., etc., etc.

---

[1] Une erreur d'impression nous force à doubler la pagination de ce carton.

Citoyens,

J'ai été vivement touché de tous les sentimens que vous m'avez montrés; vos vœux seront exaucés; la cause de la nation triomphera encore! Vous avez raison de m'appeler votre père; je ne vis que pour l'honneur et le bonheur de la France. Mon retour dissipe toutes vos inquiétudes; il garantit la conservation de toutes les propriétés; l'égalité entre toutes les classes, et les droits dont vous jouissiez depuis vingt-cinq ans, et après lesquels nos pères ont tous soupiré, forment aujourd'hui une partie de votre existence.

Dans toutes les circonstances où je pourrai me trouver, je me rappellerai toujours avec un vif intérêt tout ce que j'ai vu en traversant votre pays. NAPOLÉON.

Grenoble, 9 mars 1815.

Aux habitans du département de l'Isère.

Citoyens,

Lorsque, dans mon exil, j'appris tous les malheurs qui pesaient sur la nation, que tous les droits du peuple étaient méconnus, et qu'il me reprochait le repos dans lequel je vivais, je ne perdis pas un moment. Je m'embarquai sur un frêle navire; je traversai les mers au milieu des vaisseaux de guerre de différentes nations; je débarquai sur le sol de la patrie, et je n'eus en vue que d'arriver avec la rapidité de l'aigle dans cette bonne ville de Grenoble, dont le patriotisme et l'attachement à ma personne m'étaient particulièrement connus.

Dauphinois, vous avez rempli mon attente.

J'ai supporté, non sans déchirement de cœur, mais sans abattement, les malheurs auxquels j'ai été en proie il y a un an; le spectacle que m'a offert le peuple sur mon passage, m'a vivement ému. Si quelques nuages avaient pu arrêter la grande opinion que j'avais du peuple français, ce que j'ai vu m'a convaincu qu'il était toujours digne de ce nom de *grand peuple*, dont je le saluai il y a plus de vingt ans.

Dauphinois! sur le point de quitter vos contrées pour me rendre dans ma bonne ville de Lyon, j'ai senti le besoin de vous exprimer toute l'estime que m'ont inspirée vos sentimens élevés. Mon cœur est tout plein des émotions que vous y avez fait naître; j'en conserverai toujours le souvenir.

NAPOLÉON.

Lyon, 13 mars 1815.

Aux habitans de la ville de Lyon.

Lyonnais,

Au moment de quitter votre ville pour me rendre dans ma capitale, j'éprouve le besoin de vous faire connaître les sentimens que vous m'avez inspirés. Vous avez toujours été au premier rang dans mon affection. Sur le trône ou dans l'exil, vous m'avez toujours montré les mêmes sentimens. Ce caractère élevé qui vous distingue spécialement vous a mérité toute mon estime. Dans des momens plus tranquilles, je reviendrai pour m'occuper de vos besoins et de la prospérité de vos manufactures et de votre ville. NAPOLÉON.

Lyon, 13 mars 1815.

Décret.

Napoléon, etc., etc., etc.

Considérant que la chambre des pairs est composée en partie de personnes qui ont porté les armes contre la France, et qui ont intérêt au rétablissement des droits féodaux, à la destruction de l'égalité entre les différentes classes, à l'annullation des ventes des domaines nationaux, et enfin à priver le peuple des droits qu'il a acquis par vingt-cinq ans de combats contre les ennemis de la gloire nationale;

Considérant que les pouvoirs des députés au corps législatif étaient expirés, et que dès-lors, la chambre des communes n'a plus aucun caractère national; qu'une partie de cette chambre s'est rendue indigne de la confiance de la nation, en adhérant au rétablissement de la noblesse féodale, abolie par les constitutions acceptées par le peuple, en faisant payer par la France des dettes contractées à l'étranger pour tramer des coalitions et soudoyer des armées contre le peuple français; en donnant aux Bourbons le titre de roi légitime, ce qui était déclarer rebelles le peuple français et les armées, proclamer seuls bons Français les émigrés qui ont déchiré, pendant vingt-cinq ans, le sein de la patrie, et violé tous les droits du peuple en consacrant le principe que la nation était faite pour le trône, et non le trône pour la nation,

Nous avons décrété et décrétons ce qui suit :

Art. 1er. La chambre des pairs est dissoute.

2. La chambre des communes est dissoute; il est ordonné à chacun des membres convoqué, et arrivé à Paris depuis le 7 mars dernier, de retourner sans délai dans son domicile.

3. Les colléges électoraux des départemens de l'empire seront réunis à Paris, dans le courant du mois de mai prochain, en *assemblée extraordinaire du Champ-de-Mai*, afin de prendre les mesures convenables pour corriger et modifier nos constitutions selon l'intérêt et la volonté de la nation, et en même temps pour assister au couronnement de l'impératrice, notre très-chère et bien-aimée épouse, et à celui de notre cher et bien-aimé fils.

4. Notre grand-maréchal, faisant fonctions de major-général de la grande armée, est chargé de prendre les mesures nécessaires pour la publication du présent décret.

NAPOLÉON.

Paris, 26 mars 1815.

Réponse de Napoléon à une adresse de ses ministres.

Les sentimens que vous m'exprimez sont les miens. *Tout à la nation et tout pour la France !* voilà ma devise.

Moi et ma famille, que ce grand peuple a élevés sur le trône des Français, et qu'il y a maintenus malgré les vicissitudes et les tempêtes politiques, nous ne voulons, nous ne devons, et nous ne pouvons jamais réclamer d'autres titres.

Réponse de Napoléon à une adresse du conseil d'état.

Les princes sont les premiers citoyens de l'état. Leur autorité est plus ou moins étendue, selon l'intérêt des nations qu'ils gouvernent. La souveraineté elle-même n'est héréditaire que parce que l'intérêt des peuples l'exige. Hors de ces principes, je ne connais pas de légitimité.

J'ai renoncé aux idées du grand empire, dont depuis quinze ans je n'avais encore que posé les bases. Désormais le bonheur et la consolidation de l'empire français seront l'objet de toutes mes pensées.

Réponse de Napoléon à une adresse de la cour de cassation.

Dans les premiers âges de la monarchie française, des peuplades guerrières s'emparèrent des Gaules. La souveraineté, sans doute, ne fut pas organisée dans l'intérêt des Gaulois, qui furent esclaves ou n'eurent aucuns droits politiques ; mais elle le fut dans l'intérêt de la peuplade conquérante. Il n'a donc jamais été vrai de dire, dans aucune période de l'histoire, dans aucune nation, même en Orient, que les peuples existassent pour les rois ; partout il a été consacré que les rois n'existaient que pour les peuples. Une dynastie, *créée* dans les circonstances qui ont *créé* tant de nouveaux *intérêts*, ayant *intérêt* au maintien de tous les droits et de toutes les propriétés, peut seule être naturelle et légitime, et avoir la confiance et la force, ces deux premiers caractères de tout gouvernement.

Réponse de Napoléon à une adresse de la cour des comptes.

Ce qui distingue spécialement le trône impérial, c'est qu'il est élevé par la nation, qu'il est par conséquent *naturel*, et qu'il garantit tous les intérêts : c'est là le vrai caractère de la légitimité. L'intérêt impérial est de consolider tout ce qui existe et tout ce qui a été fait en France dans vingt-cinq années de révolution ; il comprend tous les intérêts, et surtout l'intérêt de la gloire et de la nation, qui n'est pas le moindre de tous.

Réponse de Napoléon à une adresse de la cour impériale de Paris.

Tout ce qui est revenu avec les armées étrangères, tout ce qui a été fait sans consulter la nation est nul. Les cours de Grenoble et de Lyon, et tous les tribunaux de l'ordre judiciaire que j'ai rencontrés, lorsque le succès des événemens était encore incertain, m'ont montré que ces principes étaient gravés dans le cœur de tous les Français.

Réponse de Napoléon à une adresse du conseil municipal de la ville de Paris.

J'agrée les sentimens de ma bonne ville de Paris. J'ai mis du prix à entrer dans ces murs à l'époque anniversaire du jour où, il y a quatre ans, tout le peuple de cette capitale me donna des témoignages si touchans de l'intérêt qu'il portait aux affections qui sont le plus près de mon cœur. J'ai dû pour cela devancer mon armée, et venir seul me confier à cette garde nationale que j'ai créée, et qui a si parfaitement atteint le but de sa création. J'ambitionne de m'en conserver à moi-même le commandement. J'ai ordonné la cessation des grands travaux de Versailles, dans l'intention de faire tout ce que les circonstances permettront pour achever les établissemens commencés à Paris, qui doit être constamment le lieu de ma demeure et la capitale de l'empire; dans des temps plus tranquilles, j'achèverai Versailles, ce beau monument des arts, mais devenu aujourd'hui un objet accessoire. Remerciez en mon nom le peuple de Paris de tous les témoignages d'affection qu'il me donne.

Au palais des Tuileries, le 25 mars 1810.

Décrets impériaux.

Napoléon, empereur des Français, etc., etc., etc.
Nous avons décrété et décrétons ce qui suit :

Art. 1er. Les biens rendus aux émigrés par le dernier gouvernement depuis le 1er avril 1814, et qu'ils auraient aliénés en forme légale et authentique avant nos décrets du 13 du présent mois, ne sont pas compris dans les mesures de séquestres ordonnées par lesdits décrets, sauf aux agens de l'enregistrement à poursuivre, sur les tiers-acquéreurs, le paiement de ce qui pourra être dû sur le prix des aliénations.

2. Si quelques-unes de ces aliénations, bien qu'antérieures à nos décrets du 13 mars présent mois, portaient le caractère de la fraude et de la simulation, la régie de l'enregistrement devra en poursuivre l'annullation devant les tribunaux ordinaires, après avoir rassemblé tous les documens propres à établir la fraude.

3. Les ventes faites par les émigrés désignés aux articles précédens, depuis nos décrets du 13 mars, sont déclarées nulles, sauf aux acquéreurs à prouver devant nos tribunaux qu'elles ont été faites de bonne foi.

4. Les biens que des émigrés rentrés avec la famille des Bourbons auraient acquis depuis le 1er avril 1814, ne seront point soumis au séquestre. Néanmoins, lesdits émigrés seront tenus de vendre, ou mettre hors de leurs mains ces biens, dans le délai de deux ans.

5. Nos décrets du 13 mars, présent mois, seront exécutés dans le surplus de leurs dispositions non contraires aux présentes.

Au palais des Tuileries, le 11 avril 1815.

Au général Grouchy.

« Monsieur le comte Grouchy, l'ordonnance du roi en date du 6 mars, et la déclaration signée le 13 à Vienne par ses ministres, pouvaient m'autoriser à traiter le duc d'Angoulême comme cette ordonnance et cette déclaration voulaient qu'on traitât moi et ma famille; mais constant dans les dispositions qui m'avaient porté à ordonner que les membres de la famille des Bourbons pussent sortir librement de France, mon intention est que vous donniez les ordres pour que le duc d'Angoulême soit conduit à Cette, où il sera embarqué, et que vous veilliez à sa sûreté et à écarter de lui tout mauvais traitement. Vous aurez soin seulement de retirer les fonds qui ont été enlevés des caisses publiques, et de demander au duc d'Angoulême qu'il s'oblige à la restitution des diamans de la couronne qui sont la propriété de la nation. Vous lui ferez connaître en même temps les dispositions des lois des assemblées nationales, qui ont été renouvelées, et qui s'appliquent aux membres de la famille des Bourbons qui entreraient sur le territoire français. Vous remercierez en mon nom les gardes nationales du patriotisme et du zèle qu'elles ont fait éclater et de l'attachement qu'elles m'ont montré dans ces circonstances importantes. »   NAPOLÉON.

Paris, le 22 avril 1815.

Acte additionnel aux constitutions de l'empire.

Napoléon, par la grâce de Dieu et les constitutions, empereur des Français, à tous présens et à venir, salut.

Depuis que nous avons été appelés, il y a quinze années, par le vœu de la France, au gouvernement de l'état, nous avons cherché à perfectionner, à diverses époques, les formes constitutionnelles, suivant les besoins et les désirs de la nation, et en profitant des leçons de l'expérience. Les constitutions de l'empire se sont ainsi formées d'une série d'actes qui ont été revêtus de l'acceptation du peuple. Nous avions alors pour but d'organiser un grand système fédératif européen, que nous avions adopté comme conforme à l'esprit du siècle, et favorable aux progrès de la civilisation. Pour parvenir à le compléter et à lui donner toute l'étendue et toute la stabilité dont il était susceptible, nous avions ajourné l'établissement de plusieurs institutions intérieures, plus spécialement destinées à protéger la liberté des citoyens. Notre but n'est plus désormais que d'accroître la prospérité de la France par l'affermissement de la liberté publique. De là résulte la nécessité de plusieurs modifications importantes dans les constitutions, sénatus-consultes et autres actes qui régissent cet empire. A ces causes, voulant, d'un côté, conserver du passé ce qu'il y a de bon et de salutaire, et de l'autre, rendre les constitutions de notre empire conformes en tout aux vœux et aux besoins nationaux, ainsi qu'à l'état de paix que nous désirons maintenir avec l'Europe, nous avons résolu de proposer au peuple une suite de dispositions tendantes à modifier et perfectionner ses actes constitutionnels, à entourer les droits des citoyens de toutes leurs garanties, à donner au système représentatif toute son extension, à investir les corps intermédiaires de la considération et du pouvoir désirables, en un mot, à combiner le plus haut point de liberté publique et de sûreté individuelle avec la force et la neutralisation nécessaire pour faire respecter par l'étranger l'indépendance du peuple français, et la dignité de notre couronne. En conséquence, les articles suivans, formant un acte supplémentaire aux constitutions de l'empire, seront soumis à l'acceptation libre et solennelle de tous les citoyens, dans l'étendue de la France.

Titre 1er. — *Dispositions générales.*

Art 1er. Les constitutions de l'empire, nommément l'acte constitutionnel du 23 frimaire an 8, les sénatus-consultes des 14 et 16 thermidor an 10, et celui du 28 floréal an 12, seront modifiés par les dispositions qui suivent. Toutes les autres dispositions sont confirmées et maintenues.

2. Le pouvoir législatif est exercé par l'empereur et deux chambres.

3. La première chambre, nommée chambre des pairs, est héréditaire.

4. L'empereur en nomme les membres, qui sont irrévocables, eux et leurs descendans mâles, d'aîné en aîné en ligne directe. Le nombre des pairs est illimité. L'adoption ne transmet point la dignité de pair à celui qui en est l'objet. Les pairs prennent séance à vingt-un ans, mais n'ont voix délibérative qu'à vingt-cinq.

5. La chambre des pairs est présidée par l'archi-chancelier de l'empire, ou, dans le cas prévu par l'article 51 du sénatus-

consulte du 18 floréal an 12, par un des membres de cette chambre désigné spécialement par l'empereur.

6. Les membres de la famille impériale, dans l'ordre de l'hérédité, sont pairs de droit. Ils siégent après le président. Ils prennent séance à dix-huit ans, mais n'ont voix délibérative qu'à vingt-un.

7. La seconde chambre, nommée chambre des représentans, est élue par le peuple.

8. Les membres de cette chambre sont au nombre de six cent vingt-neuf. Ils doivent être âgés de vingt-cinq ans au moins.

9. Le président de la chambre des représentans est nommé par la chambre, à l'ouverture de la première session. Il reste en fonctions jusqu'au renouvellement de la chambre. Sa nomination est soumise à l'approbation de l'empereur.

10. La chambre des représentans vérifie les pouvoirs de ses membres et prononce sur la validité des élections contestées.

11. Les membres de la chambre des représentans reçoivent, pour frais de voyage, et durant la session, l'indemnité décrétée par l'assemblée constituante.

12. Ils sont indéfiniment rééligibles.

13. La chambre des représentans est renouvelée de droit en entier tous les cinq ans.

14. Aucun membre de l'une ou de l'autre chambre ne peut être arrêté, sauf le cas de flagrant délit, ni poursuivi en matière criminelle ou correctionnelle, pendant les sessions, qu'en vertu d'une résolution de la chambre dont il fait partie.

15. Aucun ne peut être arrêté ni détenu pour dettes, à partir de la convocation, ni quarante jours après la session.

16. Les pairs sont jugés par leur chambre, en matière criminelle ou correctionnelle, dans les formes qui seront réglées par la loi.

17. La qualité de pair et de représentant est compatible avec toutes fonctions publiques, hors celles de comptables. Toutefois les préfets et sous-préfets ne sont pas éligibles par le collège électoral du département ou de l'arrondissement qu'ils administrent.

18. L'empereur envoie dans les chambres des ministres d'état et des conseillers d'état qui y siégent et prennent part aux discussions, mais qui n'ont voix délibérative que dans le cas où ils sont membres de la chambre comme pair ou élu du peuple.

19. Les ministres qui sont membres de la chambre des pairs ou de celle des représentans, ou qui siégent par mission du gouvernement, donnent aux chambres les éclaircissemens qui sont jugés nécessaires, quand leur publicité ne compromet pas l'intérêt de l'état.

20. Les séances des deux chambres sont publiques. Elles peuvent néanmoins se former en comité secret ; la chambre des pairs, sur la demande de dix membres, celle des représentans sur la demande de vingt-cinq. Le gouvernement peut également requérir des comités secrets pour des communications à faire. Dans tous les cas, les délibérations et les votes ne peuvent avoir lieu qu'en séance publique.

21. L'empereur peut proroger, ajourner et dissoudre la chambre des représentans. La proclamation qui prononce la dissolution, convoque les colléges électoraux pour une élection nouvelle, et indique la réunion des représentans dans six mois au plus tard.

22. Durant l'intervalle des sessions de la chambre des représentans, ou en cas de dissolution de cette chambre, la chambre des pairs ne peut s'assembler.

23. Le gouvernement a la proposition de la loi ; les chambres peuvent proposer des amendemens. Si ces amendemens ne

sont pas adoptés par le gouvernement, les chambres sont tenues de voter sur la loi, telle qu'elle a été proposée.

24. Les chambres ont la faculté d'inviter le gouvernement à proposer une loi sur un objet déterminé, et de rédiger ce qui leur paraît convenable d'insérer dans la loi. Cette demande peut être faite par chacune des deux chambres.

25. Lorsqu'une rédaction est adoptée dans l'une des deux chambres, elle est portée à l'autre, et si elle y est approuvée, elle est portée à l'empereur.

26. Aucun discours écrit, excepté les rapports des commissions, les rapports des ministres sur les lois qui sont présentées et les comptes qui sont rendus, ne peut être lu dans l'une ou l'autre des chambres.

Titre II. — *Des colléges électoraux et du mode d'élection.*

27. Les colléges électoraux de département et d'arrondissement sont maintenus, conformément au sénatus-consulte du 16 thermidor an 10, sauf les modifications qui suivent.

28. Les assemblées de canton rempliront chaque année, par des élections annuelles, toutes les vacances dans les colléges électoraux.

29. A dater de l'an 1816, un membre de la chambre des pairs, désigné par l'empereur, sera président à vie et inamovible de chaque collége électoral de département.

30. A dater de la même époque, le collége électoral de chaque département nommera, parmi les membres de chaque collége d'arrondissement, le président et deux vice-présidens. A cet effet, l'assemblée du collége de département précédera de quinze jours celle du collége d'arrondissement.

31. Les colléges de département et d'arrondissement nommeront le nombre de représentans établi pour chacun par l'acte et le tableau.

32. Les représentans peuvent être choisis indifféremment dans toute l'étendue de la France. Chaque collége de département ou d'arrondissement qui choisira un représentant hors du département ou de l'arrondissement, nommera un suppléant qui sera pris nécessairement dans le département ou l'arrondissement.

33. L'industrie et la propriété manufacturière et commerciale auront une représentation spéciale. L'élection des représentans commerciaux et manufacturiers sera faite par le collége électoral de département, sur une liste d'éligibles dressée par les chambres de commerce et les chambres consultatives réunies suivant l'acte et le tableau.

Titre III. — *De la loi de l'impôt.*

34. L'impôt général direct, soit foncier, soit mobilier, n'est voté que pour un an; les impôts indirects peuvent être votés pour plusieurs années.

Dans le cas de la dissolution de la chambre des représentans, les impositions votées dans la session précédente sont continuées jusqu'à la nouvelle réunion de la chambre.

35. Aucun impôt direct ou indirect en argent ou en nature ne peut être perçu, aucun emprunt ne peut avoir lieu, aucune inscription de créance au grand-livre de la dette publique ne peut être faite, aucun domaine ne peut être aliéné ni échangé, aucune levée d'hommes pour l'armée ne peut être ordonnée, aucune portion du territoire ne peut être échangée qu'en vertu d'une loi.

36. Toute proposition d'impôt, d'emprunt ou de levée d'hommes, ne peut être faite qu'à la chambre des représentans.

37. C'est aussi à la chambre des représentans qu'est porté d'abord, 1º le budget général de l'état, contenant l'aperçu des recettes et la proposition des fonds assignés pour l'année

à chaque département du ministère; 2° le compte des recettes et dépenses de l'année ou des années précédentes.

Titre IV. — *Des ministres et de la responsabilité.*

38. Tous les actes du gouvernement doivent être contresignés par un ministre ayant département.

39. Les ministres sont responsables des actes du gouvernement signés par eux, ainsi que de l'exécution des lois.

40. Ils peuvent être accusés par la chambre des représentans, et sont jugés par celle des pairs.

41. Tout ministre, tout commandant d'armée de terre ou de mer peut être accusé par la chambre des représentans, et jugé par la chambre des pairs, pour avoir compromis la sûreté ou l'honneur de la nation.

42. La chambre des pairs, en ce cas, exerce, soit pour caractériser le délit, soit pour infliger la peine, un pouvoir discrétionnaire.

43. Avant de prononcer la mise en accusation d'un ministre, la chambre des représentans doit déclarer qu'il y a lieu à examiner la proposition d'accusation.

44. Cette déclaration ne peut se faire qu'après le rapport d'une commission de soixante membres tirés au sort. Cette commission ne fait son rapport que dix jours au plus tôt après sa nomination.

45. Quand la chambre a déclaré qu'il y a lieu à examen, elle peut appeler le ministre dans son sein pour lui demander des explications. Cet appel ne peut avoir lieu que dix jours après le rapport de la commission.

46. Dans tout autre cas, les ministres ayant département ne peuvent être appelés ni mandés par les chambres.

47. Lorsque la chambre des représentans a déclaré qu'il y a lieu à examen contre un ministre, il est formé une nouvelle

commission de soixante membres tirés au sort, comme la première, et il est fait, par cette commission, un nouveau rapport sur la mise en accusation. Cette commission ne fait son rapport que dix jours après sa nomination.

48. La mise en accusation ne peut être prononcée que dix jours après la lecture et la distribution du rapport.

49. L'accusation étant prononcée, la chambre des représentans nomme cinq commissaires pris dans son sein, pour poursuivre l'accusation devant la chambre des pairs.

50. L'article 75 du titre VIII de l'acte constitutionnel du 22 frimaire an 8, portant que les agens du gouvernement ne peuvent être poursuivis qu'en vertu d'une décision du conseil-d'état, sera modifié par une loi.

Titre v. — *Du pouvoir judiciaire.*

51. L'empereur nomme tous les juges. Ils sont inamovibles et à vie, dès l'instant de leur nomination, sauf la nomination des juges de paix et des juges de commerce, qui aura lieu comme par le passé.

Les juges actuels nommés par l'empereur aux termes du sénatus-consulte du 12 octobre 1807, et qu'il jugera convenable de conserver, recevront des provisions à vie avant le 1er janvier prochain.

52. L'institution des jurés est maintenue.

53. Les débats en matière criminelle sont publics.

54. Les délits militaires seuls sont du ressort des tribunaux militaires.

55. Tous les autres délits, même commis par les militaires, sont de la compétence des tribunaux civils.

56. Tous les crimes et délits qui étaient attribués à la haute cour impériale, et dont le jugement n'est pas réservé par le

présent acte à la chambre des pairs, seront portés devant les tribunaux ordinaires.

57. L'empereur a le droit de faire grâce, même en matière correctionnelle, et d'accorder des amnisties.

58. Les interprétations des lois demandées par la cour de cassation, seront données dans la forme d'une loi.

Titre vi — *Droit des citoyens.*

59. Les Français sont égaux devant la loi, soit pour la contribution aux impôts et charges publiques, soit pour l'admission aux emplois civils et militaires.

60. Nul ne peut, sous aucun prétexte, être distrait des juges qui lui sont assignés par la loi.

61. Nul ne peut être poursuivi, arrêté, détenu, ni exilé que dans les cas prévus par la loi et suivant les formes prescrites.

62. La liberté des cultes est garantie à tous.

63. Toutes les propriétés possédées ou acquises en vertu des lois, et toutes les créances sur l'état, sont inviolables.

64. Tout citoyen a le droit d'imprimer et de publier ses pensées, en les signant, sans aucune sensure préalable, sauf la responsabilité légale, après la publication, par jugement par jurés, quand même il n'y aurait lieu qu'à l'application d'une peine correctionnelle.

65. Le droit de pétition est assuré à tous les citoyens. Toute pétition est individuelle. Les pétitions peuvent être adressées, soit au gouvernement, soit aux deux chambres : néanmoins, ces dernières mêmes doivent porter l'intitulé : à S. M. l'Empereur. Elles seront présentées aux chambres sous la garantie d'un membre qui recommande la pétition. Elles sont lues publiquement, et si la chambre les prend en considération, elles sont portées à l'Empereur par le président.

66. Aucune place, aucune partie du territoire ne peut

être déclarée en état de siége que dans le cas d'invasion de la part d'une force étrangère, ou de troubles civils. Dans le premier cas, la déclaration est faite par un acte du gouvernement. Dans le second cas, elle ne peut l'être que par la loi. Toutefois, si, le cas arrivant, les chambres ne sont pas assemblées, l'acte du gouvernement déclarant l'état de siége doit être converti en une proposition de loi, dans les quinze premiers jours de la réunion des chambres.

67. Le peuple français déclare en outre que, dans la délégation qu'il a faite et qu'il fait de ses pouvoirs, il n'a pas entendu et n'entend pas donner le droit de proposer le rétablissement des Bourbons ou d'aucun prince de cette famille sur le trône, même en cas d'extinction de la dynastie impériale, ni le droit de rétablir, soit l'ancienne noblesse féodale, soit les droits féodaux et seigneuriaux, soit les dîmes, soit aucun culte privilégié et dominant, ni la faculté de porter aucune atteinte à l'irrévocabilité de la vente des domaines nationaux ; il interdit formellement au gouvernement, aux chambres et aux citoyens, toute proposition à cet égard.

Paris, 30 avril 1815.

Décret.

En convoquant les électeurs des colléges en assemblée du Champ de-Mai, nous comptions constituer chaque assemblée électorale de département en bureaux séparés, composer ensuite une commission commune à toutes, et, dans l'espace de quelques mois, arriver au grand but, objet de nos pensées.

Nous croyions alors en avoir le temps et le loisir, puisque notre intention étant de maintenir la paix avec nos voisins, nous étions résigné à souscrire à tous les sacrifices qui déjà avaient pesé sur la France.

La guerre civile du midi à peine terminée, nous acquîmes

la certitude des dispositions hostiles des puissances étrangères, et dès-lors il fallut prévoir la guerre, et s'y préparer.

Dans ces nouvelles occurrences, nous n'avions que l'alternative de prolonger la dictature dont nous nous trouvons investi par les circonstances et par la confiance du peuple, ou d'abréger les formes que nous nous étions proposé de suivre pour la rédaction de l'acte constitutionnel. L'intérêt de la France nous a prescrit d'adopter ce second parti. Nous avons présenté à l'acceptation du peuple un acte qui à la fois garantit ses libertés et ses droits, et met la monarchie à l'abri de tout danger de subversion. Cet acte détermine le mode de la formation de la loi, et dès-lors contient en lui-même le principe de toute amélioration qui serait conforme aux vœux de la nation, interdisant cependant toute discussion sur un certain nombre de points fondamentaux déterminés qui sont irrévocablement fixés.

Nous aurions voulu aussi attendre l'acceptation du peuple avant d'ordonner la réunion des collèges, et de faire procéder à la nomination des députés; mais également maîtrisé par les circonstances, le plus haut intérêt de l'état nous fait la loi de nous environner, le plus promptement possible, des corps nationaux.

A ces causes, nous avons décrété et décrétons ce qui suit :

Art. 1er. Quatre jours après la publication du présent décret au chef-lieu du département, les électeurs des collèges de département et d'arrondissement se réuniront en assemblées électorales au chef-lieu de chaque département et de chaque arrondissement; le préfet pour le département, les sous-préfets pour les arrondissemens, indiqueront le jour précis, l'heure et le lieu de l'assemblée, par des circulaires, et par une proclamation qui sera répandue avec la plus grande célérité dans tous les cantons et communes.

2. Pour cette année, à l'ouverture de l'assemblée, le plus

ancien d'âge présidera, le plus jeune fera les fonctions de secrétaire, les trois plus âgés après le président seront scrutateurs. Chaque assemblée ainsi organisée provisoirement nommera son président ; elle nommera aussi deux secrétaires et trois scrutateurs ; ces choix se feront à la majorité absolue.

3. On procédera ensuite aux élections des députés à la chambre des représentans, conformément à l'acte envoyé pour être présenté à l'acceptation du peuple, et inséré au Bulletin des lois, n° 19, le 22 avril présent mois.

4. Les préfets des villes, chefs-lieux d'arrondissemens commerciaux, convoqueront, à la réception du présent, la chambre de commerce et les chambres consultatives pour faire former les listes de candidats sur lesquelles les représentans de l'industrie commerciale et manufacturière doivent être élus par les collèges électoraux, appelés à les nommer, conformément à l'acte joint à celui énoncé en l'article précédent.

5. Les députés nommés par les assemblées électorales se rendront à Paris pour assister à l'assemblée du Champ-de-Mai, et pouvoir composer la chambre des représentans, que nous nous proposons de convoquer après la proclamation de de l'acceptation de l'acte constitutionnel. NAPOLÉON.

Paris, 24 mai 1815.

Reponse de l'empereur à une députation des fédérés de Paris.

Soldats fédérés des faubourgs St. Antoine et St.-Marceau,
Je suis revenu seul, parce que je comptais sur le peuple des villes, les habitans des campagnes et les soldats de l'armée, dont je connaissais l'attachement à l'honneur national. Vous avez tous justifié ma confiance. J'accepte votre offre. Je vous donnerai des armes ; je vous donnerai pour vous guider

des officiers couverts d'honorables blessures et accoutumés à voir fuir l'ennemi devant eux. Vos bras robustes et faits aux pénibles travaux, sont plus propres que tous autres au maniement des armes. Quant au courage, vous êtes Français ; vous serez les éclaireurs de la garde nationale. Je serai sans inquiétude pour la capitale, lorsque la garde nationale et vous vous serez chargés de sa défense ; et s'il est vrai que les étrangers persistent dans le projet impie d'attenter à notre indépendance et à notre honneur, je pourrai profiter de la victoire sans être arrêté par aucune sollicitude.

Soldats fédérés, s'il est des hommes dans les hautes classes de la société, qui aient déshonoré le nom français, l'amour de la patrie et le sentiment d'honneur national se sont conservés tout entiers dans le peuple des villes, les habitans des campagnes et les soldats de l'armée. Je suis content de vous voir. J'ai confiance en vous : *Vive la Nation!*

Paris, 1er juin 1815.

Discours de l'empereur au Champ-de-Mai.

Messieurs les électeurs des collèges de département et d'arrondissement,

Messieurs les députés de l'armée de terre et de mer au Champ-de-Mai,

Empereur, consul, soldat, je tiens tout du peuple. Dans la prospérité, dans l'adversité, sur le champ de bataille, au conseil, sur le trône, dans l'exil, la France a été l'objet unique et constant de mes pensées et de mes actions.

Comme ce roi d'Athènes, je me suis sacrifié pour mon peuple dans l'espoir de voir se réaliser la promesse donnée de conserver à la France son intégrité naturelle, ses honneurs et ses droits.

L'indignation de voir ces droits sacrés, acquis par vingt-cinq années de victoires, méconnus et perdus à jamais, le cri de l'honneur français flétri, les vœux de la nation m'ont ramené sur ce trône qui m'est cher parce qu'il est le *palladium* de l'indépendance, de l'honneur et des droit du peuple.

Français, en traversant au milieu de l'allégresse publique les diverses provinces de l'empire pour arriver dans ma capitale, j'ai dû compter sur une longue paix ; les nations sont liées par les traités conclus par leurs gouvernemens, quels qu'ils soient.

Ma pensée se portait alors toute entière sur les moyens de fonder notre liberté par une constitution conforme à la volonté et à l'intérêt du peuple. J'ai convoqué le Champ-de-Mai.

Je ne tardai pas à apprendre que les princes qui ont méconnu tous les principes, froissé l'opinion et les plus chers intérêts de tant de peuples, veulent nous faire la guerre. Ils méditent d'accroître le royaume des Pays-Bas, de lui donner pour barrières toutes nos places frontières du nord, et de concilier les différens qui les divisent encore, en se partageant la Lorraine et l'Alsace.

Il a fallu se préparer à la guerre.

Cependant, devant courir personnellement les hasards des combats, ma première sollicitude a dû être de constituer sans retard la nation. Le peuple a accepté l'acte que je lui ai présenté.

Français, lorsque nous aurons repoussé ces injustes agressions, et que l'Europe sera convaincue de ce qu'on doit aux droits et à l'indépendance de vingt-huit millions de Français, une loi solennelle, faite dans les formes voulues par l'acte constitutionnel, réunira les différentes dispositions de nos constitutions aujourd'hui éparses.

Français, vous allez retourner dans vos départemens. Dites aux citoyens que les circonstances sont grandes !!! Qu'avec de l'union, de l'énergie et de la persévérance, nous sortirons victorieux de cette lutte d'un grand peuple contre ses oppresseurs; que les générations à venir scruteront sévèrement notre conduite; qu'une nation a tout perdu quand elle a perdu l'indépendance. Dites-leur que les rois étrangers que j'ai élevés sur le trône, ou qui me doivent la conservation de leur couronne, qui, tous, au temps de ma prospérité, ont brigué mon alliance et la protection du peuple français, dirigent aujourd'hui tous leurs coups contre ma personne. Si je ne voyais que c'est à la patrie qu'ils en veulent, je mettrais à leur merci cette existence contre laquelle ils se montrent si acharnés. Mais dites aussi aux citoyens, que tant que les Français me conserveront les sentimens d'amour dont ils me donnent tant de preuves, cette rage de nos ennemis sera impuissante.

Français, ma volonté est celle du peuple; mes droits sont les siens; mon honneur, ma gloire, mon bonheur, ne peuvent être autres que l'honneur, la gloire et le bonheur de la France.

Paris, 7 juin 1815.

Discours de l'empereur à l'ouverture de la chambre des représentans.

"Messieurs de la chambre des pairs et de la chambre des représentans, depuis trois mois les circonstances et la confiance du peuple m'ont investi d'un pouvoir illimité, et je viens aujourd'hui remplir le premier désir et le besoin le plus pressant de mon cœur en ouvrant votre session et en commançant ainsi la monarchie constitutionnelle.

Les hommes sont impuissans pour fixer les destinées des nations; ce n'est que par des institutions sages que leur prospérité peut être établie sur des bases solides. La monarchie est nécessaire à la France pour assurer sa liberté et son indépendance. Nos constitutions sont encore éparses, et un de nos premiers soins sera de les réunir et d'en coordonner les différentes parties en un seul corps de loi. Ce travail recommandera l'époque actuelle à la postérité. J'ambitionne de voir la France jouir de toute la liberté possible, je dis possible, parce que l'anarchie conduit les peuples au despotisme.

Une coalition formidable d'empereurs et de rois en veut à notre indépendance; la frégate *la Melpomène* a été prise, après un combat sanglant, par un vaisseau anglais de 74; ainsi le sang a coulé pendant la paix. Nos ennemis comptent sur nos dissensions intestines, et cherchent à en profiter; on communique aujourd'hui avec Gand comme on communiquait en 1789 avec Coblentz.

Des mesures législatives seront nécessaires pour réprimer ces complots; je confie à vos lumières et à votre patriotisme les destinées de la France et la sûreté de ma personne. La liberté de la presse est inhérente à nos institutions; on n'y peut rien changer sans porter atteinte à la liberté civile, mais des lois sages seront nécessaires pour en prévenir les abus: je recommande à votre attention cet objet important.

Mes ministres vous feront connaître successivement la situation de nos affaires : nos finances offriraient de plus grandes ressources sans les sacrifices indispensables qu'ont exigés les circonstances, et si les sommes portées dans le budget rentraient aux époques déterminées. Il est possible que le premier devoir des princes m'appelle à la tête des enfans de la patrie. L'armée et moi nous ferons notre devoir. Vous, pairs, et vous, représentans, secondez nos efforts en entretenant la confiance par votre attachement au prince et à la patrie, et la cause sainte du peuple triomphera.

Paris, 11 juin 1815.

Réponse de l'empereur à une députation de la chambre des pairs.

Monsieur le président et messieurs les députés de la chambre des pairs,

La lutte dans laquelle nous sommes engagés est sérieuse. L'entraînement de la prospérité n'est pas le danger qui nous menace aujourd'hui. C'est sous les Fourches Caudines que les étrangers veulent nous faire passer !

La justice de notre cause, l'esprit public de la nation et le courage de l'armée, sont de puissans motifs pour espérer des succès ; mais si nous avions des revers, c'est alors surtout que j'aimerais à voir déployer toute l'énergie de ce grand peuple ; c'est alors que je trouverais dans la chambre des pairs des preuves d'attachement à la patrie et à moi.

C'est dans les temps difficiles que les grandes nations, comme les grands hommes, déploient toute l'énergie de leur caractère, et deviennent un objet d'admiration pour la postérité.

Monsieur le président et messieurs les députés de la chambre des pairs, je vous remercie des sentimens que vous m'exprimez au nom de la chambre.

Paris, 11 juin 1815.

Réponse de l'empereur à une députation de la chambre des représentans.

Monsieur le président et messieurs les députés de la chambre des représentans,

Je retrouve avec satisfaction mes propres sentimens dans ceux que vous m'exprimez. Dans ces graves circonstances, ma pensée est absorbée par la guerre imminente, au succès de laquelle sont attachés l'indépendance et l'honneur de la France.

Je partirai cette nuit pour me rendre à la tête de mes armées; les mouvemens des différens corps ennemis y rendent ma présence indispensable. Pendant mon absence, je verrais avec plaisir qu'une commission nommée par chaque chambre méditât sur nos constitutions.

La constitution est notre point de ralliement; elle doit être notre étoile polaire dans ces momens d'orage. Toute discussion publique qui tendrait à diminuer directement ou indirectement la confiance qu'on doit avoir dans ses dispositions, serait un malheur pour l'état; nous nous trouverions au milieu des écueils, sans boussole et sans direction. La crise où nous sommes engagés est forte. N'imitons pas l'exemple du Bas-Empire, qui, pressé de tous côtés par les Barbares, se rendit la risée de la postérité en s'occupant de discussions abstraites, au moment où le bélier brisait les portes de la ville.

Indépendamment des mesures législatives qu'exigent les circonstances de l'intérieur, vous jugerez peut être utile de vous occuper des lois organiques destinées à faire marcher la constitution. Elles peuvent être l'objet de vos travaux publics sans avoir aucun inconvénient.

Monsieur le président et messieurs les députés de la chambre des représentans, les sentimens exprimés dans votre adresse me démontrent assez l'attachement de la chambre à ma personne, et tout le patriotisme dont elle est animée. Dans toutes les affaires, ma marche sera toujours droite et ferme. Aidez-moi à sauver la patrie. Premier représentant du peuple, j'ai contracté l'obligation que je renouvelle, d'employer dans des temps plus tranquilles toutes les prérogatives de la couronnes et le peu d'expérience que j'ai acquis, à vous seconder dans l'amélioration de nos institutions.

Charleroy, le 15 juin, à neuf heures du soir.

Nouvelles de l'armée en 1815.

(Extrait du Moniteur.)

L'armée a forcé la Sambre, pris Charleroy, et poussé des avant-gardes à moitié chemin de Charleroy à Namur, et de Charleroy à Bruxelles. Nous avons fait quinze cents prisonniers, et enlevé six pièces de canon. Quatre régimens prussiens ont été écrasés. L'empereur a perdu peu de monde, mais il a fait une perte qui lui est très-sensible, c'est celle de son aide-de-camp, le général Letort, qui a été tué sur le plateau de Fleurus, en commandant une charge de cavalerie.

L'enthousiasme des habitans de Charleroy, et de tous les pays que nous traversons, ne peut se décrire.

Dès le 13, l'empereur était arrivé à Beaumont. Sur toute la route, des arcs de triomphe étaient élevés dans toutes les villes, dans les moindres villages. Le 14, S. M. avait passé l'armée en revue, et porté son enthousiasme au comble par la proclamation suivante, datée d'Avesnes le même jour.

Soldats,

C'est aujourd'hui l'anniversaire de Marengo et de Friedland, qui décidèrent deux fois du destin de l'Europe. Alors, comme après Austerlitz, comme après Wagram, nous fûmes trop généreux ; nous crûmes aux protestations et aux sermens des princes que nous laissâmes sur le trône. Aujourd'hui cependant, coalisés entre eux, ils en veulent à l'indépendance et aux droits les plus sacrés de la France. Ils ont commencé la plus injuste des agressions ; marchons à leur rencontre : eux et nous, ne sommes-nous plus les mêmes hommes !

Soldats, à Jéna, contre ces mêmes Prussiens aujourd'hui si arrogans, vous étiez un contre trois, et à Montmirail un contre six. Que ceux d'entre vous qui ont été prisonniers des Anglais, vous fassent le récit de leurs pontons et des maux affreux qu'ils y ont soufferts.

Les Saxons, les Belges, les Hanovriens, les soldats de la confédération du Rhin gémissent d'être obligés de prêter leurs bras à la cause de princes ennemis de la justice et des droits de tous les peuples. Ils savent que cette coalition est insatiable. Après avoir dévoré douze millions de Polonais, douze millions d'Italiens, un million de Saxons, six millions de Belges, elle devra dévorer les états du second ordre de l'Allemagne.

Les insensés ! un moment de prospérité les aveugle ; l'oppression et l'humiliation du peuple français sont hors de leur pouvoir.

S'ils entrent en France, ils y trouveront leur tombeau.

Soldats, nous avons des marches forcées à faire, des batailles à livrer, des périls à courir ; mais, avec de la constance, la victoire sera à nous ; les droits de l'homme et le bonheur de la patrie seront reconquis. Pour tout Français qui a du cœur, le moment est arrivé de vaincre ou de périr.

Napoléon.

Charleroi, le 15 juin au soir.

(*Extrait du Moniteur.*)

Le 14, l'armée était placée de la manière suivante.

Le quartier impérial à Beaumont.

Le premier corps, commandé par le général d'Erlon, était à Solre, sur la Sambre.

Le deuxième corps, commandé par le général Reille, était à Ham-sur-Heure.

Le troisième corps, commandé par le général Vandamme, était sur la droite de Beaumont.

Le quatrième corps, commandé par le général Gérard, arrivait à Philippeville.

Le 15, à trois heures du matin, le général Reille attaqua l'ennemi et se porta sur Marchiennes-au-Pont. Il eut différens engagemens, dans lesquels sa cavalerie chargea un bataillon prussien et fit trois cents prisonniers.

A une heure du matin, l'empereur était à Jamignan-sur-Heure.

La division de cavalerie légère du général Daumont sabra deux bataillons prussiens et fit quatre cents prisonniers.

Le général Pajol entra à Charleroi à midi. Les sapeurs et les marins de la garde étaient à l'avant-garde, pour réparer les ponts. Ils pénétrèrent les premiers en tirailleurs dans la ville.

Le général Clari, avec le premier de hussards, se porta sur Gosselies, sur la route de Bruxelles, et le général Pajol sur Gilly, sur la route de Namur.

A trois heures après midi, le général Vandamme déboucha avec son corps sur Gilly.

Le maréchal Grouchy arriva avec la cavalerie du général Excelmans.

L'ennemi occupait la gauche de la position de Fleurus; à

cinq heures après-midi, l'empereur ordonna l'attaque. La position fut tournée et enlevée. Les quatre escadrons de service de la garde, commandés par le général Letort, aide-de-camp de l'empereur, enfoncèrent trois carrés ; les vingt-sixième, vingt-septième et vingt-huitième régimens prussiens furent mis en déroute. Nos escadrons sabrèrent quatre à cinq cents hommes et firent cent cinquante prisonniers.

Pendant ce temps, le général Reille passait la Sambre à Marchiennes-au-Pont, pour se porter sur Gosselies avec les divisions du prince Jérôme et du général Bachelu, attaquait l'ennemi, lui faisait deux cent cinquante prisonniers, et le poursuivait sur la route de Bruxelles.

Nous devînmes ainsi maîtres de toute la position de Fleurus.

A huit heures du soir, l'empereur rentra à son quartier-général à Charleroi.

Cette journée coûte à l'ennemi cinq pièces de canon et deux mille hommes, dont mille prisonniers. Notre perte est de dix hommes tués et de quatre-vingt blessés, la plupart des escadrons de service qui ont fait les charges, et des trois escadrons du vingtième de dragons, qui ont aussi chargé un carré avec la plus grande intrépidité. Notre perte, légère quant au nombre, a été sensible à l'empereur, par la blessure grave qu'a reçue le général Letort, son aide-de-camp, en chargeant à la tête des escadrons de service. Cet officier est de la plus grande distinction ; il a été frappé d'une balle au bas-ventre, et le chirurgien fait craindre que sa blessure ne soit mortelle.

Nous avons trouvé à Charleroi quelques magasins. La joie des Belges ne saurait se décrire. Il y a des villages qui, à la vue de leurs libérateurs, ont formé des danses, et partout c'est un élan qui part du cœur.

Dans le rapport de l'état-major-général on insérera les noms des officiers et soldats qui se sont distingués.

L'empereur a donné le commandement de la gauche au prince de la Moskowa, qui a eu le soir son quartier-général aux Quatre-Chemins, sur la route de Bruxelles.

Le duc de Trévise, à qui l'empereur avait donné le commandement de la jeune garde, est resté à Beaumont, malade d'une sciatique qui l'a forcé de se mettre au lit.

Le quatrième corps, commandé par le général Gérard, arrive ce soir au Châtelet. Le général Gérard a rendu compte que le lieutenant-général Bourmont, le colonel Clouet et le chef d'escadron Villoutreys ont passé à l'ennemi.

Un lieutenant du onzième de chasseurs a également passé à l'ennemi.

Le major-général a ordonné que ces déserteurs fussent sur-le-champ jugés conformément aux lois.

Rien ne peut peindre le bon esprit et l'ardeur de l'armée. Elle regarde comme un événement heureux la désertion de ce petit nombre de traîtres qui se démasquent ainsi.

Philippeville, le 19 juin 1815.

(*Extrait du Moniteur.*)

Le 17, à dix heures du soir, l'armée anglaise occupa Mont-Saint-Jean par son centre, se trouva en position en avant de la forêt de Soignes : il aurait fallu pouvoir disposer de trois heures pour l'attaquer, on fut donc obligé de remettre au lendemain.

Le quartier-général de l'empereur fut établi à la ferme de Caillou près Planchenois. La pluie tombait par torrens.

Bataille de Mont-Saint-Jean.

A neuf heures du matin, la pluie ayant un peu diminué, le premier corps se mit en mouvement, et se plaça, la gauche à la route de Bruxelles, et vis-à-vis le village de Mont-Saint-Jean, qui paraissait le centre de la position de l'ennemi. Le second corps appuya sa droite à la route de Bruxelles, et sa gauche à un petit bois à portée de canon de l'armée anglaise. Les cuirassiers se portèrent en réserve derrière, et la garde en réserve sur les hauteurs. Le sixième corps avec la cavalerie du général d'Aumont, sous les ordres du comte Lobau, fut destiné à se porter en arrière de notre droite, pour s'opposer à un corps prussien qui paraissait avoir échappé au maréchal Grouchy, et être dans l'intention de tomber sur notre flanc droit, intention qui nous avait été connue par nos rapports, et par une lettre d'un général prussien, que portait une ordonnance prise par nos coureurs.

Les troupes étaient pleines d'ardeur. On estimait les forces de l'armée anglaise à quatre-vingt mille hommes; on supposait qu'un corps prussien qui pouvait être en mesure vers le soir, pouvait être de quinze mille hommes. Les forces ennemies étaient donc de plus de quatre-vingt-dix mille hommes, les nôtres moins nombreuses.

A midi, tous les préparatifs étant terminés, le prince Jérôme, commandant une division du deuxième corps, et destiné à en former l'extrême gauche, se porta sur le bois dont l'ennemi occupait une partie. La canonnade s'engagea; l'ennemi soutint par trente pièces de canon les troupes qu'il avait envoyées pour garder le bois. Nous fîmes aussi de notre côté des dispositions d'artillerie. A une heure, le prince Jérôme fut maître de tout le bois, et toute l'armée anglaise se replia derrière un rideau. Le comte d'Erlon attaqua alors le village de Mont-Saint-Jean, et fit appuyer son attaque par quatre-vingts pièces de canon. Il s'engagea là une épouvantable canonnade, qui dut beaucoup faire souffrir l'armée anglaise. Tous les coups portaient sur le plateau. Une brigade de la première division du comte d'Erlon s'empara du village de

Mont-Saint-Jean; une seconde brigade fut chargée par un corps de cavalerie anglaise, qui lui fit éprouver beaucoup de perte. Au même moment, une division de cavalerie anglaise chargea la batterie du comte d'Erlon par sa droite, et désorganisa plusieurs pièces; mais les cuirassiers du général Milhaud chargèrent cette division, dont trois régimens furent rompus et écharpés.

Il était trois heures après midi. L'empereur fit avancer la garde pour la placer dans la plaine, sur le terrain qu'avait occupé le premiers corps au commencement de l'action, ce corps se trouvant déjà en avant. La division prussienne, dont on avait prévu le mouvement, s'engagea alors avec les tirailleurs du comte Lobau, en prolongeant son feu sur tout notre flanc droit. Il était convenable, avant de rien entreprendre ailleurs, d'attendre l'issue qu'aurait cette attaque. A cet effet, tous les moyens de la réserve étaient prêts à se porter au secours du comte Lobau, et à écraser le corps prussien lorsqu'il se serait avancé.

Cela fait, l'empereur avait le projet de mener une attaque par le village de Mont-Saint-Jean, dont on espérait un succès décisif; mais par un mouvement d'impatience, si fréquent dans nos annales militaires, et qui nous a été souvent si funeste, la cavalerie de réserve s'étant aperçue d'un mouvement rétrograde que faisaient les Anglais pour se mettre à l'abri de nos batteries, dont ils avaient déjà tant souffert, couronna les hauteurs de Mont-Saint-Jean et chargea l'infanterie. Ce mouvement, qui, fait à temps, et soutenu par les réserves, devait décider de la journée, fait isolément et avant que les affaires de la droite ne fussent terminées, devint funeste.

N'y ayant aucun moyen de le contremander, l'ennemi montrant beaucoup de masses d'infanterie et de cavalerie, et les deux divisions de cuirassiers étant engagées, toute notre cavalerie courut au même moment pour soutenir ses camarades.

Là, pendant trois heures, se firent de nombreuses charges qui nous valurent l'enfoncement de plusieurs carrés et six drapeaux de l'infanterie anglaise, avantage hors de proportion avec les pertes qu'éprouvait notre cavalerie par la mitraille et les fusillades.

Il était impossible de disposer de nos réserves d'infanterie jusqu'à ce qu'on eût repoussé l'attaque de flanc du corps prussien. Cette attaque se prolongeait toujours et perpendiculairement sur notre flanc droit; l'empereur y envoya le général Duhesme avec la jeune garde et plusieurs batteries de réserve. L'ennemi fut contenu, fut repoussé, et recula: il avait épuisé ses forces, et l'on n'en avait plus rien à craindre. C'est ce moment qui était celui indiqué pour une attaque sur le centre de l'ennemi. Comme les cuirassiers souffraient par la mitraille, on envoya quatre bataillons de la moyenne garde pour protéger les cuirassiers, soutenir la position, et, si cela était possible, dégager et faire reculer dans la plaine une partie de notre cavalerie.

On envoya deux autres bataillons pour se tenir en potence sur l'extrême gauche de la division qui avait manœuvré sur nos flancs, afin de n'avoir de ce côté aucune inquiétude; le reste fut disposé en réserve, partie pour occuper la potence en arrière de Mont-Saint-Jean, partie sur le plateau en arrière du champ de bataille qui formait notre position en retraite.

Dans cet état de choses, la bataille était gagnée; nous occupions toutes les positions que l'ennemi occupait au commencement de l'action; notre cavalerie ayant été trop tôt et mal employée, nous ne pouvions plus espérer de succès décisifs. Mais le maréchal Grouchy ayant appris le mouvement du corps prussien, marchait sur le derrière de ce corps, ce qui nous assurait un succès éclatant pour la journée du lendemain. Après huit heures de feu et de charges d'infanterie et de cavalerie, toute l'armée voyait avec satisfaction la bataille gagnée et le champ de bataille en notre pouvoir.

Sur les huit heures et demie, les quatre bataillons de la moyenne garde qui avaient été envoyés sur le plateau au-delà de Mont-Saint-Jean pour soutenir les cuirassiers, étant gênés par la mitraille, marchèrent à la baïonnette pour enlever les batteries. Le jour finissait; une charge faite sur leur flanc par plusieurs escadrons anglais les mit en désordre; les fuyards repassèrent le ravin; les régimens voisins qui virent quelques troupes appartenant à la garde à la débandade, crurent que c'était de la vieille garde et s'ébranlèrent: les cris *tout est perdu, la garde est repoussée*, se firent entendre; les soldats prétendent même que sur plusieurs points, des malveillans apostés ont crié *sauve qui peut!* Quoi qu'il en soit, une terreur panique se répandit tout à la fois sur tout le champ de bataille; on se précipita dans le plus grand désordre sur la ligne de communication; les soldats, les canonniers, les caissons se pressaient pour y arriver; la vieille garde, qui était en réserve, en fut assaillie, et fut elle-même entraînée.

Dans un instant, l'armée ne fut plus qu'une masse confuse; toutes les armes étaient mêlées, et il était impossible de reformer un corps. L'ennemi, qui s'aperçut de cette étonnante confusion, fit déboucher des colonnes de cavalerie; le désordre augmenta; la confusion de la nuit empêcha de rallier les troupes et de leur montrer leur erreur.

Ainsi une bataille terminée, une journée de fausses mesures réparées, de plus grands succès assurés pour le lendemain, tout fut perdu par un moment de terreur panique. Les escadrons même de service, rangés à côté de l'empereur, furent culbutés et désorganisés par ces flots tumultueux, et il n'y eut plus d'autre chose à faire que de suivre le torrent. Les parcs de réserve, les bagages qui n'avaient point repassé la Sambre, et tout ce qui était sur le champ de bataille sont restés au pouvoir de l'ennemi. Il n'y a eu même aucun moyen d'attendre les troupes de notre droite ; on sait ce que c'est que la plus brave armée du monde, lorsqu'elle est mêlée et que son organisation n'existe plus.

L'empereur a passé la Sambre à Charleroi le 19, à cinq heures du matin; Philippeville et Avesne ont été donnés pour points de réunion. Le prince Jérôme, le général Morand et les autres généraux y ont déjà rallié une partie de l'armée. Le maréchal Grouchy, avec le corps de la droite, opère son mouvement sur la Basse-Sambre.

La perte de l'ennemi doit avoir été très-grande, à en juger par les drapeaux que nous lui avons pris, et par les pas rétrogrades qu'il avait faits. La nôtre ne pourra se calculer qu'après le ralliement des troupes. Avant que le désordre éclatât, nous avions déjà éprouvé des pertes considérables, surtout dans notre cavalerie, si funestement et pourtant si bravement engagée. Malgré ces pertes, cette valeureuse cavalerie a constamment gardé la position qu'elle avait prise aux Anglais, et ne l'a abandonnée que quand le tumulte et le désordre du champ de bataille l'y ont forcée. Au milieu de la nuit et des obstacles qui encombraient la route, elle n'a pu elle-même conserver son organisation.

L'artillerie, comme à son ordinaire, s'est couverte de gloire. Les voitures du quartier-général étaient restées dans leur position ordinaire, aucun mouvement rétrograde n'ayant été jugé nécessaire. Dans le cours de la nuit, elles sont tombées entre les mains de l'ennemi.

Telle a été l'issue de la bataille de Mont-Saint-Jean, glorieuse pour les armées françaises, et pourtant si funeste.

Philippeville, 19 juin 1815.

Extrait d'une lettre de l'empereur à son frère Joseph.

..... Tout n'est point perdu ; je suppose qu'il me restera, en réunissant mes forces, cent cinquante mille hommes. Les fédérés et les gardes nationaux qui ont du cœur, me fourniront cent mille hommes ; les bataillons de dépôt cinquante mille. J'aurai donc trois cent mille soldats à opposer de suite à l'ennemi ; j'attèlerai l'artillerie avec des chevaux de luxe ; je leverai cent mille conscrits ; je les armerai avec les fusils des royalistes et des mauvaises gardes nationales ; je ferai lever en masse le Dauphiné, le Lyonnais, la Bourgogne, la Lorraine, la Champagne ; j'accablerai l'ennemi ; mais il faut qu'on m'aide et qu'on ne m'étourdisse point. Je vais à Laon ; j'y trouverai sans doute du monde. Je n'ai point entendu parler de Grouchy. S'il n'est point pris (comme je le crains), je puis avoir dans trois jours cinquante mille hommes ; avec cela j'occuperai l'ennemi et je donnerai le temps à Paris et à la France de faire leur devoir. Les Autrichiens marchent lentement ; les Prussiens craignent les paysans et n'osent pas trop s'avancer. Tout peut se réparer encore ; écrivez-moi l'effet que cette horrible échauffourée aura produit dans la chambre. Je crois que les députés se pénétreront que leur devoir, dans cette grande circonstance, est de se réunir à moi pour sauver la France. Préparez-les à me seconder dignement ; surtout du courage et de la fermeté. NAPOLÉON.

Le 20 juin 1815.

Fragmens d'un discours de l'empereur dans une séance du conseil d'état, tenue à l'Elysée.

..... Je n'ai plus d'armée, je n'ai plus que des fuyards. Je retrouverai des hommes, mais comment les armer ? Je n'ai plus de fusils. Cependant avec de l'union, tout pourrait se réparer. J'espère que les députés me seconderont, qu'ils sentiront la responsabilité qui va peser sur eux; vous avez mal jugé, je crois, de leur esprit; la majorité est bonne, est française. Je n'ai contre moi que Lafayette, Lanjuinais, Flaugergues et quelques autres. Ils ne veulent pas de moi, je le sais, je les gêne. Ils voudraient travailler pour eux..... Je ne les laisserai pas faire. Ma présence ici les contiendra.....

..... Nos malheurs sont grands. Je suis venu pour les réparer, pour imprimer à la nation, à l'armée, un grand et noble mouvement. Si la nation se lève, l'ennemi sera écrasé ; si, au lieu de levée, de mesures extraordinaires, on dispute, tout est perdu. L'ennemi est en France. J'ai besoin, pour sauver la patrie, d'un grand pouvoir, d'une dictature temporaire. Dans l'intérêt de la nation, je pourrais me saisir de ce pouvoir, mais il serait utile et plus national qu'il me fût donné par les chambres.....

..... La présence de l'ennemi sur le sol national rendra, je l'espère, aux députés, le sentiment de leurs devoirs. La nation ne les a pas envoyés pour me renverser, mais pour me soutenir. Je ne les crains point. Quelque chose qu'ils fassent, je serai toujours l'idole du peuple et de l'armée. Si je disais un mot, ils seraient tous assommés. Mais en ne craignant rien pour moi, je crains tout pour la France. Si nous nous querellons entre nous au lieu de nous entendre, nous aurons le sort du Bas-Empire, tout sera perdu. Le patriotisme de la nation, son attachement à ma personne, nous offrent encore d'immenses ressources, notre cause n'est point désespérée.....

Au palais de l'Elysée, le 22 juin 1815.

Déclaration au peuple français.

Français ! en commençant la guerre pour soutenir l'indépendance nationale, je comptais sur la réunion de tous les efforts, de toutes les volontés, et le concours de toutes les autorités nationales. J'étais fondé à en espérer le succès, et j'avais bravé toutes les déclarations des puissances contre moi. Les circonstances paraissent changées. Je m'offre en sacrifice à la haine des ennemis de la France. Puissent-ils être sincères dans leurs déclarations, et n'en avoir jamais voulu qu'à ma personne ! Ma vie politique est terminée, et je proclame mon fils sous le titre de Napoléon II, empereur des Français. Les ministres actuels formeront provisoirement le conseil de gouvernement. L'intérêt que je porte à mon fils m'engage à inviter les chambres à organiser sans délai la régence par une loi. Unissez-vous tous pour le salut public et pour rester une nation indépendante. NAPOLÉON.

Paris, 22 juin 1815.

Réponse de l'empereur à une députation de la chambre des représentans, envoyée pour le féliciter sur sa seconde abdication.

Je vous remercie des sentimens que vous m'exprimez; je désire que mon abdication puisse faire le bonheur de la France, *mais je ne l'espère point ;* elle laisse l'état sans chef, sans existence politique. Le temps perdu à renverser la monarchie aurait pu être employé à mettre la France en état d'écraser l'ennemi. Je recommmande à la chambre de renforcer promptement les armées ; qui veut la paix doit se préparer à la guerre. Ne mettez pas cette grande nation à la merci des étrangers. Craignez d'être déçus dans vos espérances. *C'est là qu'est le danger.* Dans quelque position que je me trouve, je serai toujours bien si la France est heureuse.

Paris, 23 juin 1815.

Discours de Napoléon aux ministres, en apprenant que la chambre des représentans venait de nommer une commission de gouvernement composée de cinq membres.

Je n'ai point abdiqué en faveur d'un nouveau directoire; j'ai abdiqué en faveur de mon fils. Si on ne le proclame point, mon abdication est nulle et non avenue. Les chambres savent bien que le peuple, l'armée, l'opinion, le désirent, le veulent, mais l'étranger les retient. Ce n'est point en se présentant devant les alliés, l'oreille basse et le genou à terre, qu'elles les forceront à reconnaître l'indépendance nationale. Si elles avaient eu le sentiment de leur position, elles auraient proclamé spontanément Napoléon II. Les étrangers auraient vu alors que vous saviez avoir une volonté, un but, un point de ralliement; ils auraient vu que le 20 mars n'était point une affaire de parti, un coup de factieux, mais le résultat de l'attachement des Français à ma personne et à ma dynastie. L'unanimité nationale auraient plus agi sur eux que toutes vos basses et honteuses déférences.

La Malmaison, le 25 juin 1815.

PROCLAMATION.

Aux braves soldats de l'armée devant Paris.

Soldats !

Quand je cède à la nécessité qui me force de m'éloigner de la brave armée française, j'emporte avec moi l'heureuse certitude qu'elle justifiera par les services éminens que la patrie attend d'elle, les éloges que nos ennemis eux-mêmes ne peuvent pas lui refuser.

Soldats ! je suivrai vos pas, quoiqu'absent. Je connais tous les corps, et aucun d'eux ne remportera un avantage signalé sur l'ennemi, que je ne rende justice au courage qu'il aura déployé. Vous et moi nous avons été calomniés. Des hommes indignes d'apprécier vos travaux ont vu, dans les marques d'attachement que vous m'avez données, un zèle dont j'étais le seul objet ; que vos succès futurs leur apprennent que c'était la patrie pardessus tout que vous serviez en m'obéissant ; et que si j'ai quelque part à votre affection, je la dois à mon ardent amour pour la France, notre mère commune.

Soldats ! encore quelques efforts et la coalition est dissoute. Napoléon vous reconnaîtra aux coups que vous allez porter.

Sauvez l'honneur, l'indépendance des Français ; soyez jusqu'à la fin, tels que je vous ai connus depuis vingt ans, et vous serez invincibles. NAPOLÉON.

Paris, 25 juin 1815.

Discours de l'empereur à un membre de la chambre des représentans, en apprenant que MM. de Lafayette, de Pontécoulant, de Laforêt, d'Argenson, Sébastiani et Benjamin Constant (ce dernier en qualité de secrétaire), étaient nommés par le gouvernement provisoire pour se rendre auprès des souverains alliés.

.... Lafayette, Sébastiani, Pontécoulant, Benjamin Constant ont conspiré contre moi ; ils sont mes ennemis, et les ennemis du père ne seront jamais les amis du fils. Les chambres, d'ailleurs, n'ont point assez d'énergie pour avoir une volonté indépendante ; elles obéissent à Fouché. Si elles m'eussent donné tout ce qu'elles lui jettent à la tête, j'aurais sauvé la France ; ma présence seule à la tête de l'armée aurait plus fait que toutes vos négociations ; j'aurais obtenu mon fils pour prix de mon abdication ; vous ne l'obtiendrez pas. Fouché n'est point de bonne foi. Il jouera les chambres, et les alliés le joueront. Il se croit en état de tout conduire à sa guise ; il se trompe : il verra qu'il faut une main autrement trempée que la sienne, pour tenir les rênes d'une nation, surtout lorsque l'ennemi est chez elle.... La chambre des pairs n'a point fait son devoir ; elle s'est conduite comme une poule mouillée. Elle a laissé insulter Lucien et détrôner mon fils ; si elle eût tenu bon, elle aurait eu l'armée pour elle, les généraux la lui auraient donnée. Son ordre du jour a tout perdu. Moi seul je pourrais tout réparer, mais vos meneurs n'y consentiront jamais ; ils aimeraient mieux s'engloutir dans l'abîme que de s'unir avec moi pour le fermer.

La Malmaison, 27 juin 1815.

En abdiquant le pouvoir, je n'ai point renoncé au plus noble droit de citoyen, au droit de défendre mon pays.

L'approche des ennemis de la capitale ne laisse plus de doutes sur leurs intentions, sur leur mauvaise foi.

Dans ces graves circonstances, j'offre mes services comme général, me regardant encore comme le premier soldat de la patrie. NAPOLÉON.

La Malmaison, 27 juin 1815.

Plaintes de Napoléon à ses amis, en apprenant que les membres du gouvernement provisoire refusaient d'acquiescer à sa demande de servir sa patrie en qualité de général.

Ces gens-là sont aveuglés par l'envie de jouir du pouvoir et de continuer de faire les souverains; ils sentent que s'ils me replaçaient à la tête de l'armée, ils ne seraient plus que mon ombre, et ils nous sacrifient, moi et la patrie, à leur orgueil, à leur vanité. Ils perdront tout.... Mais pourquoi les laisserais-je régner? J'ai abdiqué pour sauver la France, pour sauver le trône de mon fils. Si ce trône doit être perdu, j'aime mieux le perdre sur le champ de bataille qu'ici. Je n'ai rien de mieux à faire pour vous tous, pour mon fils et pour moi, que de me jeter dans les bras de mes soldats. Mon apparition électrisera l'armée; elle foudroiera les étrangers; ils sauront que je ne suis revenu sur le terrain que pour leur marcher sur le corps, ou me faire tuer; et ils vous accorderaient, pour se délivrer de moi, tout ce que vous leur demanderez. Si, au contraire, vous me laissez ici ronger mon épée, ils se moqueront de vous. Il faut en finir : si vos cinq empereurs ne veulent pas de moi pour sauver la France, je me passerai de leur consentement. Il me suffira de me montrer, et Paris et l'armée me recevront une seconde fois en libérateur.....

(*Le duc de Bassano lui représentant que les chambres ne seraient pas pour lui.*)... Allons, je le vois bien, il faut toujours céder... Vous avez raison, je ne dois pas prendre sur moi la responsabilité d'un tel événement. Je dois attendre que la voix du peuple, des soldats et des chambres me rappelle. Mais comment Paris ne me demande-t-il pas? On ne s'aperçoit donc pas que les alliés ne vous tiennent aucun compte de mon abdication? (*Bassano repart qu'on paraît se fier à la générosité des souverains alliés.*) Cet infâme Fouché vous trompe. La commission se laisse conduire par lui; elle aura de grands reproches à se faire. Il n'y a là que Caulincourt et Carnot qui vaillent quelque chose, mais ils sont mal appareillés. Que peuvent-ils faire avec un traître (Fouché), deux niais (Quinette et Grenier) et deux chambres qui ne savent ce qu'elles veulent? Vous croyez tous, comme des imbécilles, aux belles promesses des étrangers. Vous croyez qu'ils vous mettront la poule au pot, et vous donneront un prince de leur façon, n'est-ce pas? Vous vous abusez : Alexandre, malgré ses grands sentimens, se laissera influencer par les Anglais; il les craint; et l'empereur d'Autriche fera, comme en 1814, ce que les autres voudront.

Rochefort, le 13 juillet 1815.

Au prince-régent d'Angleterre.

Altesse royale,

En butte aux factions qui divisent mon pays et à l'inimitié des plus grandes puissances de l'Europe, j'ai terminé ma carrière politique, et je viens, comme Thémistocle, m'asseoir aux foyers du peuple britannique. Je me mets sous la protection de ses lois, que je réclame de votre altesse royale, comme je plus puissant, le plus constant et le plus généreux de mes ennemis.
NAPOLÉON.

DIVERSES PIÈCES COMMUNIQUÉES APRÈS L'IMPRESSION.

Passeriano, le 4 vendémiaire an 6.

A Barras.

Citoyen,

Je suis malade et j'ai besoin de repos ; je demande ma démission, donnes-là si tu es mon ami ; deux ans dans une campagne près de Paris rétabliraient ma santé, et redonneraient à mon caractère la popularité que la continuité du pouvoir ôte nécessairement... Je suis esclave de ma manière de sentir et d'agir, et j'estime le cœur bien plus que la tête.

BONAPARTE.

Du camp impérial de Boulogne, le 10 fructidor an 13.

Copie d'une lettre de Napoléon à M. Dejean.

Monsieur Dejean, le ministre de la guerre a dû vous faire passer différens ordres, pour mettre en état de faire la guerre, une armée d'Italie et du Rhin ; vous pouvez la regarder comme certaine. « J'ai donné des ordres pour pourvoir aux capotes et souliers nécessaires à l'armée ; faites-moi connaître si vous avez quelque chose de disponible à Paris. » J'ai besoin que vous donniez des ordres à tous les régimens de cavalerie de se remonter à toute force. Je ne vois pas d'inconvénient à leur distribuer pour cela un million. J'ai mis à votre disposition une somme extraordinaire de deux millions deux cent mille francs, dont un million pour l'achat de chevaux de train et d'artillerie, et un million deux cent mille francs pour les capotes et souliers. Occupez-vous du charrois; faites construire à Sampigny; il y a un marché pour des transports ici; voyez à lui donner une plus grande extension. J'imagine que vous avez pourvu à ce que j'aie du biscuit à Mayence et Strasbourg; j'en ai ici beaucoup. Il faut faire manger la partie faite depuis vingt mois; il restera ici plus de vingt mille bouches; la partie qui est faite depuis douze mois pourra être conservée. Il se peut que les affaires s'arrangent après quelques batailles, et que je revienne sur la côte. Faites hâter la fourniture de draps de l'an 14, c'est de la plus grande urgence.

Vous allez avoir, dans toute la cinquième division militaire, depuis Mayence jusqu'à Schelestatt, cinq à six mille chevaux d'artillerie, neuf mille chevaux de dragons, huit ou neuf mille de chasseurs et de hussards, quatre à cinq mille de grosse cavalerie, et quinze cents de la garde, indépendamment de tous ceux de l'état-major. Je désire que le service soit fait par la même administration qu'à Boulogne, surtout pour le pain et la viande. Ne perdez pas un moment à faire accaparer des vins et des eaux-de-vie à Landau, Strasbourg et Spire. Landau sera un des principaux points de rassemblement.

J'imagine que Vanderberghe envoie à Strasbourg les mêmes individus qu'à Boulogne. Les premières divisions sont parties; voyez-les pour cela. « Je vous ai demandé cinq cent mille rations de biscuit à Strasbourg, je ne verrais pas d'inconvénient à les diviser ainsi : deux cent mille à Strasbourg, deux cent mille à Landau, et cent mille à Spire. J'attends de vous deux états, dont le premier me fasse connaître le nombre existant des chevaux propres au service de chaque régiment de cavalerie; ce qui existe en caisse de leur masse, et l'état des chevaux qu'ils peuvent se procurer : le second état me fera connaître la situation de l'habillement de tous les corps de la grande armée, et le temps où ils auront l'habillement de l'an 14. » Le ministre de la guerre vous aura envoyé l'organisation de la grande armée partagée en sept corps. Pensez aux ambulances, et occupez-vous sans délai des détails de l'organisation de cette immense armée. Je vous dirai, mais pour vous seul, que je compte passer le Rhin le 5 vendémiaire; organisez tout en conséquence. Il me reste à vous ajouter que cette lettre doit être pour vous seul, et qu'elle ne doit être lue par personne. Dissimulez, dites que je fais seulement marcher trente mille hommes pour garantir mes frontières du Rhin. Avec les chefs de service auxquels on ne peut rien dissimuler, vous leur ferez sentir l'importance de dire la même chose que vous. Sur ce, je prie Dieu qu'il vous ait en sa sainte garde. NAPOLÉON.

Ingolstadt, le 18 avril 1809, à cinq heures du soir.

Instruction.

Le capitaine Galbois retournera sur-le-champ près du maréchal Davoust; il passera par Vohbourg et Neustadt, et de là à Ratisbonne : aussitôt qu'il aura causé avec le maréchal Davoust, il reviendra me rendre compte.

Il fera connaître au maréchal Davoust qu'il apprendra ce qui s'est passé dans la journée au corps du duc de Dantzick; que je n'en ai aucune connaissance, mais que je suppose que le corps du duc de Dantzick, fort de trente mille hommes, a battu la plaine jusqu'à l'Isère, et l'a secouru si cela a été nécessaire.

Le général Demont est à Vohbourg avec sa division, huit mille hommes de cavalerie.

La division Nansouty et la cavalerie wurtembergeoise sont en colonne sur la route d'ici à Vohbourg.

Le général Vandamme, avec douze mille Wurtembergeois, couche ce soir à Ingolstadt.

Le duc de Rivoli, avec le général Oudinot et quatre-vingt mille hommes, doivent arriver à Pfaffenhoffen.

L'empereur, à une heure du matin, se décidera à se porter de sa personne à Neustadt, après qu'il aura reçu le rapport de la journée; il lui importe donc bien de connaître la situation du duc d'Awerstaedt et des différens corps de l'ennemi.

Si cela ne détourne pas cet officier, il verra le général Wrede ou le duc de Dantzick, pour causer avec eux et leur donner connaissance de ces détails. NAPOLÉON.

P. S. Cet officier engagera celui qui commande à Vohbourg, celui qui commande à Neustadt et les généraux de division bavarois, de m'envoyer des officiers et les rapports de ce qui se serait passé ou de ce qu'ils apprendraient.

Commission et pleins-pouvoirs donnés aux commandans de place en juin 1815.

NAPOLÉON, par la grâce de Dieu et les constitutions, empereur des Français, etc., etc.

La place de Vitry étant en état de siége, armée, bien approvisionnée, à l'abri de toute attaque, pouvant soutenir un siége, nous avons résolu de nommer pour commandant supérieur de cette place un officier d'une bravoure distinguée, dont nous aurions éprouvé le zèle et la fidélité dans maints combats; nous avons pris en considération les services du sieur Baron, adjudant-commandant de nos armées, et nous l'avons nommé et nommons, par ces présentes signées de notre main, commandant supérieur de la place de Vitry en état de siége. Nous lui enjoignons de ne plus sortir des remparts de ladite place, au moins au-delà d'une portée de fusil de ses ouvrages avancés, sous quelque prétexte que ce soit; d'inspecter et de visiter fréquemment les approvisionnemens de siége et les magasins d'artillerie, d'avoir soin qu'ils soient abondamment fournis et conservés à l'abri des attaques de l'ennemi et de l'intempérie des saisons. Nous lui enjoignons de prendre toutes les précautions pour accroître lesdits approvisionnemens et pour que les habitans aient pour six mois de vivres, faisant sortir de la ville tous ceux qui n'auraient pas ledit approvisionnement. Nous lui ordonnons de nous conserver cette place et de ne jamais la rendre sous aucun prétexte. Dans le cas où elle serait investie et bloquée, il doit être sourd à tous les bruits répandus par l'ennemi, ou aux nouvelles qu'il lui ferait parvenir, lors même qu'il voudrait lui persuader que l'armée française a été battue, que la capitale est envahie, etc. Il n'en résistera pas moins à ses insinuations, comme à ses attaques, et ne laissera point ébranler son courage. Sa règle constante doit être d'avoir le moins de communications que possible avec l'ennemi. Il aura toujours devant les yeux les conséquences inévitables d'une contravention à nos ordres ou d'une négligence à remplir les devoirs qui lui sont imposés. Il n'oubliera jamais qu'une conduite différente lui ferait perdre notre estime et encourir toute la sévérité des lois militaires, qui condamnent à mort tout commandant et son état-major, s'il livre la place sans avoir fixé l'impossibilité de soutenir un second assaut, et s'il n'a satisfait à toutes les obligations qui lui sont imposées par notre décret du 24 décembre 1811. Enfin, nous voulons et entendons qu'il coure les hasards d'un assaut, pour prolonger la défense et augmenter la perte de l'ennemi. Il songera qu'un Français doit compter sa vie pour rien, si elle doit être mise en balance avec son honneur, et que cette idée doit être le mobile de toutes ses actions; la reddition de la place ne devant être que le dernier terme de tous ses efforts, et le résultat d'une impossibilité absolue de résister, nous lui défendons d'avancer cet événement malheureux par son consentement, ne fût-ce que d'une heure, et sous le prétexte d'obtenir par là une capitulation plus honorable.

Nous voulons que toutes les fois que le conseil de défense sera réuni pour consulter sur les opérations, il y soit fait lecture desdites lettres-patentes, à haute et intelligible voix.

Donné au palais de l'Elysée, le neuvième jour du mois de juin de l'an de grâce mil huit cent quinze.

NAPOLÉON,
Par l'empereur,
Le ministre secrétaire-d'état.
H. B. MARET.

Transcription du fac simile de la proclamation écrite par Bonaparte à son retour de Syrie, au nom du divan du Kaire.[1]

Il se fait souvent instruire des prières de l'Alcoran, qu'il commence à connaître et à aimer et nous savons que son projet est de faire bâtir une grande mosquée, après quoi il embrassera l'islamisme

Nous devons vous faire savoir que

Quelques (*ce mot est rayé*) . . . . tous les
Gezzar Pacha (*ces deux mots sont rayés*) . . . . et Kaboun
un Pacha, surnommé par les peuples qu'il oppriroe, *Gezzár*,[a]
avait projeté d'envahir l'Egypte. Un tas d'*Osmanlis* qu'il
avait appellés, était à Acre, devait descendre sur les belles
provinces de Syrie et sur l'Egypte, piller
. . . . Déjà il s'etait emparé de l' *Arich*
et marchait sur Catiieh. Le général en chef Bonaparte est
parti, a battu ses *troupes*, a pris Refa, et fait plus
de 2000 prisonniers, s'est *avancé* sur Gaza, a pris la ville. Les
. . . . . étant allés à sa rencontre, il les a . . . . . tous ; il a pris le
chef, a battu de . . . . de Gezzar, qui sont
. . . .
Arrivé à Ramlé, il s'est emparé de 2000 outres, des approvisionnem-
-ens de riz, ce qui avait été *préparé* par le pacha-
pour passer en Egypte. De là, toujours victorieux
le *Général* Bonaparte s'est porté sur *Jaffa*, s'est emparé
de la ville après 2 jours de . . . . a fait 5000 hommes
prisonniers, a pris . . . . Cette ville s'étant mal
conduite, il l'a livrée au pillage, après que tous les. . . . . .
ont été tués. Les gens d'Egypte seuls ont été protégés, et
envoyés, à bord de *plus de vingt et deux embarcations*,
chez eux ; car les Egyptiens sont *ses enfans*.
De là, le *général* en chef a pris la route de Jaffa, sur. . . . . .
où était la cavalerie, la battue, et en a tué une grande
quantité. Arrivé *devant* Acre, il a *rasé* les murs,
le palais de Gezzár, et toute la ville. Il a battu en différentes
batailles
. . . . qui s'étaient voulu opposer à ses projets ; car il est, comme
l'epée de Dieu, invincible. Après quoi, jugeant que des
Que plusieurs mal intentionnés cherchaient à entraîner l'Egypte dans des
rebellions, que les Arabes la pilliaient, que des Mamlouks la
. . . . il est parti, est arrivé, a dissipé tous les orages,
et . . . . . son retour. . . . les a *fait repasser* dans le désert.

---
[1] Cette page doit être placée en regard du fac simile inséré au tome troisième.
[a] C'est-à-dire bouclier.

Transcription du fac simile de la proclamation écrite par Bonaparte à son retour de Syrie, au nom du divan du Kaire.[1]

. . . . de plus de vingt et deux *embarcations*,[2] chez eux ; car les Egyptiens sont ses *enfans*. De là, le *général* en chef a pris la route de Jaffa, sur. . . . . . . et Kakoun où était la cavalerie, la battue, et en *a* tué une grande quantité. Arrivé *devant* Acre, il a *rasé* les murs, le palais de Gezzâr, et toute la ville. Il a battu en différentes batailles ————————— tous les
. . . . qui s'étaient voulu opposer à ses projets ; car il est, comme l'épée de Dieu, invincible. Après quoi, jugeant que des . . . . ; que plusieurs mal intentionnés cherchaient à entraîner l'Egypte dans des rébellions, que les Arabes la pillaient, que des Mamlouks la . . . . il est parti, est arrivé, a dissipé tous les orages, et . . . . . . son retour . . . les a *fait repasser* dans le désert.

---

[1] Cette page doit être placée en regard du fac simile inséré au tome troisième.
[2] C'est-à-dire bouclier.

GÉNÉALOGIE DE NAPOLÉON BONAPARTE.

En 1752, le grand-duc de Toscane ayant voulu réformer les abus qui se glissaient dans l'usurpation des titres de noblesse, établit une commission chargée de la vérification de ces titres et de leur enregistrement.

La famille des Buonaparte, ou Bonaparte [1] déchue de son ancienne splendeur, exilée de Florence à la suite des troubles qui agitèrent l'Italie dans le douzième siècle, présenta une requête au chapitre de l'ordre de Saint-Etienne, pour obtenir son classement parmi les grands de Florence.

C'est cette requête, accompagnée de pièces authentiques à l'appui, qui nous a fourni les renseignemens dont nous offrons aujourd'hui un extrait succinct.

Le premier des membres de cette famille, dont le souvenir se soit conservé, Nicolas Bonaparte, attaché au parti des gibellins, fut compris dans la proscription qui les frappa, et banni de Florence en 1268, après avoir vu confisquer tous ses biens. Il se réfugia avec ses enfans à San-Miniato.

---

[1] Dans les pièces généalogiques que l'on nous a communiquées, et qui comprenaient quarante pages in-folio, ce nom était écrit tantôt Bonaparte, tantôt Buonaparte, quoique tout le texte fût en italien.

En 1441, un descendant du même Bonaparte, Leonardo Antonio Mocci, également gibellin, fut arrêté à Florence, accusé de haute trahison et décapité. Un registre déposé dans les archives de San-Miniato, et contenant l'état des biens confisqués aux rebelles, renferme le détail de ceux appartenant à Leonardo, et dont le tiers fut déclaré appartenir à son fils.

Depuis cette époque, plusieurs Bonaparte ont rempli avec distinction des fonctions élevées dans l'état militaire, la magistrature, et l'église, à Pise, à Lucques, à Florence. L'enquête faite en août 1752, et présentée par le capitaine Nicolas Bonaparte, tant en son nom qu'en celui de ses enfans et de ses autres parens, nous a paru devoir occuper une place dans ce recueil; elle renferme une analyse historique des documens sur lesquels cette famille établissait ses prétentions. Nous en donnerons une traduction littérale.

Enquête pour le capitaine Bonaparte, fils et consorts.

« Illustrissimes seigneurs,

« Plusieurs raisons concluantes tendent à établir que la famille des exposans était placée dans un rang élevé et distingué de la ville de Florence; elle est regardée comme descendant de Buonaparte gibellin, porté, ainsi que ses fils, (*al libro del chiodo*), avec l'emploi de capitaine. La même famille était regardée comme jouissant du rang de grand de Florence, et fut reconnue judiciairement pour appartenir aux ordres nobles.

« Pour prouver qu'elle tire son origine du susdit Buonaparte, exilé avec ses fils en 1268, comme gibellin, du territoire de notre ville, nous employerons les raisons détaillées ci-après:

« 1°. Notre premier raisonnement est que, Buonaparte gibellin, exilé en 1268 du territoire florentin, s'est réfugié avec quelques-uns de ses fils à San-Miniato, où dominait le parti ghibellin, et que de lui sont descendus messire Jacopo, fils de messire Georgio di Jacopo de Buonaparti, résidant à San-Miniato, quartier de Poggighiti; qu'ils furent faits nobles, ainsi qu'il appert de l'admission des preuves par les seigneurs illustrissimes, et considérés comme descendans dudit messire Jacopo, fils de Giorgio, et aussi comme provenant dudit Buonaparte gibellin.

« En admettant cette première vérité, qu'ils descendent de messire Jacopo, fils de Giorgio, il en résulte deux conséquences: l'une, que ladite famille descendante de Buonaparte était noble à San-Miniato; l'autre, que cette ville était devenue sa véritable patrie. Si donc l'on reconnaît ces deux titres dans la famille des exposans, on ne peut se refuser à croire qu'elle était noble dès ce temps-là. Judiciairement considérée comme la vraie famille Buonaparte, elle en tirera l'invincible argument que les exposans proviennent de la même souche que messire Jacopo, lequel en provient lui-même par les fils de Buonaparte gibellin.

« L'argument ci-dessus se consolide de plus en plus en appliquant au cas présent les doctrines légales: le séjour de la famille dans un même lieu, le même grade de noblesse et au même temps, forment un faisceau de preuves qui servent à établir la descendance d'une même souche; vérité qui devient plus évidente encore lorsque l'on voit Buonaparte, reconnu comme chef, donner son nom aux descendans.

« Ajoutons que l'article *de* qui, dans d'autres familles, précède le nom, suivant l'opinion des antiquaires les plus érudits, ne peut indiquer qu'une famille ordinaire devenue noble. Ainsi, devant les noms de médecins, de bourgeois et de riches, on joint l'article *de* à leurs noms, à moins qu'ils ne soient de haute lignée.

« On n'a jamais mis l'article *de* devant le nom de Achin Salviati, peintre excellent, et d'une si grande réputation ; on n'en doit pas mettre devant le nom de notre famille, pas plus sans doute que devant le nom de nos anciens souverains *les Medicis*.

« Pour appuyer encore ce qui vient d'être dit, nous offrons les preuves suivantes, qui semblent sans réplique : non-seulement Pierre di Gio di Jacopo di Moccio, l'un des informans, lors de la première description des décimes de l'année 1427, est cité *comme citoyen de Florence*, mais son père et son aïeul sont nommés comme alliés aux trois gentilshommes florentins Grandoni, Federighi et Ricci ; de plus, ils résidèrent constamment dans le quartier du Saint-Esprit, où ils avaient leur habitation, et ils avaient établi leur sépulture dans l'église principale ; nous citerons la mention de leur résidence au *gonfalonier scala (gonfalone scala)* où avaient passé Buonaparte gibellin et ses fils ; ce qui prouve manifestement que Pierre, dont il vient d'être parlé, a continué d'occuper cette même habitation, comme descendant légitime du même nom, et le rapport du magistrat atteste qu'il était de Florence, habitait le même gonfalonier, et la même maison que le fondateur, M. Niccolo. Mais plus tard, au lieu d'y retourner, les Buonaparte occupèrent San-Miniato ; ce qu'il est facile de reconnaître par la réticence que fit Pierre de son surnom dans le premier état de division qui eut lieu de sa part, ainsi que de ses descendans après lui. Cette omission, à laquelle on mit du mystère, donne à penser, ou plutôt à faire connaître, que ce même rejeton descendait de Buonaparte gibellin, dont la mémoire alors devait être odieuse à Florence, et ce moyen était plus facile à employer que de changer d'habitation, dans le dessein de laisser ignorer ces circonstances dans la ville. Il n'en était pas de même à San-Miniato, où dominait le parti gibellin. L'on voit même les auteurs, descendans et collatéraux du même

Pierre; ne pas avoir recours au même moyen, et, dans toutes les occasions, tirer leur noblesse de Buonaparte. On voit aussi le sieur Nicolo lui-même taire tour à tour son surnom à San-Miniato, comme les autres l'avaient fait dans la ville de Florence, et, sans doute suivant les circonstances, le répéter ensuite deux fois dans la même inscription. On ne peut, dans le fait, imputer la réticence de ce nom qu'au désir de se tenir à l'abri de la haine que le peuple avait conçue pour lui, et il n'était certainement odieux au peuple que comme l'étaient les noms des autres grands et des gibellins : c'est le jugement qu'en portent tous les hommes éclairés. Il est peu de familles illustres qui n'aient été exposées aux mêmes inconvéniens à l'époque dont nous rappelons le triste souvenir.

« En quatrième lieu, lorsque, d'après l'inspection seule de l'arbre généalogique, nous voyons un membre de la famille parvenir aux premières dignités de l'église de Florence, dignités qui n'ont jamais été conférées qu'avec beaucoup de circonspection, nous pouvons en tirer l'induction de la haute considération qu'inspirait messire Jacopo, à cause de messire Pierre, chanoine et doyen florentin, avant le prince successeur de Francisco Bucellaï (c'est-à-dire en 1500.)

« On voit en outre les auteurs des informans alliés aux maisons Ricci, Federighi, Grandoni, Albizzi, Visdomini, Alberti, Masi, Tornabuoni, parens des Tornaquinci de Pauzano, parens de Ricasoli, Buonacorsi, Gaetani, Pamiatichi, Attavanti, Squarcialupi et Borronaci, dont est né un des informans.

« De là on peut, avec beaucoup de raison, conclure que l'origine de la famille est noble, venant directement du même Buonaparte.

« Enfin, de ce que notre famille a été exclue des honneurs populaires dont elle était en possession, on doit en tirer la conséquence qu'elle était dévouée au parti gibellin.

« On la voit ensuite transférée à San-Miniato, et y posséder un château, et, fidèle au parti qu'elle avait embrassé, offrir une nouvelle victime dans la personne de Leonardo Antonio *del nostro moccio*, décapité pour cette raison en 1441.

« Toutes ces circonstances réunies établissent d'une manière péremptoire le dévouement de cette famille aux gibellins. Nous prouverons plus tard qu'elle jouissait d'une grande fortune, et que, si les honneurs et les dignités qui semblent devoir être l'apanage de ce rang, lui ont été refusés, il ne faut en accuser que les dissensions civiles qui la réduisirent enfin à cacher son nom.

« On ne peut tirer d'aucune archive des preuves plus fortes pour constater l'origine des informans quant à leur auteur Buonaparte. Bien qu'elles soient très-concluantes, nous espérons que vos grandeurs voudront bien, dans leurs principes d'équité, prendre en considération la force de ces mêmes preuves, par l'impossibilité où se trouvent les informans de les compléter d'une manière plus satisfaisante.

« Indépendamment de la réunion des conjectures, qui vient d'être établie par ce qui précède, nous croyons être encore à même de prouver que Touquin d'Oddo et ses descendans remontent sans nul doute à Buonaparte gibellin, ainsi que nous l'avons déjà avancé plusieurs fois. Nos conjectures sont d'autant plus fondées, que nous trouvons dans un ancien registre de la famille des exposans, du commencement de l'année 1518, avant l'érection de la principauté, à la page 20, une note dont copie authentique se trouvera à la suite de la présente instruction. La vérité qui jaillit de cette note émane d'une personne respectable; elle a eu lieu également dans un temps non suspect; il faut donc en conclure que ce document mérite la plus grande confiance, quoiqu'il ne soit au surplus qu'un complément des preuves de noblesse que nous sommes en état de donner. Il faut en conclure également que cette même noblesse est établie et confirmée par probabilités ou vraisemblances qui peuvent être rangées au nombre des choses légales et authentiques. Ces probabilités, outre les raisons précédemment alléguées, dérivent incontestablement de trouver réunis, à la même époque et dans le même grade, d'une part, le colonel messire Jacopo di Giorgio, jusqu'à Buonaparte gibellin, et de l'autre, notre colonel Giovanni di Jaccopo jusqu'au même Buonaparte : En suivant même la proportion des temps, il ne paraîtrait pas impossible que lesdits Jacopo et Gio soyent tous les deux descendans du même Buonaparte, et cette probabilité, disons plus, cette vérité, se fortifie par l'apparition seule des personnes, qui, ayant lieu dans le même temps, leur fait assigner avec beaucoup de vraisemblance une origine commune.

« Mais quand même cette noble origine ne serait pas établie, comme elle l'est, n'y a-t-il pas lieu de reconnaître, en passant à l'examen de la seconde proposition, que la famille Buonaparte se trouve liée aux familles les plus considérées de Florence, en ligne directe. Son séjour ancien et habituel dans cette dernière ville, ses armoiries, en un mot, c'est-à-dire le rateau rouge avec la fleur de lys d'or, armoiries données aux familles nobles par le roi Charles 1er, ainsi que la croix du peuple florentin, dont elle est depuis long-temps en possession, sont des preuves de sa noblesse qui attestent même qu'elle remonte au temps des gibellins.

« A la vérité, les marques de noblesse données par le peuple ne s'accordèrent qu'aux familles d'un rang élevé, et le plus souvent, comme chacun le sait, à celles des mêmes familles qui s'empressèrent d'abjurer le parti des gibellins pour acquérir de la popularité. Quelques-uns des nôtres ont fait cette abjuration au moment même où ils recevaient les armoiries, d'autres, depuis la décapitation du susdit Leonardi.

« Privée des honneurs populaires, cette famille s'est considérée comme déchue de sa grandeur, et fut en butte à toutes sortes de mauvais traitemens, jusqu'à l'érection de la principauté. Alors seulement, voulant ne pas laisser perdre une illustration justement acquise, elle a relevé pour elle-même des faits qui avaient été tenus secrets, non pas tant, peut-être, pour en dissiper l'odieux que pour prouver qu'elle ne renonçait pas à ses droits, comme l'ont fait nombre d'autres familles, en refusant les armoiries et les alliances qui les auraient rendues agréables au peuple, en suivant l'impulsion du pays.

« Venons à l'autre point de notre exposé. Il est fondé sur ce que nous venons de dire, qu'en 1571, le chevalier Fausto Beltramini de Siena, voulant prendre la croix de St.-Etienne, non par grâce, mais d'après justice, établit le quartier de noblesse de Buonaparte par Catherina sa mère, fille de Gio, fils de notre Benedetto Buonaparte. Il prouva de même la noblesse d'Attavanti par la mère de Catherina, et en remontant jusqu'au premier grade de noblesse de Buonaparte à Florence, dans le temps même de la république, preuves qui émanent des documens des magistrats de San-Miniato depuis 1570 jusqu'à 1571, où ils s'expriment ainsi qu'il suit, au sujet des auteurs des exposans : « *c'est bien volontairement qu'ils s'en sont abstenus, à cause de leur droit de cité à Florence,* » et comme l'atteste plus clairement encore le témoignage de messire Antonio de Gucci de San-Miniato.

« *Premier témoin.* Il se rappelle avoir vu ledit Gio-Buonaparte, père de ladite Catherina, icelle mère dudit Fausto, en qualité de gentilhomme et homme d'armes de M. Valerio Orsini, aux appointemens de la république de Florence. Sur ces documens généraux, a été accordé le quartier de noblesse à Buonaparte par le conseil de Pise, avec une mention honorable sur le rapport qui en a été fait au sérénissime grand-maître.

« Les motifs de ce rapport ont été, que la famille de Buonaparte a joui du droit de cité à Florence et à Lucques; que plusieurs membres de cette famille avaient rempli l'emploi de *vedut* du collége, que d'autres ont eu des emplois au dehors; mais comme dans le temps San-Miniato n'avait pas de siége épiscopal, et que par conséquent ces familles ne pouvaient, en vertu des statuts de l'ordre, être admises aux preuves judiciaires, à l'effet de prendre l'habit, d'après le chapitre 3 du même statut, « *le candidat doit être de la nation et né dans la ville,* » malgré l'application de ce principe aux autres quartiers de noblesse, la justice ne put les étendre jusqu'au quartier de Buonaparte, c'est-à-dire à l'ancienne et noble origine de Buonaparte gibellin et à ses auteurs, quoiqu'ils fussent dès-lors considérés comme grands.

« On voit en second lieu que la jouissance des emplois des colléges mentionnée au susdit rapport, avec l'approbation du saint ordre militaire, qui l'admettait même comme preuve judiciaire, concession semblable à celle faite à la famille Jeppi, ne peut s'expliquer autrement que par les preuves fournies par la famille Buonaparte et par Beltramini, de la possession des prérogatives du grade noble de Florence. Or, suivant les lois réglementaires de ce corps de noblesse, elle doit être placée au rang des patriciens.

« Mais pour éclaircir davantage ce qui vient d'être exposé, nous donnerons l'assurance que les preuves des titres des Buonaparte, faites par Beltramini dans la personne de Catherina di Gio di Benedetto Buonaparte, l'auteur commun, furent faites comme de famille florentine, sanctionnées par le saint ordre militaire. Ceci fit reconnaître judiciairement le quartier de Buonaparte à Ridolfi, soixante-dix ans après les preuves de Beltramini. Si tel a été l'effet des preuves de Beltramini, à plus forte raison les Buonaparte ont le droit de demander à être, comme les Ridolphi, reconnus nobles et de famille florentine.

« En résumant aux yeux de leurs seigneuries illustrissimes ce qui vient d'être examiné et discuté, la famille Buonaparte a le droit d'être classée parmi les grands ou gibellins, d'après le § 10 de l'instruction de la loi sur la noblesse, ou d'être reconnue judiciairement pour famille florentine aux ordres nobles, suivant le § 5 de la même loi. Mais dans l'un comme dans l'autre cas, leurs seigneuries illustrissimes ne peuvent manquer de reconnaître le droit de cette même famille au patriciat florentin, ce qu'elle attend de leur bienveillance et de leur justice, se faisant du reste un honneur de les avoir pour juges. »

A la suite de cette pièce, s'en trouvait une autre contenant le dessin et la description des armoiries de Bonaparte.

« Les armes de la famille de Bonaparte sont un champ rouge avec deux raies blanches en bandes, et deux étoiles également blanches, l'une dessous, l'autre audessus des bandes. Au chef de l'écu, dans un champ d'azur, est un rateau rouge et deux fleurs de lys d'or. Au milieu du rateau, un champ blanc avec croix rouge.

« On voit de ces armes en beaucoup d'endroits à Florence, dans le cloître du St.-Esprit, au lieu de leur sépulture, et dans divers endroits de la ville de San-Miniato. Elles se trouvent aussi parmi les procédures faites au sujet de la profession de religion de St.-Etienne, par le chancelier Fausto Beltramini, chevalier judiciaire de cet ordre militaire et sacré en l'année 1671, lesquelles procédures prouvent le quartier maternel de la famille Buonaparte.

« Les armes de la branche des Franchini de San-Miniato

sont un champ d'or, et un pin au milieu. Au chef de l'écu, est un rateau rouge dans un champ d'azur, avec trois fleurs de lys d'or. »

L'Arbre généalogique de la famille Buonaparte, dressé d'après les pièces produites, venait ensuite et était suivi :

1°. De renseignemens concernant la personne de Buonaparte gibellin et de ses fils exilés.

2°. D'autres documens concernant Leonardo d'Antonio, décapité comme gibellin.

3°. D'un Mémoire de Jules, fils de Jean Buonaparte, extrait d'un ancien livre de la famille des exposans.

4°. D'un document qui établit que Moccio Buonaparte est fils d'Oddo.

5°. D'un arbre des décimes de la famille.

6°. D'une attestation des gabelles et autres documens concernant les mariages et lignées de l'une et l'autre branche des Buonaparte.

7°. D'une attestation de l'office des traites, comme dépendance du collége et d'autres bureaux également pour les deux susdites branches.

8°. De preuves que leurs parens, depuis 1738, se sont surnommés Buonaparte, avec la jouissance du priorat.

9°. D'extraits de baptême des auteurs de la requête.

10°. D'un document sur le patrimoine ancien et actuel de la famille ;

Sur les personnes constituées en dignités dans ladite famille;

Sur les nobles et anciens tombeaux de cette même famille dans San-Miniato et à Florence.

11°. D'un acte de notoriété de San-Miniato pour la famille de Buonaparte en 1571.

12°. D'une enquête sur leur famille, pour prouver judiciairement leur quartier, à l'ordre de Saint-Etienne, comme famille florentine.

13°. Des motifs des chevaliers rapporteurs pour accorder ledit quartier.

14°. Des motifs d'autres chevaliers rapporteurs auprès des grands-maîtres dudit ordre, pour octroyer judiciairement ledit quartier à d'autres Buonaparte.

15°. De preuves de l'établissement dans San-Miniato de l'ancienneté de la famille de messire Jacopo, fils de messire Giorgio Buonaparte.

Ces pièces, d'un intérêt secondaire, établissent cependant d'une manière authentique l'ancienneté de l'origine de cet homme extraordinaire, dont la naissance fut sans doute le moindre mérite. Il appartient tout entier au domaine de l'histoire : l'équitable postérité établira d'une manière invariable le rang qu'il mérite, et que ne peuvent aujourd'hui lui assigner ni l'enthousiasme ni la haine.

PRÉCIS

CHRONOLOGIQUE ET HISTORIQUE

DE LA VIE

DE NAPOLÉON

BONAPARTE.

1769.

15 *août*. — Naissance de Napoléon Bonaparte à Ajaccio, dans l'île de Corse : son père, Charles Bonaparte ; sa mère, Letitia Ramolini ; son parrain, le célèbre Paoli, dont l'exemple contribua puissamment au développement des facultés de Napoléon.

1777.

Septembre. — Elevé d'abord au collége d'Autun, le jeune Bonaparte est reçu par la protection de M. de Marbœuf, gouverneur de l'île de Corse, à l'école royale militaire de Brienne en Champagne.

1784.

Bonaparte est compris dans la promotion d'élèves qui passent de Brienne à l'école de Paris.

1787.

Après des examens brillans, il est nommé sous-lieutenant d'artillerie au régiment de Lafère.

1788.

Il part de Paris avec Paoli pour se rendre en Corse.

1789.

Nommé lieutenant-colonel de la garde nationale d'Ajaccio, il seconde le général Paoli et perfectionne sous lui ses études de l'art militaire.

1792.

Banni de l'île de Corse par les factieux qui se disputaient l'autorité, Bonaparte revient en France, débarque à Marseille, et reprend presque aussitôt un service actif dans les armées de la république.

1793 (an 1er de la république.)

26 *juillet* (8 thermidor.) — Commandant en sa qualité de lieutenant l'artillerie du corps d'armée du général Carteaux, qui faisait la guerre aux Marseillais insurgés contre la convention, il reprend Avignon, dont ceux-ci s'étaient emparés.

28 *juillet* (10 thermidor.) — Il s'empare de Beaucaire, aussi occupée par les Marseillais.

Employé ensuite au siége de Toulon, dans l'armée du brave général Dugommier, Bonaparte est nommé chef de bataillon, commande l'artillerie pendant l'absence du général Dommartin, il y est blessé ; se fait distinguer par les représentans du peuple dans toutes les affaires qui eurent lieu durant ce siége mémorable, contribue puissamment à la reprise de cette ville livrée aux Anglais, et jette d'une manière solide les premiers fondemens de cette gloire militaire qui devait avoir tant d'éclat.

1794 (an II.)

29 *avril*. (10 floréal.) — Bonaparte, envoyé après le siége de Toulon à l'armée d'Italie, commandée par le général Dumerbion, se distingue de nouveau à la prise de Saorgio, dans le comté de Nice. Il est nommé général de brigade par les représentans du peuple. Devenu suspect peu de temps après, il est le premier officier de l'armée d'Italie contre lequel le comité de sûreté générale décerna un mandat d'arrêt. Arrêté aux avant-postes de l'armée, il est conduit au fort carré d'Antibes.

1795 (an III.)

En butte à la haine du représentant Aubry, qui dirigeait la partie militaire dans le comité de salut public, Bonaparte est destitué, réintégré, destitué de nouveau, puis emprisonné; ayant enfin obtenu sa liberté et recouvré des protecteurs, il est nommé commandant de l'artillerie en Hollande; mais retenu par Barras, il ne se rend point à sa destination.

3 *octobre* (11 vendémiaire an IV.) — Barras le fait nommer commandant de l'artillerie à Paris.

5 *octobre* (13 vendémiaire.) — Bonaparte réduit les sections insurgées contre la convention.

10 *octobre* (18 vendémiaire.) — Il est récompensé du service qu'il a rendu à la convention par sa nomination au commandement en second de l'armée de l'intérieur et de Paris.

30 *octobre* (8 brumaire.) — Commandant en chef de la même armée en remplacement de Barras, démissionnaire, il reçoit en outre la fonction de veiller à la police de Paris.

1796 (an IV.)

23 *février* (4 ventose.) — Nommé par le directoire commandant en chef de l'armée d'Italie, en remplacement du général Schérer.

8 *mars* (18 ventose.) — Bonaparte épouse Joséphine Tascher de la Pagerie, veuve du vicomte de Beauharnais.

11 *mars* (21 ventose.) — Il part de Paris pour se rendre en Italie, et passe par Marseille pour y visiter sa famille.

20 *mars* (30 ventose.) — Il prend à Nice le commandement de l'armée d'Italie, qu'il trouve dans le dénuement le plus complet; en peu de jours, elle fut par ses soins pourvue d'habillemens et de subsistances. Bonaparte n'avait alors que 26 ans.

10 *avril* (21 germinal.) — Il commence les hostilités contre l'armée autrichienne, commandée par le général Beaulieu.

11 *avril* (22 germinal.) — Bataille et victoire de Montenotte.

14 *avril* (25 germinal.) — Bataille et victoire de Millesimo. Dans ces deux batailles, qui avaient pour but de séparer les deux armées piémontaise et autrichienne, le jeune général français bat complétement deux vieux guerriers consommés, les généraux Colli et Beaulieu.

16 *avril*. (27 germinal.) — Combat de Dego.

17 *avril*. (28 germinal.) — Prise du camp retranché de Ceva.

22 *avril* (3 floréal.) — Bataille de Mondovi. Le général Beaulieu est défait de nouveau.

25 *avril* (6 floréal.) — Prise de Cherasco.

28 *avril* (9 floréal.) — Bonaparte conclut un armistice avec le général piémontais Colli, et se fait céder les forteresses de Coni, Tortone et Ceva.

6 *mai* (17 floréal.) Le général Bonaparte demande du directoire des artistes pour recueillir les monumens des arts que ses conquêtes mettent à la disposition du gouvernement français.

7 *mai* (18 floréal.) —Passage du Pô par l'armée française, et combat de Fombio.

9 *mai* (20 floréal.) — Armistice conclu entre Bonaparte et le duc de Parme.

11 *mai* (22 floréal.) — Passage du pont de Lodi, et déroute de l'armée de Beaulieu.

12 *mai* (23 floréal.) — Prise de Pizzighitone.

15 *mai* (25 floréal.) — Entrée triomphale du général Bonaparte à Milan, capitale de la Lombardie.

22 *mai* (3 prairial.) — Prise de Pavie.

29 *mai* (10 prairial.) — Passage du Mincio et victoire de Borghetto.

3 *juin* (15 prairial.) — Prise de Vérone, où Louis XVIII se trouvait quinze jours auparavant.

4 *juin* (16 prairial.) — Arrivée de Bonaparte devant Mantoue, et premier investissement de cette place fameuse.

15 *juin* (27 prairial.) — Armistice conclu par Bonaparte entre la France et le roi de Naples.

19 *juin* (1er messidor.) — Prise de Bologne et de Modène.

23 *juin* (5 messidor.) — Armistice accordé au pape par Bonaparte.

29 *juin* (11 messidor.) — Prise de Livourne.

7 *juillet* (19 messidor.) — Combat de la Bocchetta di Campion.

18 *juillet* (30 messidor.) — Combat de Migliaretto.

20 *juillet* (2 thermidor.) — Première sommation faite à Mantoue; siége régulier de cette place.

29 *juillet* (11 thermidor.) — Combat de Salo; le général Bonaparte apprenant qu'une armée autrichienne, commandée

par le maréchal Wurmser, est en marche pour lui faire lever le siége de Mantoue, se porte lui-même avec toutes ses forces à la rencontre de son nouvel ennemi.

3 *août* (16 thermidor.) — Bataille de Castiglione et combat de Lonato; l'armée du général Wurmser est mise en déroute.

6 *août* (19 thermidor.) — Combat de Peschiera.

11 *août* (24 thermidor.) — Combat de la Corona, reprise de toutes les lignes sur le Mincio, et continuation du siége de Mantoue.

24 *août* (7 fructidor.) — Combat de Borgoforte et de Governolo.

3 *septembre* (17 fructidor.) — Combat de Serravalle.
4 *septembre* (18 fructidor.) — Combat de Roveredo.
5 *septembre* (19 fructidor.) — Prise de Trente.
7 *septembre* (21 fructidor.) — Combat de Covolo.
8 *septembre* (22 fructidor.) — Combat de Bassano.
12 *septembre* (26 fructidor.) — Combat de Cerca.
13 *septembre* (27 fructidor.) — Prise de Legnago; le même jour, le général Wurmser ne pouvant plus se maintenir en campagne, se jette dans Mantoue pour y chercher un refuge.

14 *septembre*. (28 fructidor.) — Combat de Due-Castelli.
15 *septembre* (29 fructidor.) — Combat de St.-Georges.

1796 (an v.)

8 *octobre* (17 vendémiaire.) — Bonaparte se fait livrer la ville de Modène.

19 *octobre* (28 vendémiaire.) — Une division française commandée par le général Gentili, et envoyée par Bonaparte, descend dans l'île de Corse, alors occupée par les Anglais.

22 *octobre* (1er brumaire.) — L'île de Corse, conquise

par les soldats de Bonaparte, redevient partie intégrante de la république française.

27 *octobre* (6 brumaire.) — Prise de Bergame.

6 *novembre* (16 brumaire) — Combat sur la Brenta.

11 *novembre* (21 brumaire.) — Combat de Caldiero.

15, 16, 17 *novembre* (25, 26, 27 brumaire.) — Bataille d'Arcole ; une troisième armée autrichienne, envoyée par la cour de Vienne, et commandée par le général Alvinzi, est mise en fuite.

18 *novembre* (28 brumaire.) — Bonaparte donne son approbation à la constitution rédigée par le sénat de Bologne pour la république cisalpine.

1797 (an v.)

14 *janvier* (25 nivose.) — Bataille de Rivoli ; les Autrichiens sont mis en pleine déroute, et le général Alvinzi qui les commandait parvient à peine à se sauver.

15 *janvier* (26 nivose.) — Combat d'Anghiari.

16 *janvier* (27 nivose.) — Combat de St.-Georges.

25 *janvier* (6 pluviose.) — Bonaparte stipule avec le marquis de Manfredini l'évacuation de la Toscane. Décret qui accorde, à titre de récompense, aux généraux Bonaparte et Augereau, les drapeaux pris par eux à la bataille d'Arcole sur les bataillons ennemis.

26 *janvier* (7 pluviose.) — Combat de Carpenedolo.

27 *janvier* (8 pluviose.) — Combat de Derumbano.

30 *janvier* (11 pluviose.) — Les gorges du Tyrol sont forcées et les Français font leur entrée dans Trente.

1er *février* (13 pluviose.) — Bonaparte rompt l'armistice accordé au pape, et fait envahir la Romagne par ses troupes.

3 *février* (15 pluviose.) — Capitulation du général Wurmser, et reddition de Mantoue. Bonaparte, blâmé par

ses généraux d'avoir accordé à Wurmser des conditions trop avantageuses, leur fait cette réponse mémorable : *J'ai voulu honorer en lui la vieillesse et la valeur guerrière malheureuse.* Les rivaux de Napoléon ont mal suivi cet exemple donné par Bonaparte.

4 *février* (16 pluviose.) — Défaite des troupes du pape sur le Sinio.

9 *février* (21 pluviose.) — Prise d'Ancône.

10 *février* (22 pluviose.) — Prise de Lorette ; Bonaparte s'empare de la fameuse statue de la vierge qui y était adorée depuis des siècles, et l'envoie au directoire.

12 *février* (24 pluviose.) — Le pape Pie vi écrit à Bonaparte, pour lui demander la paix ; le même jour, les Français parviennent jusqu'à Macerotte, à quarante lieues de Rome.

19 *février* (1er ventose.) — Traité de paix conclu par Bonaparte, entre la république française et le pape Pie vi ; celui-ci renonce à toutes ses prétentions sur Avignon et sur le comtat venaissin, cède à perpétuité à la république française Bologne, Ferrare et la Romagne ; il cède en outre tous les objets d'art demandés par Bonaparte, tels que l'Apollon du Belvédère, la Transfiguration de Raphaël, etc., etc., rétablit l'école française à Rome, et paye à titre de contribution militaire treize millions en argent ou en effets précieux.

22 *février* (4 ventose.) — Bref du pape Pie vi au général Bonaparte, dans lequel, entr'autres titres, il lui donne celui de *son cher fils.*

26 *février* (2 ventose.) — Bonaparte envoie au corps législatif les trophées de Mantoue.

2 *mars* (12 ventose.) — Combat de Monte-di-Sover.

10 *mars.* (20 ventose.) — Combat de Bellune.

12 *mars* (22 ventose.) — Combat de San-Salvador.

13 *mars* (23 ventose.) — Combat de Sacile.

16 *mars* (26 ventose.) — Bataille du Tagliamonto, entre les Autrichiens commandés par le prince Charles, et les Français aux ordres de Bonaparte ; l'armée autrichienne est mise en déroute.

19 *mars* (29 ventose.) — Combat de Gradisca.

22 *mars* (2 germinal.) — Combat et prise de Botzen.

23 *mars* (3 germinal.) — Prise de Trieste.

31 *mars* (11 germinal.) — Lettre de Bonaparte à l'archiduc Charles, dans laquelle il invite le prince autrichien à s'unir à lui pour arrêter le fléau de la guerre.

2 *avril* (13 germinal.) — Combat de Neumarck.

7 *avril* (18 germinal.) — Armistice conclu à Indinbourg, entre le général Bonaparte et le prince Charles ; l'armée française n'était qu'à trente lieues de Vienne.

13 *avril* (24 germinal.) — Jour où expirait l'armistice, Bonaparte enveloppe l'armée autrichienne.

15 *avril* (26 germinal.) — Le général en chef Bonaparte, au nom de la république française, et les généraux Belgarde et Nubbewed, au nom de l'empereur, signent à Léoben les préliminaires de la paix.

24 *avril* (5 floréal.) — Prise de Verone, qui, à l'instigation des Vénitiens, s'était révoltée contre les Français. Bonaparte fait envahir tous les états de terre-ferme de la république de Venise.

3 *mai* (14 floréal.) — Manifeste du général Bonaparte, dans lequel il expose la conduite du gouvernement vénitien, et lui déclare la guerre.

11 *mai* (22 floréal.) — L'armée française étant campée sous les murs de Venise, la noblesse prend la fuite, le doge abdique, une horrible anarchie s'établit dans la ville ; les meilleurs citoyens appellent les Français pour la faire cesser.

16 *mai* (27 floréal.) — Les Français prennent possession de la ville et des forts de Venise.

3 *juin* (15 prairial.) — Bonaparte envoie au directoire les drapeaux pris sur les Vénitiens.

6 *juin* (18 prairial.) — Convention de Montebello entre le général Bonaparte et les députés de Gênes.

9 *juillet* (21 messidor.) — La république cisalpine est instituée sous l'influence du général Bonaparte.

25 *juillet* (7 thermidor.) — Bonaparte réunit la Romagne à la république cisalpine.

22 *août* (5 fructidor.) — Bonaparte part de Milan pour se rendre au congrès d'Udine.

1797 (an VI.)

17 *octobre* (26 vendémiaire.) — Traité de paix conclu et signé à Campo-Formio par le général Bonaparte, au nom de la république française, et les plénipotentiaires de l'empereur d'Allemagne. Par ce traité, la république française est formellement reconnue, l'empereur renonce à toutes ses prétentions sur les Pays-Bas et sur le territoire de la république cisalpine, dont il reconnaît l'indépendance, etc., etc.

26 *octobre* (5 brumaire.) — Bonaparte est nommé général en chef de l'armée dite *d'Angleterre*, formée par ordre du directoire sur les côtes de l'Océan.

31 *octobre* (10 brumaire.) Bonaparte envoie à Paris le général Berthier et le savant Monge, pour présenter au directoire le traité de paix qu'il a fait avec l'empereur.

15 *novembre* (25 brumaire.) — Bonaparte part de Milan pour se rendre au congrès de Rastadt et y présider la légation française.

17 *novembre* (27 brumaire.) — Bonaparte divise la république cisalpine en vingt départemens.

26 *novembre* (6 frimaire.) — Arrivée de Bonaparte à Rastadt.

1er *décembre.* (11 frimaire.) — Convention militaire signée à Rastadt entre le général Bonaparte et le comte de Cobentzel.

5 *décembre* (15 frimaire.) Arrivée du général Bonaparte à Paris. La reconnaissance et l'admiration éclatent partout où se montre le vainqueur de l'Italie.

9 *décembre* (19 frimaire.) — Bonaparte est de nouveau appelé au commandement en chef de l'armée d'Angleterre.

10 *décembre* (20 frimaire.) — Il présente au directoire, dans une audience solennelle, le traité de Campo-Formio, ratifié par l'empereur d'Allemagne. A cette occasion, il prononce un discours où il rappelle en peu de mots les exploits de l'armée d'Italie, et présente un drapeau sur lequel sont inscrites les victoires de cette même armée. — Bonaparte devient l'idole des Parisiens; on frappe des médailles en l'honneur de ses victoires, etc., etc.

22 *décembre* (2 nivose.) — Fête solennelle et brillante donnée à Bonaparte par le corps-législatif.

25 *décembre* (5 nivose.) — Bonaparte est nommé membre de l'Institut.

1798 (an VI.)

3 *janvier* (14 nivose.) — Fête donnée à Bonaparte par le ministre des relations extérieures, dans l'église de Saint-Sulpice.

23 *février* (4 ventose.) — Retour à Paris de Bonaparte d'une visite qu'il venait de faire sur les côtes de l'Océan à l'armée d'Angleterre.

5 *mars* (15 ventose.) — Arrêté du directoire qui charge Bonaparte du soin de diriger le grand armement formé sur les côtes de la Méditerranée.

2 *avril* (13 germinal.) — Le directoire arrête que Bonaparte se rendra sur-le-champ à Brest, pour y prendre le commandement des forces navales qui y sont rassemblées.

12 *avril* (23 germinal.) — Arrêté du directoire qui nomme Bonaparte général en chef de l'armée d'Orient.

3 *mai* (14 floréal.) — Bonaparte se rend de Paris à Toulon.

8 *mai* (19 floréal.) — Arrivée de Bonaparte à Toulon, et proclamation adressée par lui à l'armée.

19 *mai* (30 floréal.) — Départ de Bonaparte pour l'E- gypte avec l'armée qui doit en assurer la conquête.

9 *juin* (21 prairial.) — Apparition de la flotte française devant Malte.

10 *juin* (22 prairial.) — Débarquement des Français dans l'île.

12 *juin* (24 prairial.) — Capitulation de l'île de Malte; Bonaparte s'occupe avec activité d'établir une bonne administration dans l'île.

19 *juin* (1er messidor. — Bonaparte quitte Malte pour se rendre à sa destination ; il emmène avec lui les bâtimens de guerre trouvés dans le port.

1er *juillet* (13 messidor.) — Arrivée de la flotte française en vue d'Alexandrie, et débarquement de l'armée.

2 *juillet* (14 messidor.) — Attaque et prise d'Alexandrie.

11 *juillet* (23 messidor.) — Combat de Damanhour.

12 *juillet* (24 messidor.) — Combat de Rhamanieh.

14 *juillet* (26 messidor.) — Combat de Chebreiss.

23 *juillet* (5 thermidor.) — Bataille des Pyramides. « Soldats, dit Bonaparte, vous allez combattre aujourd'hui les dominateurs de l'Egypte (les mameloucks) ; songez que du haut de ces monumens quarante siècles vous contemplent. » Le soir de cette même journée, Bonaparte fait son entrée solennelle au Caire, abandonné par Ibrahim-Bey.

1er *août* (14 thermidor.) — Bataille navale d'Aboukir ; Bonaparte, en recevant la nouvelle de la destruction de sa flotte, répond avec une apparente impassibilité : « Nous n'avons plus de flotte ! hé bien, il faut rester en ces contrées, ou en sortir grands comme les anciens. »

5 *août* (18 thermidor.) — Combat d'El-Khanka.

10 *août* (23 thermidor.) — Combat de Salahieh.

12 *août* (25 thermidor.) — Combat de Remerieh.

18 *août* (1ᵉʳ fructidor.) — Bonaparte préside en grande pompe à la cérémonie de la rupture de la digue qui retient les eaux du Nil au Caire.

20 *août* (3 fructidor.) — Le général Bonaparte voulant se rendre favorables les habitans du pays, fait célébrer avec tout le faste oriental la fête du législateur d'Orient, Mahomet.

21 *août* (4 fructidor.) — Il arrête la formation d'un institut destiné à s'occuper des progrès et de la propagation des lumières en Egypte, de la recherche, de l'étude et de la publication des faits naturels, industriels, historiques de ce pays, etc., etc.

15 *septembre* (29 fructidor.) — Combat de Caf'Schabbas-Amer.

1798 (an VII.)

22 *septembre* (1ᵉʳ vendémiaire.) — Bonaparte fait célébrer au Caire l'anniversaire de la fondation de la république française.

29 *septembre* (8 vendémiaire.) — Combat de Mit-El-Haroun.

4 *octobre* (13 vendémiaire.) — Combat de Matarieh.

8 *octobre* (17 vendémiaire.) — Bataille de Sédiman.

21 et 22 *octobre* (30 vendémiaire et 1ᵉʳ frimaire.) — Violente insurrection dans la ville du Caire ; les dispositions rapides et l'énergie du général en chef rétablissent promptement l'ordre et le calme. Cette insurrection avait pour prétexte la religion, et pour motif réel le refus de payer les contributions.

9 *novembre* (19 brumaire.) — Combat de Faïoum. — Prise de Suez.

21 *décembre* (1er nivose.) — Bonaparte rétablit au Caire le divan, qu'il avait destitué après la grande insurrection.

25 *décembre* (5 nivose.) — Il quitte la capitale de l'Egypte pour faire une reconnaissance à Suez, où il arrive le 27.

1799 (an VII.)

6 *février* (18 pluviose.) — Ouverture de la campagne de Syrie; arrivée de l'armée expéditionnaire à Katieh.

9 *février* (21 pluviose.) — Prise d'El-Arich.

7 *mars* (17 ventose.) — Prise de Jaffa.

15 *mars* (25 ventose.) — Combat de Qâquoum.

18 *mars* (28 ventose.) — Commencement du siége de Saint-Jean d'Acre.

28 *mars* (8 germinal.) — Premier assaut livré à Saint-Jean-d'Acre.

3 *avril* (14 germinal.) — Combat de Sour.

6 *avril* (17 germinal.) — Combat de Nazareth.

8 *avril* (19 germinal.) — Combat de Loubi.

9 *avril* (20 germinal.) — Combat de Cana.

11 *avril* (22 germinal.) — Combat de Seid-Jarra.

16 *avril* (27 germinal.) — Bataille du Mont-Thabor, gagnée sur les Musulmans par les généraux Bonaparte et Kléber.

4 *mai* (15 floréal.) — Second assaut livré à Saint-Jean d'Acre.

8 *mai* (19 floréal.) — Troisième assaut.

10 *mai* (21 floréal.) — Quatrième assaut.

17 *mai* (28 floréal.) — Levée du siége de Saint-Jean-d'Acre.

29 *mai* (10 prairial.) — Prise de Kosseir.

14 *juin* (26 prairial.) — Retour de Bonaparte au Caire.

14 *juillet* (26 messidor.) — Il quitte le Caire pour se porter à la rencontre de l'armée turque, commandée par le grand-visir, et débarquée à Aboukir.

19 *juillet* (1er thermidor.) — Il arrive à Rhamanieh.

25 *juillet* (7 thermidor.) — Bataille d'Aboukir; l'armée musulmane est totalement détruite.

2 *août* (15 thermidor.) — Le petit nombre de Turcs échappés à la bataille, et qui s'étaient réfugiés dans le fort d'Aboukir, implorent la clémence de Bonaparte, qui les reçoit à quartier.

18 *août* (1er fructidor.) — Bonaparte quitte le Caire pour se rendre à Alexandrie, où il arrive le 21.

22 *août* (5 fructidor.) — Le général en chef de l'armée d'Orient s'embarque sur la frégate *la Muiron*, qui doit le porter en France.

1799 (an VIII.)

1er *octobre* (10 vendémiaire.) — Il arrive à Ajaccio.

9 *octobre* (18 vendémiaire.) — Bonaparte débarque à Fréjus; il est reçu comme un libérateur par la population entière des départemens qu'il traverse.

16 *octobre* (25 vendémiaire.) — Il arrive à Paris.

6 *novembre* (15 brumaire.) — Fête superbe donnée par le gouvernement dans l'église Saint-Sulpice aux généraux Bonaparte et Moreau.

9 *novembre* (18 brumaire.) — Décret du conseil des Anciens, qui met à la disposition du général Bonaparte la garde du corps législatif et toutes les troupes de la dix-septième division militaire, dont Paris était le chef-lieu.

10 *novembre* (19 brumaire.) — Décret rendu par le conseil des Anciens, portant l'abolition du directoire, l'expul-

sion de soixante membres du conseil des Cinq-Cents, la création provisoire d'une nouvelle magistrature destinée à exercer le pouvoir exécutif jusqu'à la confection d'une nouvelle constitution, et la désignation de Sieyes, Roger-Ducos et Bonaparte, pour exercer provisoirement cette nouvelle magistrature sous le nom de *consuls de la république*.

13 *décembre* (22 frimaire.) — Promulgation de la constitution de l'an 8. Le pouvoir exécutif est confié, pour dix ans, à trois consuls; Bonaparte, premier consul; Cambacérès, deuxième, et Lebrun troisième. — Quatre-vingts sénateurs, trente conseillers-d'état, trois cents députés au corps-législatif et cent députés au tribunat, tels sont les rouages de la constitution qui devait porter Bonaparte à la puissance absolue.

25 *décembre* — (4 nivose.) — Loi qui règle le mode et la nature des récompenses à accorder aux militaires qui se sont distingués ou se distingueront par des actions d'éclat.

26 *décembre* (5 nivose.) — Lettre du premier consul Bonaparte au roi d'Angleterre, dans laquelle il lui fait part de sa nomination à la première magistrature de la république, et de son désir de voir la France et l'Angleterre s'unir pour amener une paix générale.

29 *décembre* (8 nivose.) — Le premier consul Bonaparte accorde une amnistie générale aux habitans insurgés des départemens de l'Ouest.

1800 (an VIII.)

1er *janvier* (11 nivose.) — Installation du corps législatif et du tribunat.

5 *janvier* (15 nivose.) — Création d'un premier inspecteur général du génie.

19 *janvier* (29 nivose.) — Installation du gouvernement consulaire aux Tuileries.

23 *janvier* (3 pluviose.) — Établissement de la banque de France.

12 *février* (23 pluviose.) — Soumission des chouans du département du Morbihan.

18 *février* (29 pluviose.) — Établissement d'un préfet pour chaque département.

3 *mars* (12 ventose.) — Décret ordonnant la clôture de la liste des émigrés.

8 *mars* (17 ventose.) — Le premier consul arrête qu'il sera formé à Dijon une armée de réserve de soixante mille hommes.

22 *mars* (1er germinal.) — Création de la république des sept îles vénitiennes.

27 *mars* (6 germinal.) — Décret pour la création d'un conseil des prises.

2 *avril* (12 germinal.) — Le 1er consul nomme le général Carnot pour remplacer au ministère de la guerre le général Berthier, appelé par lui au commandement en chef de l'armée de réserve.

18 *avril* (28 germinal.) — Il nomme Bernadotte général en chef de l'armée de l'Ouest.

6 *mai* (16 floréal.) — Le premier consul quitte Paris pour aller prendre en personne le commandement de l'armée de réserve, devenue l'armée d'Italie.

15 *mai* (25 floréal.) — Il nomme premier grenadier des armées de la république le brave Latour-d'Auvergne, qui se refuse à tout avancement.

16, 17, 18 *mai* (26, 27, 28 floréal.) — Passage du mont Saint-Bernard par l'armé d'Italie, ayant le premier consul à sa tête.

22 *mai* (2 prairial.) — Prise de Suze et de Verceil.

25 *mai* (5 prairial.) — Prise de la citadelle d'Ivrée.

29 *mai* (9 prairial.) — Reprise de Nice et passage du Tesin.

2 *juin* (13 prairial.) — Prise de Milan. Le premier consul rétablit la république cisalpine.

7 *juin* (18 prairial.) — Prise de Pavie.

8 *juin* (19 prairial.) — Combat et prise de Plaisance.

9 *juin* (20 prairial.) — Passage du Pô et bataille de Montebello.

14 *juin* (25 prairial.) — Bataille de Marengo ; elle coûte aux Autrichiens vingt mille hommes ; quarante pièces de canon, douze drapeaux ; à la France, le général Desaix, qui avait puissamment contribué à cette glorieuse victoire.

15 *juin* (26 prairial.) — Convention d'Alexandrie entre le premier consul et Mélas, commandant en chef l'armée autrichienne. Cette convention, ou plutôt cette capitulation du général autrichien restitue à la France toutes ses conquêtes en Italie.

18 *juin* (29 prairial.) — Le premier consul établit à Milan une *consulte* chargée de réorganiser la république cisalpine.

23 *juin* (4 messidor.) — Il rétablit l'université de Pavie.

26 *juin* (7 messidor.) — Le premier consul fait transporter le corps de Desaix au mont Saint-Bernard, et ordonne qu'il sera érigé en ce lieu un monument à la mémoire de ce jeune héros.

30 *juin* (11 messidor.) — Bonaparte ordonne la reconstruction de la place de Bellecour à Lyon et en pose lui-même la première pierre.

3 *juillet* (14 messidor.) — Retour du premier consul à Paris.

28 *juillet* (9 thermidor.) — Il signe les préliminaires de la paix entre la France et l'Autriche.

13 *août* (25 thermidor.) — Il nomme le général Brune commandant en chef de l'armée d'Italie.

25 *août* (7 fructidor.) — Il organise le conseil-d'état et nomme les conseillers.

3 *septembre* (16 fructidor.) — Convention d'amitié et de commerce entre les Etats-Unis et la république française.

20 *septembre* (troisième jour complémentaire.) — Nouvel armistice entre l'Autriche et la France. L'empereur ayant refusé de signer les préliminaires de paix, un autre congrès est indiqué à Lunéville, et le premier consul nomme le général Clark commandant extraordinaire de cette place.

Même jour. — Inauguration du prytanée de Saint-Cyr, et translation solennelle des cendres de Turenne au temple de Mars (l'église des Invalides).

30 *septembre* (8 vendémiaire.) — Traité de paix entre la France et le dey d'Alger.

6 *octobre* (14 vendémiaire.) — Le premier consul ordonne au général Brune de faire occuper le grand-duché de Toscane.

8 *octobre* (16 vendémiaire.) — Il nomme le général Berthier ministre de la guerre.

10 *octobre* (18 vendémiaire.) — Arrestation dans les couloirs de l'Opéra, de Demerville, Caracchi et autres, prévenus d'avoir voulu assassiner le premier consul.

11 *octobre* (19 vendémiaire.) — Bonaparte nomme son frère Joseph plénipotentiaire de la république au congrès de Lunéville.

24 *décembre* (3 nivose.) — Explosion d'une machine infernale dirigée contre la personne du premier consul au moment où, se rendant à l'Opéra, il passait dans la rue Saint-Nicaise; Bonaparte ne doit son salut qu'à l'adresse de son cocher, qui tourna la charette sur laquelle était la machine, au lieu de faire débarrasser le passage.

1801 (an IX.)

11 *janvier* (21 nivose.) — Création de tribunaux spéciaux : le gouvernement pourra en créer autant que bon lui semblera.

17 *janvier* (27 nivose.) — Rétablissement de la compagnie d'Afrique. Le premier consul charge le général Turreau de présider au confectionnement de la belle route d'Italie par le Simplon.

9 *février* (20 pluviose.) — Traité de paix entre la France et l'empereur d'Allemagne, signé à Lunéville par le comte de Cobentzel et Joseph Bonaparte.

10 *février* (21 pluviose.) — Arrêté des consuls qui ordonne la poursuite judiciaire des auteurs de la machine infernale.

18 *février* (27 pluviose.) — Armistice entre la république française et le roi des Deux-Siciles.

4 *mars* (13 ventose.) — Arrêté des consuls qui ordonne qu'il sera fait chaque année, du 17 au 22 septembre, une exposition publique des produits de l'industrie française. On peut regarder cet arrêté comme l'une des causes qui contribuèrent le plus puissamment aux développemens prodigieux de cette même industrie pendant tout le règne de Napoléon.

9 *mars* (18 ventose.) — Décret portant réunion des départemens de la Roër, de la Sarre, de Rhin et Moselle et du Mont-Tonnerre à la république française.

19 *mars* (28 ventose.) — Le gouvernement est autorisé par une loi à établir des bourses de commerce.

Même jour — Traité entre la république française et le roi d'Espagne, par lequel le duché de Parme est cédé à la France et la Toscane au prince de Parme, avec le titre de roi d'Etrurie.

25 mars (4 germinal.) — Le premier consul ordonne la construction de trois nouveaux ponts sur la Seine : un devant le jardin des Plantes, l'autre dans la Cité, le troisième devant le Louvre.

28 mars (7 germinal.) — Traité de paix entre la république française et le roi de Naples. Porto-Longone, l'île d'Elbe et la principauté de Piombino sont cédées à la France. Ferdinand s'engage en outre à fermer tous ses ports aux Anglais.

1er avril (11 germinal.) — Le premier consul nomme le général Macdonald ministre plénipotentiaire de la république près le roi de Danemarck.

6 avril (16 germinal.) — L. Régent et Carbon, convaincus d'avoir contribué à la confection de la machine infernale, sont décapités à Paris.

1er mai (11 floréal.) — Occupation de l'île d'Elbe par les Français.

8 mai (18 floréal.) — Organisation définitive de la société de la Charité maternelle.

21 mai (1er prairial.) — L'Institut présente au premier consul son projet de travail pour la continuation de son Dictionaire de la langue française.

4 juillet (14 messidor.) — Le premier consul nomme le nègre Toussaint-Louverture gouverneur à vie de Saint-Domingue.

15 juillet (26 messidor.) — Concordat entre le premier consul et le pape Pie VII. Les évêques et archevêques nommés par le premier consul recevront du pape l'institution canonique. Par ce concordat, Bonaparte devenait réellement le restaurateur de la religion en France. Les prêtres ne lui en ont pas gardé plus de reconnaissance.

24 *juillet* (6 thermidor.) — Traité de paix et d'alliance entre la république française et l'électeur de Bavière.

31 *juillet* (12 thermidor.) — Organisation de la gendarmerie en France.

27 *août* (9 fructidor.) — Création d'un ministère du trésor public. Bonaparte donne le portefeuille à Barbé-Marbois.

29 *septembre* (7 vendémiaire.) — Traité de paix signé à Madrid entre la république française et le roi de Portugal.

1er *octobre* (9 vendémiaire.) — Préliminaires de paix signés à Londres entre la France et l'Angleterre.

8 *octobre* (16 vendémiaire.) — Traité de paix signé à Paris entre la France et la Russie.

9 *octobre* (17 vendémiaire.) — Préliminaires de paix signés à Paris entre la France et la Sublime-Porte.

12 *novembre* (21 brumaire.) — Consulte législative de la république cisalpine, indiquée à Lyon. Le premier consul est invité à assister à ses séances.

16 *novembre* (25 brumaire.) — Célébration à Paris de fêtes solennelles à l'occasion de la paix.

21 *novembre* (30 brumaire.) — Départ de Brest de l'expédition de Saint-Domingue sous les ordres du général Leclerc, beau-frère de Bonaparte.

1802 (an x.)

8 *janvier* (18 nivose.) — Arrivée du premier consul à Lyon.

25 *janvier* (5 pluviose.) — Cédant au vœu de la consulte, le premier consul accepte le titre de président de la république italienne.

4 *mars* (13 ventose.) — Arrêté des consuls ordonnant qu'il leur soit présenté un tableau général des progrès et de l'état des sciences, des lettres et des arts, depuis 1789 jusqu'au 23 septembre 1802. Cet arrêté a pour objet d'encourager par toutes sortes de secours ces trois grandes branches de la prospérité publique et de perfectionner les méthodes employées pour l'enseignement en France.

8 *mars* (17 ventose.) — Traité de paix entre la France et la régence d'Alger.

Même jour. — Création d'un directeur de l'administration de la guerre, ayant rang et fonction de ministre. — Dejean est nommé directeur.

25 *mars* (4 germinal.) — Traité de paix définitif entre la république française, le roi d'Espagne, la république batave, d'une part, et la Grande-Bretagne de l'autre, signé à Amiens.

3 *avril* (13 germinal.) — Bonaparte, président de la république italienne, convoque à Milan le corps législatif pour le 24 juin 1804.

8 *avril* (18 germinal.) — Adoption par le corps législatif du concordat arrêté entre le premier consul et Pie VII, pour l'organisation du culte en France. — Le cardinal Caprara est autorisé par Bonaparte à exercer les fonctions de légat *à latere*. — Suppression des décades.

18 *avril* (28 germinal.) — Bonaparte et toutes les autorités constituées de la république assistent en grande pompe au *Te Deum* chanté à Notre-Dame, à l'occasion du traité de paix signé à Amiens et du rétablissement du culte catholique en France.

26 *avril* (6 floréal.) — Loi d'amnistie en faveur de tout prévenu d'émigration non radié ; permission accordée à tout émigré de rentrer en France, sous la condition de prêter ser-

ment de fidélité au gouvernement et à la constitution de l'an VIII.

1er *mai* (11 floréal.) — Création des écoles primaires, secondaires et spéciales, autrement dites lycées, aux frais du trésor public.

8 *mai* (18 floréal.) — Le sénat conservateur nomme Bonaparte consul pour les dix années qui suivront celles pour lesquelles il a été nommé par la constitution.

10 *mai* (20 floréal.) — Arrêté des consuls portant que le peuple français sera consulté sur cette question : Napoléon Bonaparte sera-t-il consul à vie ?

19 *mai* (29 floréal.) — Loi portant création d'une légion-d'honneur en France; elle a pour objet de récompenser les services civils et militaires, comme également utiles à l'état.

20 *mai* (30 floréal.) — Traité particulier entre la république française et le duc de Wurtemberg.

24 *mai* (4 prairial.) — Traité par lequel le prince d'Orange renonce à la dignité de stathouder des Provinces-Unies.

15 *juin* (26 prairial.) — Le premier consul fonde un prix (une médaille d'or de 3,000 fr.) pour encourager les savans à des expériences sur l'électricité et le galvanisme; l'Institut sera juge des découvertes faites dans ces deux parties essentielles de la physique.

25 *juin* (6 messidor.) — Traité de paix entre la république française et la Porte-Ottomane, qui confirme tous les traités antérieurs.

2 *juillet* (13 messidor.) — Lucien Bonaparte, Joseph Bonaparte et le général Kellermann, sénateurs, sont nommés membres du grand conseil de la légion-d'honneur.

2 *août* (14 thermidor.) — Un sénatus-consulte interpré-

tant le vœu du peuple français, proclame Napoléon Bonaparte premier consul à vie, et lui donne le droit de se nommer un successeur.

4 août (16 thermidor.) — Autre sénatus-consulte organique qui accorde aux autres consuls cette même prorogation de pouvoir, et la présidence du sénat, dont ils seront membres de droit.

Même jour. — Création d'un grand-juge, ministre de la justice. — Regnier est nommé grand-juge.

21 août (3 fructidor.) — Le premier consul préside pour la première fois le sénat conservateur.

26 août (8 fructidor.) — Réunion de l'île d'Elbe à la France.

2 septembre (15 fructidor.) — Le sénat helvétique réclame la médiation du premier consul.

3 septembre (16 fructidor.) — Installation de la république valaisane.

11 septembre (24 fructidor.) — Réunion du Piémont à la France. Il est divisé en six départemens : le Pô, la Doire, la Sesia, la Stura, le Tanaro et Marengo.

14 septembre (27 fructidor.) — Décret qui supprime le ministère de la police de la république, et réunit ses attributions à celles de grand-juge.

1802 (an XI.)

4 octobre (12 vendémiaire.) — Décret qui crée une garde municipale soldée pour le service de la ville de Paris; elle consiste en deux mille cent cinquante-quatre hommes à pied et cent quatre-vingts à cheval.

Même jour. — Les diverses écoles d'artillerie et de génie sont réunies à Metz.

18 octobre (26 vendémiaire.) — Un sénatus-consulte invite les étrangers à former en France des établissemens utiles; un an de domicile suffira pour acquérir le titre de citoyen français, mesure éminemment libérale et bien faite pour accroître la prospérité nationale.

12 décembre (21 frimaire.) — Bonaparte, premier consul, est proclamé restaurateur de l'indépendance du Valais.

24 décembre (3 nivose.) — Formation de chambres de commerce dans les principales villes de la république, en vertu d'un arrêté des consuls.

1803 (an XI.)

3 janvier (13 nivose.) — Le premier consul nomme le général Rochambeau commandant en chef de l'armée de St.-Domingue, et capitaine-général de cette colonie, en remplacement de son beau-frère, le général Leclerc, mort dans cette île.

4 janvier (14 nivose.) Sénatus-consulte qui crée trente sénatoreries, avec une dotation de 25,000 fr. en domaines nationaux.

17 janvier (27 nivose.) — Promotion au cardinalat, sur la demande du premier consul, de MM. de Belloy, archevêque de Paris; Fesch, oncle de Bonaparte, archevêque de Lyon; Cambacérès, frère du consul du même nom, archevêque de Rouen ; et Boisgelin, archevêque de Tours.

23 janvier (3 pluviose.)— Nouvelle organisation de l'Institut de France; il est divisé en quatre classes : première, des sciences; deuxième, de la langue et de la littérature ; troisième, d'histoire et de littérature ancienne; quatrième, des beaux-arts.

28 *janvier* (8 pluviose.) — Organisation d'une école spéciale militaire établie à Fontainebleau.

19 *février* (30 pluviose.) — Le premier consul, en sa qualité de médiateur de la confédération helvétique, termine les différens qui se sont élevés entre les cantons suisses. L'Helvétie est divisée en dix-neuf cantons ayant chacun leur propre constitution.

25 *février* (6 ventose.) — Etablissement à Compiègne d'une école spéciale des arts et métiers.

10 *mars* (19 ventose.) — Loi sur l'exercice de la médecine. — Rétablissement du doctorat pour les médecins et chirurgiens.

18 *avril* (28 germinal.) — Arrêté des consuls qui fixe le diamètre des nouvelles pièces d'or, d'argent et de cuivre.

30 *avril* (10 floréal.) — La république française cède aux Etats-Unis la Louisiane.

14 *mai* (24 floréal.) — Communication au sénat, au corps législatif et au tribunat, de l'*ultimatum* du roi d'Angleterre. Par cet ultimatum, entièrement contraire au traité d'Amiens, le roi de la Grande-Bretagne exigeait impérieusement la possession de l'île de Lampedosa et de Malte pour dix ans, en outre, l'évacuation de la Hollande.

22 *mai* (2 prairial.) — La république française déclare la guerre à l'Angleterre. — Ordre donné d'arrêter tous les Anglais qui se trouvent en France.

30 *mai* (10 prairial.) — Décret portant organisation de l'administration des monnaies.

3 *juin* (14 prairial.) — Occupation du Hanovre par les Francais; l'armée anglaise est faite prisonnière de guerre;

fuite honteuse du duc de Cambridge, qui la commandait.

7 *juin* (18 prairial.) — La ville de Rouen, et d'autres à son exemple, votent la construction à ses frais d'un vaisseau de guerre, pour être employé dans la lutte contre les Anglais.

20 *juin* (1er messidor.) — Arrêté des consuls, portant qu'il ne sera plus reçu dans les ports de France aucune denrée provenant des colonies anglaises.

23 *juin* (4 messidor.) — Le premier consul Bonaparte part de Paris pour visiter des départemens de la ci-devant Belgique.

2 *juillet* (13 messidor.) — Il visite Dunkerque, Anvers, etc.

22 *juillet* (3 thermidor.) — Il arrive à Bruxelles, et y est reçu en triomphateur.

28 *juillet* (9 thermidor.) — Il ordonne la réunion du Rhin, de la Meuse et de l'Escaut par un grand canal de communication.

Même jour. — Il nomme l'amiral Truguet commandant en chef des forces navales rassemblées à Brest.

11 *août* (23 thermidor.) — Retour du premier consul à Paris.

19 *août* (1er fructidor.) — L'Angleterre refuse la médiation de la Russie, proposée par le premier consul.

21 *août* (3 fructidor.) — Bonaparte nomme le sénateur Lacépède grand-chancelier de la légion-d'honneur.

27 *août* (9 fructidor.) — Le vice-amiral Brueys est nommé commandant de la flottille nationale, avec le titre d'amiral.

1803 (an XII.)

24 *septembre* (1er vendémiaire.) — Le pont des arts, remarquable par son élégante construction en fer, est ouvert

pour la première fois au public. — Le prytannée de Paris est converti en lycée.

27 *septembre* (4 vendémiaire.) — Traité d'alliance entre la France et la Suisse.

9 *octobre* (16 vendémiaire.) — Le premier consul donne une audience extraordinaire à l'ambassadeur de la Porte-Ottomane.

27 *octobre* (4 brumaire.) — Publication du traité par lequel la république française cède aux Etats-Unis la Louisiane, moyennant la somme de soixante millions de francs.

3 *novembre* (11 brumaire.) — Le premier consul part de Paris pour faire une tournée sur les côtes et visiter les immenses travaux qu'il a ordonnés pour une descente en Angleterre.

5 *novembre* (13 brumaire.) — Il assiste à un combat qui a lieu à Boulogne entre une division anglaise et la flottille française.

18 *novembre* (26 brumaire.) — Retour de Bonaparte à Paris.

20 *décembre* (28 frimaire.) — Sénatus-consulte qui donne une nouvelle organisation au corps législatif. Le premier consul fera l'ouverture de la session.

1804 (an XII.)

6 *janvier* (15 nivose.) — Ouverture du corps législatif par Bonaparte pour la session de l'an XII.

11 *janvier* (20 nivose.) — Le premier consul nomme le littérateur Fontanes président annuel du corps législatif, avec 100,000 fr. d'émolumens.

16 *janvier* (25 nivose.) — Il nomme le général Murat gouverneur de Paris.

31 *janvier*. (10 pluviose.) — Le général Jourdan commande en chef l'armée d'Italie.

15 *février* (25 pluviose.) — Arrestation du général Moreau, accusé d'avoir conspiré avec Pichegru et Georges Cadoudal, contre la vie du premier consul, et pour le rétablissement des Bourbons sur le trône.

17 *février* (27 pluviose.) — Rapport du grand-juge relativement à cette conspiration.

28 *février* (8 ventose.) — Arrestation de Pichegru dans la rue Chabanais.

9 *mars* (18 ventose.) — Arrestation de Georges Cadoudal au carrefour de l'Odéon.

10 *mars* (19 ventose.) — Ouverture du jubilé accordé à la France par le pape à l'occasion du concordat.

13 *mars* (22 ventose.) — Décret des consuls qui institue des écoles de droit dans toutes les grandes villes de la république.

17 *mars* (26 ventose.) — Arrestation du duc d'Enghien à Ettenheim, dans le margraviat de Bade.

21 *mars* (30 ventose.) — Ce jeune prince est jugé, condamné à mort par une commission militaire, et fusillé dans les fossés du château de Vincennes; il avait alors trente-deux ans.

Même jour. — Le corps législatif adopte le projet de loi concernant la réunion des lois civiles en un seul corps de lois, sous le nom de *Code Civil des Français*, appelé depuis *Code Napoléon*.

26 *mars* (5 germinal.) — Loi qui organise la régie des

droits-réunis et la place dans les attributions du ministre des finances. Français de Nantes est nommé directeur général.

4 *avril* (14 germinal.) — Formation d'une societé pour la propagation de la vaccine.

30 *avril* (10 floréal.) — Séance extraordinaire du tribunat, pour entendre la motion d'un membre nommé Curée, tendant : 1° à ce que le premier consul Bonaparte soit déclaré empereur ; 2° que l'hérédité soit dans sa famille ; 3° que celles des institutions de la république qui ne sont que tracées soient définitivement arrêtées.

2 *mai* (12 floréal.) — Les membres du corps législatif réunis dans la salle de la questure, émettent le vœu que Napoléon Bonaparte soit déclaré empereur, que la dignité impériale soit héréditaire dans sa famille, que le système représentatif soit affermi sur des bases inébranlables. Carnot, membre du tribunat, se montre seul d'un avis contraire; dans un discours plein de beaux traits d'éloquence et brûlant de patriotisme, il déclare que cette dignité causera des guerres continuelles avec toute l'Europe, amenera inévitablement la ruine de la liberté, etc., etc.

18 *mai* (28 floréal.) — Sénatus-consulte organique, qui défère au premier consul Bonaparte le titre d'empereur des Français, et qui établit l'hérédité impériale dans sa descendance directe, naturelle et légitime, de mâles en mâles, par ordre de primogéniture, à l'exclusion des femmes. Les colléges électoraux, la haute-cour impériale, les grandes dignités de l'empire, sont établis par le même acte. Le même jour, l'empereur nomme les grands officiers de la couronne : Joseph Bonaparte, grand électeur ; Louis Bonaparte, connétable ; le consul Cambacérès, archi-chancelier de l'empire ; le consul Lebrun, archi-trésorier.

19 *mai* (29 floréal.) — L'empereur crée maréchaux de

l'empire les généraux, ses compagnons d'armes : Berthier, Murat, Moncey, Jourdan, Masséna, Augereau, Bernadotte, Soult, Brune, Lannes, Mortier, Ney, Davoust, Bessières, Kellermann, Lefebvre, Pérignon et Serrurier.

10 *juin* (21 prairial.) — Arrêt de la cour de justice criminelle qui condamne à la peine de mort Georges Cadoudal, Bouvet de Lozier, Russillon, Rochelle, Armand Polignac, Charles d'Hozier, de Rivière, Louis du Corps, Picot, Lajolais, Roger dit Loiseau, Coster-St.-Victor, Deville, Armand-Gaillard, Joyaux-Barban, Lemercier, P. J. Cadoudal et Mirelle; à deux ans de réclusion le général Moreau, Jules de Polignac, la fille Hezai et Rollan : les autres prévenus sont acquittés. Napoléon accorde la grâce à Armand de Polignac, de Rivière, Bouvet de Lozier, Lajolais, Rochelle, Gaillard, Russillion et Charles d'Hozier ; il commue la peine du général Moreau en un exil perpétuel.

12 *juin* (23 prairial.) — Réglement sur les inhumations.

10 *juillet* (21 messidor.) — Décret impérial qui rétablit le ministre de la police générale dans ses premières attributions. — Autre décret qui règle la forme de la décoration de la légion-d'honneur. — Autre qui crée un ministère des cultes, et nomme M. Portalis pour l'exercer.

15 *juillet* (26 messidor.) — Napoléon se rend en grande cérémonie à l'Hôtel militaire des Invalides, pour la première distribution de croix de la légion-d'honneur.

16 *juillet* (27 messidor.) — Organisation de l'école impériale polytechnique.

18 *juillet* (29 messidor.) — Napoléon part de Paris pour aller visiter les côtes et inspecter les camps qu'il y a ordonnés.

1er *août* (13 thermidor.) — Il visite celui d'Ambleteuse.

Le 5 il arrive à Calais, dont il visite le port et les fortifications. Le 9, il visite la rade de Dunkerque, et part pour Ostende; le 15 il retourne à Boulogne, après avoir visité Ostende, Furnes, Nieuport, etc., etc. Le 16, grande fête militaire au camp de la Tour-d'Ordre. Il reçoit le serment des troupes, et distribue les étoiles de la légion-d'honneur.

6 *août* (18 thermidor.) — Décret impérial qui rétablit les missions étrangères.

25 *août* (7 fructidor.) — Autre décret qui organise sur de nouvelles bases le corps des ingénieurs des ponts et chaussées.

10 *septembre* (23 fructidor.) — Institution de grands prix décennaux qui doivent être distribués de la main de Napoléon; toutes les sciences sont admises à y concourir.

12 *octobre* (20 vendémiaire.) — Retour de l'empereur à St.-Cloud.

17 *octobre* (25 vendémiaire.) Décret impérial qui convoque le corps législatif à l'occasion du couronnement de Napoléon.

6 *novembre* (15 brumaire.) — Sénatus-consulte qui déclare qu'après vérification des votes, le peuple français veut l'hérédité de la dignité impériale dans la famille de Napoléon 1er.

25 *novembre* (4 frimaire.) — Le pape Pie VII part le 2 de Rome, arrive à Fontainebleau où l'empereur s'était rendu au devant lui.

28 *novembre* (7 frimaire.) — Il arrive à Paris avec Napoléon dans la même voiture.

2 *décembre* (11 frimaire.) — L'empereur Napoléon 1er et l'impératrice Joséphine sont sacrés et couronnés dans l'église métropolitaine de Paris par le pape Pie VII.

3 *décembre* (12 frimaire.) — Distribution des aigles impériales au Champ-de-Mars ; les troupes, en les recevant, prêtent serment de fidélité à l'empereur.

13 *décembre*. (22 frimaire.) — Le sénat conservateur donne une grande fête, à l'occasion du couronnement.

16 *décembre* (25 frimaire.) — Autre fête brillante et banquet superbe donné à l'empereur et à l'impératrice par la ville de Paris.

27 *décembre* (6 nivose.) — Napoléon fait l'ouverture du corps législatif pour la session de l'an XIII.

1805 (an XIII.)

1er *janvier* (11 nivose.) Lettre de l'empereur Napoléon au roi d'Angleterre, dans laquelle il invite ce monarque à se réunir à lui pour procurer au monde la paix générale.

14 *janvier* (24 nivose.) — Inauguration de la statue de Napoléon dans la salle du corps législatif.

29 *janvier* (9 pluviose.) — Décret qui ordonne la construction d'une ville dans la Vendée, sous le nom de *Napoléon-Ville*.

1er *février* (12 pluviose.) — Création de la charge de grand-amiral et d'archi-chancelier de l'état et de l'empire ; la première est conférée au maréchal Murat, la deuxième à Eugène Beauharnais, adopté par l'empereur.

13 *mars* (22 ventose.) — Solennelle députation des colléges électoraux et corps constitués de la république italienne. Ils portent aux pieds du trône de Napoléon le vœu de leur nation, et le proclament roi d'Italie.

18 *mars* (27 ventose.) — L'empereur accepte la couronne de fer en présence du sénat de France. Dans cette même

séance, il cède à sa sœur Elisa, en toute propriété, le duché de Piombino, et confère au mari de cette princesse le titre de prince de l'empire.

24 *mars* (3 germinal.) Le fils du prince Louis-Napoléon, est baptisé par le pape Pie VII au château de Saint-Cloud.

31 *mars* (10 germinal.) — L'empereur et l'impératrice partent de Paris pour se rendre en Italie, et le pape pour se rendre à Rome.

24 *avril* (4 floréal.) — Visite faite à Turin, à Napoléon et à Joséphine, par le pape Pie VII.

8 *mai* (18 floréaal.) — L'empereur pose sur le champ de bataille de Marengo la première pierre du monument consacré aux braves qui y sont morts.

Même jour. — Il fait son entrée à Milan.

26 *mai* (6 prairial.) — Napoléon et Joséphine sont couronnés roi et reine d'Italie par le cardinal Caprara, archevêque.

6 *juin* (19 prairial.) — D'après le vœu émis par la république ligurienne (Gênes), elle est réunie à l'empire français.

7 *juin* (18 prairial.) — Le prince Eugène Beauharnais est nommé par Napoléon vice-roi du royame d'Italie.

10 *juin* (21 prairial.) — Napoléon part de Milan pour visiter quelques départemens du royaume d'Italie.

17 *juin* (28 prairial) — Il fonde l'ordre de la couronne de fer, et organise le même jour l'Université de Turin.

23 *juin* (4 messidor.) — Réunion de la république de Lucques à la principauté de Piombino. Bacciochi, beau-frère de Napoléon, prend le titre de prince de Lucques et de Piombino.

30 *juin* (11 messidor.) Arrivée de Napoléon et de José-

phine à Gênes, qui leur donne une fête superbe le 2 juillet.

11 *juillet* (22 messidor.) — Retour de l'empereur et de l'impératrice à Fontainebleau.

21 *juillet* (2 thermidor.) — Réunion de Parme, Plaisance et Guastalla à la France.

2 *août* (14 thermidor.) — Napoléon part de St.-Cloud pour Boulogne et visite les camps qui bordent la côte.

16 *août* (28 thermidor.) — D'après l'ordre de l'empereur, quatre-vingt mille hommes se réunissent sur les frontières de l'Autriche.

31 *août* (13 fructidor.) — Le prytannée de St.-Cyr est érigé en prytannée militaire français.

2 *septembre* (15 fructidor.) — Retour de Napoléon à Paris.

9 *septembre* (22 fructidor.) — Sénatus-consulte qui remet en usage le calendrier grégorien pour le 1er janvier 1806.

23 *septembre* (1er vendémiaire.) — Séance extraordinaire du sénat; l'empereur y expose la conduite hostile de l'Autriche, et annonce qu'il va commander ses armées en personne. Le sénat décrète une levée de quatre-vingt mille conscrits. Un second décret ordonne la réorganisation de la garde nationale pour la défense des côtes.

24 *septembre* (2 vendémiaire.) — L'empereur et l'impératrice partent pour Strasbourg.

1er *octobre* (9 vendémiaire.) — Napoléon passe le Rhin et harangue l'armée.

3 *octobre* (11 vendémiaire.) — La Suède s'engage à faire la guerre avec la France.

7 *octobre* (15 vendémiaire.) — Combat sur le Lech.

8 *octobre* (16 vendémiaire.) — Combat de Werthingen.

9 *octobre* (17 vendémiaire.) — Combat de Guntzbourg.

10 *octobre* (18 vendémiaire.) — L'empereur établit son quartier-général à Augsbourg.

14 *octobre* (22 vendémiaire.) — Combat d'Elchingen.

17 *octobre* (25 vendémiaire.) — Capitulation du général Mack dans la ville d'Ulm. Toute l'armée autrichienne est faite prisonnière de guerre.

21 *octobre* (29 vendémiaire.) — Prise de Munich. — Décret impérial qui ordonne que le mois écoulé depuis le 23 septembre jusqu'au 22 octobre, soit compté pour une campagne à toute l'armée.

24 *octobre* (2 brumaire.) — L'empereur fait son entrée dans Munich.

26 *octobre* (4 brumaire.) — Passage de l'Inn sur plusieurs points.

29 *octobre* (7 brumaire.) — Combat de Marienzel ; l'empereur établit son quartier-général à Braunau.

30 *octobre* (8 brumaire.) — Combat de Mehrenbach. Prise de Salzbourg ; le même jour l'armée d'Italie bat les Autrichiens.

31 *octobre* (8 brumaire.) — Combat de Lambach.

5 *novembre* (13 brumaire.) — Passage de la Traun par l'armé française.

9 *novembre* (18 brumaire.) — L'empereur établit son quartier-général à Molck, à seize lieues de Vienne.

11 *novembre* (20 brumaire.) — Combat de Diernstein.

13 *novembre* (22 brumaire.) — L'armée française fait son entrée dans Vienne ; Napoléon ne veut point y pénétrer, il établit son quartier-général à Schœnbrun.

15 *novembre* (24 brumaire.) — Le général Clarke est nommé gouverneur de la Haute et Basse-Autriche ; le con-

seiller-d'état Daru intendant général. — Combat d'Hollabrun entre les Français et l'avant-garde de l'armée russe.

16 *novembre* (25 brumaire.) — Défaite des Russes à Guntersdorf.

17 *novembre* (26 brumaire.) — Invasion du Tyrol par le maréchal Ney; combats de Clauzen et de Bautzen.

18 *novembre* (27 brumaire.) — Entrée du prince Murat dans Brünn, capitale de la Moravie ; quartier-général de Napoléon à Porlitz ; l'empereur d'Autriche se retire à Olmutz.

22 *novembre* (1er frimaire. — Combat naval de Trafalgar. Les flottes française et espagnole y sont détruites. L'amiral anglais est tué.

28 *novembre* (7 frimaire. — L'empereur Napoléon envoie le général Savary complimenter l'empereur Alexandre, dont le quartier-général est à Vischau. En même temps il donne l'ordre d'une retraite simulée pour tromper l'ennemi.

1er *décembre* (10 frimaire.) — Napoléon, à la vue des Russes manœuvrant pour le tourner, s'écrie : *demain toute cette belle armée sera à nous.* Le soir il visite les bivouacs, et reçoit de toutes parts les preuves de l'attachement et de l'enthousiasme qu'il communique à ses soldats.

2 *décembre* (11 frimaire.) — Grande et mémorable bataille d'Austerlitz. L'armée austro-russe est anéantie. Cette belle victoire met deux empereurs à la discrétion de Napoléon, et plus généreux qu'ils ne devaient l'être un jour à son égard, il s'abstient d'en abuser.

3 *décembre* (12 frimaire.) — Napoléon accorde à l'empereur d'Autriche une entrevue que celui-ci lui fait demander par le prince de Lichtenstein.

4 *décembre* (13 frimaire.) — Cette entrevue a lieu au bi-

vouac de Napoléon, auprès du village de Nasedlowitz. « *Je vous reçois dans le seul palais que j'habite depuis deux mois*, dit l'empereur des Français à celui d'Allemagne. » — « *Vous tirez si bon parti de votre habitation qu'elle doit vous plaire* », répond François avec un sourire qui devait être un peu forcé.

5 *décembre* (14 frimaire.) — Napoléon fait arrêter la marche de ses troupes, qui déjà environnaient les débris de l'armée russe, et étaient sur le point de prendre l'empereur Alexandre.

6 *décembre* (15 frimaire.) — Armistice conclu entre Napoléon et l'empereur d'Autriche. Alexandre retourne précipitamment à St.-Pétersbourg.

7 *décembre* (16 frimaire.) — Décret impérial en faveur des veuves et des enfans des militaires de tout grade morts à la bataille d'Austerlitz. — Autre décret qui ordonne que les canons russes et autrichiens pris sur le champ de bataille d'Austerlitz seront fondus, et serviront à l'érection sur la place Vendôme à Paris, d'une grande colonne consacrée à la gloire de l'armée victorieuse.

13 *décembre* (22 frimaire.) — Napoléon reçoit à Schœnbrunn la députation des maires de Paris; il lui remet les drapeaux pris à Austerlitz, pour être déposés dans l'église Notre-Dame.

26 *décembre* (5 nivose.) — Traité de paix signé à Presbourg entre la France et l'Autriche; les électeurs de Bavière et de Wurtemberg sont élevés à la dignité de rois. — Les états vénitiens sont réunis au royaume d'Italie.

27 *décembre* (6 nivose.) — Entrevue à Schœnbrunn de Napoléon et du prince Charles, frère de l'empereur d'Autriche.

4.

Même jour. — Napoléon publie à Schœnbrunn une proclamation dans laquelle il déclare à l'Europe que la dynastie de Naples a cessé de régner.

1806. [1]

1er *janvier.* — Maximilien Joseph est proclamé roi de Bavière, en présence de l'empereur et de l'impératrice. — Le tribunat, en corps, porte au sénat quarante-cinq drapeaux pris à la bataille d'Austerlitz. — Le pont d'Austerlitz, construit en fer vis à vis le jardin des Plantes, est ouvert pour la première fois au public.

14 *janvier.* — Le roi de Bavière donne sa fille en mariage au prince Eugène de Beauharnais; l'empereur et l'impératrice assistent à la cérémonie.

Même jour. — La communication en est faite au sénat par l'archi-chancelier, qui l'informe en même temps que l'empereur a adopté pour son fils le prince Eugène, et l'appelle à lui succéder comme roi d'Italie, à défaut de descendans naturels et légitimes de Napoléon.

19 *janvier.* — Les drapeaux pris à la bataille d'Austerlitz sont reçus par le clergé de Notre-Dame et appendus aux voûtes de la cathédrale.

26 *janvier.* — Retour de l'empereur et de l'impératrice à Paris; ils reçoivent les complimens des différens corps de l'état.

6 *février.* — Le sultan Sélim III reconnaît Napoléon 1er empereur des Français.

---

[1] Par un sénatus-consulte en date du 9 septembre, le calendrier grégorien ayant été substitué au calendrier républicain pour le 1er janvier 1806, nous cessons de faire mention de celui-ci.

8 *février.* — Entrée des troupes françaises dans le royaume de Naples.

15 *février.* — Le prince Joseph, frère de l'empereur, prend possession de Naples.

Même jour. — Le roi de Prusse reçoit de Napoléon le Hanovre, en échange des propriétés qu'il a cédées à la France.

20 *février.* — L'église de Sainte-Geneviève (le Panthéon) est rendue au culte catholique ; elle conservera néanmoins la destination qu'elle avait reçue de l'assemblée constituante, d'être le lieu de sépulture des grands hommes.

Même jour. — Décret de l'empereur qui ordonne la restauration de l'église de Saint-Denis, et la consacre à la sépulture des princes de la dynastie de Napoléon.

— 28 *février.* Institution d'une chaire de belles-lettres à l'école polytechnique. M. Andrieux est nommé professeur.

2 *mars.* — Ouverture du corps législatif par Napoléon pour la session de 1806.

4 *mars.* — Adoption par l'empereur de la princesse Stéphanie, nièce de l'impératrice, et mariage de cette princesse avec le prince héréditaire de Bade.

12 *mars.* — Décrets pour le rétablissement et l'ouverture de canaux et de grandes routes.

15 *mars.* — Napoléon cède en toute propriété les duchés de Clèves et de Berg, à son beau-frère le prince Murat, qui en prend possession, sous le titre de duc de Berg et de Clèves.

30 *mars.* — Joseph Bonaparte est proclamé par son frère Napoléon, roi des Deux-Siciles. — La principauté de Guastalla est transférée à la princesse Pauline, sœur de Napoléon, sous le titre de duchesse de Guastalla ; et celle de Neufchâtel

au maréchal Berthier, sous le titre de prince de Neufchâtel.

Même jour. — Décret ou statut en forme de loi, qui fixe l'état des princes et princesses de la famille impériale.

4 avril. — Décret de Napoléon qui ordonne que le catéchisme approuvé par le cardinal légat, sera en usage dans toutes les églises françaises.

7 avril. — Cérémonies du mariage de la princesse Stéphanie Napoléon avec le prince héréditaire de Bade.

22 avril. — Loi qui donne à la banque de France une organisation définitive, et proroge à vingt-cinq ans le privilége de quinze années qui lui avait été accordé.

27 avril. — Le général Lauriston prend possession de la ville et du territoire de Raguse au nom de l'empereur des Français.

2 mai. — Décret qui ordonne la construction de quinze nouvelles fontaines à Paris.

10 mai. — Loi qui institue l'université impériale.

12 mai. — Clôture du corps législatif; il adopte dans cette session le Code de procédure civile.

28 mai. — L'électeur archi-chancelier d'Allemagne, le prince-primat, nomme pour son coadjuteur et son successeur le cardinal Fesch, oncle de Napoléon.

30 mai. — Décret qui invite tous les sujets de l'empire professant la religion juive d'envoyer des députés à Paris.

5 juin. — Une députation solennelle des états de Hollande demande à l'empereur son frère Louis Napoléon pour roi; l'empereur adhère au vœu des états.

Même jour. — Décret impérial qui transfère à M. Talleyrand, grand chambellan, la principauté de Bénévent, sous le titre de prince de Bénévent; et au maréchal d'empire Bernadotte, le titre de prince de Ponte-Corvo.

Même jour. — Napoléon donne une première audience à Mouhed-Effendi, ambassadeur extraordinaire de la Porte-Ottomane.

11 juin. — Décret portant organisation du conseil-d'état et fixant ses attributions.

16 juin. — Institution à l'école d'Alfort d'une chaire d'économie rurale.

24 juin. — Suppression des maisons de jeu dans tout l'empire.

4 juillet. — Loi qui organise les haras dans tous les départemens, et nomme les chefs de ces établissemens.

6 juillet. — Combats contre les Russes et les Monténégrins par les Français commandés par les généraux Lauriston et Molitor.

17 juillet. — Un traité solennel établit la confédération du Rhin : les rois de Bavière, de Wurtemberg, les électeurs archi-chancelier de Bade, le duc de Berg et de Clèves, et plusieurs autres princes d'Allemagne, composent cette confédération et se séparent à perpétuité de l'empire germanique. L'empereur Napoléon est proclamé protecteur de cette confédération, qui change entièrement l'état politique de l'Europe et tend à une pacification plus durable.

20 juillet. — Traité de paix signé à Paris entre la France et la Russie ; mais l'empereur Alexandre, influencé par l'Angleterre, refuse de le ratifier au terme convenu.

26 juillet. — Première assemblée des Juifs, convoqués à Paris par Napoléon, d'après son décret du 30 mai, sous le nom de *Grand-Sanhédrin* juif, et dont le but est de fixer le sort de cette nation errante et malheureuse.

5 août. — Lord Lauderdale arrive à Paris en qualité

d'ambassadeur, pour remplacer M. Fox dans les négociations ouvertes entre la France et l'Angleterre.

20 *septembre*. — L'empereur Napoléon réclame contre la Prusse, des princes liés par la confédération du Rhin, le contingent auquel chacun d'eux s'est obligé, dans le cas de guerre.

25 *septembre*. — L'empereur part de Saint-Cloud pour se mettre à la tête de ses armées, et combattre la quatrième coalition formée contre la France par la Prusse, la Russie, la Suède et l'Angleterre.

28 *septembre*. — Arrivée de Napoléon à Mayence, avec l'impératrice son épouse.

30 *septembre*. — L'électeur de Wurtzbourg accède à la confédération du Rhin, et prend le titre de grand-duc.

1er *octobre*. — Napoléon passe le Rhin avec son état-major.

7 *octobre*. — Message de l'empereur au sénat, dans lequel il annonce la nécessité de recommencer la guerre, et les dispositions qu'il vient de faire pour lui donner une issue favorable.

8 *octobre*. — L'empereur quitte Bamberg pour se porter à la tête de son armée.

9 *octobre*. — Combat de Saalbourg, et enlèvement des magasins de l'ennemi à Hoff.

10 *octobre*. — Combat de Saalfeldt; le prince Ferdinand de Prusse y est tué.

14 *octobre*. — Bataille d'Iéna. L'armée prussienne essuie une déroute complète, ou plutôt elle est anéantie, tant en hommes que sous le rapport du matériel. Le duc de Brunswick et le prince Henri de Prusse sont grièvement blessés; la reine n'échappe qu'avec peine à la poursuite des vainqueurs.

16 *octobre*. — Capitulation de la place d'Erfurt. Le prince d'Orange et le feld-maréchal Mollendorf sont faits prisonniers.

Même jour. — Le roi de Prusse demande un armistice, qui est refusé par Napoléon.

17 *octobre*. — Combat de Halle. Le prince Eugène de Wurtemberg, général de l'armée de réserve prussienne, a son corps d'armée presque entièrement détruit.

18 *octobre*. — Prise de Leipsick par le maréchal Davoust.

21 *octobre*. — Après une série de succès non interrompus, les Français interceptent la route de Magdebourg, où les Prussiens comptaient se rallier. Le duc de Brunswick met ses états sous la protection de l'empereur.

24 *octobre*. — Prise de Potsdam; l'empereur y établit son quartier-général le lendemain, visite le tombeau du grand Frédéric, et envoie à l'Hôtel des Invalides de Paris l'épée de ce fondateur de la monarchie prussienne.

25 *octobre*. — Capitulation de Spandau.

26 *octobre*. — Blocus de Magdebourg.

27 *octobre*. — Napoléon fait son entrée solennelle dans Berlin. Acte de clémence de l'empereur envers la femme du prince d'Haztfeld, gouverneur de cette capitale.

28 *octobre*. — Prise de Prentzlow. Le grand-duc de Berg fait capituler le corps d'armée commandé par le prince de Hohenlohe.

29 octobre. — Prise de la forteresse de Stettin.

1er *novembre*. — Capitulation de la forteresse de Custrin.

Le maréchal Mortier s'empare de la Hesse au nom de l'empereur des Français.

6 et 7 *novembre*. — Bataille de Lubeck. Après des faits

d'armes inouïs, onze généraux prussiens, à la tête desquels se trouvaient Blücher, devenu depuis si fameux, et le prince de Brunswick-Oels, cinq cents dix-huit officiers, quatre mille chevaux, plus de vingt mille hommes et soixante drapeaux, sont les trophées de cette victoire. Lubeck, pris d'assaut, devient un horrible champ de carnage.

10 *novembre.* — Suspension d'arme entre l'empereur et le roi de Prusse, elle reste sans effet. Prise de la ville de Posen.

11 *novembre.* — Prise de la ville et forteresse de Magdebourg.

19 *novembre.* — L'empereur reçoit à Berlin une députation du sénat d'Hambourg. — Obligation imposée à toutes les villes occupées par les Français, de déclarer les marchandises et propriétés anglaises.

20 *novembre.* — Capitulation de la place d'Hameln.

25 *novembre.* — Capitulation de celle de Niembourg. — L'empereur rend à Berlin le fameux décret qui déclare les îles britanniques en état de blocus, et interdit avec elles tout commerce et toute communication.

27 *novembre.* — Napoléon, résolu de pousser avec vigueur la guerre contre la Russie qui venait d'accourir, quoique tardivement, au secours de la Prusse, établit son quartier-général à Posen.

28 *novembre.* — Combat de Lowiez, où le général russe Benigsen est battu.

29. — Occupation de Varsovie par les Français.

2 *décembre.* — Décret impérial qui ordonne l'érection sur l'emplacement de l'église de la Magdelaine, d'un monument à la gloire de l'armée, sous le nom de *Temple de la gloire*, et devant porter cette inscription : *L'empereur Napoléon aux soldats de la grande armée.*

3 décembre. — Capitulation de la forteresse le Glogau.

4 décembre. — Une levée de quatre-vingt mille conscrits est mise à la disposition de l'empereur par le sénat conservateur.

6 décembre. — Passage de la Vistule par les Français, à Thorn.

11 décembre. — Passage du Bug à Ockecmin. Traité de paix et d'alliance entre l'empereur Napoléon et l'électeur de Saxe, qui accède à la confédération du Rhin, et prend le titre de roi de Saxe. Son contingent, en cas de guerre, est de vingt mille hommes.

16 décembre. — L'empereur part de Posen.

19 décembre. — Il arrive à Varsovie, et visite les retranchemens élevés dans le faubourg de Praga pour protéger cette ville.

23 décembre. — Il passe le Bug, fait jeter à l'embouchure de l'Wkra, dans cette rivière, un pont qui est achevé en deux heures, y fait passer une division du corps d'armée du maréchal Davoust, qui met en déroute quinze mille Russes à Czarnowo.

24 décembre. — Combat de Nazietzk; le général russe Kamenskoi est défait.

25 et 26 décembre. — Bataille de Pulstuck, retraite de l'armée russe après avoir perdu quatre-vingt pièces d'artillerie, tous ses caissons, douze cents voitures, et dix à douze mille hommes.

1807.

5 janvier. — Capitulation de Breslau.

7 février. — Bataille de Preusch-Eylau; l'armée russe est de nouveau obligée de battre en retraite.

9 *février*. — Première séance de l'Institut au palais des sciences et des arts (le Louvre).

15 *février*. — Combat d'Ostrolenka. Le général Soworow, fils du célèbre maréchal de ce nom, perd la vie dans cette affaire.

16 *février*. — L'empereur envoie à Paris les drapeaux pris à Eylau; il ordonne que les canons conquis à cette bataille seront fondus pour dresser une statue au général d'Hautpoult, commandant des cuirassiers, qui avait été tué dans cette journée.

24 *février*. — Combat de Peterswalde.

25 *février*. — Passage de la Passarge à Liebstadt.

5 *mars*. — Le pont d'Austerlitz est ouvert au passage des voitures.

6 *mars*. — Décret impérial qui met en état de siége les ports de Brest et d'Anvers; le premier sous les ordres du général sénateur Aboville, et le deuxième sous ceux du général sénateur Ferino.

7 *mars*. — Combat de Guttstadt et de Willemberg.

12 *mars*. — Combat de Lignau.

7 *avril*. — Sénatus-consulte qui appelle la conscription de 1808.

18 *avril*. — Suspension d'armes signée à Schlatkow entre l'empereur et le roi de Suède.

25 *avril*. — L'empereur établit son quartier-général à Finkenstein. — Décret impérial concernant les théâtres de Paris : ils sont divisés en grands théâtres et théâtres secondaires.

1er *mai*. — Capitulation de la place de Neiss, assiégée par le général Vandamme.

15 *mai*. — Combat livré devant les murs de Dantzick, assiégé par le maréchal Lefebvre, entre les troupes assiégeantes et le corps d'armée russe du général Kaminski, accouru pour secourir cette place. Les Russes sont repoussés avec perte.

24 *mai*. — Dantzick se rend au maréchal Lefebvre après cinquante-un jours de tranchée ouverte.

28 *mai*. — Décret impérial qui confère au maréchal Lefebvre le titre de duc de Dantzick pour le récompenser de l'activité qu'il avait déployée pendant le siége de cette ville.

1er *juin*. — L'empereur vient visiter Dantzick.

4 *juin*. — Les négociations de paix qui avaient été entamées entre la Russie et la France pendant que les deux armées prenaient quelque repos dans leurs quartiers, ayant été rompues, les hostilités recommencent, et les Russes sont battus à Spandenn, au moment où ils voulaient traverser la Passarge.

5. *juin*. — Nouveau combat de Spandenn; les Français franchissent la Passarge et se mettent à la poursuite des Russes.

6 *juin*. — Combat de Deppen, où les Russes sont culbutés de nouveau.

8 *juin*. — L'empereur établit son quartier-général à Deppen.

11 *juin*. — Bataille d'Heilsberg; elle reste presque sans résultat. Seulement le lendemain l'armée russe quitte les forts tranchemens qu'elle occupait en avant de cette ville.

14 *juin*. — Mémorable bataille de Friedland; cette fois, l'armée russe est entièrement anéantie, et les résultats obtenus par les Français placent cette journée à côté de celles de Marengo, d'Austerlitz et d'Iéna. Elle décidait de la campa-

gne, et la précipitation des Russes à se retirer était telle, qu'ils rompaient derrière eux tous les ponts, pour se soustraire à la vive poursuite de leurs vainqueurs.

16 *juin*. — Occupation de Kœnigsberg par les Français.

19 *juin*. — L'empereur Napoléon établit son quartier-général dans Tilsit, où, quelques jours auparavant, l'empereur de Russie et le roi de Prusse avaient établi le leur.

21 *juin*. — Armistice conclu entre les deux empereurs et le roi de Prusse.

25 *juin*. — Entrevue de ces trois monarques dans un bateau sur le Niémen; Alexandre, Napoléon et le roi de Prusse passent deux heures dans cette conférence. La moitié de la ville est déclarée neutre pour la facilité des communications. Du 25 juin au 9 juillet, les trois souverains se voient amicalement, et se donnent mutuellement des fêtes, pendant que leurs ministres s'occupaient des négociations relatives à la paix.

7 *juillet*. — Traité de paix entre les deux empereurs, déclaré commun aux rois de Naples et de Hollande, frères de Napoléon, et par lequel Alexandre reconnaît la confédération du Rhin, et promet sa médiation pour engager l'Angleterre à ne plus mettre d'obstacles à une paix générale.

9 *juillet*. — Traité de paix entre le roi de Prusse et l'empereur des Français, basé sur les clauses du précédent. Le roi de Prusse recouvre, de la générosité de Napoléon, toutes ses provinces, excepté celles de Pologne, spécifiées dans le traité, et qui seront possédées en toute souveraineté par le roi de Saxe.

13 *juillet*. — Les hostilités recommencent entre la France et la Suède.

17 *juillet*. — Napoléon rend une visite au roi de Saxe à Dresde.

24 *juillet*. — Son arrivée a Francfort.

27 *juillet*. — Son retour à Saint-Cloud.

28 *juillet*. Il reçoit en audience solennelle et successivement les félicitations du sénat, du tribunat, du corps législatif, de la cour de cassation, de la cour d'appel, du clergé, de la cour de justice criminelle, du corps municipal, etc.

9 *août*. — Berthier, prince de Neufchâtel, est élevé à la dignité de vice-connétable, et Talleyrand, prince de Bénévent, à celle de vice grand-électeur.

15 *août*. — Napoléon se rend en grand cortége à Notre-Dame pour y entendre le *Te Deum* en action de grâce, pour la paix de Tilsit.

16 *août*. — Ouverture du corps législatif par Napoléon; session de 1807.

19 *août*. — Sénatus-consulte qui supprime le tribunat, et donne au corps législatif une nouvelle organisation plus conforme aux vues de Napoléon.

Même jour. — Les Français s'emparent de la ville de Stralsund.

22 *août*. — Célébration du mariage de Jérôme-Napoléon Bonaparte avec la princesse Catherine, fille du roi de Wurtemberg.

3 *septembre*. — Décret ordonnant que le *Code civil des Français* portera désormais le titre de *Code Napoléon*.

3 *septembre*. — Capitulation de l'île de Rugen; cette conquête complete celle de toute la Poméranie suédoise.

8 *septembre*. — Décret qui établit la constitution du royaume de Westphalie, et proclame Jérôme Napoléon roi de ce pays.

18 *septembre*. — Clôture du corps législatif; il adopte dans cette session le Code de commerce.

28 *septembre*. — Décret qui institue et organise une cour des comptes.

1er *octobre*. — Décret qui réunit les diocèses de Parme et de Plaisance à l'église gallicane.

12 *octobre*. — Sénatus-consulte portant que les provisions ne seront expédiées aux juges qu'après cinq ans d'exercice.

14 *octobre*. — Exposition au Musée des objets d'art conquis par les armées.

27 *octobre*. — Traité signé à Fontainebleau entre la France et l'Espagne, par lequel les deux parties contractantes résolvent de se partager le Portugal, et le roi d'Espagne s'engage à donner le passage, à cet effet, à vingt-cinq mille hommes d'infanterie et à trois mille hommes de cavalerie de Napoléon.

29 *octobre*. — Décret impérial qui admet gratuitement dans les lycées deux cents nouveaux élèves, fils de militaires et de fonctionnaires publics.

6 *novembre*. — Le comte Tolstoi, ambassadeur de Russie, présente ses lettres de créance à l'empereur.

8 *novembre*. — Arrivée de l'ambassadeur de Perse à Paris; il est porteur de magnifiques présens pour l'empereur; les plus remarquables sont les sabres de Tamerlan et de Thamas Kouli-Kan.

10 *novembre*. — Dispositions relatives aux halles, marchés, et rues de Paris.

11 *novembre* — Traité de la France et de la Hollande; la ville de Flessingue est cédée aux Français.

16 *novembre*. — L'empereur part de Paris pour visiter ses états d'Italie.

21 *novembre*. — Il arrive à Milan.

25 *novembre*. — Entrée triomphale à Paris des corps de

la garde impériale. Fête superbe donnée par la ville à cette élite de l'armée.

28 novembre. — Seconde fête donnée à la même garde par le sénat dans son palais même.

29 novembre. — Napoléon arrive à Venise. Le *même jour*, le général Junot, après avoir traversé toute l'Espagne, s'empare d'Abrantès, première ville de Portugal.

30 novembre. — L'armée française prend possession de Lisbonne.

17 décembre, — Décret qui déclare *dénationalisé* tout bâtiment qui se soumettra aux dispositions de l'ordonnance rendue le 11 novembre par le roi d'Angleterre. (Cette ordonnance mettait tous les ports de France et ceux de ses alliés en état de blocus, et ordonnait la visite sur mer de tous les bâtimens européens qui y seraient rencontrés par les croisières britanniques.

20 décembre. — Napoléon proclame le fils du prince Eugène, prince de Venise, et sa fille Joséphine princesse de Bologne.

26 décembre. — Le ministre de l'intérieur pose la première pierre d'un grenier d'abondance à Paris, situé sur les terrains dépendans de l'ancien arsenal.

1808.

1er *janvier.* — Retour de l'empereur dans sa capitale.

4 *janvier.* — Napoléon et Joséphine vont dans l'atelier du peintre David voir le tableau de leur couronnement.

16 *janvier.* — Statuts définitifs de la banque de France.

27 *janvier*. — Le port de Flessingue et ses dépendances sont réunis à l'empire français.

1er *février*. — Organisation du gouvernement provisoire du Portugal. Le général Junot est nommé gouverneur-général.

2 *février*. — Sénatus-consulte portant création d'une nouvelle grande dignité sous le titre de gouverneur-général des départemens au-delà des Alpes; le prince Camille Borghèse, beau-frère de Napoléon, est nommé gouverneur-général.

6 *février*. — Rapport fait à l'empereur par la classe des sciences physiques et mathématiques, sur les progrès de ces sciences depuis 1789.

17 *février*. — Napoléon ordonne que les Algériens soient arrêtés dans ses états tant que ses sujets génois seront prisonniers à Alger.

19 *février*. — Rapport de la classe d'histoire et de littérature ancienne sur les progrès des sciences et des arts depuis 1789.

22 *février*. — Rapport de la classe de la langue et de la littérature française, présenté à l'empereur par Chénier, sur les progrès des lettres depuis 1789.

11 *mars*. — Sénatus-consulte qui institue des titres impériaux et héréditaires, tels que ceux de *ducs*, *comtes*, *barons*, etc.

16 *mars*. — Création des juges auditeurs auprès des cours d'appel.

17 *mars*. — Organisation définitive donnée à l'Université, et création d'une académie dans chaque ville où siège une cour d'appel. M. de Fontanes est nommé grand-maître de l'Université impériale.

26 *mars*. — Lettre du roi d'Espagne, Charles IV, à Napoléon, dans laquelle il lui fait part de sa résolution de commander lui-même ses forces de terre et de mer.

27 *mars*. — Bref du pape à Napoléon, où Pie VII se plaint des vexations que lui font éprouver les agens français.

2 *avril*. — L'empereur part de Paris pour se rendre à Baïonne.

3 *avril*. — Note du ministre des relations extérieures au légat du pape, en réponse au bref de Pie VII, et dans laquelle il déclare au cardinal Caprara que l'empereur ne saurait reconnaître le principe que les prélats ne sont point sujets du souverain, etc.

4 *avril*. — Napoléon fait son entrée à Bordeaux.

10 *avril*. — Arrivée de l'impératrice dans cette même ville.

15 *avril*. L'empereur arrive à Baïonne.

18 *avril*. — Il écrit au prince des Asturies (Ferdinand VII.)

20 *avril*. — Il reçoit dans le château de Marrac le prince des Asturies et Dom Carlos son frère.

22 *avril*. — Le général Miollis fait arrêter le gouverneur de Rome et l'envoie à Fenestrelle.

23 *avril*. — Le grand-duc de Berg entre dans Madrid à la tête d'une division française.

28 *avril*. — L'empereur Napoléon rend une visite au roi d'Espagne, à la reine et au prince de la Paix, qui viennent d'arriver à Baïonne.

2 *mai*. — Insurrection à Madrid; Murat, de concert avec la junte suprême du gouvernement espagnol, parvient à la calmer.

7 *mai*. — Il est nommé par le roi Charles IV lieutenant-général du royaume.

5.

8 mai — Traité signé à Baïonne par le roi Charles IV, dans lequel il cède à son allié et ami, l'empereur Napoléon, tous ses droits sur les Espagnes; adhésion de tous les enfans du roi à cet acte, qui est officiellement annoncé au conseil suprême de Castille et à celui de l'inquisition.

13 mai. — La junte du gouvernement espagnol, présidée par Murat, demande pour roi Joseph Napoléon, frère de l'empereur.

22 mai. — Le roi et la reine d'Espagne se retirent en France; Compiègne est désigné pour leur séjour; les princes sont envoyés au château de Valençay, propriété du diplomate Talleyrand dans le département d'Indre-et-Loire.

24 mai. — Sénatus-consulte qui réunit à l'empire français les duchés de Parme et de Plaisance et le duché de Toscane.

25 mai. — Napoléon convoque à Baïonne une junte générale espagnole pour le 15 juin.

6 juin. — L'empereur proclame son frère, Joseph Napoléon, roi des Espagnes et des Indes, et lui garantit l'intégrité de ses états.

7 juin — Le nouveau roi reçoit les hommages des grands d'Espagne, des conseils et des diverses autorités existantes.

15 juin. — La junte espagnole tient sa première séance à Baïonne.

23 juin. — Insurrection générale en Espagne. Le maréchal Bessières défait une armée espagnole à San-Ander.

28 juin. — Combat et prise de Valence par le maréchal Moncey.

3 juillet. — Décrets impériaux relatifs à l'institution des majorats.

5 juillet. — Décret de Napoléon qui défend la mendicité dans tout l'empire français.

7 *juillet*. — L'acte constitutionnel est rédigé par la junte espagnole. Le roi prête serment à la nation, représentée par le président.

13 *juillet*. — L'empereur approuve et adopte la constitution espagnole. (Elle était, dans presque toutes ses dispositions, conforme à celle des Français, dite de l'an VIII : c'était beaucoup pour les Espagnols, encore sujets aux moines, à l'inquisition, etc.)

15 *juillet*. — Le grand-duc de Berg est proclamé par Napoléon, roi de Naples et de Sicile.

19 *juillet*. — L'archi-chancelier de l'empire, Cambacérès, est nommé duc de Parme, et l'archi-trésorier, Lebrun, duc de Plaisance.

Même jour. — Bataille de Baylen. Le général Dupont donne tête baissée dans une ambuscade, voit détruire une partie de son armée, et est obligé de capituler pour sauver le reste.

20 *juillet*. — Arrivée à Paris de l'ambassadeur perse Asker-Kan, avec une suite nombreuse.

21 *juillet*. — Honteuse capitulation de Baylen. L'armée française toute entière est prisonnière de guerre des Espagnols.

22 *juillet*. Napoléon quitte le château de Marrac, pour retourner dans sa capitale.

30 *juillet*. — Décret qui adjoint un très grand nombre d'officiers de tous grades et de soldats légionnaires aux colléges électoraux de départemens et d'arrondissemens.

31 *juillet*. — M. Beugnot, conseiller-d'état, prend possession, au nom de l'empereur Napoléon, du grand-duché de Berg, resté vacant par la nomination de Murat pour occuper le trône des Deux-Siciles à la place de Joseph, nommé roi d'Espagne.

12 *août*. — Combat de Rorissa en Portugal, entre les troupes françaises d'occupation et l'armée anglaise, commandée par le général Wellesley. Les Anglais sont repoussés avec perte.

13 *août*. Décrets impériaux qui ordonnent l'ouverture d'une grande route de Paris à Madrid, et de grands travaux publics dans plusieurs départemens.

15 *août*. — Retour de l'empereur à St.-Cloud.

21 *août*. — Bataille de Vimeyra, entre l'armée de lord Wellesley et celle des Français, commandés par le général Junot ; les mauvaises dispositions de celui-ci donnent la victoire aux Anglais.

20 *août*. — L'empereur reçoit en grande cérémonie le comte Tolstoi, ambassadeur de Russie. — Exposition aux Tuileries des magnifiques présens envoyés par l'empereur Alexandre à l'empereur Napoléon.

30 *août*. — Convention pour l'évacuation du Portugal par l'armée française. Elle doit être reconduite en France sur des vaisseaux anglais ; juste et honteux résultat d'une entreprise injuste.

1er *septembre*. — Décrets par lesquels l'empereur ordonne des établissemens publics en tous genres dans les départemens qui ont été le théâtre des guerres civiles.

6 et 7 *septembre*. — Communication au sénat du rapport du ministre des relations extérieures, Champagny, à l'empereur, et des traités qui mettent à sa disposition la couronne d'Espagne.

8 *septembre*. — Traité signé à Paris par le prince Guillaume de Prusse et le ministre des relations extérieures. Ce traité termine toutes les difficultés existantes entre le gouvernement français et celui de Prusse.

10 *septembre.* — Sénatus-consulte qui ordonne la levée de 80,000 conscrits destinés à compléter les armées d'Espagne.

11 *septembre.* — Grande revue passée aux Tuileries par l'empereur en personne; il annonce à ses soldats qu'il va marcher avec eux en Espagne, *où*, dit-il, *nous avons aussi des outrages à venger.*

12 *septembre.* — Séance du sénat, dans laquelle le ministre des relations extérieures cherche à justifier les mesures prises par l'empereur contre l'Espagne. — Compte rendu par la société d'industrie nationale sur ses progrès en inventions et perfectionnemens.

13 *septembre.* — Décret qui convoque le corps législatif pour le 25 octobre suivant.

17 *septembre.* — Décret d'organisation de l'université impériale.

22 *septembre.* — Napoléon part de Paris pour se rendre dans les états de la confédération du Rhin.

23 *septembre.* — Le corps municipal et le préfet de la Seine reçoivent à la barrière le premier corps de la grande armée, commandé par le maréchal Victor, et se rendant en Espagne.

24 *septembre.* — Décret impérial relatif au culte grec professé dans la Dalmatie.

28 *septembre.* — Passage du sixième corps de la grande armée à Paris.

1er *octobre.* — Dernier jour du passage des troupes par Paris pour se rendre en Espagne.

6 *octobre.* — Les empereurs Napoléon et Alexandre ont une entrevue à Erfurt. Réunion dans cette ville de presque tous les princes membres de la confédération du Rhin. L'em-

pereur Alexandre promet à Napoléon de ne point apporter d'obstacle à ses projets sur l'Espagne.

14 *octobre*. — Départ d'Erfurt de LL. MM. l'empereur de Russie et l'empereur des Français pour se rendre dans leurs états respectifs.

18 *octobre*. — Arrivée à Saint-Cloud de l'empereur Napoléon.

22 *octobre*. — L'empereur et l'impératrice visitent le musée Napoléon; ils s'entretiennent long-temps avec les artistes français, tous présens à cette visite.

25 *octobre*. — Ouverture du corps législatif par l'empereur Napoléon, session de 1808.

27 *octobre*. — M. de Fontanes est nommé président du corps législatif.

29 *octobre*. — Départ de l'empereur pour se rendre à Baïonne.

2 *novembre*. — Décret portant création d'un nouveau département portant le nom de Tarn-et-Garonne.

3 *novembre*. — Arrivée de Napoléon au château de Marrac.

5 *novembre*. — Quartier-général de l'empereur à Vittoria.

9 *novembre*. — Combat de Gamonal. Le maréchal Soult dissipe l'avant-garde de l'armée d'Estramadure.

Même jour. — Quartier-général de Napoléon à Burgos.

11 *novembre*. — Bataille d'Espinosa-de-los-Monteros. L'armée du général Blacke est entièrement détruite.

22 *novembre*. — Bataille de Tudela. L'armée du général Castanos, la même qui avait fait capituler le général Dupont à Baylen, est mise en déroute après avoir perdu tout son matériel et presque tous ses drapeaux.

29 *novembre*. — L'empereur fait attaquer le défilé de Somo-Sierra, défendu par un corps de vingt mille Espagnols, et seul passage pour pénétrer à Madrid. L'ennemi est culbuté avec une perte immense.

1er *décembre*. — Quartier impérial de Napoléon à San-Augustino, à quelque distance de Madrid.

3 *décembre*. — Prise de Ségovie par le maréchal Lefebvre.

4 *décembre*. — Capitulation de Madrid; l'empereur refuse d'y entrer, et s'établit avec sa garde sur les hauteurs de Chamartin, à une lieue de la ville.

Même jour. — Décret impérial qui abolit l'inquisition en Espagne, et réduit considérablement le nombre des couvens d'hommes de ce royaume.

5 *décembre*. — Prise de la forteresse de Roses par le général Gouvion-St.-Cyr.

7 *décembre*. — Grande promotion dans la légion-d'honneur.

15 *décembre*. — Combat de Cardadeu; le marquis de Vivès, général en chef de l'armée espagnole de Catalogne, perd toutes ses troupes dans cette journée, et est destitué par la junte insurrectionnelle.

22 *décembre*. — L'empereur quitte son quartier-général de Chamartin, pour se porter à la poursuite de l'armée anglaise qui était entrée en Espagne, sous la conduite du général Moore.

25 *décembre*. — Décret impérial qui abolit tout reste de servage dans les duchés de Clèves et de Berg.

26 *décembre*. — Combat de Benavente entre l'avant-garde de l'armée française et l'arrière-garde de l'armée anglaise; retraite précipitée du général Moore.

31 *décembre*. — Clôture de la session du corps législatif.

1809.

1er *janvier*. — Quartier-général de Napoléon à Astorga.

3 *janvier*. — Défaite de l'arrière-garde anglaise au défilé de Cacabellos.

6 *janvier*. — Napoléon, instruit que l'Autriche arme contre la France, quitte précipitamment l'armée pour se rendre à Paris.

16 *janvier*. — Bataille de la Corogne; défaite de l'armée anglaise; le général en chef, sir John Moore, est tué.

18 *janvier*. — Prise de la Corogne par le maréchal Soult; les débris de l'armée anglaise venaient de s'embarquer dans le port de cette ville.

23 *janvier*. — Retour de Napoléon à Paris; il reçoit successivement les félicitations du sénat et des autres corps de l'empire.

27 *janvier*. — Prise de la place et du port du Ferrol.

1er *février*. — Décret qui nomme le cardinal Fesch archevêque de Paris.

7 *février*. — L'empereur reçoit l'Institut au château des Tuileries.

20 *février*. — Prise de Sarragosse. Cette ville est obligée de se rendre à discrétion, après avoir donné pendant deux mois l'exemple d'une défense héroïque et désespérée.

2 *mars*. — Le gouvernement général des départemens de la Toscane est érigé en grand-duché par Napoléon.

4 *mars*. — Combat de Monterey; le maréchal Soult bat le général espagnol, marquis de la Romana.

11 *mars*. — Décret et sénatus-consulte qui transfère le

grand-duché de Berg et de Clèves au jeune prince Napoléon Louis, fils du roi de Hollande, et neveu de l'empereur. — Autre décret qui confère à la sœur de l'empereur, Elisa, le gouvernement de la Toscane.

20 *mars*. — Bataille de Carvalko-Daeste; l'armée portugaise est mise en déroute par le maréchal Soult.

27 *mars*. — Bataille de Ciudad-Réal; défaite du général duc de l'Infantado par le général Sébastiani.

28 *mars*. — Bataille de Medellin; défaite du général espagnol Lacuesta.

29 *mars*. — Prise d'Oporto, seconde ville du Portugal.

2 *avril*. — Décret impérial qui institue des maisons d'éducation pour les filles des membres de la légion-d'honneur.

8 *avril*. — Autre décret qui établit une école de cavalerie à St.-Germain.

9 *avril*. — Commencement des hostilités entre l'Autriche et la France.

Même jour. — Combat d'Amarante; défaite du général portugais Silveyra.

12 *avril*. — Napoléon part de Paris pour se rendre à son armée d'Allemagne.

16 *avril*. — Bataille de Sacile, entre les troupes françaises commandées par le prince Eugène, et l'armée autrichienne aux ordres de l'archiduc Jean; celle-ci est mise en fuite.

17 *avril*. — Quartier-général de l'empereur à Donawerth.

19 *avril*. — Bataille de Tann; défaite d'une partie de l'armée autrichienne aux ordres du prince Charles.

20 *avril*. — Bataille d'Abensberg; les Autrichiens perdent sept mille hommes, huit drapeaux et douze pièces de

canon. Dans cette bataille, Napoléon n'avait presque que des Bavarois à ses ordres.

21 avril. — Combat et prise de Landshut; les Autrichiens continuent leur retraite.

22 avril. — Bataille d'Eckmühl; quinze mille prisonniers, douze drapeaux, seize pièces de canon, sont les fruits de cette victoire, qui vaut au maréchal Davoust le titre de prince d'Eckmühl.

23 avril. — Bataille et prise de Ratisbonne; l'archiduc Charles opère précipitamment sa retraite en Autriche. Napoléon fut atteint d'une balle morte pendant cette bataille. On en reconnut la cicatrice lors de l'ouverture de son corps à l'île de Sainte-Hélène.

24 avril. — Combat de Neumarck.

25 avril. — Le roi de Bavière rentre dans sa capitale.

3 mai. — Combat d'Ebersberg.

6 mai. — Quartier-général de l'empereur à l'abbaye de Molck. Retraite du prince Charles en Bohême.

8 mai. — Bataille de la Piave, entre le prince Eugène et l'archiduc Jean; retraite précipitée de ce dernier.

10 mai. — Evacuation d'Oporto par le maréchal Soult, à l'approche d'une nombreuse armée anglaise.

Même jour. — La diète de Suède dépose le roi Gustave Adolphe.

11 et 12 mai. — Bombardement et capitulation de Vienne.

15 mai. — Retraite du maréchal Soult sur la Galice.

17 mai. — Passage du Danube par l'armée française.

19 mai. — Occupation du Tyrol par le maréchal Lefebvre.

20 mai. — Arrivée du maréchal Soult à Orenzé, première ville de Galice.

Même jour. — L'empereur fait établir un pont dans l'île d'Inder-Lobau.

21 et 22 mai. — Bataille d'Esling ; elle reste indécise, et coûte à l'armée la perte de l'un de ses plus braves guerriers, le maréchal Lannes, duc de Montebello.

25 mai. — Combat de San-Michel entre les troupes de l'armée d'Italie et celles de l'archiduc Jean. Déroute du général Jellachich.

31 mai. — Jonction de l'armée d'Italie avec la grande armée française sur les hauteurs du Sommering.

12 juin. — Décret ordonnant l'institution de plusieurs écoles d'équitation.

14 juin. — Bataille de Raab entre l'armée d'Italie et celle de l'archiduc Jean ; nouvelle défaite de celui-ci.

17 juin. — Décret daté du camp impérial de Schœnbrunn, sur l'établissement des octrois.

19 juin. — Prise de la forteresse de Gérone, après onze jours de tranchée ouverte.

5 juillet. — Réunion de l'armée d'Italie à la grande armée dans l'île de Lobau.

6 juillet. — Grande Bataille de Wagram ; la disparition de l'armée ennemie, dix-huit mille prisonniers, neuf mille blessés, quatre mille morts, quarante pièces de canon et dix drapeaux, sont les fruits de cette brillante victoire, qui met une troisième fois l'empereur d'Autriche à la discrétion de l'empereur Napoléon.

11 juillet. — Quartier-général de l'empereur à Znaïm ; armistice accordé par Napoléon à l'armée autrichienne.

21 juillet. — L'empereur nomme maréchaux d'empire, les généraux Oudinot, Marmont et Macdonald, qui s'étaient particulièrement distingués à la bataille de Wagram.

27 *juillet.* — Bataille de Talavera de la Reyna, en Espagne, entre l'armée française, commandée par le roi Joseph, et l'armée anglo-espagnole aux ordres de sir Arthur Wellesley ; elle reste indécise.

30 *juillet.* — Débarquement de dix-huit mille Anglais dans l'île de Walcheren.

3 *août.* — Les Anglais investissent la ville de Flessingue.

7 *août.* — Décret concernant l'Université impériale.

8 *août.* — Combat d'Arzobispo ; les Espagnols sont mis en fuite par le maréchal Mortier.

9 *août.* — Bataille d'Almonacid ; le général Sébastiani met en fuite l'armée espagnole du général Vénégas.

11 *août.* — Combat de Dambroca en Espagne. L'ennemi perd trente-cinq bouches à feu et cent caissons.

12 *août.* — Combat du col de Banos. Le général Robert Wilson est battu par le général français Lorsay.

13 *août.* — Les Anglais jettent dans Flessingue des bombes et des fusées incendiaires dites à la Congrève.

16 *août.* — Le général Monet, gouverneur de Flessingue, livre aux Anglais, par capitulation, cette place importante. La garnison est prisonnière de guerre et emmenée comme telle en Angleterre.

Même jour. — Le prince de Ponte-Corvo (Bernadotte) et le ministre de l'administration de la guerre (Daru), sont chargés par l'empereur de la défense d'Anvers, et arrivent dans cette ville.

18 *août.* — Suppression de tous les ordres réguliers, mendians, monastiques, et même ceux astreints à des vœux, qui existent en Espagne.

21 *août.* — Ouverture des négociations pour la paix entre la France et l'Autriche.

22 *septembre.* — Décret qui nomme le maréchal Serrurier commandant général de la garde nationale de Paris.

14 *septembre.* — Lettre de l'empereur au ministre de la guerre, ordonnant de poursuivre le commandant de la place de Flessingue, le général Monet.

15 *septembre.* — Décret pour l'établissement des dépôts de mendicité.

24 *septembre.* — Les Anglais, après avoir fait de vaines tentatives contre Anvers, et avoir perdu les trois-quarts de leur monde par les fièvres dites *des Polders*, se rembarquent pour retourner en Angleterre.

1er *octobre.* — Décret qui crée un ordre des trois-toisons.

4 *octobre.* — Message de l'empereur au sénat, ayant pour objet d'ériger, en faveur du prince de Neufchâtel, le château de Chambord en principauté, sous le titre de principauté de Wagram.

12 *octobre.* — Tentative d'assassinat, faite à Schœnbrunn, sur la personne de Napoléon, par un jeune fanatique d'Erfurt.

14 *octobre.* — Traité de paix entre la France et l'Autriche, signé à Vienne par le prince Jean de Lichtenstein et le ministre des relations extérieures Champagny. — Napoléon quitte Schœnbrunn pour retourner en France.

19 *octobre.* — Décret impérial et sénatus-consulte qui met à la disposition du gouvernement trente-six mille conscrits pris sur les classes antérieures.

24 *octobre.* — Arrivée de l'empereur à Strasbourg.

26 *octobre.* — Son retour à Fontainebleau.

29 *octobre.* — Publication solennelle à Paris du traité de paix conclu entre l'Autriche et la France.

1er *novembre*. — Députation du sénat de Milan, reçue par l'empereur à Fontainebleau. — Décret qui fixe l'ouverture du corps législatif pour l'année 1809, au 1er décembre prochain.

10 *novembre*. — Décret qui confirme l'Institut et les réglemens des sœurs hospitalières. — Autre décret ordonnant la convocation des colléges électoraux.

13 *novembre*. — Arrivée du roi de Saxe à Paris.

17 *novembre*. — Le sénat et toutes les autorités constituées sont admis à complimenter l'empereur sur la paix glorieuse qu'il vient de conclure ; il reçoit aussi une députation de Rome et de Florence.

18 *novembre*. — Bataille d'Ocana entre le général espagnol Arizaga et le général français Sébastiani. Les Espagnols complétement défaits.

20 *novembre*. — Présentation à l'empereur d'une députation du synode grec de Dalmatie.

1er *décembre*. — Arrivée à Paris des rois de Naples, de Hollande et de Wurtemberg.

2 *décembre*. — Célébration de l'anniversaire du couronnement de Napoléon. — *Te Deum* chanté en action de grâce de la paix, en présence de LL. MM. les rois de Naples, de Hollande, de Westphalie, de Saxe et de Wurtemberg, du sénat, et de tous les autres corps de l'état, dans l'église Notre-Dame.

10 *décembre*. — Arrivée à Paris du prince vice-roi d'Italie.

13 *décembre*. — Décret présenté au corps législatif, et relatif à son organisation.

16 *décembre*. — Décrets et sénatus-consultes relatifs à la

dissolution du mariage de l'empereur avec l'impératrice Joséphine ; l'impératrice conserve le titre *d'impératrice-reine*.

22 décembre. — Le roi et la reine de Bavière arrivent à Paris.

29 décembre. — Décret impérial qui établit les capacités et conditions des aspirans aux colléges des auditeurs.

31 décembre. — Adresse du sénat du royaume d'Italie à l'empereur. — Décret impérial qui proroge pour l'an 1810 l'exercice de leurs fonctions aux députés de la cinquième série du corps législatif.

1810.

6 janvier. — Traité de paix entre la France et la Suède.

9 janvier. — L'officialité de Paris déclare par une sentence la nullité quant aux liens spirituels du mariage de l'empereur Napoléon et de l'impératrice Joséphine.

13 janvier. — Loi sur l'importation et l'exportation des marchandises.

20 janvier. — L'armée française, aux ordres du général Sébastiani, franchit la Sierra-Morena, et envahit l'Andalousie.

30 janvier. — Fixation de la dotation de la couronne de France, du domaine extraordinaire, du domaine privé de Napoléon, du douaire des impératrices et des apanages des princes français.

3 février. — Session du corps législatif pour 1810. M. de Montesquiou est nommé président.

5 février. — Décret impérial sur la direction de la librairie et de l'imprimerie. Le nombre des imprimeurs, à Paris, est réduit à quatre-vingts.

Même jour. — Occuppation de Malaga en Espagne par le général Sébastiani.

17 *février.* — Sénatus-consulte qui réunit Rome et l'Etat romain à l'empire français, et divise ce pays en deux départemens.

20 *février.* — Le projet du code pénal est adopté par le corps législatif.

27 *février.* — Le prince archi-chancelier de l'empire, dans une assemblée du sénat, donne lecture d'un message de l'empereur, qui annonce le départ du prince de Neufchâtel pour faire la demande de la main de l'archiduchesse Marie-Louise, fille de l'empereur d'Autriche.

28 *février.* — Décret par lequel l'empereur déclare loi générale de l'empire, la déclaration faite par le clergé de France, en 1682, sur la puissance ecclésiastique.

29 *février.* — Prise de Séville par le roi d'Espagne Joseph.

1er *mars.* — Le prince Eugène Beauharnais est nommé prince de Venise; l'héritage du grand-duché de Francfort lui est assuré.

4 *mars.* — Décret impérial sur l'institution des majorats.

5 *mars.* — Le prince de Neufchâtel, ambassadeur de l'empereur, fait son entrée solennelle à Vienne.

9 *mars.* — L'impératrice Joséphine signe sa renonciation solennelle au titre et à ses droits d'épouse de l'empereur.

10 *mars.* — Décret sur les prisons et les prisonniers d'état.

11 *mars.* — Le prince de Neufchâtel épouse à Vienne, au nom de l'empereur, l'archiduchesse Marie-Louise.

13 *mars.* — L'impératrice Marie-Louise part de Vienne pour venir en France.

19 *mars.* — Décret portant que les juges de la cour de

cassation prendront le titre de conseillers, et les substituts du procureur impérial près la cour prendront le titre d'avocats généraux.

20 *mars*. — L'empereur part de Paris pour Compiègne.

22 *mars*. — Arrivée de l'impératrice Marie-Louise à Strasbourg.

25 *mars*. — Décret impérial portant, qu'à l'occasion du mariage de Napoléon, et pour célébrer cette époque mémorable, les prisonniers pour dettes seront mis en liberté; six mille filles seront dotées et épouseront des militaires; qu'il sera accordé une amnistie générale aux déserteurs, etc.

28 *mars*. — L'impératrice Marie-Louise arrive à Compiègne.

30 *mars*. — Napoléon et Marie-Louise partent de Compiègne pour se rendre à St.-Cloud.

1er *avril*. — Célébration du mariage civil de l'empereur et de l'impératrice, à St.-Cloud, par le prince archi-chancelier Cambacérès.

2 *avril*. — L'empereur et l'impératrice font leur entrée dans Paris. — Mariage religieux et solennel de LL. MM. dans une chapelle pratiquée exprès dans le Louvre, et richement décorée; le cardinal Fesch, grand-aumônier, donne la bénédiction nuptiale en présence de toute la famille impériale, des cardinaux, archevêques, évêques, des grands dignitaires de l'empire et d'une députation de tous les corps de l'état. — Grande fête dans Paris; emploi de tous les arts, de tous les talens, pour célébrer ce grand jour.

3 *avril*. — Le sénat de France, le sénat d'Italie, le conseil-d'état, le corps législatif, les ministres, les cardinaux, la cour de cassation, etc., etc., vont féliciter l'empereur et l'impératrice, qui les reçoivent assis sur leur trône, entourés

des princes et princesses de la famille impériale, des princes grands dignitaires de l'empire et des grands officiers des couronnes de France et d'Italie.

5 *avril*. — L'empereur et l'impératrice partent pour Compiègne.

6 *avril*. — Le gouverneur du château de Valençay, M. Berthemy, annonce à Foucher, ministre de la police générale, l'arrestation et l'envoi à Paris du baron de Kolli, envoyé d'Angleterre pour enlever le prince des Asturies.

8 *avril*. — Le prince des Asturies informe le gouverneur de Valençay de toutes les démarches faites par le baron de Kolli, et écrit à l'empereur qu'elles ont été faites toutes contre son gré.

10 *avril*. — Siège et prise d'Astorga en Espagne, par le duc d'Abrantès, Junot.

21 *avril*. — Loi sur les mines.

24 *avril*. — Décret impérial et sénatus-consulte qui réunissent à la France tous les pays situés sur la rive gauche du Rhin; une partie forme le département des Bouches-du-Rhin, l'autre partie est réunie à d'autres départemens.

Même jour. — Prise du fort de Matagordo, en Espagne.

27 *avril*. — Départ de Napoléon et de Marie-Louise du château de Compiègne.

30 *avril*. — L'empereur et l'impératrice arrivent au palais de Laaken, en Belgique. — Décrets impériaux pour la continuation des travaux publics.

1er *mai*. — Napoléon et l'impératrice arrivent à Anvers.

5 *mai*. — Formation d'une société maternelle sous la protection de Marie-Louise, pour le soulagement des mères indigentes.

6 *mai*. — L'empereur et l'impératrice partent d'Anvers.

8 *mai*. — Décrets relatifs à la ville d'Anvers, et ordonnant des travaux de navigation intérieure.

9 *mai*. — L'empereur et l'impératrice arrivent à Middelbourg.

10 *mai*. — Napoléon va à Flessingue visiter le port et la ville.

12 *mai*. — Prise du fort d'Hostalrich en Espagne, par le maréchal duc de Castiglione. — Plusieurs décrets impériaux relatifs à des mesures d'administration extérieure.

13 *mai*. — Les îles de Walcheren, Sud-Beveland, Nord-Beveland, Schouwen et Tholen, forment un département de France, sous le nom de département des Bouches-de-l'Escaut.

14 *mai*. — Prise de Lérida en Espagne, par le général Suchet. — Napoléon et Marie-Louise arrivent à Bruxelles.

19 *mai*. — Décret relatif à la liberté des cultes dans le département du Haut-Rhin.

23 *mai*. — Plusieurs décrets pour les travaux des routes à terminer ou à ouvrir.

25 *mai*. — Décret qui autorise le libre exercice du culte catholique dans le département des Bouches-du-Rhin.

30 *mai*. — Napoléon et Marie-Louise arrivent à Rouen, après avoir visité Dunkerque, Lille et le Hâvre.

1er *juin*. — Retour de l'empereur et de l'impératrice à Paris.

3 *juin*. — Napoléon nomme gouverneur de Rome son ancien ministre de la police générale, Foucher. Le duc de Rovigo, Savary, est nommé pour remplacer le premier au ministère de la police.

7 *juin*. — Décret et sénatus-consulte qui déterminent le nombre des députés des départemens des Bouches-de-l'Escaut et des Deux-Nèthes.

8 *juin*. — Prise de la ville et du fort de Mequinenza en Espagne, par le général Suchet.

10 *juin*. — Le général Sarrazin, officier d'état-major, déserte et passe à l'ennemi.

Même jour. — La ville de Paris donne une fête brillante pour célébrer le mariage de Napoléon et de Marie-Louise; ceux-ci honorent de leur présence le banquet et le bal donnés à l'Hôtel-de-Ville.

24 *juin*. — La garde impériale donne au Champ-de-Mars, en son nom et au nom de l'armée, une fête, à l'occasion du mariage de Napoléon et de Marie-Louise.

27 *juin*. — Décret portant création d'un conseil de commerce et des manufactures près le ministère de l'intérieur.

28 *juin*. — Décret qui ordonne la construction d'un pont devant Bordeaux.

1er *juillet*. — L'ambassadeur d'Autriche donne une fête à l'occasion du mariage de Marie-Louise et de Napoléon; le feu prend dans la salle de bal; la femme de l'ambassadeur et plusieurs autres personnes périssent dans cet incendie; l'empereur emporte lui-même l'impératrice hors de la salle où le feu venait de se manifester.

3 *juillet*. — Louis Napoléon abdique la couronne de Hollande.

4 *juillet*. — Décret qui accorde des récompenses aux personnes qui découvriront des plantes indigènes propres à remplacer l'indigo.

6 *juillet*. — Service solennel, et obsèques magnifiques aux Invalides, du duc de Montebello, maréchal de l'empire; les cendres du brave Lannes sont portées en grand cortège au Panthéon, où elles sont déposées.

9 *juillet*. — Décret portant réunion de la Hollande à l'empire français; Amsterdam est nommée la troisième ville de l'empire.

10 *juillet*. — Prise de Ciudad-Rodrigo par le maréchal Ney.

11 *juillet*. — Décret portant la formation et l'organisation des cours impériales.

20 *juillet*. — Décret impérial portant création de six maisons d'éducation, dites *des Orphelines*, pour des filles de militaires morts au champ d'honneur.

21 *juillet*. — Destruction du fort de la Conception par le général Loison.

3 *août*. — Décret qui réduit le nombre des journaux à un par chaque département autre que celui de la Seine.

5 *août*. — Etat des militaires mutilés qui ont reçu des dotations, en vertu du décret impérial du 15 août 1809.

15 *août*. — Fête de l'empereur célébrée avec une grande pompe dans Paris et dans tout l'empire. — Réception des députations du royaume de Hollande et autres états réunis à la France.

18 *août*. — Décret impérial qui interdit aux inventeurs la vente des remèdes secrets. — Autre décret qui fixe la valeur des pièces dites de 24, de 12 et de 6 sous, et celle des monnaies du Brabant, de Liège et de Maëstricht, du royaume de Prusse et de Hollande.

19 *août*. — Décrets impériaux qui créent un conseil de marine et organisent les tribunaux de première instance.

20 *août*. — Décret impérial qui règle le service des ponts et chaussées au-delà des Alpes.

21 *août*. — Le maréchal Bernadotte, prince de Ponte-Corvo, est élu par la diète prince royal et héritier de la couronne de Suède.

22 *août*. — Décret impérial accordant une somme de 200,000 fr. pour être répartie entre les douze établissemens

qui auront fabriqué la plus grande quantité de sucre de raisin ; pour avoir droit à cette récompense, il faudra avoir fabriqué au moins dix mille kilogrammes de sucre.

28 *août.* — Siége et prise d'Almeida par le maréchal Masséna, prince d'Esling.

30 *août.* — L'impératrice Marie-Louise, protectrice de la société maternelle, reçoit les dames qui composent cette pieuse société.

13 *septembre.* — Décret relatif à la réduction en francs des monnaies évaluées précédemment en livres tournois.

17 *septembre.* — Formation d'une compagnie d'assurance contre l'incendie.

27 *septembre.* — Formation d'écoles spéciales de marine dans les ports de Brest et de Toulon.

Même jour. — Bataille de Busaco en Portugal, entre l'armée anglo-portugaise et l'armée française aux ordres du prince d'Esling. Lord Wellington est forcé d'abandonner toutes ses positions.

30 *septembre.* — Prise de Coimbre par l'armée française du Portugal.

10 *octobre.* — Retraite de l'armée anglo-portugaise; lord Wellington se retranche dans ses lignes, en avant de Lisbonne.

14 *octobre.* — L'abbé Maury, cardinal, est nommé par l'empereur archevêque de Paris.

15 *octobre.* — Défaite des Anglais sur la côte du royaume de Grenade, par le général Sébastiani.

18 *octobre.* — Décret qui ordonne l'établissement des cours prévôtales des douanes. — Autre décret contenant un réglement général pour l'organisation des départemens de la Hollande.

1er *novembre*. — Entrée solennelle à Stockholm du prince royal héréditaire de Suède, Bernadotte, prince de Ponte-Corvo.

2 *novembre*. — Défaite des Espagnols dans le royaume de Murcie par le général Sébastiani.

11 *novembre*. — Lettre du prince royal de Suède à Napoléon.

12 *novembre*. — Réunion de la république du Valais à l'empire français.

19 *novembre*. — Lettre du prince royal de Suède à Napoléon.

8 *décembre*. — Lettre du prince royal de Suède à Napoléon, dans laquelle il annonce que son père adoptif, le roi Charles XIII, a déclaré la guerre à l'Angleterre.

10 *décembre*. — Décret relatif à la réunion de la Hollande à l'empire français. — Autre décret contenant la nomination de la cour impériale de Paris.

11 *décembre*. — Décret qui établit une maison centrale de détention à Limoges. — Autre pour l'établissement d'un dépôt de mendicité dans le département de la Charente. — Autre, relatif à la fabrication et à la vente des draps de Carcassonne.

14 *décembre*. — Message de l'empereur au sénat, relatif au motif qui nécessite la réunion de la Hollande à l'empire français.

16 *décembre*. — Sénatus-consulte ordonnant la levée de quarante mille conscrits pour la marine, et de douze mille pour les armées de terre.

17 *décembre*. — Lettre du prince royal de Suède à Napoléon.

18 *décembre*. — Adresse du sénat à l'empereur, en réponse au message du 14.

Même jour. — Décret impérial qui établit une commission de gouvernement dans les départemens de l'Ems-Supérieur, des Bouches-du-Weser et des Bouches-de-l'Elbe.

19 *décembre.* — Décret qui nomme des censeurs impériaux, et fixe leur traitement. — Autre décret qui étend dans tout l'empire le bienfaisant établissement de la société maternelle.

25 *décembre.* — Révocation en faveur des États-Unis des décrets de Berlin et de Milan, concernant les neutres.

26 *décembre.* — Décret impérial sur l'administration générale de l'empire.

Même jour. — Demande par le ministre de la marine au roi de Suède, de deux mille marins pour compléter les équipages de la flotte de Brest.

1811.

1er *janvier.* — Siége et prise de Tortose en Espagne par le général Suchet.

Même jour. — Décret concernant les débiteurs des rentes constituées en argent, des rentes foncières et autres redevances, dans les départemens de Rome et du Trasimène. — Autre décret concernant les grades de docteurs en droit et en médecine, des ci-devant universités de Pise et de Sième. — Autre, concernant un réglement sur la compétence et le mode de procéder dans les affaires relatives aux contributions dans les départemens de la Hollande. — Autre, concernant l'imprimerie et la librairie dans les mêmes départemens.

2 *janvier.* — Décrets relatifs aux rentes viagères sur l'état dont la préjouissance est dévolue au trésor public, comme subrogé aux droits d'un émigré. — Autre, qui crée un dépôt de mendicité pour le département de la Haute-Loire.

3 janvier. — Décret augmentant de 600,000 fr. les dotations du sénat, à raison de la nomination des sénateurs pour les départemens de l'Escaut et des Alpes.

4 janvier. — Décret concernant la nomination des présidens des colléges électoraux de plusieurs départemens.

7 janvier. — Adresse d'adhésion du chapitre métropolitain de Paris aux quatre propositions de 1682.

Même jour. — Décret qui soumet à la régie des droits réunis l'exploitation des tabacs dans l'empire français.

8 janvier. — Prise du fort Saint-Philippe-de-Balaguer, en Espagne, par le général Suchet.

Même jour. — Décret portant organisation du tribunal de première instance du département de la Seine. — Autre concernant les costumes des cours et tribunaux, des députations admises devant l'empereur, etc.

14 janvier. — Décret relatif à l'administration spéciale des tabacs.

20 janvier. — Décret concernant les enfans dont l'éducation est confiée à la charité publique.

22 janvier. — Prise d'Olivenca, en Portugal, par le général Gérard.

23 janvier. — Décret relatif à l'établissement d'une taxe, pour l'entretien de la route du Mont-Cenis.

28 janvier. — Décret impérial qui ordonne que le bref du pape, donné à Savonne le 30 novembre, soit rejeté comme contraire aux lois de l'empire et à la discipline ecclésiastique.

30 janvier. — Décret concernant les impositions des travaux de ponts et chaussées.

4 février. — Décret qui met à la disposition du ministre

de la guerre les quatre-vingt mille conscrits dont l'appel est autorisé par le sénatus-consulte du 13 décembre 1810.

19 *février*. — Bataille de la Gébora entre l'armée française commandée par le duc de Trévise, et l'armée espagnole aux ordres des généraux Mendizabal, La Carrerra, et dom Caulos d'Espanna. L'ennemi est mis en pleine déroute.

21 *février*. — Sénatus-consulte concernant les conscrits des arrondissemens maritimes.

22 *février*. — M. de Châteaubriand est élu membre de l'Institut à la place vacante par la mort de Chenier.

Même jour. — Décret concernant l'établissement des maisons des orphelins.

4 *mars*. — Le prince d'Esling, après avoir tenu bloquée l'armée du lord Wellington pendant près de deux mois, n'ayant pu l'engager à recevoir bataille, est obligé de battre en retraite par la rareté des subsistances.

5 *mars*. — Bataille de Chiclana entre l'armée anglo-espagnole du général anglais Graham, et l'armée française aux ordres du duc de Bellune. Cette bataille, qui avait lieu sous les murs de Cadix, alors assiégée par les Français, délivra ceux-ci pour un temps du dangereux voisinage des Anglais, qui, ayant beaucoup souffert dans cette journée, furent obligés de se retrancher dans l'île de Léon.

9 *mars*. — Décret impérial concernant les emplois dans les administrations civiles, auxquels peuvent être appelés les militaires admis à la retraite, ou réformés par suite d'infirmités et de blessures.

11 *mars*. — Prise de Badajoz par le maréchal Mortier.

15 *mars*. — Prise de la forteresse d'Albuquerque par le duc de Trévise, Mortier.

Même jour. — Décret impérial ordonnant des mesures pour obtenir l'amélioration des races de bêtes à laines.

20 *mars*. — Naissance aux Tuileries, à neuf heures vingt minutes du matin, de Napoléon-François-Charles-Joseph, prince impérial, roi de Rome.

24 *mars*. — Décret impérial créant deux nouvelles places d'officiers de l'empire ; l'une sous le titre d'inspecteur-général des côtes de la Ligurie, et l'autre sous celui d'inspecteur-général des côtes de la mer du Nord.

25 *mars*. — Décret qui établit trois écoles pratiques de marine.

28 *mars*. — Autre décret relatif à la dotation des invalides.

12 *avril*. — Le prince d'Hatzfeld complimente l'empereur sur la naissance du roi de Rome, de la part du roi de Prusse.

22 *avril*. — La naissance du roi de Rome est célébrée à Naples et à Milan.

25 *avril*. — Lettre de l'empereur aux évêques de l'empire, qui les appelle à Paris pour la tenue d'un concile national, dans le but principal de pourvoir au remplacement des évêques, notamment d'Allemagne, et de maintenir les principes et les libertés de l'église gallicane.

28 *avril*. — Décret concernant la formation du département de la Lippe.

5 *mai*. — Bataille de Fuentes-de-Onoro, entre l'armée anglo-portugaise de lord Wellington, et celle du maréchal prince d'Esling. Le succès de cette journée reste indécis.

10 *mai*. — Décret concernant le commerce de la France avec le Levant par les provinces illyriennes.

16 *mai*. — Bataille d'Albuhera entre les troupes anglo-portugo-espagnoles, aux ordres du maréchal Béresford, et l'armée du duc de Dalmatie. Les deux partis font des pertes énormes, et cette bataille reste encore indécise.

19 *mai*. — Emprunt de douze millions de francs, par le roi de Saxe, ouvert à Paris par MM. Pérégaux, Lafitte et compagnie, avec autorisation de l'empereur.

25 *mai*. — Décret ordonnant l'ouverture d'un canal de communication entre la ville de Caen et la mer.

9 *juin*. — Baptême à Notre-Dame du roi de Rome, fils de l'empereur. Grande réjouissance dans Paris.

14 *juin*. — Défaite du général espagnol Espoz-y-Mina, à Sanguesa, en Navarre, par le général Reille.

17 *juin*. — Ouverture du corps législatif par l'empereur.

18 *juin*. — Fête donnée par le préfet et les membres du conseil municipal de Paris, aux maires des bonnes villes de l'empire et du royaume d'Italie, à l'occasion du baptême du roi de Rome.

Même jour. — L'empereur nomme son oncle, le cardinal Fesch, président du concile national convoqué à Paris.

Même jour. — Levée du siége de Badajoz par les Anglo-Portugais et les Espagnols.

20 *juin*. — Première assemblée générale du concile national. — Banquet donné le même jour par les maires et députés des bonnes villes de l'empire, au ministre de l'intérieur, au préfet de Paris, etc.

23 *juin*. — Fête donnée à Saint-Cloud par l'empereur aux principales autorités constituées de l'empire.

Même jour. — Défaite d'une division anglaise par le géral Latour-Maubourg au combat d'Elvas.

28 *juin*. — Prise d'assaut de la ville de Tarragone, après un siége de six semaines, par le corps d'armée aux ordres du général Suchet.

10 *juillet*. — L'empereur, pour récompenser le général Suchet de sa belle conduite en Espagne, lui confère la dignité de maréchal d'empire.

14 *juillet*. — Prise du Mont-Serrat par le maréchal Suchet.

26 *juillet*. — Décret concernant la société de la charité maternelle.

29 *juillet*. — Décret qui ordonne le prélèvement d'un million, sous le titre de fonds spécial des embellissemens de Rome.

23 *août*. — L'empereur reçoit à St.-Cloud les dames formant le comité central de la charité maternelle.

25 *août*. — Défaite de l'armée espagnole de Galice, sur l'Esla, par le général Dorsenne.

28 *août*. — Décret impérial portant réglement sur l'entreprise des convois funèbres.

3 *septembre*. — Décret qui proroge l'amnistie en faveur des Français qui ont porté les armes contre leur patrie.

7 *octobre*. — Arrivée de l'empereur et de l'impératrice à Anvers.

13 *octobre*. — Décret sur les feuilles périodiques, journaux, annonces qui pourront circuler dans les départemens, et désignation des villes où ces papiers pourront être imprimés.

14 *octobre*. — Arrivée de Napoléon et de Marie-Louise à Amsterdam.

25 *octobre*. — Bataille de Sagonte entre les troupes espagnoles du général Blake et l'armée française aux ordres du maréchal Suchet, qui tenait assiégée la ville de Sagonte. Le général espagnol est mis en déroute, et obligé de renoncer à l'espoir de secourir la place.

26 *octobre*. — Reddition de Sagonte au maréchal Suchet.

2 *novembre*. — Décret qui crée dans les départemens de la Hollande deux académies impériales. — Autre qui élève

la ville de La Haye au rang des bonnes villes, dont les maires ont le droit d'assister au couronnement.

7 novembre. — Décret concernant les mesures relatives aux Français qui se réfugient en France après avoir commis un crime sur le territoire d'une puissance étrangère. — Autre sur les attributions respectives du conseil du sceau des titres et de l'intendance générale du domaine extraordinaire, relativement aux majorats et dotations.

28 novembre. — Défaite des Espagnols au camp de St.-Roch par le général Rey.

30 novembre. — Décret relatif aux bains et sources minérales d'Aix-la-Chapelle.

17 décembre. — Décret portant abolition de la féodalité dans les départemens des Bouches-de-l'Elbe, des Bouches-du-Weser et de l'Ems-supérieur.

21 décembre. — Sénatus-consulte qui met à la disposition du ministre de la guerre cent vingt mille hommes de la conscription de 1812, pour le recrutement de l'armée.

29 décembre. — Occupation de la ville de San-Philippe en Arragon, par le général Delort.

1812.

2 janvier. — Décret impérial portant organisation du service des états-majors des places.

4 janvier. — Prise de la place de Tarifa en Espagne, par le général Leval.

10 janvier. — Prise de la ville de Valence, capitale du royaume du même nom, par le maréchal Suchet.

17 janvier. — Décret qui établit des écoles pour la fabrication du sucre.

22 *janvier*. — Défaite des Espagnols au combat d'Altafulla en Espagne, par le général Decaen.

24 *janvier*. — Décret qui établit dans le royaume de Valence, conquis par le maréchal Suchet, un capital en biens fonds de la valeur de deux cent millions destinés à récompenser les services rendus par les officiers-généraux, officiers et soldats de l'armée d'Aragon. Par le même décret, Napoléon nomme le maréchal Suchet duc d'Albufera, avec abandon des titres et revenus attachés audit duché.

Même jour. — Traité d'alliance offensive et défensive, signé entre l'empereur Napoléon et le roi de Prusse.

1er *février*. — Siége et prise du fort de Peniscola en Espagne, par le maréchal Suchet.

1er *mars*. — Une armée française, commandée par le maréchal Davoust, entre dans la Poméranie prussienne.

11 *mars*. — Ordre du jour du maréchal Davoust, daté du quartier-général de Stettin, pour rappeler à tous les généraux et soldats que les Prussiens sont les amis des Français, et que, pendant le séjour de l'armée en Prusse, les troupes doivent observer la plus stricte discipline, etc., etc.

13 *mars*. — Sénatus-consulte relatif à l'organisation de la garde nationale divisée en trois bans.

14 *mars*. — Traité d'alliance entre Napoléon et l'Autriche, signé à Paris, avec des articles séparés, par lesquels Napoléon consent éventuellement à l'échange des provinces illyriennes contre une partie de la Gallicie, destinée à être réunie au futur royaume de Pologne.

17 *mars*. — Sénatus-consulte qui met à la disposition du ministre de la guerre 60,000 hommes du 1er ban de la garde nationale, et ordonne la levée ordinaire de la conscription.

27 *mars*. — Décret impérial portant qu'il sera élevé sur la

rive gauche de la Seine, entre le pont d'Iéna et celui de la Concorde, un édifice destiné à recevoir les archives de l'empire.

28 *mars*. — Capitulation militaire entre la France et la confédération helvétique.

Même jour. — L'un des corps de l'armée française, commandé par le duc de Regio, fait son entrée à Berlin. Le roi de Prusse, le prince royal et autres princes de la cour passent en revue cette troupe et en font l'éloge.

5 *mai*. — Décret relatif à la circulation des grains et farines.

8 *mai*. — Le roi de Westphalie, Jérôme, frère de Napoléon, établit son quartier-général à Varsovie.

9 *mai*. — L'empereur, accompagné de l'impératrice, part de Paris pour aller inspecter la grande armée réunie sur la Vistule.

11 *mai*. — Arrivée de Napoléon et de Marie-Louise à Metz.

12 *mai*. — A Mayence.

13 *mai*. — A Francfort.

17 *mai*. — A Dresde. L'empereur et l'impératrice dînent chez le roi de Saxe. Cour de l'empereur à Dresde. Grand spectacle donné à l'Europe. Napoléon, entouré de princes, de souverains, de rois, semble le monarque du monde.

24 *mai*. — Napoléon nomme M. de Pradt, ancien archevêque de Malines, ministre en Pologne.

Même jour. — Lettre du prince royal de Suède, Bernadote, à Napoléon.

25 *mai*. — L'empereur permet au vieux roi d'Espagne, Charles IV, de quitter Marseille avec sa famille, et de partir pour l'Italie, où le climat est plus convenable à sa santé.

2 *juin.* — Napoléon fait son entrée à Posen, dans le grand-duché de Varsovie.

5 *juin.* — Arrivée à Prague de Napoléon et de Marie-Louise.

14 *juin.* — Napoléon passe la revue du septième corps de la grande armée à Kœnigsberg.

17 *juin.* — Le roi de Westphalie établit son quartier-général à Pulstuck, dans le grand-duché de Varsovie.

19 *juin.* — Quartier-impérial de Napoléon à Gumbinen.

22 *juin.* — Quartier-général à Wilkowiski. Proclamation de Napoléon à la grande armée. — Ouverture de la campagne contre la Russie.

23 *juin.* — Arrivée de l'empereur à Kowno. — Passage du Niémen par l'armée française.

28 *juin.* — Prise de Wilna; Napoléon y établit son quartier-impérial. Il crée un gouvernement provisoire du royaume de Pologne.

30 *juin.* — Le roi de Westphalie fait son entrée à Grodno.

1er *juillet.* — Napoléon établit un gouvernement provisoire dans la Lithuanie.

12 *juillet.* — Le roi de Saxe, grand-duc de Varsovie, adhère à la confédération générale du royaume de Pologne.

13 *juillet.* — Passage de la Dwina par le maréchal Oudinot, près de Dunabourg.

16 *juillet.* — L'empereur Alexandre et le général Barclay de Tolly évacuent le camp retranché de la Drissa, menacé d'être tourné par les corps de l'armée française.

18 *juillet.* — Combat de Sibesch entre le maréchal Oudinot et le général russe comte de Witgenstein. — Quartier-général de l'empereur à Glubokoë.

19 *juillet.* — Retour de l'impératrice à Paris.

21 *juillet.* — Bataille de Castalla. Le général Delort taille en pièces les troupes espagnoles du général O'donnel.

22 *juillet.* — Bataille de Salamanque ou des Arapiles, entre l'armée anglo-espagnole de lord Wellington et l'armée française du maréchal duc de Raguse.

Même jour. — Le général de division Loison, nommé gouverneur-général de la Prusse par l'empereur Napoléon, s'établit à Kœnigsberg.

23 *juillet.* — Bataille de Mohilow, où le prince Bagration, commandant la seconde armée russe, est battu par le maréchal Davoust.

Même jour. — Passage de la Dwina à Byszczykowice par le corps d'armée aux ordres du prince vice-roi d'Italie, Eugène Beauharnais.

25 *juillet.* — Défaite à Ostrowno du corps d'armée russe aux ordres du général Ostermann, par le général Nansouty.

27 *juillet.* — Second combat d'Ostrowno, où les Russes sont battus par le prince vice-roi. — Retraite précipitée du général russe Barclay de Tolly. — Entrée des Français à Witepsk.

Même jour. — Quartier-général du corps d'armée autrichien, allié de la France, aux ordres du prince de Schwartzenberg, à Nieuzwiez.

30 *juillet.* — Combat de Jakubowo, où le général russe Koulniew est battu par le général Legrand.

1er *août.* — Bataille d'Oboiarzina, entre le duc de Reggio et le général comte de Witgenstein; la victoire, vivement disputée, reste au premier.

12 *août.* — Bataille de Gorodeczna, où le prince de Schwartzemberg, commandant l'aile droite de la grande armée

française, défait complétement l'armée aux ordres du général Tormasow.

Même jour. — Prise de Madrid par l'armée anglo-portugaise.

Même jour. — Défaite d'un corps russe de l'armée du général Barclay de Tolly par le maréchal Ney, à Krasnoi.

Même jour. — Défaite du général Witgenstein à Polotsk, par le maréchal Oudinot.

14 *août*. — Quartier-général de l'empereur à Basasna.

16 *août*. — Défaite de l'armée du général russe Tormasow au combat de Kobryn, par les généraux prince de Schwartzenberg et Regnier.

17 *août*. — Grande bataille de Smolensk, entre l'armée française commandée par Napoléon en personne, et les deux armées russes aux ordres des généraux Barclay de Tolly et prince Bagration. L'ennemi, battu sur tous les points, est obligé encore une fois de précipiter sa retraite.

18 *août*. — Bataille de Polotsk, où le général Gouvion-St.-Cyr défait le général russe Witgenstein. La belle conduite du général Gouvion St.-Cyr lui vaut peu de temps après le bâton de maréchal d'empire.

19 *août*. — Bataille de Valoutina-Gora, entre les troupes du maréchal Ney et le corps d'arrière-garde aux ordres du général russe Korfl, que le général Barclay laissait en arrière pour protéger sa retraite. Les Russes sont encore battus.

22 *août*. — Pose à Paris, par le ministre de l'intérieur, des premières pierres du palais de l'université, des beaux-arts et de celui des archives.

30 *août*. — Quartier-général de Napoléon à Wiasma.

7 *septembre*. — Grande et mémorable bataille de la Moskowa, livrée par l'empereur en personne. Le général russe

Kutusow, qui venait de prendre le commandement de tous les débris des armées précédemment aux ordres des généraux Barclay de Tolly, Bagration, Witgenstein, est battu de même que ses prédécesseurs. Les Russes perdent soixante pièces de canon, trente mille hommes tués ou blessés, cinq mille prisonniers, un grand nombre de drapeaux, trente-cinq généraux mis hors de combat, deux tués, etc., etc.

14 septembre. — Entrée de l'armée française à Moscow. L'empereur s'établit au Kremlin, antique palais des czars de Russie.

16 septembre. — Incendie général de Moscow, attribué par les uns à l'ambition de son gouverneur, le prince Rostopschin; par d'autres aux conseils et à l'influence des Anglais.

5 octobre. — L'empereur Napoléon envoie le général Lauriston proposer la paix à l'empereur Alexandre; mais le général Kutusow, qui voulait la continuation de la guerre, le retient à son quartier-général, et l'empêche de communiquer avec Alexandre.

17 octobre. — Combat de Wenkowo entre les troupes du roi de Naples, Murat, et celles du général Orlow-Denisow; celles-ci sont obligées de se retirer.

Même jour. — Bataille de Polotsk, entre le maréchal Gouvion-St.-Cyr et le général Witgenstein; elle dure trois jours; les Français éprouvent de grandes pertes.

18 octobre. — Défaite du général russe Thitchagow par le général Reynier, au combat d'Esen.

19 octobre. — L'empereur Napoléon voyant qu'il n'est plus d'espoir pour la paix, se détermine à la retraite et sort de Moscow avec sa garde.

21 octobre. — Arrivée de Napoléon à Fomenskoi.

22 octobre. — Jonction des trois armées françaises en Espagne, sous le commandement du maréchal Soult. — Levée du siége de Burgos par lord Wellington.

23 *octobre*. — Conspiration du général Mallet pour renverser le gouvernement impérial. Après avoir arrêté et conduit en prison le ministre de la police Savary et le préfet de police Pasquier, il est lui-même arrêté avec ses complices.

Même jour. — Le maréchal Mortier, avant de quitter Moscow, fait sauter le Kremlin.

24 *octobre*. — Bataille de Maloiaroslawetz, entre le corps aux ordres du prince vice-roi et celui du général Doctorow. Défaite des Russes.

3 *novembre*. — Le prince vice-roi repousse encore une fois les Russes au combat de Wiasma. La retraite de l'armée devient très-difficile.

14 *novembre*. — L'empereur Napoléon évacue la ville de Smolensk.

16 *novembre*. — Le prince vice-roi passe sur le ventre à une partie de l'armée de Kutusow à Korytuca, et rejoint l'empereur à Krasnoi.

17 *novembre*. — Prise par le général russe Tchitchagow de la ville de Minsk, où se trouvaient en magasin des subsistances pour cent mille hommes, pendant six mois.

18 *novembre*. — Combat de Krasnoi. Beau mouvement rétrograde du maréchal Ney.

Même jour. — Reprise de Madrid par le maréchal Soult. L'armée anglo-portugaise de lord Wellington est poursuivie l'épée dans les reins jusqu'à Ciudad-Rodrigo, en Portugal.

21 *novembre*. — L'empereur arrive à Trocha.

22 *novembre*. — A Tolotchin.

24 *novembre*. — L'armée française se concentre sur les bords de la Bérézina.

26 et 28 *novembre*. — Passage et bataille de la Bérézina. Une plume française se refuse à retracer les désastres de ces deux terribles journées.

29 *novembre*. — Quartier-impérial de Napoléon à Kamen.

5 *décembre*. — Napoléon arrive à Smorgori ; il remet le commandement de l'armée au roi de Naples. Jusque-là il avait partagé toutes les privations de ses malheureux soldats.

9 *décembre*. — Arrivée de l'armée française à Wilna.

10 *décembre*. — Arrivée de l'empereur Napoléon à Varsovie.

Même jour. — L'armée évacue Wilna, laissant dans cette ville les malades, qui furent presque tous massacrés par la populace russe.

14 *décembre*. — Le maréchal Ney, qui commandait l'arrière-garde, bat les troupes de l'hetmann Platow à Kowno.

Même jour. — L'empereur Napoléon arrive à Dresde.

18 *décembre*. — Retour de l'empereur à Paris.

20 *décembre*. — Napoléon reçoit les félicitations de tous les corps constitués de l'empire.

Même jour. — Les débris de l'armée française prennent position sur le Niémen.

21 *décembre*. — Message de l'empereur au sénat, pour demander une levée extraordinaire de trois cent cinquante mille hommes.

30 *décembre*. — Capitulation du général Yorcke, commandant les troupes prussiennes auxiliaires en Russie, avec le général russe Diebitch. Le roi de Prusse paraît d'abord désapprouver son lieutenant, mais sa conduite subséquente prouve bientôt que Yorcke avait agi de concert avec lui.

1813.

1er *janvier*. — Le roi de Naples, lieutenant-général de l'empereur, fait évacuer Kœnigsberg.

3 *janvier*. — Quartier-général à Elbing.

7 *janvier*. — A Marienbourg. — Proclamation du gouvernement provisoire, établi en Pologne par Napoléon, qui appelle aux armes tous les Polonais en état de les porter.

11 *janvier*. — Sénatus-consulte qui met à la disposition du gouvernement une levée de trois cent cinquante mille hommes.

13 *janvier*. — Evacuation de Marienwerder par les Français.

18 *janvier*. — Le roi de Naples déserte le poste qui lui avait été confié par l'empereur, force le prince Eugène à se charger du commandement, et quitte l'armée pour se rendre dans ses états.

Même jour. — Adresses du corps municipal de Paris et des cohortes de la garde nationale à l'empereur; expression d'un dévouement qui ne fut que trop mis à l'épreuve.

20 *janvier*. — Investissement de la place importante de Dantzick par les armées alliées contre la France.

21 *janvier*. — Arrivée à Berlin des premières colonnes envoyées de l'intérieur de la France pour reformer la grande armée.

23 *janvier*. — Le roi de Saxe abandonne sa capitale, en déclarant par une proclamation, que, quels que soient les événemens, il restera fidèle à l'alliance de l'empereur Napoléon.

24 *janvier*. — Concordat signé à Fontainebleau entre le pape et Napoléon.

30 janvier. — Le roi de Saxe appelle aux armes tous les Polonais du grand-duché de Varsovie.

2 février. — Sénatus-consulte rendu d'après la demande de Napoléon sur les cas prévus par la constitution, tels que la régence de l'empire, le couronnement de l'impératrice et celui du prince impérial, roi de Rome.

7 février. — L'armée française évacue la ligne de la Vistule.

12 février. — Le prince vice-roi fait évacuer Posen.

13 février. — Combat de Kalisch entre le général Reynier et le général Wintzingerode ; celui-ci est repoussé avec perte.

14 février. — L'empereur Napoléon fait l'ouverture du corps législatif.

15 fevrier. — Napoléon fait don à la ville d'Erfurt de son buste en bronze.

16 février. — Commencement du blocus de Stettin et des autres forteresses prussiennes occupées par les garnisons françaises.

18 février. — Quartier-général du prince vice-roi à Francfort ; l'armée française prend ses lignes sur l'Oder.

21 février. — Message de l'empereur au sénat pour lui annoncer qu'il a érigé en principauté, sous le titre de principauté de la Moskowa, le château de Rivoli, département du Pô, et les terres qui en dépendent, en faveur du maréchal Ney, duc d'Elchingen, et ses descendans.

22 février. — Quartier-général du prince vice-roi à Kœpenick.

24 février. — Convention signée à Paris entre la Prusse et le gouvernement impérial sur la restitution des gages précédemment donnés par la première puissance.

27 *février*. — Quartier-général du prince vice-roi à Schœneberg, près Berlin.

4 *mars*. — Evacuation de Berlin par l'armée française.

6 *mars*. — L'empereur Napoléon ordonne la levée de la conscription de 1814 en Italie.

9 *mars*. — Quartier-général du prince vice-roi à Leipzick.

10 *mars*. — Evacuation de Stralsund.

12 *mars*. — Les autorités françaises quittent Hambourg. — Schwerin donne aux autres princes allemands l'exemple de renoncer à la confédération du Rhin.

19 *mars*. — Le maréchal Davoust fait sauter le pont de Dresde, et se retire sur Leipzick, laissant le général Durutte avec le septième corps pour garder cette capitale de la Saxe.

21 *mars*. — Quartier-général du prince vice-roi à Magdebourg. — Arrivée à Vienne du comte de Narbonne, ambassadeur de Napoléon.

22 *mars*. — Entrée des Russes et du général Blucher à Dresde.

23 *mars*. — Lettre du prince royal de Suède à Napoléon; il déclare à celui-ci l'intention de la Suède, de faire cause commune contre la France.

24 *mars*. — L'empereur reçoit une députation du corps législatif.

26 *mars*. — Evacuation de la nouvelle ville de Dresde par le général Durutte.

30 *mars*. — Lettre-patente de Napoléon, qui confère la régence à l'impératrice Marie-Louise.

1er *avril*. — Déclaration de guerre de Napoléon contre la Prusse.

Même jour. — L'armée française du prince vice-roi se met en ligne derrière la Saale.

2 *avril.* — Combat de Lunebourg; le général Morand est blessé à mort, et sa troupe, environnée de toutes parts, obligée de capituler.

3 *avril.* — Sénatus-consulte qui met à la disposition du ministre de la guerre cent quatre-vingt mille hommes, dont dix mille gardes d'honneur, quatre-vingt mille par un nouvel appel sur le premier ban de la garde nationale, et quatre-vingt dix mille conscrits de 1814 destinés d'abord à la défense des côtes. — Autre sénatus-consulte qui suspend le régime constitutionel dans la trente-deuxième division militaire (les villes anséatiques).

Même jour. — Grande reconnaissance ordonnée par le prince vice-roi en avant de Mockern; les troupes alliées sont culbutées sur tous les points, et l'épouvante se répand jusqu'à Berlin, où l'on crut que les Français ne tarderaient pas à entrer.

4 *avril.* — Nouvel engagement entre les Français et les troupes des généraux russe et prussien Witgenstein et Bulow; les premiers sont repoussés à leur tour.

6 *avril.* — Reprise de Lunebourg par le maréchal Davoust.

8 *avril.* — Décret impérial qui ordonne la réunion en société des donataires auxquels ont été affectés des portions du revenu des provinces illyriennes, et la création de cent vingt actions de deux mille francs.

10 *avril.* — Quartier-général du prince vice-roi à Aschersleben, au confluent de la Saale et de l'Elbe.

12 *avril.* — Prise de Villena en Espagne, par le maréchal Suchet.

13 *avril*. — Combat de Castella, où le maréchal Suchet bat les Anglais.

15 *avril*. — Napoléon quitte Saint-Cloud pour se mettre à la tête de ses armées.

16 *avril*. — Arrivée de l'empereur à Mayence.

17 *avril*. — Défaite à Sprakenshel du général russe Doernberg par le général Sébastiani.

Même jour. — Capitulation de la forteresse de Thorn.

19 *avril*. — Arrivée de la grande armée russe à Dresde.

24 *avril*. — Capitulation de la forteresse de Spandau.

26 *avril*. — Capitulation de la forteresse de Czentoschau.

25 *avril*. — Arrivée de l'empereur Napoléon à Erfurt. — Quartier-général du prince vice-roi à Naumbourg.

Même jour. — Combat de Weissenfels entre le maréchal Ney et le général Lanskoi; les Français s'emparent de Weissenfels.

27 *avril*. — Jonction des armées françaises de l'Elbe et du Mein près de Naumbourg.

29 *avril*. — Quartier-général du prince vice-roi à Mersebourg, après avoir chassé les troupes qui défendaient cette ville.

1er *mai*. — Quartier impérial de Napoléon à Lutzen. — Deuxième combat de Weissenfels entre le maréchal Ney et le général Wintzingerode; les Russes sont taillés en pièces et obligés de se retirer derrière le Flossgraben, pour couvrir les défilés de Pagau et de Zwenkau; les Français eurent à regretter le maréchal Bessières, duc d'Istrie, tué par un boulet.

2 *mai*. — Bataille de Lutzen, livrée par Napoléon en personne; l'armée alliée est mise an déroute et obligée de battre en retraite. Les Russes et les Prussiens avaient perdu plus de vingt mille hommes, et les vainqueurs douze mille.

3 *mai*. — L'armée victorieuse poursuit l'ennemi sur la route de Dresde.

4 *mai*. — Elle passe la Pleiss.

5 *mai*. — La Mulda.

8 *mai*. — Elle arrive devant Dresde.

9 *mai*. — L'empereur fait jeter un pont de bateaux à Priesnitz.

11 *mai*. — Reprise de Dresde par l'armée française. — L'empereur écrit à la maréchale Bessières, duchesse d'Istrie, pour l'informer de la mort glorieuse de son mari.

12 *mai*. Le roi de Saxe fait sa rentrée solennelle dans la capitale de ses états; l'empereur, qui avait été à sa rencontre, se tint à cheval à ses côtés, et le conduisit jusqu'au palais au bruit du canon, au son des cloches et aux acclamations du peuple et des troupes.

14 *mai*. — Décret de l'empereur daté de Dresde. « Voulant donner une preuve éclatante et signalée de notre satisfaction à notre bien-aimé fils le prince Eugène-Napoléon, vice-roi de notre royaume d'Italie, pour les constantes preuves d'attachement qu'il nous a données, et les services qu'il nous a rendus, notre palais de Bologne et la terre de Galliera, appartenant à notre domaine privé, sont érigés en duché, et ledit duché de Galliera est donné en toute propriété à la princesse de Bologne Joséphine-Maximilienne-Eugène-Napoléonne, fille aînée du prince vice-roi, etc. »

16 *mai*. — L'empereur Napoléon, vainqueur à Lutzen, offre la réunion d'un congrès à Prague pour la paix générale; son offre est refusée par les souverains alliés.

17 *mai*. — *Te Deum* chanté à Paris par ordre de l'impératrice régente, en actions de grâce, pour la victoire remportée à Lutzen.

18 *mai*. — Napoléon part de Dresde pour se mettre à la tête de son armée en Lusace.

Même jour. — Retour du prince vice-roi en Italie. L'empereur, qui prévoyait la prochaine défection de l'empereur d'Autriche, avait chargé son fils adoptif d'organiser une armée défensive en Italie.

20 *mai*. — Bataille de Bautzen, perdue par les alliés.

21 *mai*. — Bataille de Wurtchen, perdue par les alliés; l'empereur Napoléon et l'empereur Alexandre commandaient en personne dans ces deux journées.

Même jour. — Par un décret daté du champ de bataille de Wurtchen, Napoléon ordonne l'érection d'un monument sur le Mont-Cenis, destiné à transmettre à la postérité la plus reculée le généreux dévouement du peuple français, dont douze cent mille enfans s'étaient levés en 1813 pour défendre les frontières de la patrie menacées par l'ennemi. Vingt-cinq millions de francs étaient consacrés à l'érection de ce monument.

22 *mai*. — Combat de Reichenbach, entre l'arrière-garde de l'armée russe commandée par le général Miloradowitch, et le septième corps de l'armée française, aux ordres du général Reynier. Les Russes sont culbutés; mais les Français perdent le grand-maréchal du palais, Duroc, ami fidèle et sujet dévoué de l'empereur.

23 *mai*. — Le général Reynier culbute de nouveau les Russes au combat de Gorlitz.

26 *mai*. — Le général Maison est repoussé avec perte dans une attaque contre la ville d'Hanau.

28 *mai*. — Combat de Sprottau, où le général Sébastiani s'empare d'un nombreux convoi ennemi.

Même jour. — Le maréchal Oudinot fait fuir devant lui les alliés, au combat de Hoyerswerda.

29 *mai*. — Le comte de Schouvalow, aide-de-camp de l'empereur de Russie, et le général prussien Kleist se rendent auprès de l'empereur pour lui demander un armistice au nom de leurs souverains.

4 *juin*. — L'armistice demandé par l'empereur Alexandre et le roi de Prusse est accordé jusqu'au 20 juillet par Napoléon, qui réitère son offre d'un congrès à Prague pour une pacification générale, et propose de s'en rapporter à la médiation de son beau-père, l'empereur d'Autriche.

7 *juin*. — Le maréchal Davoust impose une contribution extraordinaire de quarante-huit millions à la ville de Hambourg.

10 *juin*. — Retour de Napoléon à Dresde.

12 *juin*. — Le maréchal Suchet bat les Anglais sous les murs de Tarragone, et les force de lever le siège de cette place.

13 *juin*. — L'impératrice-régente assiste au *Te Deum* chanté dans l'église Notre-Dame, à l'occasion de la victoire remportée par l'armée française à Wurtchen.

Même jour. — Défaite de l'armée anglo-espagnole commandée par le général Elio, par le maréchal Suchet, au combat de Xucar.

14 *juin*. — L'armée française en Espagne, dont le roi Joseph venait de prendre le commandement, se retire sur l'Ebre.

18 *juin*. — Décret de Napoléon qui ordonne de former une liste des absens dans la trente-deuxième division militaire.

21 *juin*. — Bataille de Vittoria entre l'armée anglo-espagnole de lord Wellington et celle des Français du roi Joseph, commandée par le maréchal Jourdan ; elle est perdue par la

faute des généraux français, et bientôt, par ses résultats, va ouvrir le chemin de la France aux Anglais.

23 *juin*. — Retraite de l'armée française d'Espagne sur la France.

26 *juin*. — L'empereur ordonne au maréchal Davoust d'imposer à la ville de Lubeck une contribution extraordinaire de six millions.

27 *juin*. — L'armée française d'Espagne, après avoir passé sans être inquiétée les gorges de Roncevaux et la vallée de Bastan, rentre sur le territoire français.

Même jour. — Prise du fort de Requena en Espagne, par le général Harispe, sur le général Elio.

30 *juin*. — Convention signée entre l'empereur Napoléon et l'empereur d'Autriche, par laquelle celui-ci s'engage à faire prolonger l'armistice accordé à l'empereur de Russie et au roi de Prusse jusqu'au 10 août.

1er *juillet*. — Sénatus-consulte qui ordonne que celui du 3 avril 1813, portant suspension pendant trois mois du régime constitutionnel dans les départemens de l'Ems-Supérieur, des Bouches du Weser et des Bouches-de-l'Elbe, composant la trente-deuxième division militaire, est prorogé pendant trois mois, à compter du 15 juillet courant.

12 *juillet*. — Arrivée à Baïonne du maréchal Soult, duc de Dalmatie, avec le titre de lieutenant-général de l'empereur en Espagne.

20 *juillet*. — L'armée française d'Espagne reprend l'offensive.

25 *juillet*. — Combat très-vif sous les murs de St.-Sébastien, entre les Anglais qui assiégeaient cette ville sous les ordres du général Graham, et la garnison commandée par le général Rey. Les Anglais sont repoussés avec une grande perte.

16 *juillet*. — Napoléon part de Dresde pour se rendre à Mayence.

27 *juillet*. — Bataille de Cubéry, entre le duc de Dalmatie et Wellington ; le premier est obligé de battre en retraite.

28 *juillet*. — Arrivée de Napoléon à Mayence et du général Caulincourt, duc de Vicence, ministre plénipotentiaire à Prague.

29 *juillet*. — Note présentée par les plénipotentiaires de France, le duc de Vicence et le comte de Narbonne, tendante à ce que le congrès pour la paix fût immédiatement ouvert à Prague pour la réunion effective des ministres et la vérification réciproque des pouvoirs.

31 *juillet*. — Combat d'Irun entre Wellington et le duc de Dalmatie ; il reste sans résultat.

6 *août*. — Retour de Napoléon à Dresde.

10 *août*. — Le comte de Metternich, après avoir gagné du temps en trompant par de fausses promesses les plénipotentiaires français, déclare enfin au duc de Bassano que l'armistice étant expiré, on ne peut plus ouvrir de congrès.

12 *août*. — Le duc de Bassano reçoit du comte de Metternich la déclaration de guerre de l'empereur d'Autriche contre son gendre.

13 *août*. — Le prince Eugène, vice-roi d'Italie, prend le commandement de l'armée française en Italie.

14 *août*. — Arrivée du roi de Naples, Joachim Murat.

15 *août*. — Napoléon part de Dresde pour se mettre à la tête de son armée, en Silésie.

17 *août*. — Reprise des hostilités en Allemagne et en Italie.

18 *août*. — Quartier-général de l'empereur à Gorlitz.

Même jour. — Le maréchal Suchet fait sauter les fortifications de Tarragone en Espagne.

19 *août*. — L'armée française pénètre dans la Bohême.

21 *août*. — Quartier-général de l'empereur à Lowender. — Combat de Trebine, où le duc de Reggio culbute tous les

avant-postes de l'armée du prince royal de Suède (Bernadotte).

22 août. — Plusieurs combats livrés par les divers corps de l'armée de Silésie, presque tous au désavantage des Français. — L'empereur retourne avec sa garde à Dresde, menacé par la grande armée alliée.

23 août. — Combat de Golberg, où le général Lauriston repousse avec une grande perte les troupes du général Blucher.

Même jour. — Combat de Gross-Beeren, entre le corps d'armée du duc de Reggio et les troupes de Bernadotte; celui-ci reste vainqueur, et met par cette victoire Berlin à l'abri de toute attaque.

24 août. — Sénatus-consulte qui met à la disposition du ministre de la guerre trente mille hommes pris dans les classes de 1814, 1813, 1812 et antérieures, dans vingt-quatre départemens du Midi.

25 août. — Quartier-général de l'empereur à Stolpen. Napoléon laisse le commandement de son armée de Lusace au maréchal Macdonald et se rend à Dresde.

26 août. — Combat livré sous les murs de Dresde, et sous les yeux de Napoléon, entre les troupes alliées aux ordres du prince autrichien Schwartzenberg, et celles commandées par le maréchal Gouvion St.-Cyr; l'ennemi est repoussé avec une grande perte.

Même jour. — Bataille de la Katzbach, entre le maréchal Blucher, commandant les troupes prussiennes, et l'armée de Silésie, que Napoléon avait laissée aux ordres du maréchal Macdonald; celui-ci est complètement battu par le premier.

27 août. — Bataille de Dresde, livrée par l'empereur à la grande armée alliée, commandée par l'empereur Alexandre et le prince de Schwartzenberg. L'ennemi est battu sur tous les points; il perd quarante mille hommes, dont dix-huit mille prisonniers, presque tous Autrichiens, vingt-six pièces de canons, cent trente caissons et dix-huit drapeaux. — C'est dans cette journée que le général Moreau, honteusement arrivé d'Amérique au secours des ennemis de sa patrie, fut frappé d'un boulet qui le fit mourir quelques jours après.

30 *août*. — Bataille de Kulm ; l'armée du prince de Schwartzenberg, dans sa retraite après la bataille de Dresde, rencontre à Kulm le corps d'armée du général Vandamme, l'environne avec des forces quadruples et lui fait abandonner toute son artillerie, le général Vandamme ayant été obligé de se faire jour les armes à la main, après une perte de plus de dix mille hommes.

31 *août*. — Evacuation de la ville de St.-Sébastien en Espagne par les Français. Les Anglais, après être entrés dans cette malheureuse cité, y commettent des horreurs dont les annales de la guerre offrent peu d'exemples, et dont cette nation barbare était seule capable dans un siècle de civilisation.

1er *septembre*. — Retraite de l'armée française du maréchal Soult sur la Bidassoa.

3 *septembre*. — L'empereur part de Dresde pour se rendre en Lusace.

6 *septembre*. — Bataille de Jutterbogk entre le prince royal de Suède et le maréchal Ney, qui venait de remplacer le duc de Reggio. Encore moins heureux que celui-ci, Ney se laisse battre complétement, perd dix mille hommes, vingt-cinq pièces de canon, et est obligé de réorganiser entièrement son corps d'armée.

9 *septembre*. — Napoléon retourne à Dresde.

14 *septembre*. — L'empereur bat les alliés au combat de Geyersberg.

15 *septembre*. — Napoléon force le général Wittgenstein à se replier sur Kulm.

21 *septembre*. — Retour de l'empereur à Dresde.

4 *octobre*. — Message de l'empereur Napoléon au sénat, annonçant qu'il est en guerre avec l'Autriche.

7 *octobre*. — Séance solennelle du sénat, présidée par l'impératrice-régente; elle y prononce un discours, dont le but est d'encourager la nation à défendre son territoire contre les ennemis dont, dit-elle, elle connaît mieux que personne toutes les mauvaises intentions, et finit par demander une levée de deux cent quatre-vingt mille conscrits.

7 *octobre*. — Napoléon se porte de Dresde à la rencontre des deux armées commandées par Blucher et le prince de Suède.

8 *octobre*. — L'armée française du maréchal Soult passe la Bidassoa.

9 *octobre*. — Capitulation de la citadelle de Saint-Sébastien.

12 *octobre*. — L'ennemi, qui s'était replié à l'approche de Napoléon, est battu à Dessau par le prince de la Moskowa.

14 *octobre*. — Combat de Wachau, où l'empereur fait replier tous les postes du prince de Schwartzenberg.

Même jour. — Sénatus-consulte qui déclare que la France ne conclura aucun traité de paix avec la Suède, sans qu'au préalable celle-ci n'ait renoncé à la possession de l'île française de la Guadeloupe.

16 *octobre*. — Bataille de Wachau, gagnée par Napoléon sur les troupes alliées, commandées par le prince de Schwartzenberg, général en chef de toutes les troupes armées contre la France.

17 et 18 *octobre*. — Bataille de Leipsick. Napoléon, environné par des forces plus que doubles, épuise en vain toutes les ressources de son génie pour retenir la victoire; pour la première fois, depuis qu'il commandait les armées, elle lui échappe dans une bataille rangée. Il faut dire cependant, à la gloire de Napoléon, et surtout des soldats français, que,

sans l'infâme trahison des troupes saxonnes, il est plus que probable que la bataille de Leipsick eût été le complément de la renommée militaire de l'empereur, au lieu d'être le commencement de tous les désastres qui ont amené sa chute.

19 *octobre*. — Retraite de l'armée française.

20 *octobre*. — L'armée française arrive à Weissenfels.

21 *octobre*. — A Freybourg.

22 *octobre*. — A Ollendorff, où elle culbute les cosaques de Platow.

23 *octobre*. — Quartier-général de l'empereur à Erfurt.

25 *octobre*. — Décret de Napoléon au quartier-impérial de Goeta, qui convoque le corps législatif pour le 2 décembre prochain.

30 *octobre*. — Bataille de Hanau. L'armée française, poursuivie par les alliés, et arrêtée dans sa marche par l'armée de Bavière, qui venait aussi de se déclarer contre la France, est encore obligée de livrer bataille. Elle passe sur le ventre du général de Wrede, qui commandait les Bavarois, lui tue six mille hommes, lui fait quatre mille prisonniers, et continue sa retraite en bon ordre.

31 *octobre*. — Le duc de Raguse, qui formait l'arrière-garde, attaque lui-même le général de Wrede à Hanau, le culbute encore, et l'oblige à rétrograder.

1er *novembre*. — Le prince vice-roi, après s'être défendu avec honneur contre les forces supérieures qui l'attaquaient en Italie, est obligé de repasser la Brenta et l'Adige.

2 *novembre*. — L'empereur et l'armée française passent le Rhin à Francfort.

9 *novembre*. — Arrivée de l'empereur à Paris.

11 *novembre*. — Le maréchal Gouvion Saint-Cyr capitule dans Dresde. Les alliés ont l'infamie de rompre la capitulation, et rendent ainsi inutile pour la France une armée de près de trente mille hommes.

15 novembre. — L'armée d'Italie met en fuite la gauche des Autrichiens an combat de Caldiero.

Même jour. — Sénatus-consulte qui proroge les pouvoirs de la série des députés au corps législatif qui devaient en sortir. — Autre qui donne à Napoléon le droit de nommer le président du corps législatif.

16 novembre. — Sénatus-consulte qui met à la disposition du gouvernement les trois cent mille conscrits demandés par l'impératrice, et qui devront être pris sur les classes de 1802, 1803 et années suivantes jusques et compris 1814.

18 novembre. — Les Autrichiens sont de nouveau battus au combat de San-Michele en Italie.

Même jour. — Le maréchal Soult est repoussé dans ses lignes au camp de Sarre.

27 novembre. — Reprise de Ferrare par le prince vice-roi sur les Autrichiens.

5 décembre. — Capitulation de Stettin.

8 décembre. — Combat de Rovigo en Italie, où les Autrichiens sont battus par le général Marcognet.

11 décembre. — Traité signé à Valençay entre Napoléon et Ferdinand VII, par lequel celui-ci s'engage à faire évacuer l'Espagne par l'armée britannique, et à ne persécuter aucun des Espagnols qui ont pris parti pour le roi Joseph.

13 décembre. — Bataille de Saint-Pierre d'Irube perdue par le maréchal Soult.

16 décembre. — Décret de Napoléon ordonnant la formation de trente cohortes de la garde nationale pour la garde des places fortes.

19 décembre. — Ouverture du corps législatif par l'empereur.

22 décembre. — Décret communiqué au sénat et au corps législatif, par lequel une commission extraordinaire est nommée pour prendre communication de la négociation qui a eu lieu avec les puissances alliées.

25 *décembre*. — Commencement du siége d'Huningue par les alliés.

26 *décembre*. — Capitulation de Torgau.

27 *décembre*. — Décret impérial qui nomme vingt sénateurs commissaires extraordinaires dans les départemens.

29 *décembre*. — Capitulation de la ville de Dantzick après deux mois de siége.

30 *décembre*. — L'empereur reçoit dans la salle du trône une députation du sénat, qui lui présente une adresse de remercîment pour la communication faite le 22.

31 *décembre*. — Napoléon, irrité du rapport fait par la commission du corps législatif, apostrophe vivement les membres de cette commission, et dissout le corps législatif lui-même.

1814.

1er *janvier*. — Décret impérial qui ajourne la session législative.

2 *janvier*. — Réception solennelle, dans la salle du trône, du sénat, du corps législatif, et de toutes les autorités supérieures de l'état.

3 *janvier*. — Décret impérial en faveur des juifs de Paris.

6 *janvier*. — Les alliés, après avoir violé la neutralité de la Suisse, commencent à pénétrer en France.

9 *janvier*. — Décret de Napoléon, qui appelle à un service actif la garde nationale de Paris, et s'en déclare le commandant en chef.

11 *janvier*. — Joachim Murat, mu par la plus lâche ingratitude, signe à Naples un traité d'alliance avec l'Autriche contre son bienfaiteur Napoléon.

14 *janvier*. — Quartier-général à Lyon du maréchal Augereau, commandant du corps d'armée française sur le Rhône.

21 *janvier*. — Décret impérial pour la formation de douze régimens de voltigeurs et de tirailleurs de la jeune garde.

22 *janvier*. — Arrivée à Châtillon du duc de Vicence en qualité de ministre plénipotentiaire de Napoléon.

24 *janvier*. — Lettre-patente de Napoléon, et sénatus-consulte qui confèrent à l'impératrice Marie-Louise la régence de l'empire pendant l'absence de son mari.

Même jour. — Napoléon fait ses adieux à la garde nationale de Paris dans la personne de ses officiers, convoqués à cet effet au château des Tuileries, et recommande avec chaleur et dignité son épouse et son fils au courage et au dévouement des défenseurs de la capitale.

Même jour. — Le général Carnot écrit à l'empereur pour lui demander du service.

25 *janvier*. — Napoléon part de Paris pour se mettre à la tête de ses armées.

26 *janvier*. — Quartier-général de l'empereur à Vitry.

29 *janvier*. — Combat de Brienne entre l'armée française et celle des alliés aux ordres du prince de Schwartzenberg; Napoléon remporte l'avantage.

1er *février*. — Bataille de la Rothière entre Napoléon et les deux armées alliées du prince de Schwartzenberg et du général Blucher; elle est perdue par Napoléon.

3 *février*. — Retraite de l'armée française sur Troyes.

7 *février*. — Retraite de l'armée française sur Nogent.

8 *février*. — Bataille du Mincio en Italie, gagnée par le prince vice-roi sur le général autrichien Bellegarde.

9 *février*. — Organisation de la garde nationale sédentaire de Paris.

Même jour. — Napoléon concentre ses forces à Sezanne.

10 *février*. — Combat de Champ-Aubert entre deux divisions de l'armée française et le corps d'armée alliée aux ordres du général russe Alsusiew; celui-ci est battu et fait prisonnier.

11 *février*. — Bataille de Montmirail; le général Blucher est battu à son tour.

12 *février*. — Combat de Château-Thierry à l'avantage des Français.

Même jour. — Autre combat de Vaux-Champ; le général Blucher est encore battu et obligé d'abandonner une partie de ses équipages pour s'échapper. L'armée de Silésie, qu'il commandait, est obligé de repasser la Marne.

14 *février*. — Combat de Soissons. Le général russe Wintzingerode s'empare de cette ville.

15 *février*. — Les maréchaux Macdonald, Victor et Oudinot concentrent leurs corps d'armée sur l'Hières, à cinq lieues de Paris.

16 *février*. — Napoléon, instruit des dangers que court la capitale, arrive à marche forcée sur Guignes, au secours des maréchaux menacés par le prince de Schwartzenberg.

Même jour. — Combats de Mormant et de Valzouan, perdus, le premier par les alliés, le second par le duc de Bellune.

18 *février*. — Bataille de Montereau, gagnée par l'empereur sur la grande armée alliée.

22 *février*. — Combat de Méry-sur-Seine, gagné par le duc de Reggio.

23 *février*. — Reprise de Troyes par l'armée française.

24 *février*. — Les souverains alliés font à Napoléon la demande d'un armistice, et consentent enfin à nommer des plénipotentiaires pour négocier de la paix au congrès de Châtillon.

26 *février*. — L'armée de Silésie du maréchal Blucher s'avance vers Paris par la vallée de la Marne.

27 *février*. — Combat de Meaux, gagné par le maréchal duc de Raguse.

Même jour. — Combats de Bar et de la Ferté, perdus par le maréchal Macdonald contre le prince de Schwartzenberg.

Même jour. — Bataille d'Orthez, perdue par le maréchal Soult.

28 *février*. — Combat de Gué-à-Trème, gagné contre le général Blucher par les maréchaux duc de Trévise et de Raguse. Blucher est obligé de suspendre sa marche sur Paris.

1er *mars*. — Combat de Lizy, gagné par les maréchaux Mortier et Marmont. Blucher est obligé de battre en retraite.

2 *mars*. — Napoléon marche sur les derrières de l'armée du général Blucher.

Même jour. — Combat de Bar-sur-Seine, perdu par le maréchal Macdonald.

3 *mars*. — Combat de Neuilly-Saint-Front; le maréchal Blucher, vaincu de nouveau, précipite sa retraite.

4 *mars*. — Combat de Saint-Parre, perdu par le maréchal Macdonald.

5 *mars*. — Reprise de Reims sur les alliés par le général Corbineau.

Même jour. — Décret qui appelle à l'armée six mille gardes nationaux de l'Aisne, et trois mille de la Marne.

6 et 7 *mars*. — Bataille de Craone, gagnée par l'empereur sur le maréchal Blucher.

9 et 10 *mars*. — Bataille de Laon livrée par Napoléon avec trente mille hommes contre cent mille ; elle est perdue par lui.

11 *mars*. — Retraite de l'armée française sur Soissons.

Même jour. — Rupture des conférences tenues à Lusigny pour traiter d'un armistice.

12 *mars*. — Combat de Reims ; le général comte de Saint-Priest, français qui servait dans les rangs ennemis contre sa patrie, y est tué.

Même jour. — Occupation de Bordeaux par les Anglo-Espagnols.

14 *mars*. — Poursuite des alliés sur Béry-au-Bac.

16 *mars*. — Retraite du maréchal Soult sur Tarbes.

17 *mars*. — L'empereur part de Reims, et fait avancer son armée sur l'Aube.

Même jour. — Retraite du maréchal Macdonal sur Provins.

19 *mars*. — Combat de Fère-Champenoise, gagné par l'empereur.

Même jour. — Rupture du congrès de Châtillon.

20 *mars*. — Bataille d'Arcis-sur-Aube, gagnée par Napoléon.

Même jour. — Bataille de Limonest entre le maréchal Augereau et le prince de Hesse-Hombourg ; elle reste indécise.

21 *mars*. — Le maréchal Augereau évacue Lyon et se retire sur l'Isère.

23 *mars*. — L'empereur, avec ses principales forces, marche sur Saint-Dizier.

25 *mars*. — Double combat de Fère-Champenoise ; les maréchaux ducs de Trévise et de Raguse sont battus.

26 *mars*. — Combat de Saint-Dizier; le général Wintzengerode est battu par Napoléon.

Même jour. — Combats de Sezanne et de Chailly, perdus par les maréchaux Mortier et Marmont.

28 *mars*. — L'impératrice Marie-Louise et le roi de Rome, suivis des ministres, etc., quittent Paris et se retirent à Blois.

29 *mars*. — Passage de la Marne par les deux armées réunies du maréchal Blucher et du prince de Schwartzenberg.

Même jour. — L'empereur part de Troyes et court en poste sur Paris.

30 *mars*. — Bataille de Paris, perdue par le duc de Raguse.

31 *mars*. — Capitulation signée par le duc de Raguse; par ce seul fait il livre Paris et détruit le gouvernement impérial.

Même jour. — L'empereur apprend à la Cour-de-France la capitulation qui livrait sa capitale à l'ennemi.

1er *avril*. — Occupation de Paris par les alliés.

3 *avril*. — Le sénat décrète la déchéance de Napoléon Bonaparte.

Même jour. — L'empereur fait à Fontainebleau une première abdication en faveur de son fils sous la régence de l'impératrice Marie-Louise.

4 *avril*. — Sénatus-consulte qui délie le peuple français de son serment de fidélité envers Napoléon.

7 *avril*. — Ridicule constitution improvisée par le sénat.

10 *avril*. — Bataille de Toulouse entre le maréchal Soult et lord Wellington; elle reste indécise.

11 *avril*. — Traité conclu à Paris entre les puissances al-

liées et l'empereur Napoléon. Celui-ci obtient la souveraineté de l'île d'Elbe et deux millions de revenus payables par la France.

19 *avril*. — Entrevue de l'impératrice Marie-Louise et de l'empereur d'Autriche, son père, au château du Petit-Trianon, à Versailles.

20 *avril*. — Napoléon part de Fontainebleau pour se rendre à l'île d'Elbe.

22 *avril*. — Il arrive à Beaune.

24 *avril*. — Il rencontre près de Valence le maréchal Augereau ; celui-ci insulte grossièrement son ancien bienfaiteur.

25 *avril*. — Napoléon arrive à Orange.

26 *avril*. — Il couche près de Luc dans la campagne de sa sœur Pauline Borghèse.

27 *avril*. — Il arrive à Fréjus.

28 *avril*. — Il s'embarque sur la frégate anglaise *l'Indomptée*.

3 *mai*. — Napoléon débarque à Porto-Ferrajo, prend possession de l'île d'Elbe, dernier débris de sa vaste domination.

1815.

26 *février*. — Napoléon donne à sa garde l'ordre de se tenir prête à quitter l'Ile d'Elbe. A huit heures du soir il s'embarque lui-même sur le brick *l'Inconstant*, et s'écrie : *le sort en est jeté!* L'ordre est donné de voguer vers la France.

27 *février*. — Napoléon communique à sa garde le secret de l'expédition : *grenadiers*, leur dit-il, *nous allons en France, nous allons à Paris*.

1er *mars*. — Napoléon et sa petite troupe débarquent au

golfe Juan à cinq heures du soir. C'est de là qu'il adresse à l'armée et au peuple français ces deux fameuses adresses qui firent voler le drapeau tricolore de clochers en clochers jusqu'à Notre-Dame; Napoléon y prenait le titre d'empereur, qui lui avait été conservé par le traité de Paris.

2 mars. L'empereur couche au village de Cerenon, après avoir traversé sans obstacle Cannes et Grasse. Il avait fait, ainsi que sa garde, vingt lieues dans cette première journée.

3 mars. — Il arrive à Barême.

4 mars. — A Digne.

5 mars. — A Gap. Le général Cambronne, commandant l'avant-garde, s'empare de la forteresse de Sisteron.

Même jour. — La nouvelle du débarquement de Napoléon, transmise par le télégraphe, arrive à Paris et répand la terreur et l'effroi.

6 mars. — L'empereur couche à Gap.

Même jour. — Ordonnance du roi, qui met à prix la tête de Napoléon, et ordonne à tout Français de lui courir sus. — Autre ordonnance qui convoque extraordinairement la Chambre des pairs et celle des députés. — Monsieur, comte d'Artois et le duc d'Orléans partent pour Lyon.

8 mars. — Napoléon est reçu dans la ville de Grenoble. Un détachement de soldats, qui gardait les approches de cette ville, avait refusé de laisser passer son avant-garde; Napoléon marche droit au détachement, suivi de sa garde, arme baissée : *Eh ! quoi mes amis*, leur dit-il, *vous ne me reconnaissez pas. Je suis votre empereur ; s'il est parmi vous un soldat qui veuille tuer son général, son empereur, il le peut ; me voilà* (en effaçant sa poitrine).

9 mars. — Napoléon couche à Bourgoin.

Même jour. — Ordonnance du roi, qui remet en activité tous les militaires en semestre, etc.

10 *mars*. — L'empereur est reçu à Lyon comme il l'avait été à Grenoble.

11 et 12 *mars*. — Napoléon séjourne à Lyon, et y rend plusieurs décrets par lesquels il dissolvait les chambres du roi et sa maison militaire, ordonnait aux émigrés rentrés à la suite du roi, de sortir de France dans un délai donné, abolissait la noblesse et les titres féodaux, convoquait les colléges électoraux en assemblée extraordinaire du Champ-de-Mai, etc., etc.

13 *mars*. — Napoléon couche à Mâcon.

Même jour. — Le prince de la Moscowa, maréchal Ney, prend le parti de l'empereur à Lons-le-Saulnier.

Même jour. — Déclaration des souverains alliés sur le retour de Napoléon en France.

14 *mars*. — Napoléon couche à Châlons.

15 *mars*. — A Autun.

Même jour. — Le roi et toute la famille royale prêtent serment de fidélité à la Charte au milieu des deux chambres convoquées extraordinairement.

16 *mars*. — L'empereur couche à Avalon.

17 *mars*. — Il arrive à Auxerre.

19 *mars*. — Il quitte Auxerre pour se rendre à Fontainebleau.

Même jour. — Le roi et toute la famille royale quittent Paris au milieu de la nuit.

20 *mars*. — L'empereur arrive le matin à Fontainebleau; le soir, à neuf heures, il fait son entrée dans la capitale.

21 *mars*. — Napoléon passe en revue les troupes présentes à Paris, et dans la harangue qu'il prononce dans cette circonstance, il s'attache à flatter également le peuple et le soldat.

Même jour. — Il nomme les différens ministres.

21 *mars.* — L'empereur reçoit les diverses autorités : par l'effet de cette versatilité de l'esprit, qui ne justifie que trop le mépris de Napoléon pour les hommes, la plupart de ceux qui l'avant-veille avaient encore juré de rester fidèles au roi, venaient féliciter l'empereur sur son heureux retour.

24 *mars.* — Décret qui supprime la censure, les censeurs et la direction de la librairie.

Même jour. — Arrivée à Paris de Joseph Bonaparte, frère de l'empereur.

25 *mars.* — Traité de Vienne, par lequel les puissances alliées s'engagent à ne point déposer les armes tant que Napoléon serait sur le trône de France.

Même jour. — Décret de Napoléon, qui ordonne aux ministres et officiers civils et militaires de la maison du roi et de celles des princes, ainsi qu'aux chefs des Chouans, des Vendéens et des volontaires royaux, de s'éloigner à trente lieues de Paris.

26 *mars.* — Grande réception aux Tuileries. L'empereur prononce un discours où l'on remarque ce passage. *Tout à la nation, et tout pour la France ; voilà ma devise.*

Même jour. — Déclaration du conseil-d'état, tendant à prouver la nullité de l'abdication de Fontainebleau.

27 *mars.* — Grande revue aux Tuileries. L'empereur annonce lui-même aux troupes que le roi et toute la famille royale ont quitté le territoire français.

Même jour. — Adresse des ministres à l'empereur.

29 *mars.* — Déclaration du conseil d'état en réponse à celle des puissances alliées du 13.

30 *mars.* — Circulaire du ministre des relations extérieures, Caulaincourt, duc de Vicence, aux ambassadeurs, ministres, et autres agens de France à l'extérieur.

31 *mars*. — Joachim Murat, roi de Naples, se déclare pour son beau-frère Napoléon, et appelle les Italiens à l'indépendance,

1er *avril*. — Décrets qui annullent les ordonnances du roi, relatives aux théâtres, au Conservatoire, à l'Hôtel des Invalides, etc.

2 *avril*. — Décret portant abolition de la traite des Nègres. — Napoléon reçoit l'Institut aux Tuileries.

Même jour. — La duchesse d'Angoulême est contrainte de quitter Bordeaux.

3 *avril*. — Le général Clausel prend possession de Bordeaux au nom de l'empereur, et fait arborer la cocarde tricolore dans cette ville.

Même jour. — Lettre de l'empereur aux divers souverains d'Europe.

4 *avril*. — Lettre du ministre de la police générale à tous les préfets de l'Empire.

7 *avril*. — Décret impérial concernant la garde nationale. — Autre, sur une nouvelle organisation de la police générale.

8 *avril*. — Convention signée au Pont St.-Esprit, entre le duc d'Angoulême et le général Grouchy. Le prince consent à être conduit à Cette, pour s'y embarquer.

Même jour. — Décret impérial relatif à la famille des Bourbons.

10 *avril*. — Décret impérial qui élève à la dignité de maréchal d'empire les généraux Grouchy, Bertrand, Drouot, d'Erlon, Belliard et Gérard.

11 *avril*. — Décret qui ordonne que tout fonctionnaire civil et militaire renouvellera le serment de fidélité à l'empereur.

15 *avril.* — Rapport du ministre des relations extérieures à l'empereur sur les dispositions hostiles des puissances, sur la rupture des communications entre elles et l'empire français.

16 *avril.* — Autre rapport du ministre de la police générale à l'empereur, sur la situation intérieure de la France, et circulaire du même aux préfets.

Même jour. — Décret portant que l'assemblée du Champ-de-Mai, convoquée pour le 26 du mois suivant, sera composée des membres de tous les colléges électoraux des départemens et d'arrondissemens de l'empire, et des députations nommées par tous les corps d'armée de terre et de mer. — Autre décret pour l'organisation d'un ou plusieurs corps francs par département. — Autre, qui augmente de douze membres la classe des beaux-arts (4e de l'Institut.)

22 *avril.* — Promulgation de l'acte additionnel aux constitutions de l'empire.

30 *avril.* — Décret sur le renouvellement des autorités municipales.

6 *mai.* — Lettre du ministre de la guerre aux préfets.

7 *mai.* — Nouveau rapport du ministre de la police générale sur la situation de l'empire.

9 *mai.* — Décret de Napoléon sur le rapport ci-dessus.

10 *mai.* — Arrivée à Paris du prince Lucien Bonaparte, frère de l'empereur.

24 *mai.* — Présentation des confédérés de Paris à l'empereur.

28 *mai.* — Pacte fédératif des Parisiens.

1er *juin.* — Solennité du Champ-de-Mai au Champ-de-Mars. L'empereur y fait un discours et distribue les aigles impériales à l'armée et à la garde nationale. D'après le recensement des votes émis à Paris et dans les départemens, l'acte additionnel du 22 avril est proclamé *constitution de l'état*.

3 juin. — Ouverture des deux chambres (des pairs et des représentans). M. Lanjuinais est nommé par l'empereur président de la chambre des représentans.

4 juin. — Grandes fêtes et réjouissances publiques à Paris pour célébrer l'acceptation de l'acte additionnel aux constitutions de l'empire.

5 juin. — Le président de la chambre des pairs, Cambacérès, donne communication à la chambre des représentans du décret de l'empereur contenant la nomination des pairs de France.

7 juin. — Ouverture solennelle de la session législative par l'empereur.

10 juin. — Déclaration par laquelle la Suisse annonce qu'elle accède au système de confédération des puissances contre Napoléon.

11 juin. — L'empereur reçoit les adresses des deux chambres des pairs et des représentans. Dans sa réponse, il annonce son départ pour l'armée dans la nuit suivante.

12 juin. — Napoléon quitte Paris à trois heures du matin.

13 juin. — Il arrive à Avesnes.

14 juin. — Proclamation de l'empereur à l'armée.

Même jour. — Rapport des deux chambres sur la situation de l'empire, présenté par le ministre de l'intérieur Carnot.

15 juin. — Combat de Fleurus, gagné par l'armée française.

16 juin. — Bataille de Ligny ou des Quatre-Bras, gagnée par l'armée française. Les Prussiens perdent 25,000 hommes.

17 juin. — Quartier-général de l'empereur à la ferme du Caillou, près Planchenois.

18 juin. — Bataille de Mont-Saint-Jean ou de Waterloo, perdue par l'armée française.

21 *juin*. — Retour de l'empereur à Paris. La chambre des représentans se déclare en permanence, et exprime des sentimens hostiles contre l'empereur.

22 *juin*. — Seconde abdication de l'empereur en faveur de son fils, Napoléon II.

23 *juin*. — Les deux chambres nomment une commission de gouvernement, composée de Fouché, duc d'Otrante, président; Carnot, Caulaincourt, Quinette et le général Grenier.

25 *juin*. — Napoléon se retire à la Malmaison, ancienne résidence de sa première épouse, Joséphine. Il adresse de là une proclamation à l'armée devant Paris.

26 *juin*. — Fouché, président de la commission de gouvernement, sous prétexte de protéger la sûreté de Napoléon, mais réellement pour rester maître de sa personne, envoie à la Malmaison une garde commandée par le général Becker.

27 *juin*. — Napoléon, apprenant l'approche des armées prussienne et anglaise, écrit à la commission de gouvernement, et demande à servir en sa qualité de général contre les ennemis de la patrie.

29 *juin*. — Napoléon quitte la Malmaison pour se rendre à Rochefort.

3 *juillet*. — Capitulation de Paris.

8 *juillet*. — Arrivée de Napoléon à Rochefort.

Même jour. — Rentrée de S. M. Louis XVIII à Paris.

13 *juillet*. — Napoléon écrit de Rochefort au prince-régent d'Angleterre, pour le prévenir que : « *comme Thémistocle, il vient s'asseoir aux foyers du peuple britannique.* »

15 *juillet*. — Napoléon s'embarque sur le brick l'*Epervier*, dans le dessein de se rendre sur le vaisseau anglais le *Bellerophon*. Au moment d'aborder, il s'aperçoit que le général Becker le suivait : « *Retirez-vous, général,* lui dit-il, *je ne veux pas qu'on puisse croire qu'un Français est venu me livrer à mes ennemis.* »

16 *juillet*. — Il fait voile vers l'Angleterre.

4 *août*. — Protestation de Napoléon contre la conduite de l'Angleterre à son égard.

8 *août*. — Lord Keith apporte à Napoléon l'ordre du gouvernement anglais de le transférer à Sainte-Hélène.

10 *août*. — Napoléon est embarqué sur *le Northumberland*.

11 *août*. — Il quitte le canal de la Manche. En passant à la hauteur du cap de la Hogue, Napoléon reconnut les côtes de France; il les salua aussitôt, et étendant ses mains vers le rivage, il s'écria d'une voix profondément émue : *Adieu, terre des braves! Adieu, chère France! Quelques traîtres de moins, et tu serais encore la grande nation et la maîtresse du monde!* Ces adieux de Napoléon à la terre qu'il avait illustrée devaient être les derniers.

18 *octobre*. — Napoléon débarque à l'île Sainte-Hélène [1].

1816.

11 *décembre*. — Lettre de Napoléon au comte de Las-Cases, au moment où celui-ci était forcé de quitter l'île Sainte-Hélène.

1818.

25 *juillet*. — On le prive de M. Barry E. O'Méara, médecin anglais qui avait mérité son affection.

1821.

15 *mars*. — Napoléon tombe dangereusement malade.
31 *mars*. — Il est obligé, par sa maladie, de rester au lit.

---

[1] Avec le comte Bertrand, le général Gourgaud, les comtes Montholon et Las-Cases, la comtesse Montholon, la comtesse Bertrand et les enfans de ces deux dernières.

15 *avril*. — Il fait mettre au pied de son lit le buste de son fils.

5 *mai*. — A sept heures du matin l'homme du siècle expire....... Ses derniers mots furent: « *Mon fils! Dieu protège la France!* »

6 *mai*. — Les médecins anglais font l'ouverture du corps de Napoléon, et déclarent que Napoléon est mort d'un cancer à l'estomac. On remarque que le procès-verbal d'ouverture n'est pas signé du docteur Antommarchi, médecin particulier de Napoléon.

8 *mai*. — Funérailles de Napoléon. Ses restes sont déposés dans une petite vallée de Sainte-Hélène, au pied d'un saule et auprès d'une source où cet illustre proscrit venait souvent se désaltérer, et sans doute méditer sur ses grandes destinées.

26 *juillet*. — Les habitans du village de Kostheim, à une demi-lieue de Mayence, que Napoléon avait exemptés d'impositions pendant quinze ans, dans le temps de ses prospérités, font célébrer par leur curé un service funèbre en l'honneur de leur bienfaiteur.

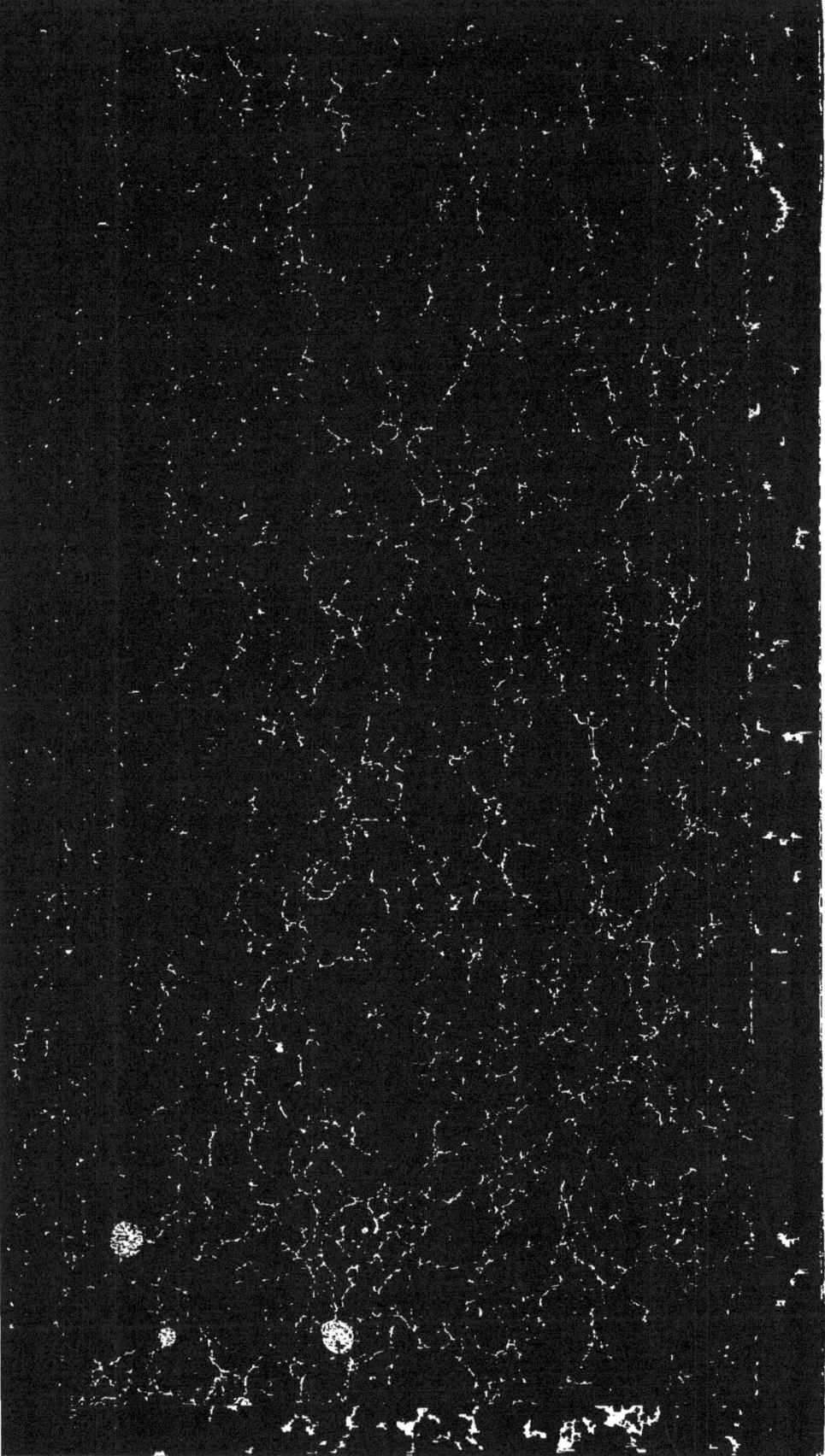

www.ingramcontent.com/pod-product-compliance
Lightning Source LLC
Chambersburg PA
CBHW060231230426
43664CB00011B/1611